Île Maurice
Rodrigues
2024/2025

Cofondateurs : Philippe GLOAGUEN et Michel DUVAL

Directeur de collection et auteur
Philippe GLOAGUEN

Secrétaire général
Gavin's CLEMENTE-RUIZ

Rédacteurs en chef
Amanda KERAVEL (France)
Benoît LUCCHINI (Étranger)

Directrice administrative
Bénédicte GLOAGUEN

Conseiller à la rédaction
Pierre JOSSE

Responsable voyages
Carole BORDES

Direction éditoriale
Élise ERNEST

Rédaction
Isabelle AL SUBAIHI
Emmanuelle BAUQUIS
Mathilde de BOISGROLLIER
Marie BURIN des ROZIERS
Camille CAMPET
Véronique de CHARDON
Laura CHARLIER
Florence CHARMETANT
Fiona DEBRABANDER
Anaëlle HASCOËT
Géraldine LEMAUF-BEAUVOIS
Alain PALLIER
Anne POINSOT
Alexia POULAIN

hachette

TABLE DES MATIÈRES

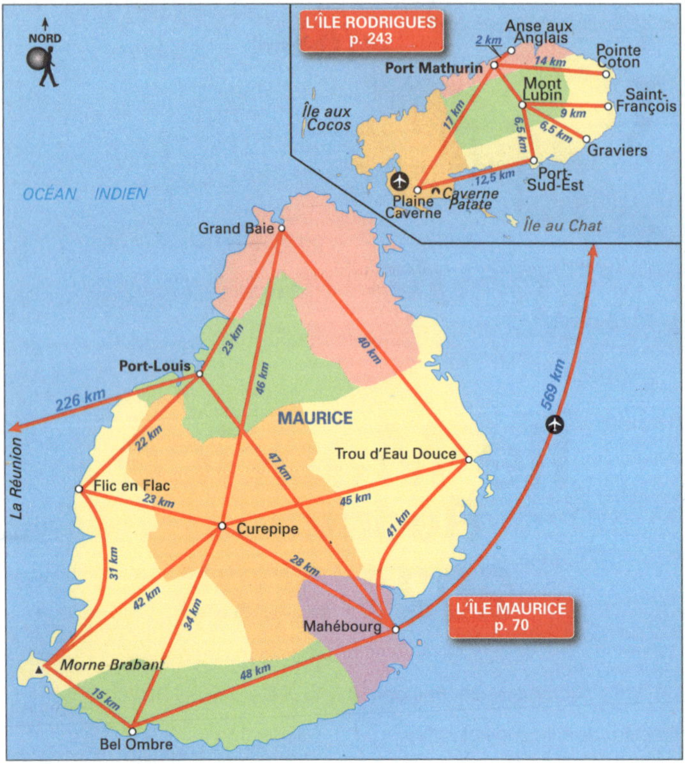

PRÉAMBULE

ARRIVER – QUITTER 36

ÎLE MAURICE UTILE 46

Important : dernière minute

Entre deux parutions du *Routard*, des événements fortuits (conditions sanitaires, catastrophes naturelles mais aussi formalités, taux de change, conditions d'accès aux sites, fermetures inopinées, etc.) peuvent modifier vos projets de voyage. Pour éviter les déconvenues, nous vous recommandons de consulter la rubrique « Guide » par pays de notre site • **routard.com** • et plus particulièrement les dernières ***Actus voyageurs.***

« OSONS LE PAS DE CÔTÉ »

Le surtourisme ? Tous concernés. Et pourtant, à l'écart des grands flux touristiques, il existe des pépites méconnues, souvent oubliées des circuits trop encombrés. Ici un site ignoré ; là un quartier secret ; plus loin un village caché au charme discret, avec un troquet d'une autre époque. Autrement dit, une infinité de lieux peinards que l'on a envie de mettre en avant avec ce pictogramme. Un vagabondage au calme favorisé aussi par les **visites aux heures creuses**. Vive le *slow trip* !

#osonslepasdecote

Pictogrammes du Routard

Établissements

- Hôtel, auberge, chambre d'hôtes
- Camping
- Restaurant
- Terrasse
- Pizzeria
- Boulangerie, sandwicherie
- Pâtisserie
- Glacier
- Café, salon de thé
- Café, bar
- Bar musical
- Club, boîte de nuit
- Salle de spectacle
- Boutique, magasin, marché

Infos pratiques

- Office de tourisme
- Poste
- Accès Internet
- Hôpital, urgences
- Adapté aux personnes handicapées

Sites

- Présente un intérêt touristique
- Point de vue
- Plage
- Spot de surf
- Site de plongée
- Recommandé pour les enfants
- Inscrit au Patrimoine mondial de l'Unesco
- Pas de côté

Transports

- Aéroport
- Gare ferroviaire
- Gare routière, arrêt de bus
- Station de métro
- Station de tramway
- Parking
- Taxi
- Taxi collectif
- Bateau
- Bateau fluvial
- Piste cyclable, parcours à vélo

Cascade de Chamarel, île Maurice

Rose Hill Lieux traités
Gris-Gris Adresses et lieux dans les environs
Le Chaland Repères
Récifs de corail
Sites inscrits au Patrimoine mondial de l'Unesco
Pas de côté
OCÉAN INDIEN
Pointe aux Canonniers
voir Grand Baie – Pointe aux Canonniers
Holt Rocks
Lost Anchor
Stenopus Reef
voir Région de Trou aux Biches
Mont-Choisy
Kingfish Kingdom
Corsair Wall
KT Mawar
Caravelle
Trou aux Biches
Pointe aux Piments
Baie de l'Arsenal
Baie du Tombeau
LA RÉGION DE PORT-LOUIS p. 71
Terre Rouge
PORT-LOUIS
Aapravasi Ghat
Montagne Longue
Pointe aux Sables
Pointe aux Caves
Phare
Petite Rivière
812 Le Pouce
Maison Eurêka
Moka
Circonstance
Beau Bassin
Rose Hill
Corps de Garde
Bambous
Medine
La Ferme
Riv. Terre Rouge
Ébène
Rempart l'Herbe
Flic en Flac
Quatre-Bornes
Rempart Serpent
Cathedral
Casela Nature Parks
Clarence
Rivière du Rempart
Vacoas
Montagne du Rempart
Floréal
Curepipe
Baie du Tamarin
Domaine des Aubineaux
Tamarin
DU MORNE BRADANT À FLIC EN FLAC p. 163
Tamarin Falls
Baie de la Grande Rivière Noire
Mare Longue
Grande Rivière Noire
Mare aux Vacoas
Petite Rivière Noire
Gorges de la Rivière Noire
Cratère Kanaka
Grande Case Noyale
Ébony Forest
Le Pétrin
Grand Bois
Île aux Bénitiers
La Gaulette
744
Chamarel
Needle Hole
Castle
Pointe des Pêcheurs
Golf
Mémorial
Rhumerie de Chamarel
Plaine Champagne
Grand Bassin
Bois Chéri
Terres des 7 couleurs
245 Morne Brabant
Vallée des Couleurs
Cliff
Le Morne Brabant
Montagnes Savanne
LE SUD p. 156
Mont Blanc
Pointe Sud-Ouest
Baie du Cap
Chemin Grenier
Domaine de Saint-Aubin
Bel Ombre
Saint-Félix
Rochester Falls
Baie du Cap
Baie du Jacotet
Surinam
Souillac
10 km
Pointe aux Roches
Riambel
Gris-Gris

L'ÎLE MAURICE

Île aux Fous
OCÉAN
INDIEN
Île aux Diamants
85
Mont
Kali
Baie Malgache
Île aux Sables
Baie
du
Nord
Mont
du Sable
118
L'OUEST
p. 266
Baie du Nord
145
Mont
du Nord
Mangues
Île
aux
Cocos
Pont suspendu de
Cascade Pistache
La Ferme
166
Mont Croupier
131
Mont Lascars
Baie
Topaze
Maréchal
Grand La Fouche
Corail
Île Marianne
Mont Cabris
191
Mont Topaze
123
Plaine
Mapou
Baie Topaze
Vangasailles
Île Catherine
Plaine
Corail
Caverne
Patate
Petite
Butte
Île Frégate
Réserve
François-
Leguat
Plaine
Caverne
Carrières
de corail
Île
Destinée
Dans
Coco
Anse Quitor
Île aux
Pintades
Île aux Crabes
Port Mathurin
Lieux traités
Saint-Gabriel
Adresses et lieux
dans les environs
Quatre Vents
Repères
Récifs de corail
Sentiers

L'ÎLE RODRIGUES

LA RÉDACTION DU ROUTARD

© R. Delalande et E. Dessons

La saga du *Routard* : en 1971, 2 étudiants, Philippe et Michel, avaient une furieuse envie de découvrir le monde. De retour du Népal germe l'idée d'un guide différent qui regrouperait tuyaux malins et itinéraires sympas, destiné aux jeunes fauchés en quête de liberté. 1973. Après 19 refus d'éditeurs et la faillite de leur 1re maison d'édition, l'aventure commence vraiment avec Hachette. Aujourd'hui, le *Routard*, c'est plus d'une cinquantaine d'enquêteurs impliqués et sincères. Ils parcourent le monde toute l'année dans l'anonymat et s'acharnent à restituer leurs coups de cœur en toute indépendance.

Merci à tous les Routards qui sont solidaires de nos convictions : liberté et indépendance d'esprit ; découverte et partage ; sincérité, tolérance et respect des autres.

NOS SPÉCIALISTES ÎLE MAURICE ET RODRIGUES

Isabelle Al Subaihi : une émigration outre-Manche à l'âge de 4 mois, forcément, ça laisse des traces : un goût prononcé pour l'exotisme ! Depuis, elle cherche à transmettre sa passion du voyage. Ce qu'elle aime partager : un bon plat, des éclats de rire, l'émotion d'un paysage qui bouleverse. Et surtout une vision décalée grâce à des rencontres surprenantes.

Benoît Lucchini : Corse élevé au grain du 9-3, il a commencé avec une carte InterRail à 17 ans. Il arpente les terres chaudes avec passion 2 ans plus tard puis les mers froides comme pêcheur (illégal) de saumon sur un chalutier américain, avant un grand tour du monde. Son credo depuis 30 ans au *Routard* : multiplier les rencontres, s'émerveiller et écrire pour partager ses émotions.

Michelle Georget : « Fermeture des portes, armement des toboggans… » Immanquablement, l'annonce galvanise gaiement ses 5 sens ! Tout émoustillés qu'ils sont face à l'inconnu, curieux de découvrir des ailleurs mystérieux, gourmands de rencontres insolites, prêts à accueillir l'intensité des émotions. Le voyage lui offre à chaque fois des bulles d'émerveillement.

Dimitri Lefèvre : après avoir travaillé sur de nombreux films, il a rejoint le *Routard* il y a une dizaine d'années. Pour lui, recommander une adresse, c'est faire un casting pointu, visiter un lieu, c'est faire des repérages pour écrire le scénario de la Palme d'or du film de vacances. Mais au final, les pépites découvertes et les bons conseils aux lecteurs, ce n'est pas du cinéma !

UN GRAND MERCI À NOS AMI(E)S SUR PLACE

Pour cette nouvelle édition, nous remercions particulièrement :

À Maurice

- **Hugues Vitry,** passionné et protecteur du monde sous-marin ;
- **Thierry** et **Viviane,** marins aguerris et grands amateurs de nourritures terrestres ;
- **Christophe Pélicier,** pour ses précieuses infos ;
- **Jérémie,** pour son coup de main sur le sud-est de l'île.

À Rodrigues

- **Agathe Issana,** de l'office de tourisme, disponible et d'une grande efficacité, ainsi que toute l'équipe de Discovery Rodrigues ;
- **Claude,** pour son aide toujours aussi précieuse.

NOS ENQUÊTEURS-FURETEURS

Nous tenons à remercier tout particulièrement Loup-Maëlle Besançon, Thierry Bessou, François Chauvin, Grégory Dalex, Fabrice Doumergue, Cédric Fischer, Carole Fouque, Guillaume Garnier, Nicolas George, Michelle Georget, David Giason, Claude Hervé-Bazin, Emmanuel Juste, Fabrice de Lestang, Éric Milet, Pierre Mitrano, Olivier Page, Jean-Sébastien Petitdemange, André Poncelet, Thomas Rivallain, Dominique Rolland et Jean Tiffon pour leur collaboration régulière.

Jean-Jacques Bordier-Chêne, Jean-Paul Collet, Julie Coupet, Philippe Coupy, Jeanne Debats, Agnès Debiage, Jérôme Denoix, Tovi et Ahmet Diler, Clélie Dudon, Alain Fisch, Adrien et Clément Gloaguen, Stéphane William Gondoin, Carla Le Nouÿ, Martine Partrat, Odile Paugam et Didier Jehanno, Orianne Pouchard, Prakit Saiporn, Lucas Truffier-Blanc.

DU CÔTÉ D'HACHETTE LIVRE

Direction : **Sidonie Chollet**

Direction éditoriale : **Élise Ernest**

Édition : **Gia-Quy Tran**

Cartographie : **Frédéric Clémençon** et **Aurélie Huot**

Fabrication : **Nathalie Lautout, Liza Sacco** et **Aude Cauchet**

Relations presse : COM'PROD, **Fred Papet** et **Laëtitia de Cerval.** ☎ 01-70-69-04-69. • info@comprod.fr • **Martine Levens** (Belgique) ☎ +32-47-568-35-76.

Contact Partenariats : **Jérôme Denoix** • jeromedenoix@gmail.com •

Contact Partenariats et régie pub : **Florence Brunel-Jars** • fbrunel@hachette-livre.fr •

Silhouette du Routard : **Clément Gloaguen** (d'après Solé) ; **couverture :** **le-bureau-des-affaires-graphiques.com** ; **logo des « 50 ans » (couverture) :** **So BAM** ; **maquette intérieure :** **le-bureau-des-affaires-graphiques.com, Thibault Reumaux** et **npeg.fr**

Le lagon, île Rodrigues

« Bienvenue chez Maurice ! »

L'ÎLE MAURICE

L'île Maurice n'est qu'une variation sur les thèmes de l'eau, du sable et de la lumière. Elle s'est jadis forgé une réputation de destination de stars plus que de routards. Et pourtant, malgré quelques complexes opulents, ce n'est pas seulement une destination de luxe ! On peut facilement s'en tirer à bon compte et profiter des immenses plages **sans se ruiner,** en vivant comme les habitants. *Le Routard* est là pour vous y aider.

Nulle galère ni embrouille dans cette île facile et confortable. On se laisse aller, au rythme des vaguelettes. Une petite visite par-ci, une petite visite par-là, et hop ! on retrouve vite sa parcelle de sable devant son bout de lagon.

Mais plus que les lieux, ce sont les gens qui sont à découvrir : méli-mélo de personnalités et chaleur tempérée. Jamais trop chaud, jamais trop frais. On est ici comme en suspension. Pas étonnant qu'on y vienne pour faire un break… et qu'on y revienne.

L'ÎLE RODRIGUES

Voyageurs trop pressés, passez votre chemin. **Rodrigues appartient à ceux qui sauront comprendre qu'elle a non seulement du cœur, mais aussi une âme.** La Cendrillon des Mascareignes, ridée comme les tortues qui la peuplaient, joua longtemps la belle délaissée. Les navigateurs voguant vers les Indes la considéraient uniquement comme un garde-manger. Après avoir empli leurs cales de tortues, ils oubliaient cette terre plissée, perdue au sein d'un lagon 2 fois plus grand qu'elle.

Sans prétendre à la luxuriance ou à la beauté des plages de ses sœurs de l'océan Indien, Rodrigues possède le **charme rustique** que celles-ci ont parfois perdu. C'est un grand village, qui a **conservé ses coutumes** et où tout le monde se connaît ou presque. Elle est si calme, si souriante qu'aujourd'hui, même les Mauriciens et les Réunionnais stressés viennent s'y délasser.

Ça n'est pas une île à voir, mais à vivre au rythme des Rodriguais : prendre le bus, découvrir les plages, à pied ou à vélo, relever ses casiers dans le lagon, boire un petit rhum sous les filaos, puis danser une mazurka. La vraie vie, quoi !

Le musée des Maquettes de bateaux Comajora, île Maurice

NOS COUPS DE CŒUR

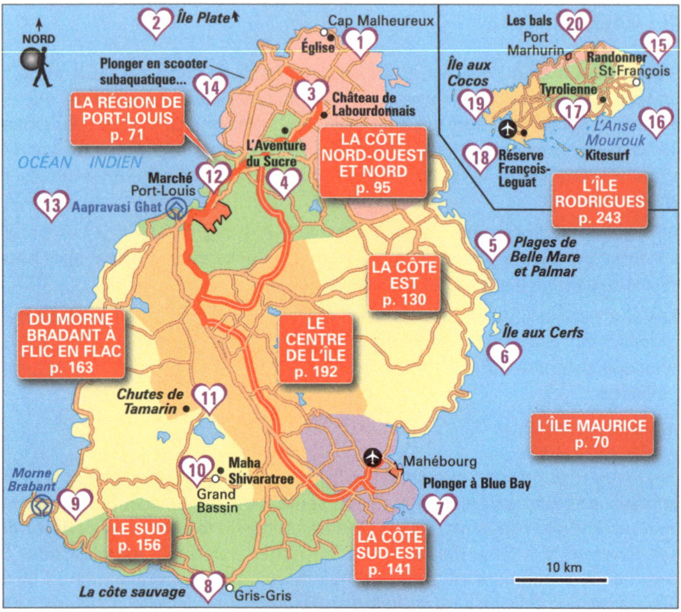

À MAURICE

1 Ne pas manquer l'église au toit rouge de Cap Malheureux, l'image d'Épinal de l'île Maurice.

Photogénique en diable (!), juste devant le lagon. Le mieux est d'assister à la messe du dimanche matin. Tout le monde est le bienvenu, que l'on soit catholique ou non. Et pour être raccord, mettez-vous sur votre 31 ! Après la messe, on papote avec les locaux devant le lagon. Que du bonheur ! *p. 124*

***Bon à savoir :** venir au moins 30 mn avant la messe pour avoir une chance d'entrer dans l'église. Il y a parfois autant de monde dehors que dedans !*

(2) **Participer à une excursion sur un des îlots du Nord, à la journée, en catamaran, et profiter d'un barbecue sur les plages de sable blanc.**

Une excursion magique, surtout quand on y va à la voile, bien plus sympa qu'au moteur. Baignade dans le lagon et musique d'ambiance. Un beau moment, simple et authentique. *p. 114, 125*

Bon à savoir : bien vérifier le sérieux du prestataire et le nombre maximum de personnes accueillies sur le catamaran ; préférer les petits bateaux (moins de 30 personnes), bien plus intimes.

(3) **Pour se mettre dans l'ambiance des anciennes familles bourgeoises de Maurice, visiter le château de Labourdonnais.**

Remarquable demeure du milieu du XIXe s, restaurée dans les règles de l'art, dont le mobilier rappelle les fastes d'antan. Parquets cirés, lustres italiens et partout de superbes objets provenant des meilleurs ateliers européens. Réserver du temps pour la visite du jardin, entretenu avec soin. *p. 115*

Bon à savoir : le restaurant La Table du Château *est une bonne table de l'île. Parfait pour clore la visite de cette noble bâtisse.*

4 Découvrir le site de L'Aventure du Sucre, passage obligé afin de mieux comprendre l'île.

Et partir sur les traces du métissage mauricien pour embrasser le riche patrimoine créole. Le musée offre une approche passionnante de l'évolution de Maurice au fil du temps, aussi bien sur le plan industriel qu'humain. *p. 92*

Bon à savoir : on peut facilement combiner la visite de L'Aventure du Sucre avec celle du jardin de Pamplemousses. Prévoir un pique-nique ou déjeuner au Fangourin, *l'excellent resto de L'Aventure du Sucre !*

© Hans Blossey/Alamy/Hemis

5 Se promener en fin d'après-midi sur les plages infinies de Belle Mare et Palmar, le long de la côte est de l'île.

Incroyables étendues presque désertes, encore méconnues. On apporte son pique-nique, on profite d'un lagon superbe et tranquille, on assiste au retour des pêcheurs… Le dimanche, on partage de bons moments avec les familles mauriciennes qui viennent y passer la journée. *p. 132*

© Bibikow Walter/hemis.fr

6 **Embarquer pour l'île aux Cerfs, excursion emblématique de l'île Maurice.**

Un petit joyau qu'il faut savoir appréhender. Si l'on y va tôt, on peut passer de merveilleux moments sur ce bout de terre cerné par de longues plages de sable blanc, protégé par un lagon aux eaux cristallines. *p. 137*

Bon à savoir : prendre un bateau tôt le matin, s'éloigner un peu du débarcadère et repartir en début d'après-midi pour éviter la foule. Voici les secrets d'une journée au paradis !

7 **Régler son masque pour débusquer, à Blue Bay, les habitants multicolores des fonds coralliens.**

Température idéale, courant pas trop fort, une immersion avant de lézarder sur la plage publique, avec l'île aux Deux Cocos en ligne de mire… tout un programme. *p. 154*

Bon à savoir : de belles excursions vers les îles du Sud-Est sont organisées à partir de Blue Bay.

8 **Pousser jusqu'à Gris-Gris, du côté de Souillac, et se délecter de cette superbe côte sauvage.**

Derrière un rideau de filaos, on découvre un remarquable paysage où les falaises de roches volcaniques noires subissent les assauts féroces de l'océan. Un vrai coin de Bretagne ! On peut s'en approcher en dévalant les buttes herbeuses pelées par le vent, mais à condition d'y aller en maillot : douche assurée en cas de grand vent ! *p. 160*

Bon à savoir : *au pied de la falaise s'étend une merveilleuse plage de sable fin, mais attention, baignade fortement déconseillée.*

9 **Au Morne Brabant, se laisser gagner par l'émotion devant le Monument de la Route de l'Esclave.**

Peut-on imaginer l'espoir et la tragédie qui ont régné dans cette magnifique péninsule au début du XIXe s ? Car le sommet du Morne constituait à l'époque un refuge idéal pour les esclaves en fuite, appelés « Marrons ». Aujourd'hui, un mémorial aussi sobre qu'évocateur rappelle la résistance face à l'esclavagisme dans l'île. On y découvre des pierres sculptées comme autant de tombes, qui symbolisent la liberté, la violence, la renaissance… Des noms, des visages à peine distincts, mais qu'on ne peut oublier. D'ailleurs, le Morne Brabant est classé au Patrimoine mondial de l'Unesco pour sa dimension symbolique. *p. 164*

10 **Assister au Maha Shivaratree, la plus grande fête hindoue de l'île, à Grand Bassin.**

Cette retenue d'eau naturelle entretiendrait des liens secrets avec le Gange. Voici un festival de couleurs et de ferveur et une bonne occasion de découvrir la religion hindoue. De tous les coins de l'île, les fidèles, en principe vêtus de blanc, affluent pour une procession de plusieurs jours. À la suite d'une longue marche, ils se baignent dans l'eau sacrée du bassin. p. 174

Bon à savoir : la fête se déroule en février ou en mars (date variable) et dure 4 jours, mais les préparatifs ont lieu plusieurs semaines à l'avance.

11 **Troquer ses tongs contre des chaussures de marche et randonner jusqu'aux chutes de Tamarin.**

Magnifique écrin naturel abritant 7 cascades en enfilade, au cœur d'un paysage luxuriant ! Les randonnées sont assez sportives et demandent une bonne condition physique. Le top est de partir la journée, pour voir de près l'ensemble des cascades et s'y baigner. p. 196

Bon à savoir : malgré leur nom, on n'accède aux chutes de Tamarin que depuis la bourgade de Quatre-Bornes.

12 S'immerger dans le marché de Port-Louis et s'amuser au marchandage de vêtements ou de souvenirs.

Malgré le côté éminemment touristique du lieu, on prend plaisir à parcourir les allées de ce marché légendaire, superbe lieu de vie. Si le bazar est toujours animé, le marché aux fruits et aux légumes voisin est lui aussi particulièrement haut en couleur. Et ne négligez pas les foires hebdomadaires dans les villages de l'intérieur, qui réservent toujours de bonnes surprises. *p. 80*

***Bon à savoir :** pour éviter les bouchons de Port-Louis, venir au marché plutôt le samedi matin, quand les bureaux sont fermés.*

13 Mieux comprendre l'île en allant visiter l'Aapravasi Ghat à Port-Louis.

Le site où arrivèrent tous les immigrants, premiers signataires du système de l'« engagisme ». On y découvre l'histoire de ces milliers d'Indiens qui vinrent ici chercher une nouvelle vie. Didactique et passionnant, l'Aapravasi Ghat permet de comprendre l'origine de l'incroyable mixité ethnique et sociale de Maurice. *p. 79*

***Bon à savoir :** appeler avant pour prévoir une visite guidée (gratuite), qui permet de mieux se plonger dans l'histoire de la population.*

14 **Plonger en sous-marin ou explorer le lagon en scooter subaquatique…** Voici des activités nautiques hors du commun, assez uniques dans leur genre et riches en émotion. L'occasion de se prendre pour le commandant Cousteau et James Bond réunis ! *p. 104*

Bon à savoir : *pour ces plongées un peu spéciales, contacter Blue Safari à Mont-Choisy (• blue-safari.com •) et réserver bien à l'avance en période de vacances scolaires.*

© Blue Safari

À RODRIGUES

15 **Randonner de la plage de Graviers à Saint-François en longeant les plus belles anses et criques de Rodrigues.**

Elles portent les délicieux noms de Trou d'Argent, Anse Bouteille, Anse Fémi… Une balade extraordinaire et balisée, à l'ombre des filaos. Prévoir des chaussures fermées et emporter de l'eau en quantité suffisante. Et n'oubliez pas votre maillot de bain et votre masque. Pour le retour depuis Saint-François, prendre le bus. *p. 264*

Bon à savoir : *compter 1h30-2h pour la rando complète, mais cette balade est tellement romantique qu'on peut l'organiser sur une pleine journée en poursuivant jusqu'à Pointe Coton. Prévoir alors 45 mn supplémentaires.*

© Spani Arnaud/hemis.fr

16 **Entre ciel et mer, jouer avec le vent en s'initiant au kitesurf au sud de Rodrigues, vers le spot très réputé de l'Anse Mourouk.**

Les clubs situés sur la plage proposent tous des formations pour débutants, dans le cadre idéal et sécurisant d'un lagon sans danger. L'occasion rêvée de survoler l'océan au gré du vent ! *p. 278*

17 **Faire une descente en tyrolienne au-dessus de Montagne Malgache.** Surplomber les impressionnantes ravines et le splendide panorama sur le lagon. Pour les amateurs de sensations fortes. *p. 259*

18 **Remonter l'histoire de l'île en allant rendre visite aux incroyables tortues Aldabra, à soc et Radiata dans la réserve François-Leguat.** Sœurs des tortues géantes de Rodrigues (aujourd'hui disparues), ces impressionnantes bestioles importées des Seychelles et de Madagascar sont ici comme chez elles. Visite guidée passionnante ! *p. 267*

Bon à savoir : le tour du parc aux tortues est combiné avec la visite de la Grande Caverne, une grotte splendide.

19 Le temps d'une journée, embarquer sur un bateau d'excursion pour la réserve naturelle de l'île aux Cocos.

Et se prélasser dans les eaux mirifiques, un ti-punch à la main. Avec masque et tuba, entre 2 siestes sur le sable blanc, on part à la découverte des myriades de poissons multicolores qu'abrite ce merveilleux lagon. Une excursion où l'on prend vraiment le temps de vivre à la rodriguaise. *p. 268*

20 S'initier à la polka, à la mazurka ou au kotis, dans une kermesse ou au *dancing* de Camp du Roi.

Histoire d'épater votre grand-mère au retour ! Les célèbres bals *ran zaricot* ont lieu en général le dimanche après-midi. Toutes les générations s'y retrouvent pour pratiquer ces danses anciennes dans une délicieuse ambiance. Une vraie tranche de vie et de chouettes moments de rigolade en perspective ! *p. 276*

***Bon à savoir :** ces bals se déroulent dans un lieu différent à chaque fois. Pour savoir où sera le prochain, se renseigner auprès de l'office de tourisme de Port Mathurin ou à votre hôtel.*

© Sylvio Gentil, leader du groupe traditionnel La Confiance Junior © Lemaire Stéphane/hemis.fr

ITINÉRAIRES CONSEILLÉS

À MAURICE

Une semaine dans le Nord

• **Jour 1 :** **Grand Baie,** cœur touristique du nord de l'île. On flâne dans le village avant d'aller profiter de **la plage de Pereybère** et de son ambiance villageoise. On termine par un coucher de soleil sur **l'église de Cap Malheureux.**

• **Jour 2 :** cap vers **Grand Gaube** pour visiter l'une des plus intéressantes fabriques de maquettes de bateaux. Puis incursion à l'intérieur des terres au **château de Labourdonnais,** superbe demeure du XIXe s, où l'on pourra déjeuner.

• **Jour 3 :** balade au **Bras d'Eau National Park,** à travers une belle forêt, avant d'aller se prélasser sur l'une des plus belles plages de l'île, à **Belle Mare** ou **Palmar.** Dîner à **Trou d'Eau Douce.**

• **Jour 4 :** incontournable excursion à **l'île aux Cerfs,** où l'on peut passer une bonne partie de la journée. Prévoir un pique-nique !

• **Jour 5 :** visite de **la maison Eurêka,** superbement meublée, avant d'explorer **Port-Louis et son étonnant marché,** passage obligé et bien sympathique pour tout touriste qui se respecte. Visite du **Blue Penny Museum** et de **l'Aapravasi Ghat.**

• **Jour 6 :** découverte le matin du **jardin de Pamplemousses,** pique-nique sur place (sous les flamboyants ou devant le bassin aux nénuphars !), puis visite de l'excellent site de **L'Aventure du Sucre.**

• **Jour 7 :** direction **les plages de Trou aux Biches et de Mont-Choisy,** parmi nos préférées. Si vous y êtes un dimanche, vous participerez au traditionnel pique-nique. Une journée rythmée par les baignades, la musique, les cris joyeux des enfants… et un peu de rhum.

Une semaine dans le Sud

• **Jour 1 : Mahébourg,** une ville de bord de mer encore authentique. Ne pas manquer non plus le musée d'Histoire nationale aménagé dans une ancienne demeure coloniale. L'après-midi, repos (bien mérité) sur la très belle plage de **Blue Bay** et/ou balade en bateau.

• **Jour 2 :** cap encore plus au sud vers l'étonnant **pont naturel,** puis **La Vanille Nature Park,** dédié aux crocodiles, mais aussi aux tortues géantes et aux cerfs de Java. Pour le déjeuner, on choisit entre les beignets de croco au resto du site et la table d'hôtes du **Domaine de Saint-Aubin** à proximité. Ça tombe bien, la balade digestive commence par la distillerie.

• **Jour 3 :** la côte sauvage à partir de Gris-Gris, superbe, se déroule ensuite jusqu'à l'incontournable **Morne Brabant** et au **Monument de la Route de l'Esclave.** Outre son évocation historique, le Morne Brabant abrite aussi l'une des plus belles plages publiques de l'île, certes tronçonnée en plusieurs parties par les hôtels de luxe ; c'est le moment de piquer une tête…

• **Jour 4 :** une journée où l'on boit… du café d'abord, à **Chamarel** – village fameux pour ses caféiers, que l'on atteint après quelques lacets à flanc de montagne –, allongé d'un… rhum (avec modération, *of course*) distillé à la **rhumerie de Chamarel** ; et enfin du thé, au **Domaine de Bois Chéri** (son usine et son restaurant au milieu des plantations de théiers). Entre-temps, l'itinéraire passe par la captivante découverte de la forêt d'ébène, les magnifiques paysages de la **Plaine Champagne** et **Grand Bassin,** le lieu le plus sacré de l'île pour les hindous.

• **Jour 5 :** retour sur la côte en direction de **Rivière Noire,** son environnement de toute beauté et sa belle plage de La Preneuse, puis de **Tamarin,** connu pour sa baie qui abrite des dauphins souffleurs, comme à Rivière Noire. On peut les observer depuis un bateau ou, mieux, à bord d'un kayak pour une approche plus douce. Un peu plus au nord, la station balnéaire de **Flic en Flac** possède une bien belle plage frangée de filaos et une faune marine propice à la plongée.

• **Jour 6 :** on rentre dans les terres pour se dégourdir les jambes au **Casela Nature Parks.** Faire des emplettes au grand marché de **Curepipe** (les mercredi et samedi), sinon tous les jours au marché aux fruits et légumes. Et l'on en profite pour visiter une fabrique de maquettes de bateaux, une des spécialités de l'île. À la sortie de la ville, ne pas manquer le **Domaine des Aubineaux,** une des dernières demeures coloniales de Maurice.

• **Jour 7 :** on poursuit l'exploration du cœur verdoyant avec des immersions nature dans la **vallée de Ferney,** un des rares endroits où subsiste de la forêt primaire.

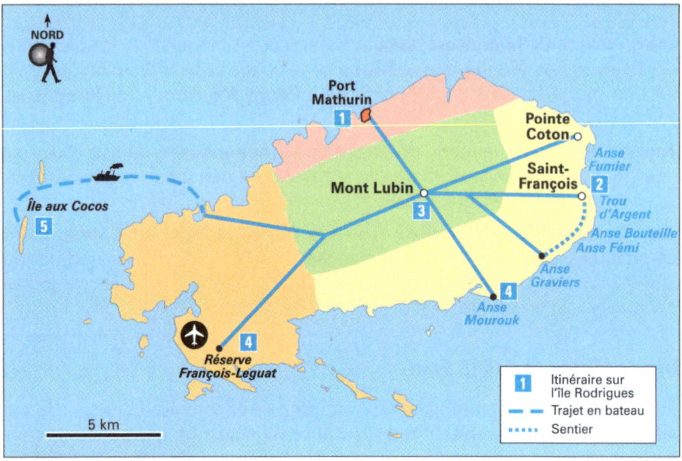

À RODRIGUES

5 jours dans l'île

• **Jour 1 :** matinée à **Port Mathurin** (essayer d'y être un samedi, jour de marché !) pour faire le plein d'achards, piments limon et miels locaux. Après-midi relax sur la plage à **Pointe Coton** ou **Anse Fumier.**

• **Jour 2 : randonnée de Graviers à Saint-François** en passant par les plus belles anses de l'île (Anse Philibert, Trou d'Argent, mais aussi Anse Bouteille et Anse Fémi). Une journée inoubliable.

• **Jour 3 : journée randonnée** avec un guide sur les sentiers méconnus du centre de l'île. Une journée différente, où les lagons ne sont jamais bien loin !

• **Jour 4 :** balade à **Anse Mourouk** dans le sud de l'île, avec pourquoi pas une initiation au kitesurf, puis après-midi à **la réserve François-Leguat** pour aller saluer les énormes tortues des Seychelles et de Madagascar.

• **Jour 5 :** excursion à la journée sur **l'île aux Cocos** (avec masque et tuba) à partir de Baie du Nord, pour profiter du lagon et de ses superbes coraux. Ne pas oublier la crème solaire bio !

SI VOUS ÊTES...

Plutôt plages

À Maurice : dans le nord de l'île, on étend sa serviette sur les plages de **Trou aux Biches et de Mont-Choisy,** toujours tranquilles. Et si l'on cherche l'animation, on va plus au nord, vers celle de **Pereybère.** Sur la côte est, on opte pour les plages de sable blanc de **Belle Mare et Palmar.** Dans le sud, évidemment la superbe anse de **Blue Bay** (près de Mahébourg), celles autour du **Morne Brabant,** la plage de **La Preneuse à Rivière Noire** et la longue bande de sable blond à **Flic en Flac.**

À Rodrigues : sans hésiter les **plages de Pointe Coton, Anse Fumier, Graviers,** mais aussi les adorables **criques de Trou d'Argent et Anse Bouteille.**

En famille

À Maurice : excursion en catamaran vers **l'îlot Gabriel** ou **l'île Plate,** farniente à **l'île aux Cerfs.** Halte au **marché de Port-Louis**, sans oublier un petit tour à la **maison Eurêka,** avec un plouf sous la cascade. Plus au sud, on plonge dans l'univers tropical de **La Vanille Nature Park** où les crocs des crocos en impressionneront plus d'un. Les petits curieux découvriront un phénomène géologique très particulier à la **vallée des Couleurs** ou **La Terre des 7 Couleurs** et dans le même coin, le **Curious Corner,** une galerie d'illusion d'optique. On s'initie à la **plongée** (la plupart des clubs acceptent les enfants à partir de 8 ans) et **on s'amuse avec les dauphins** à Rivière Noire ou à Tamarin. Les amateurs de sensations encore plus fortes peuvent même aller marcher avec les lions ou voler, suspendus à une tyrolienne, au **Casela Nature Parks.** Notez que **l'une des plus longues tyroliennes au monde** (1,5 km) se trouve à la **vallée des Couleurs** (dont on parle plus haut). On découvre comment pousse le thé au **Domaine de Bois Chéri.** Et la mer n'étant jamais loin, on alterne le tout avec des **pauses baignade,** toujours bienvenues.

À Rodrigues : une excursion à **l'île aux Cocos** et une indispensable visite au **marché de Port Mathurin** le samedi matin.

Sports

À Maurice : plongée avec bouteilles, **footing** sur les immenses plages de Belle Mare, **kayak** dans la baie de Tamarin et **randonnée** (avec guide) vers les plus hauts sommets de l'île ou les chutes de Tamarin, et même **canyoning** et **escalade,** à faire encadré par des pros.

À Rodrigues : randonner à la journée sur le sentier balisé entre Graviers et Saint-François, se procurer des sensations en glissant sur la **tyrolienne** de Montagne Malgache, en empruntant **le pont suspendu** de Cascade Pistache (on peut aussi s'élancer pour un saut pendulaire de 30 m) ou la **via ferrata** de Montagne Tonnerre. Voler au-dessus de l'eau en **kitesurf, plonger dans le lagon** avec ou sans bouteilles…

Culture

À Maurice : le **jardin de Pamplemousses** que l'on couplera avec **L'Aventure du Sucre.** À Port-Louis, l'**Aapravasi Ghat** permet de comprendre l'histoire de l'île, de même que le **Blue Penny Museum,** à compléter par un tour au marché. Parmi les vénérables demeures, on visite en priorité le **château de Labourdonnais** et la **maison Eurêka,** et les plantations, comme le **Domaine de Saint-Aubin** ou celui des **Aubineaux.** L'histoire, c'est aussi le **Monument de la Route de l'Esclave au Morne Brabant,** une évocation émouvante et indispensable de cette période. Pour en savoir un peu plus sur la culture hindoue, on s'immerge à **Grand Bassin,** un complexe religieux au cœur de l'île.

À Rodrigues : le **marché de Port Mathurin,** la **réserve François-Leguat**, le **jardin des Cinq Sens…**

Rodrigues
Tourism Office

Discover Rodrigues
Télécharger Maintenant

App Store AppGallery Google Play

Office du Tourisme de Rodrigues
Rue de la Solidarité, Port-Mathurin, Ile Rodrigues
+2308320866
info@rodriguestourismoffice.org

Interview #experienceroutard

Par la rédaction du *Routard*

Pourquoi on aime Maurice ?

Pour ses couleurs (or, vert, turquoise, bleu, blanc, noir, selon l'humeur de la mer, du ciel et de la terre) ; pour sa luminosité qui chasse la grisaille des yeux et des esprits ; pour ses communautés, cohabitant en paix, portées par une histoire souvent douloureuse, son animation dans le Nord, ses marchés dans le Centre, sa nature dans le Sud, ses vieilles demeures coloniales, ses musées, rares mais passionnants (Blue Penny et Aapravasi Ghat à Port-Louis, L'Aventure du Sucre à Pamplemousses). Parce que c'est une île qui se découvre bien au-delà de la carte postale et dont on apprécie toute la saveur au contact des Mauriciens. Pour le week-end au bord de la mer, lorsque les familles entières se retrouvent sur les quelques plages encore publiques pour le pique-nique dominical. Quelle ambiance !

Des rencontres marquantes ?

Si le gouvernement manque quelque peu d'initiatives en matière écologique alors que l'île est immanquablement touchée par le réchauffement du climat, la société civile se bouge. Des associations se créent pour protéger le littoral, le corail ou les cétacés et appréhender les richesses insulaires autrement. Hugues, grand plongeur mauricien, connu pour ses interactions uniques avec le monde sous-marin, a créé Maubydick, une ONG qui vise à étudier les cachalots croisés au large. Krish, passionné d'escalade et de sport en plein air, fait découvrir le cœur battant de l'île, ou encore Lilian qui bouture du corail pour contribuer à sa régénérescence dans le cadre de son association Action Lagon. Mais aussi tous les plongeurs passionnés et tous les amoureux de la nature, témoins de la dégradation des milieux naturels, lanceurs d'alerte et chercheurs de solutions, ensemble. Tous tentent de mieux réguler l'équilibre entre homme et nature, dans le respect et la sécurité : admirer sans perturber, s'immerger dans un environnement le plus préservé possible. Chapeau !

Les spécialités locales à goûter absolument ?

Cari, vindaye, rougaille, des noms qui chantent à l'oreille des gourmets et une raison supplémentaire pour séjourner à Maurice : la cuisine marque l'identité du pays à elle toute seule. Le poisson frais, le cerf ou le poulet peuvent être préparés à la chinoise, à la créole ou à l'indienne. On navigue de l'une à l'autre selon ses envies, le plus souvent sur la même carte. On ne s'en lasse jamais. D'ailleurs, à chacun de nos voyages, on fait le plein d'épices pour jouer les marmitons au retour.

LES QUESTIONS QU'ON SE POSE AVANT LE DÉPART

➢ Quels sont les documents indispensables pour se rendre à l'île Maurice et à Rodrigues ?

Pour les Français, les Belges et les Suisses, un ***passeport*** valable au-delà de la date envisagée du retour est exigé, ainsi qu'un ***billet de retour*** (à présenter à l'arrivée), la justification de moyens financiers suffisants et la réservation d'hôtels pour la durée du séjour. Les Canadiens doivent être munis d'un passeport valable encore 6 mois après le retour.

➢ Quelle est la meilleure période pour y aller ?

Il fait chaud toute l'année. Les températures baissent en hiver (de juin à septembre) et la période cyclonique (de janvier à mars) rend l'atmosphère chaude et humide, avec des précipitations abondantes. La meilleure période s'étend d'avril-mai à juin et de septembre à novembre.

➢ Quel budget prévoir ?

Réputée pour être une île « pour nantis », on trouve en fait de nombreuses petites locations à un prix très acceptable, autour de 2 000 roupies (Rs) pour 2 (environ 44 €) pour un petit hébergement avec cuisine. Quant aux restos, on peut très bien y manger pour 400-600 Rs (9-13 €).

➢ Comment se déplacer ?

Soit la voiture de location un jour par-ci, un jour par-là, soit le taxi avec chauffeur qui vous balade toute la journée. Attention, on roule à gauche ! Comme l'île est petite, on en a vite fait le tour. Des agences spécialisées proposent aussi des excursions à la journée.

➢ Y a-t-il des problèmes de sécurité ?

Pour trouver des gens plus affables et plus doux que les Mauriciens et les Rodriguais, il faut se lever de bonne heure ! Rien à craindre sur le plan sécurité, si ce n'est des pickpockets sur certaines plages et quelques vols dans les locations (bien fermer les fenêtres de sa chambre).

➢ Quel est le décalage horaire ?

Maurice est en avance sur la France de 3h en hiver et de 2h en été. Donc, quand il est 12h en France, à Maurice il est 15h en hiver et 14h en été.

➢ Quel est le temps de vol ?

Environ 11h de vol. Ajouter 1h30 pour rejoindre Rodrigues depuis Maurice. Certains vols passent par La Réunion. Il faut alors ajouter environ 1h30-2h au temps de vol total.

➢ Côté santé, quelles précautions ?

Aucun vaccin n'est obligatoire à l'heure où nous bouclons le guide. Être à jour de ses vaccins traditionnels. Pour la fièvre jaune, on vous demandera votre carnet de vaccination si vous venez d'un pays à risque. En cas de situation particulière, comme lors de la pandémie de Covid, consultez le site de l'ambassade de Maurice (*• mu.ambafrance.org •*), celui du ministère français des Affaires étrangères (*• diplomatie.gouv.fr •*), rubrique « Conseils aux voyageurs », et celui de votre assurance pour suivre les dernières recommandations. Prévoir un répulsif contre les moustiques.

➢ Peut-on y aller avec les enfants ?

Le rêve avec des enfants que ce soit dans l'eau (à température idéale), sur l'eau ou sur terre, il y en a pour toutes les envies de découvertes et d'expériences.

➢ Quel est le taux de change ?

On change 1 € pour environ 45 Rs mauriciennes.

➢ Quelle langue parle-t-on ?

Officiellement l'anglais, mais dans la pratique, la grande majorité des Mauriciens parlent le français au quotidien. Et bien sûr le créole.

➢ Toutes les plages sont-elles sans danger ?

Protégées par un lagon sur presque tout le pourtour de l'île, les eaux sont calmes et ne présentent, la plupart du temps, aucun danger. Attention tout de même aux coraux coupants, poissons-pierre et oursins.

➢ Peut-on pratiquer la plongée quand on est débutant ?

S'il y a un pays idéal pour s'initier à la plongée, c'est bien celui-ci ! Eaux chaudes, absence de danger, faune et flore d'une grande variété... Le pied !

➢ En quoi Rodrigues est-elle différente de l'île Maurice ?

Même si le tourisme se développe peu à peu, il reste beaucoup moins important qu'à Maurice. L'atmosphère y est tranquille, l'accueil sincère et certaines plages sont ravissantes. On vient moins à Rodrigues pour la baignade (les plages sont plus grandes à Maurice) que pour sillonner ce bout d'île et surtout aller à la rencontre des habitants.

ARRIVER – QUITTER

LES LIGNES RÉGULIÈRES

Liaisons France métropolitaine – Maurice

▲ **AIR MAURITIUS**

– Paris : 49, av. Hoche, 75002 (au 5e étage). ☎ 0890-710-315 (0,15 €/mn). • airmauritius.com • Ⓜ Charles-de-Gaulle-Étoile. Lun-ven 9h-17h30.

– À Port-Louis : ☎ 207-70-70 (résas et reconfirmation de vols). Centre d'appels : ☎ 207-75-75. • airmauritius.com • Lun-ven 8h30-16h15, sam 8h30-12h. Fermé dim.

➢ La compagnie, en partage de codes avec Air France, propose au départ de Roissy-Charles-de-Gaulle, terminal 2E, 2-3 vols/j. Connexions possibles vers La Réunion et Rodrigues.

▲ **AIR FRANCE**

– En France : rens et résas au ☎ 09-69-39-36-54 (tlj ; appel non surtaxé) ou sur • airfrance.fr •.

➢ Air France assure 1-2 vols/j. à destination de l'île Maurice, au départ de Paris-Roissy-Charles-de-Gaulle, en collaboration avec Air Mauritius. Air France permet à de nombreuses villes de province de rejoindre Paris avant de poursuivre vers l'île Maurice.

▲ **AIR AUSTRAL**

– Paris : 10-18, pl. de Catalogne, 75014 Paris. ☎ 0825-013-012 (service 0,15 €/mn + prix d'appel). • air-austral.com • Ⓜ Gaîté ou Montparnasse.

– À Port-Louis (plan Port-Louis, A1) : ☎ 260-10-45. • air-austral.com •

– En vente également dans ttes les agences de voyages.

➢ Compagnie française spécialiste de l'océan Indien basée à La Réunion, Air Austral propose des vols quotidiens (à partir de 7 vols/sem) vers l'île Maurice au départ de Roissy-Charles-de-Gaulle, via Saint-Denis de La Réunion. Les départs peuvent également se faire depuis près de 20 villes de province (grâce à l'accord Train + Air, arrivée et départ dans le même terminal CDG2, en partenariat avec la SNCF).

▲ **CORSAIR**

Rens au ☎ 39-17 (service 0,35 €/mn + prix d'appel) ou, depuis l'étranger, ☎ 00-33-1-70-39-22-10 (service et appel gratuits), sur • flycorsair.com • (paiement en ligne sécurisé).

➢ Compagnie aérienne régulière, Corsair propose en moyenne 6 vols/sem à destination de l'île Maurice au départ de Paris-Orly. Grâce au partenariat Train + Air, préacheminement possible au départ de 18 villes de province.

▲ **EMIRATES AIRLINES**

– Paris : ☎ 01-57-32-49-99. • emirates.fr • Accueil téléphonique 24h/24.

➢ La compagnie assure 3 vols/j. en A380 au départ de Paris-Charles-de-Gaulle vers Maurice via Dubaï. Également des liaisons quotidiennes depuis Lyon et Nice.

Conservez dans votre bagage cabine vos médicaments, vos divers chargeurs et appareils ainsi que vos objets de valeur (clés, bijoux...). Et, on ne sait jamais, ajoutez-y de quoi vous changer si vos bagages n'arrivaient pas à bon port avec vous.

Jet tours

Liaisons La Réunion – Maurice

▲ **AIR AUSTRAL**
– À La Réunion : ☎ 0825-013-012 (service 0,15 €/mn + prix d'appel). • reservation@air-austral.com • saintpierre@air-austral.com •
➢ La compagnie française spécialiste de l'océan Indien relie La Réunion à l'île Maurice : entre 4 et 6 vols/j. au départ de Saint-Denis et 1 vol/j. depuis Saint-Pierre. Air Austral propose également un *pass* « Îles Vanilles » offrant des avantages tarifaires sur son réseau aérien régional à tout acheteur d'un billet long-courrier vers l'océan Indien.

▲ **AIR MAURITIUS**
– À La Réunion : ☎ 02-62-94-83-83 (Saint-Denis) et ☎ 02-62-96-06-00 (Saint-Pierre).
➢ À destination de Maurice, vols quotidiens au départ de Saint-Denis.

Liaisons Maurice ou La Réunion – Rodrigues

Il n'existe pas de vol direct entre la France métropolitaine et Rodrigues. Il faut passer soit par La Réunion, soit par Maurice.

■ ***Air Mauritius :*** *☎ 831-15-58 (Port Mathurin). Également un comptoir à l'aéroport : ☎ 832-77-00.*
➢ Air Mauritius relie Maurice à Rodrigues 3-8 fois/j. Attention à l'excédent de bagages : 23 kg/pers en vol international avec connexion à Maurice, 15 kg seulement pour le vol inter-îles Maurice-Rodrigues.

➢ ***Air Austral*** relie La Réunion (au départ de Saint-Denis) à Rodrigues à raison de 1 vol/sem. Pour plus de renseignements, consultez *• air-austral.com •*

LES ORGANISMES DE VOYAGES

En France

▲ **CERCLE DES VOYAGES**
– Paris : 4, rue Gomboust (angle 31, av. de l'Opéra), 75001. ☎ 01-40-15-15-01. • cercledesvoyages.com • Ⓜ Pyramides ou Opéra. Lun-ven 9h-20h, sam 10h-18h30.
Tour-opérateur spécialiste du vrai voyage sur mesure, à destination des îles de l'océan Indien et de la Polynésie française : La Réunion, Maurice, Rodrigues, Maldives, Zanzibar... Leurs experts partageront avec vous leurs conseils pour faire de votre voyage une expérience inoubliable. Parce que chaque voyage est unique, Cercle des Voyages propose différents types de voyages : séjours, voyages au volant de votre voiture de location, combinés de plusieurs îles (La Réunion-Maurice, La Réunion-Maurice-Seychelles, Maurice-Rodrigues), voyages de noces, et un large choix d'hôtels (du *B & B* de charme à l'hôtel de luxe)... Également un service liste de mariage gratuit, et la possibilité d'organiser votre mariage sur place !

▲ **CLUB FAUNE VOYAGES**
– Paris : 50, rue de Passy, 75016. ☎ 01-42-88-31-32. • club-faune.com • Lun-ven 9h-19h.
Ce spécialiste du voyage sur mesure depuis 1985 célèbre l'hospitalité des Mauriciens et vous invite à découvrir cette île préservée. Accompagné et conseillé par un de leurs experts passionnés, vous construirez ensemble le « voyage de vos envies » et découvrirez les adresses les plus secrètes au cours d'activités et d'itinéraires soigneusement sélectionnés. Combinés possibles avec La Réunion et le Kenya.

▲ **COMPTOIR DES VOYAGES**
• comptoirdesvoyages.fr • Lun-sam 9h30-18h30.
– Paris : 2-18, rue Saint-Victor, 75005. ☎ 01-53-10-30-15. Ⓜ Maubert-Mutualité.
– Bordeaux : 26, cours du Chapeau-Rouge, 33000. ☎ 05-35-54-31-40.

– Lille : 76, rue Nationale, 59800. ☎ 03-28-04-68-20. Ⓜ Rihour.
– Lyon : 10, quai Tilsitt, 69002. ☎ 04-72-44-13-40. Ⓜ Bellecour.
– Marseille : 12, rue Breteuil, 13001. ☎ 04-84-25-21-80. Ⓜ Estrangin.
– Nice : 62, rue Giofreddo, 06000. ☎ 04-97-03-64-80.
– Toulouse : 43, rue Peyrolières, 31000. ☎ 05-62-30-15-00. Ⓜ Esquirol.

En plus de 30 ans, Comptoir des Voyages s'est imposé comme la référence incontournable du voyage sur mesure en immersion, avec plus de 90 destinations sur les 5 continents. Leurs conseillers-spécialistes construisent des voyages uniques en s'adaptant à votre budget, vos goûts et vos envies. Pour favoriser les rencontres et l'immersion dans la vie locale, ils privilégient des hébergements typiques et des expériences authentiques. Sur place, des *Welcome Hosts* francophones partagent avec vous conseils et bonnes adresses le temps d'un café. Sur votre smartphone, l'application mobile *Luciole* vous informe sur le déroulé de votre voyage, vous suggère des lieux de visite et vous guide grâce à un GPS hors connexion.
Comptoir des Voyages est membre d'Agir pour un tourisme responsable depuis 2009. Sa labellisation ATR a été renouvelée cette année par Ecocert Environnement.

▲ KAPPA CLUB

☎ 01-83-97-46-99 (coût d'un appel local). • kappaclub.fr •

Kappa Club incite les voyageurs à bronzer intelligent. Ouvert sur la découverte, le voyagiste propose près de 40 clubs dans le monde entier. En plus des prestations d'un *resort* haut de gamme, possibilité d'accès à de nombreuses sorties culturelles incluses, et élaborées par les équipes d'animation francophones en collaboration avec les populations locales, qui permettent de découvrir toutes les facettes du pays. Repas chez l'habitant, découverte de l'artisanat ou de la gastronomie, moments insolites en mer ou sur terre... À vous de composer votre programme. Pour prolonger l'expérience, l'application du même nom vous permet de découvrir la destination en toute autonomie, avec des balades hors des sentiers battus à proximité de votre hôtel.
Kappa Club est le seul tour-opérateur club en France à être labellisé « Agir pour un tourisme responsable » ; un engagement qui se traduit quotidiennement au sein des clubs.

▲ LA ROUTE DES VOYAGES

• laroutedesvoyages.com • Agences ouv lun-jeu 9h-19h (18h ven). Rdv conseillé.
– Paris : 10, rue Choron, 75009. ☎ 01-55-31-98-80. Ⓜ Notre-Dame-de-Lorette.
– Angers : 6, rue Corneille, 49000. ☎ 02-41-43-26-65.
– Annecy : 4 bis, av. d'Aléry, 74000. ☎ 04-50-45-60-20.
– Bordeaux : 19, rue des Frères-Bonie, 33000. ☎ 05-56-90-11-20.
– Lyon : 59, rue Franklin, 69002. ☎ 04-78-42-53-58.
– Toulouse : 27, rue Perchepinte, 31000. ☎ 05-62-27-00-68.

Plus de 25 ans d'expérience de voyage sur mesure sur les 5 continents ! Cette équipe de voyageurs passionnés a développé un vrai savoir-faire du voyage personnalisé : écoute, conseils, voyages de repérage réguliers et des correspondants sur place soigneusement sélectionnés avec qui ils travaillent en direct. Son engagement à promouvoir un tourisme responsable se traduit par des possibilités de séjours solidaires à insérer dans les itinéraires de découverte individuelle. Elle a aussi créé un programme de compensation solidaire qui permet de financer des projets de développement locaux.

▲ TERRE VOYAGES

– Paris : 28, bd de la Bastille, 75012. ☎ 01-44-32-12-80. • terre-voyages.com • Ⓜ Bastille. Lun-ven 9h-18h30, sam 10h-18h.

Leurs créateurs de voyages sont des experts des pays proposés, car tous natifs ou passionnés de leur destination. Ils sauront écouter vos attentes pour créer un voyage sur mesure pour répondre à vos envies de découverte et vous proposeront une approche authentique de la culture et de la population mauriciennes dans le respect de

l'environnement naturel et au juste prix. Pour tous les voyageurs qui attendent d'une échappée lointaine plus qu'une simple visite, mais, au contraire, une véritable connaissance et un apprentissage responsable des différentes facettes de l'île Maurice, Terre Voyages est le spécialiste qu'il leur faut.

▲ VOYAGEURS DU MONDE
Voyageurs dans les îles
• voyageursdumonde.fr •
– Paris : La Cité des Voyageurs, 55, rue Sainte-Anne, 75002. ☎ 01-42-86-16-39. Ⓜ Opéra ou Pyramides. Lun-sam 9h30-19h. Avec une librairie spécialisée sur les voyages.
– Également des agences à Bordeaux, Grenoble, Lille, Lyon, Marseille, Montpellier, Nantes, Nice, Rennes, Rouen, Strasbourg et Toulouse. Également à Bruxelles, Genève, Lausanne, Montréal et Québec.
Parce que chaque voyageur est différent, que chacun a ses rêves et ses idées pour les réaliser, Voyageurs du Monde conçoit, depuis plus de 30 ans, des projets sur mesure. Les séjours proposés sur 120 destinations sont élaborés par leurs 180 conseillers voyageurs. Spécialistes par pays, et même par région, ils vous aideront à personnaliser les voyages présentés à travers une trentaine de brochures d'un nouveau type et sur le site internet où vous pourrez également découvrir les hébergements exclusifs et consulter votre espace personnalisé. Au cours de votre séjour, vous bénéficiez des services personnalisés Voyageurs du Monde, dont la possibilité de modifier à tout moment votre voyage, l'assistance d'un concierge local, la mise en place de rencontres et de visites privées, et l'accès à votre carnet de voyage via une application iPhone et Android.
Voyageurs du Monde est membre de l'association ATR (Agir pour un tourisme responsable) et a obtenu sa certification tourisme responsable AFAQ AFNOR.

> Voir aussi au sein de chaque ville les agences locales que nous avons sélectionnées.

Comment aller à Roissy et à Orly ?
Toutes les infos sur notre site *• routard.com •* à l'adresse suivante : *• bit.ly/paris_aeroports •*

En Belgique

▲ CONNECTIONS
Rens et résas : ☎ 070-233-313. • connections.be •
Fort d'une expérience de plus de 20 ans dans le domaine du voyage, Connections dispose d'un réseau de 32 *travel shops* dont une à l'aéroport de Bruxelles.
Connections propose des vols dans le monde entier à des tarifs avantageux et des voyages destinés à des voyageurs désireux de découvrir la planète de façon autonome, grâce à une gamme complète de produits : hébergements, locations de voitures, autotours, vacances sportives, excursions...

▲ PAMPA EXPLOR
– Bruxelles : av. du Parc, 10, 1060. ☎ 02-340-09-09. • pampa.be • Lun 13h-19h, mar-ven 10h-19h ; sam sur rdv 10h-18h.
Spécialiste des voyages « à la carte », Pampa Explor propose plus de 70 % de la « planète bleue », selon les goûts, attentes, centres d'intérêt et budgets de chacun. Pampa Explor privilégie des découvertes authentiques et originales, pour ceux qui apprécient la jungle et les Pataugas ou ceux qui préfèrent les voyages de luxe. En individuel ou en petits groupes, mais toujours « sur mesure ».

▲ VOYAGEURS DU MONDE
– Bruxelles : chaussée de Charleroi, 23, 1060. ☎ 02-543-95-50. • voyageursdumonde.be •
Le spécialiste du voyage en individuel sur mesure. Voir texte dans la partie « En France ».

En Suisse

▲ JERRYCAN VOYAGES
– Genève : rue Sautter, 11, 1205. ☎ 022-346-92-82. • jerrycan-voyages.ch • Lun-ven 9h-12h30, 13h30-18h.
Tour-opérateur de la Suisse francophone spécialisé sur l'Afrique, l'Asie,

l'Amérique latine et les îles. Il propose des circuits individuels et sur mesure. L'équipe connaît bien son sujet et peut construire un voyage à la carte.

▲ ROUTE DES VOYAGES

Infos et résas : ☎ 078-400-83-94. • laroutedesvoyages.com • Rdv par tél.

Voir texte dans la partie « En France ».

▲ VOYAGEURS DU MONDE

• voyageursdumonde.ch •

– Genève : rue de la Rôtisserie, 19, 1204. ☎ 022-519-12-10. Lun-ven 9h30-19h, sam 9h30-18h30.

– Lausanne : rue du Bourg, 6, 1003 (au 2e étage). ☎ 021-519-10-65. Lun-ven 9h-18h30 ; sam sur rdv uniquement.

Le spécialiste du voyage en individuel sur mesure. Voir texte dans la partie « En France ».

Au Québec

▲ EXOTIK TOURS

Rens sur • exotiktours.com • ou auprès de votre agence de voyages.

Exotik Tours offre une importante programmation en été comme en hiver sur la Méditerranée et l'Europe, mais aussi des séjours plus lointains et notamment sur l'île Maurice.

ÎLE MAURICE UTILE

ABC de l'île Maurice

- ***Superficie :*** 2 050 km² (avec les dépendances). À la louche : 65 km sur 48 juste pour l'île Maurice.
- ***Population :*** 1 300 000 hab.
- ***Capitale :*** Port-Louis.
- ***Dépendances :*** île Rodrigues, Agaléga et Saint-Brandon.
- ***Langues :*** anglais, français, créole, bhojpuri, hindi, tamoul, telugu, urdu, hakka.
- ***Point culminant :*** piton de la Petite Rivière Noire (828 m).
- ***Monnaie :*** roupie mauricienne (Rs).
- ***Régime :*** démocratie parlementaire.
- ***Chef de l'État :*** Barlen Vyapoory, depuis 2018.
- ***Premier ministre :*** Pravind Jugnauth, depuis 2017.
- ***Devise :*** « L'étoile et la clé de l'océan Indien. »
- ***Drapeau :*** quadricolore, rouge (représentant le flamboyant ou le sang des esclaves), bleu (la mer), jaune (le soleil) et vert (la végétation).
- ***Salaire mensuel moyen d'un salarié :*** environ 33 800 Rs (751 €).
- ***Espérance de vie :*** 74 ans.
- ***Indice de développement humain (espérance de vie, éducation, niveau de vie) :*** 0,802. Rang mondial : 63e sur 191 pays et 1er des États africains.
- ***Nombre de kilomètres de côtes :*** 330 km.

AVANT LE DÉPART

Adresses utiles

Offices de tourisme

Il n'y a pas d'accueil public, que ce soit en France ou dans les pays francophones. On peut néanmoins obtenir des informations par téléphone, e-mail et grâce au site officiel ● *mymauritius.travel/fr* ●

– ***En France :*** *☎ 01-53-25-12-07. ● ilemaurice@interfacetourism.com ● Lun-ven 9h30-18h (17h ven).*

– ***En Suisse :*** *☎ 044-286-99-14. ● mauritius-switzerland@aviareps.com ● Lun-ven 9h-12h, 14h-17h.*

Ambassades de la république de Maurice

– ***À Paris :*** *127, rue de Tocqueville, 75017. ☎ 01-42-27-30-19. ● paris@amb-maurice.fr ● T3b : Porte-d'Asnières. Ⓜ Wagram. Accueil tél lun-ven 9h-13h, 14h-16h30. Service consulaire lun-ven 9h-12h30, sur rdv uniquement.*

– ***À Bruxelles :*** *rue des Bollandistes, 68, Etterbeek, 1040. ☎ 02-733-99-88. ● ambsecmauritius@gmail.com ●*

Service consulaire lun-ven 10h30-12h30, sur rdv.
– ***À Genève :*** *rue de Vermont, 37-39, 1211. ☎ 022-734-85-50. • consul@bluewin.ch • mauritius-geneva.govmu.org • Lun-ven 9h30-12h30.*
– ***Au Canada :*** ni ambassade ni consulat de l'île Maurice. Les ressortissants étrangers ayant besoin d'un visa doivent contacter l'ambassade aux États-Unis.
■ ***Mauritius Embassy :*** *1709 N Street, NW Washington DC 20036. ☎ (00-1) 202-244-14-91 ou 92. • mauritius.embassy@verizon.net •*

Formalités

– Pour tous, un ***passeport*** valable au-delà de la date envisagée du retour est exigé. À l'immigration, en arrivant à Maurice, il faut officiellement présenter un ***billet de retour,*** pouvoir justifier de ***moyens financiers suffisants,*** d'une (ou des) ***réservation(s) d'hôtel ou de location pour toute la durée du séjour.*** Infos sur *• passport.govmu.org •,* onglet « Travel Info ».
Les ***mineurs*** doivent être munis de leur propre passeport. Pour les enfants qui voyagent sans responsable légal, chaque pays a mis en place sa propre régulation. Ainsi, ***les mineurs français*** doivent être munis d'une ***autorisation de sortie du territoire,*** d'un passeport, d'un formulaire signé par l'un des titulaires de l'autorité parentale et de la photocopie de la pièce d'identité du parent (ou responsable) signataire. Renseignements auprès des services de votre commune et sur *• service-public.fr •*
– ***La durée de séjour autorisée s'élève à 3 mois.*** Pour prolonger jusqu'à 6 mois maximum, la demande de visa (gratuite) s'effectue à Port-Louis, auprès du Bureau des passeports et de l'immigration (voir ci-après). On vous demandera une copie du passeport, votre billet de retour, une lettre d'hébergement (ou une réservation d'hôtel), un formulaire à remplir (à télécharger sur leur site) et de pouvoir justifier d'un compte en banque suffisamment provisionné.
– Pensez à prendre votre ordonnance en cas de traitement.

■ ***Bureau des passeports et de l'immigration :*** *Sterling House, 9-11, rue Lislet-Geoffroy,* **Port-Louis.** *☎ (00-230) 260-20-73. • piomain@govmu.org • passport.govmu.org • Lun-ven 9h-15h.*

– ***En cas de situation particulière*** (comme ce fut le cas pendant la pandémie de Covid), restez informé sur *• interieur.gouv.fr •,* le site de l'ambassade de France à Maurice *(• mu.ambafrance.org •),* ou celui du ministère français des Affaires étrangères *(• diplomatie.gouv.fr •),* rubrique « Conseils aux voyageurs ». N'hésitez pas non plus à contacter votre compagnie aérienne ou votre agence de voyages.

Avant de partir, pensez à scanner passeport, carte de paiement et *vouchers* d'hôtel. Ensuite, adressez-les-vous par e-mail. Ou prenez-les en photo. En cas de perte ou vol de vos documents, rien de plus facile pour les récupérer. Les démarches administratives seront bien plus rapides.

Douane

Il est interdit d'être en possession de papier à rouler pour cigarettes, ou d'importer une cigarette électronique. Les sacs en plastique sont aussi prohibés sur l'île (couverts et pailles également).

Assurances voyages

■ ***Routard Assurance :*** *AVI International, Le Colisée Gardens, 10 avenue de l'Arche, CS 70126, 92419 Courbevoie Cedex.* Ⓜ *La Défense.* Enrichie au fil des années par les retours des lecteurs, Routard Assurance reste l'assurance voyages de référence des globe-trotters. Tout y est inclus, même les soins liés à la Covid : frais médicaux, assistance rapatriement, bagages, responsabilité civile... Avant votre départ, appelez AVI pour un conseil personnalisé. À la recherche d'une attestation Covid ? Vous la recevrez automatiquement après chaque souscription. Besoin d'un avis médical, d'une prise en charge dans un hôpital ? Le plateau d'assistance AVI dispose d'un vaste réseau médical à travers le monde 24h/24 pour une réponse en temps réel. De simples frais de santé en voyage ? Téléchargez vos factures depuis l'espace assuré AVI, ils vous remboursent sous une semaine.

■ ***AVA (Assurance Voyages et Assistance) :*** *25, rue de Maubeuge, 75009 Paris.* ☎ *01-53-20-44-20.* • *ava.fr* • Ⓜ *Cadet.* Un autre courtier fiable pour ceux qui souhaitent s'assurer en cas de décès-invalidité-accident lors d'un voyage à l'étranger, mais surtout pour bénéficier d'une assistance rapatriement, perte de bagages et annulation. Attention, franchises pour leurs contrats d'assurance voyages.

■ ***Pixel Assur :*** *18, rue des Plantes, BP 35, 78601 Maisons-Laffitte.* ☎ *01-39-62-28-63.* • *pixel-assur.com* • *RER A : Maisons-Laffitte.* Assurance de matériel photo et vidéo tous risques (casse, vol, immersion) dans le monde entier. Devis en ligne basé sur le prix d'achat de votre matériel. Avantage : garantie à l'année.

Site utile

• ***routard.com*** • Le site de voyage nº 1, avec près de 250 000 membres et plusieurs millions d'internautes chaque mois, ainsi que 600 000 abonnés sur Instagram et Facebook. Pour s'inspirer et s'organiser, près de 300 guides destinations actualisés, avec les infos pratiques, les incontournables et les dernières actus, ainsi que les reportages terrain et idées week-end de la rédaction. Partagez vos expériences avec la communauté des voyageurs : forums avec avis et bons plans, carnets de route et photos de voyage. Et retrouvez les meilleurs prix pour réserver vos voyages, vols, hébergements, voitures et activités.

– ***Bon à savoir :*** entre 2 millésimes, des événements fortuits (formalités, taux de change, catastrophe naturelle, conditions d'accès aux sites, fermetures inopinées, etc.) peuvent intervenir et modifier vos projets de voyage ou de visite. Pour éviter les déconvenues, nous vous recommandons de consulter la rubrique « Inspirations » par destination et cliquer sur l'onglet « Actus ».

ARGENT, BANQUES, CHANGE

Monnaie

La monnaie locale est la ***roupie mauricienne,*** avec des coupures de 25, 50, 100, 200, 500, 1 000 et 2 000 roupies, ainsi que des pièces de 5, 10 et 20 roupies. Elle se divise en centimes, les « sous » (5, 10, 20 et 50 sous). L'abréviation est « Rs ». Évitez les billets de 2 000 Rs, de plus en plus sont contrefaits.

Taux de change

En 2023, 1 € s'échangeait contre environ 45 Rs (1 roupie = environ 0,02 €).

Banques et bureaux de change

Aucun problème pour changer des euros sur place : banques et bureaux de change se trouvent dans toutes les villes importantes.

Les changeurs privés proposent en général un taux légèrement meilleur que les banques, toujours sans commission. Vérifiez tout de même le reçu et recomptez l'argent remis.
Notez que l'on peut souvent payer cash en euros (hôtels, restaurants, activités sportives...). Il suffit de se mettre d'accord sur le taux. Pensez à emporter suffisamment de liquide !
– ***Horaires d'ouverture des banques :*** du lundi au vendredi de 9h à 15h (parfois 17h). Dans les secteurs touristiques, les bureaux de change sont ouverts en général le samedi matin et parfois les dimanche matin et jours fériés.

Cartes de paiement

Avertissement

Si vous comptez effectuer des retraits d'argent aux distributeurs, il est ***très vivement conseillé d'avertir votre banque avant votre départ*** (pays visité et dates). En effet, ***votre carte peut être bloquée dès le 1er retrait*** pour suspicion de fraude. C'est de plus en plus fréquent. Bonjour les tracasseries administratives pour faire rentrer les choses dans l'ordre, et on se retrouve vite dans l'embarras !

Les cartes de paiement sont acceptées dans la plupart des hôtels, dans certains restos, stations-service et boutiques. Pas de problème pour trouver des guichets automatiques acceptant la plupart des cartes de paiement.
À ce propos, quand vous partez à l'étranger, pensez à relever le plafond de retrait aux distributeurs et pour les paiements par carte, quitte à le faire rebaisser à votre retour. Bien utile quand on loue une voiture.
Afin d'éviter les frais lors de chaque paiement ou retrait en dehors de la zone euro, ***certaines banques offrent la gratuité des retraits*** dans leurs propres distributeurs (DAB) dans le monde entier (comme *HSBC,* pour ses clients) ou dans les banques avec qui elles ont un accord selon les pays (se renseigner avant le départ). Les néobanques comme *Max, My French Bank, Revolut* ou *N26* proposent des cartes gratuites qui ne facturent aucune commission pour les paiements et retraits. Les banques en ligne *Boursorama* et *Fortuneo* proposent elles aussi ce type de cartes gratuites (carte *Ultim* et carte *Fosfo*) permettant à la fois de payer en devises et d'en retirer sans frais. Renseignements sur le site internet de chaque banque.
À noter également que certaines banques mauriciennes prélèvent des frais de transaction parfois prohibitifs à l'occasion de paiements effectués depuis l'Europe (lors du règlement d'un acompte de séjour, par exemple). Se renseigner avant.
Avant de partir, notez bien le numéro d'opposition propre à votre banque (il figure souvent au dos des tickets de retrait, sur votre contrat, ou à côté des distributeurs de billets), ainsi que le numéro à 16 chiffres de votre carte. Bien entendu, conservez ces informations en lieu sûr et séparément de votre carte.
Et surtout, n'oubliez pas aussi de VÉRIFIER LA DATE D'EXPIRATION DE VOTRE CARTE BANCAIRE avant votre départ !

Petite mesure de précaution : si vous retirez de l'argent dans un distributeur, utilisez de préférence les distributeurs attenants à une agence bancaire. En cas de pépin avec votre carte (carte avalée, erreurs de code secret...), vous aurez un interlocuteur dans l'agence, pendant les heures ouvrables.

Besoin urgent d'argent liquide

Vous pouvez être dépanné en quelques minutes grâce au système ***Western Union Money Transfer*** (● westernunion.com ●). L'argent vous est transféré en moins de 1h. La commission, assez élevée, est payée par l'expéditeur. Possibilité d'effectuer un transfert auprès d'un des bureaux *Western Union* ou, plus rapide, en ligne, 24h/24 par carte de paiement (*Visa* ou *MasterCard*).
Même principe avec ***MoneyGram*** (● moneygram.fr ●). Transfert en ligne sécurisé, en moins de 1h.
Dans tous les cas, se munir d'une pièce d'identité. Toutefois, en cas de perte/vol de papiers, certains organismes permettent de convenir d'une question/réponse type pour pouvoir récupérer votre argent. Chacun de ces organismes possède aussi des applications disponibles sur téléphone portable. Consulter les sites internet pour connaître les pays concernés, les conditions tarifaires et trouver le correspondant local le plus proche.

ACHATS

Avant tout, il faut fréquenter ***les marchés.*** Ceux qui ont lieu tous les jours, bien sûr (Curepipe, Port-Louis...), pittoresques et chaleureux, mais aussi les foires hebdomadaires (comme celles de Mahébourg et de Quatre-Bornes) où l'on dégote toutes sortes de jolies choses. Si le textile (T-shirts, polos, pantalons et paréos) est souvent de qualité modeste, on s'attardera sur les ***nappes de Madagascar*** brodées de personnages, mais aussi sur les paniers, jeux en bois, sets de table, vannerie... Plein de petits cadeaux pas chers à rapporter aux amis.
Rayon ***alimentation,*** n'oublions pas le carry, les piments vendus en sachet, le sel de Tamarin (de très bonne qualité), le sucre (une quinzaine de variétés !), le thé à la vanille, le café de Chamarel, le rhum (vanille, épicé ou blanc), les fameux gâteaux de la biscuiterie *Rault* (une curiosité, aux environs de Mahébourg). Ne pas hésiter à se rendre dans les supermarchés (les *Super U* sont bien approvisionnés). C'est triste à dire, mais les épices vendues dans les supermarchés sont moins chères que celles proposées sur le marché de Port-Louis. Même chose pour le rhum. Le charme en moins certes.
On peut aussi acheter des pierres précieuses ou semi-précieuses non serties provenant d'Afrique du Sud et taillées à l'île Maurice, notamment dans les magasins *Adamas* à Grand Baie, au *Caudan Waterfront* de Port-Louis ou encore à Floréal. Mieux vaut s'y connaître !
- ***Horaires des magasins :*** ils ferment en général le jeudi après-midi et le dimanche (sauf à Port-Louis, où ils ferment le samedi après-midi dans le centre-ville, mais pas au *Caudan Waterfront*).
- ***Remboursement des taxes :*** les étrangers ne sont pas soumis aux taxes locales (environ 15 %). Certains magasins agréés vous donneront une facture spéciale que vous devez présenter à l'aéroport *(tax refund)* pour obtenir le remboursement.

Les maquettes de bateaux

C'est à la fin des années 1960 que tout commença. L'ambassadeur de France proposa à un artisan, José Ramar, de réaliser pour l'ambassade une maquette de bateau d'après les plans qu'il lui apportait. Encouragé par le résultat, José Ramar monta sa petite société. Dès lors, plusieurs dizaines de fabriques de maquettes virent le jour. C'est désormais le grand truc à Maurice. Les Mauriciens sont vraiment doués pour ce travail de précision. Chapeau ! Mais, attention, tous les fabricants ne sont pas aussi soigneux.
Comment s'y retrouver ? Curepipe dans le Centre et Goodlands dans le Nord concentrent la majorité des ateliers. On y applique parfois la division du travail : un

ouvrier s'occupe de telle partie de la coque, un autre des canons, un autre encore du gréement et ainsi de suite, les travaux les plus délicats comme le cordage étant souvent effectués par des femmes. Ces fabriques produisent des maquettes d'une belle qualité artisanale. D'autres ateliers, plus modestes, familiaux, s'en tirent bien aussi ; on en trouve à Mahébourg, par exemple.

Quelques précisions et mises en garde

Les maquettes sont superbes, mais attention à l'achat impulsif ! Voici quelques infos.
– Ne pas acheter dans la 1re fabrique. Il est conseillé d'en voir plusieurs avant de se décider. Petit à petit, on évalue mieux la qualité du travail et des finitions. Et l'on sait aussi plus précisément ce que l'on veut.
– Ne pas se laisser emballer par les gros modèles. Dans l'ambiance locale, on est prêt à se lancer, avec l'appui des vendeurs. Toujours se poser la question : « Où vais-je la mettre ? Cette maquette a-t-elle sa place quelque part chez moi ? Qui va faire la poussière ? »
– Il se peut que, de retour en France, le bardage de bois des flancs des bateaux se décolle à cause de la différence d'hygrométrie et du chauffage qui dessèche le bois. Ce n'est pas systématique, mais ça arrive. Autant être prévenu.
– Bien savoir ce que l'on désire : la plupart des gens ne voient pas la différence entre une excellente maquette et une réalisation moyenne. Ce qu'il faut bien sûr éviter, c'est de payer la 2de au prix de la 1re. Et ça arrive souvent. Bref, essayez de préciser pour vous-même votre niveau d'exigence et votre budget, histoire de ne pas vous laisser embarquer sur les eaux tumultueuses des dépenses démesurées.
– Et le transport ? Sur ce point, on ne peut que louer l'habileté de la plupart des vendeurs. Les maquettes sont généralement emballées avec beaucoup de soin dans une mousse, le tout recouvert de papier, d'un film plastique (important en cas d'ondée intempestive) et doté d'une poignée. À condition de ne pas jouer des maracas, le bijou fera un voyage sans encombre.

Prix, frais de port et taxes

Importants, les taxes et les frais de port ! Ils sont légion ceux qui font une tête de 6 pieds de long quand on leur annonce le tarif de fret. Quand la maquette est de taille à tenir dans un sac plastique d'environ 60 x 50 cm, on vous laissera la passer en bagage de cabine. Toutefois, il n'existe pas de règles strictes en la matière, la décision finale revenant aux compagnies aériennes, qui ont tendance à devenir de moins en moins tolérantes, en n'autorisant plus qu'un seul bagage à main.
La maquette peut partir en soute (moyennant un supplément bagage d'environ 100 $ vers l'Europe) si les dimensions totales (longueur + largeur + hauteur) n'excèdent pas 158 cm. Au-delà, mais sans dépasser 300 cm, il s'agit alors d'un bagage hors format soumis à un supplément de... 325 € vers l'Europe ; l'expédition ne pourra se faire que par avion-cargo. Ça finit par revenir cher ! Notez que ces règles s'appliquent à tous les bagages de ce gabarit, maquette ou autre. Infos régulièrement mises à jour sur le site : • *airmauritius.com/fr/bagages/supplementaires* •
2de étape, la douane française. Au-delà d'une somme équivalente à 430 €, il faudra acquitter un droit de douane et la TVA. Plus d'infos sur • *douane.gouv.fr* • (rubrique « Particulier », « Informations générales »).
Mieux vaut connaître tous ces points avant tout achat, histoire d'évaluer financièrement où cela vous mène. Bien évidemment, les fabricants ne crient pas ces infos sur les toits, ils ont même tendance à fortement les minimiser. Mais comme tout cela change chaque année, bien se renseigner sur place. Voilà ! Bons achats, les amis ! Par ailleurs, inutile de présenter une facture au rabais (que certains magasins sont prompts à vous établir), car les douaniers mauriciens et réunionnais possèdent une liste des prix de chaque modèle par magasin. Pas la peine de risquer une amende pour fausse déclaration de valeur en douane.

Les modèles proposés

Certaines fabriques proposent jusqu'à une cinquantaine de modèles. Les Français étant de gros clients, on trouve des toulonnaises, des thoniers, des langoustiers, parfois la *Belle Poule* et souvent le *Saint-Géran,* qui s'échoua au milieu du XVIIIe s au large de l'île d'Ambre sur la côte est de Maurice. Les superbes bateaux américains du début du XXe s sont aussi à l'honneur, ainsi que de nombreux vaisseaux anglais et français de la fin du XVIIIe s-début du XIXe s ayant participé aux grandes batailles navales, notamment celles de Vieux Grand Port. Quelques demi-coques également, toujours élégantes, où l'on retrouve les voiliers racés de l'America's Cup, les *Penduick* ou encore l'*Endeavour.* Et si d'aventure vous ne trouviez pas votre bonheur dans cette liste déjà bien étoffée, la plupart des grands maquettistes acceptent tout type de commande. Il suffit de fournir les plans du bateau désiré, des photos éventuellement, qu'il s'agisse du célèbre *Belem* ou du simple dériveur familial et de convenir des délais et du tarif.

Les vêtements de grandes marques

En quelques années, l'île Maurice est devenue le paradis du shopping, avec ses vêtements de marques vendus à prix sacrifiés, comme on dit.

Quelles marques acheter ?

Achetez les marques locales : *Harris Wilson, IV Play, Habit, Island Style, Pardon, Et Dieu créa la femme, Équateur* et, pour les articles en cuir, le très chic *Hémisphère Sud.*
– **Attention aux contrefaçons :** méfiance, car la situation a beaucoup évolué ces derniers temps. Si certaines grandes marques possèdent effectivement des usines à Maurice et écoulent leurs produits sur le marché national, ce n'est absolument pas le cas de *Hugo Boss, Kenzo* et autres *Dolce & Gabbana.* Ces enseignes, plus ou moins tolérantes pendant longtemps, font désormais la guerre aux contrefaçons. Ne vous laissez pas berner par les faux certificats d'authenticité placardés en devanture de certains revendeurs. La marque *Ralph Lauren* a ainsi gagné tous ses procès et n'est désormais plus officiellement en vente sur l'île. De même, les étalages à la sauvette revendent souvent des faux. Et puis sachez enfin que la douane française est sans pitié pour les importateurs de ces imitations.

BUDGET

L'île Maurice a la réputation d'être une destination chère, essentiellement à cause du billet d'avion. Là, pas grand-chose à faire pour échapper à la douloureuse, à moins de s'y prendre bien à l'avance.
Mais une fois sur place, contrairement à l'idée reçue, on peut parfaitement se loger et se nourrir à des prix raisonnables – et même carrément bon marché comparé au coût de la vie en Europe. Pas d'illusions néanmoins : il n'y a toujours pas de camping dans l'île.
Attention, il existe une ***TVA de 15 %*** (voir la rubrique « Pourboire et taxe »). En général, elle est déjà incluse dans les prix affichés par les hôtels. En revanche, c'est rarement le cas pour les restaurants des catégories « Chic », notamment.

Logement

Réservation directe, par Internet ou par le biais d'une agence ? Tout dépend du type d'hébergement : pour les complexes hôteliers importants, les grands hôtels, qui fonctionnent essentiellement sous forme de « packages », il peut être intéressant de passer par le biais d'une agence. En effet, les prix négociés sont souvent bien meilleurs que ce que l'on vous proposera sur place. Ne pas hésiter à comparer. De plus en plus d'hôtels fonctionnent sur le système du « tout inclus ». On ne conseille pas cette formule pour 2 raisons : si la nourriture de l'hôtel est banale, on s'en lasse très vite et on est piégé. Par ailleurs, le fait d'aller prendre ses repas à l'extérieur est une bonne manière d'aller au contact des Mauriciens et de faire vivre les familles qui tiennent les petits restos populaires. Ces dernières années, de nombreux restos ont fermé précisément à cause du développement des « tout inclus ». La formule intermédiaire, la demi-pension, est un bon compromis. Sinon, de plus en plus d'hébergements sont équipés d'une cuisine. Parfait pour fréquenter les marchés et se préparer un petit repas.

Ceux qui veulent décider de leur hébergement une fois sur place, de visu, doivent savoir que les grands hôtels, qui friment pas mal, sont souvent prêts à rabattre leurs prix de 10 ou 20 % (et plus à certaines périodes) si on le leur demande gentiment. Jetez également un œil aux promos ou aux ventes flash sur Internet. Ces hôtels sont d'ailleurs rarement complets en dehors des quelques pics comme le Nouvel An. Mais réserver au dernier moment sur place comporte un vrai risque, sans garantie que vous obteniez de meilleurs tarifs que par Internet.

Enfin, pour être complet, sachez que la plupart des établissements (excepté ceux des catégories « Bon marché » et « Prix modérés », en principe) pratiquent des ***prix haute et basse saisons.*** Grosso modo, la haute saison débute en octobre-novembre et s'achève en mars-avril. Au mois d'août, les prix se musclent parfois à nouveau un peu. Coup de bambou supplémentaire pour les fêtes de fin d'année (approximativement du 20 décembre au 10 janvier).

Si vous voulez profiter des ***réductions offertes aux lecteurs*** du *Routard,* bien noter qu'elles sont ***valables uniquement pour des résas en direct.***

Rappel : en 2023, 1 € valait environ 45 Rs (et 1 Rs environ 0,02 €).

La base de calcul est une chambre ou un bungalow pour 2 personnes pour une nuit. Nous indiquons souvent une fourchette de prix qui correspond à une variation selon le confort et la saison.

À noter que les fourchettes de prix des rubriques ci-dessous peuvent varier un peu à la hausse pour le nord-ouest et nord-est de l'île.

- ***Bon marché :*** moins de 1 200 Rs (27 €).
- ***Prix modérés :*** 1 200-2 000 Rs (27-44 €).
- ***Prix moyens :*** 2 000-3 200 Rs (44-71 €).
- ***Chic :*** 3 200-5 000 Rs (71-111 €).
- ***Plus chic :*** 5 000-8 000 Rs (111-177 €).
- ***Beaucoup plus chic :*** plus de 8 000 Rs (177 €).

Nourriture

Le plus petit poste budgétaire. La richesse des cultures et le brassage qui en découle font que n'importe quel type de restaurant (qu'il soit à dominante créole, indienne, européenne ou chinoise) propose bien souvent des plats de la culture voisine. Ainsi, même dans un resto aux prix relativement élevés, on pourra déguster un bon *mine frit* chinois, le plat le moins cher qui soit, et le plus revigorant.

Nous indiquons les prix d'un ***plat.***

- ***Bon marché :*** moins de 400 Rs (9 €).
- ***Prix moyens :*** 400-600 Rs (9-13 €).
- ***Chic :*** 600-1 000 Rs (13-22 €).
- ***Plus chic :*** plus de 1 000 Rs (22 €).

La nourriture est le budget le plus compressible. Aussi, en choisissant un hébergement avec cuisine, vous serrerez encore les cordons de votre bourse, vu que les produits locaux ne coûtent pas bien cher.

Recommandation à ceux qui souhaitent profiter des réductions et avantages proposés dans le *Routard* par les hôteliers et les restaurateurs.

À l'hôtel, pensez à les demander **au moment de la réservation** ou bien lors de votre **arrivée.** Ils ne sont valables que pour les réservations en direct et non cumulables avec d'autres offres promotionnelles (notamment sur Internet). Au restaurant, parlez-en **au moment** de la commande et surtout **avant** que l'addition soit établie. Poser votre *Routard* sur la table ne suffit pas : le personnel de salle n'est pas toujours au courant et une fois le ticket de caisse imprimé, il est souvent difficile de modifier le total. En cas de doute, montrez la notice relative à l'établissement dans ***Le Routard* de l'année** et, bien sûr, ne manquez pas de nous faire part de toute difficulté rencontrée.

CLIMAT

Ici, c'est l'hémisphère sud, les saisons sont donc inversées. Mais comme nous sommes sous les tropiques, grosso modo, il y fait beau toute l'année. La chaleur est toujours agréable, jamais insupportable grâce à l'alizé venu du sud-est.
On trouve malgré tout une saison hivernale de juin à septembre (entre 17 °C la nuit et 25 °C la journée). C'est une saison très agréable. Les plus fortes pluies et les températures les plus élevées se situent entre janvier et mars, voire avril (de 25 à 35 °C), en raison du réchauffement climatique. Il faut savoir qu'il pleut plus sur la côte est que sur la côte ouest. Par exemple, les régions de Mahébourg et de Trou d'Eau Douce sont plus arrosées (et ventées) que Grand Baie et Trou aux Biches, surtout en hiver. Le taux d'humidité tourne autour de 75 à 80 %, ce qui n'a rien de pénible.
– En résumé, les mois idéaux pour séjourner sont mai, juin, septembre, octobre et novembre, mais aucune période n'est à proscrire.
– Il fait jour de 6h à 18h en hiver et de 5h à 19h en été.
– ***Les cyclones :*** le principal sujet d'inquiétude. L'île Maurice, comme les îles voisines, est sujette aux cyclones. L'été, les mers chaudes confrontées aux courants d'air frais engendrent des formations nuageuses, parcourues de vents violents et chargées en eau. La saison des cyclones commence en décembre et se termine en mars. Bien souvent, ils passent juste à côté, se contentant d'arroser copieusement l'île ; parfois, ils provoquent des dégâts relativement importants, surtout pour la flore. Les hôtels doivent alors vous remettre une notice explicative sur les précautions à prendre en cas d'alerte cyclonique. Le système de prévision comporte en effet 4 phases d'avertissement, classées en fonction de la force présumée du vent.
Quelques signes avant-coureurs permettent de deviner l'arrivée d'un cyclone : absence de vent, mer d'huile, ciel rougeoyant... Le calme avant la tempête ! Il faut alors consulter régulièrement le service météo (☎ 96 ; ● *metservice.intnet.mu* ●). Précisons qu'il ne faut absolument pas boire l'eau du robinet après le passage d'un cyclone et qu'il faut être méfiant au restaurant : les coupures de courant fréquentes ne font évidemment pas bon ménage avec la conservation des aliments.
Si le cyclone est vraiment puissant (niveau d'alerte 2 pouvant passer à 3), regardez sur Internet les infos concernant Maurice, mais aussi La Réunion, car la météo française est plus précise que les infos locales.

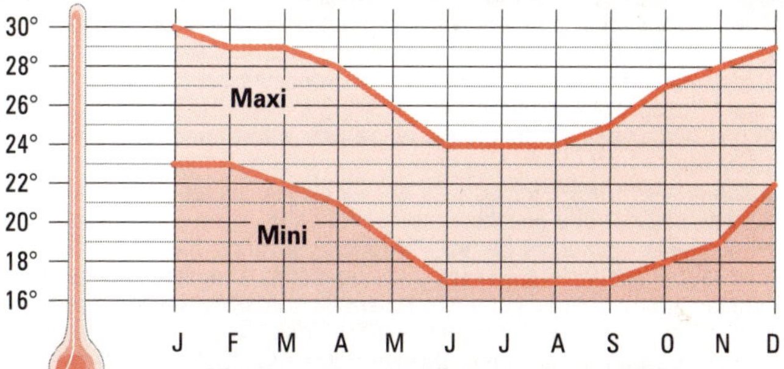

Moyenne des températures atmosphériques

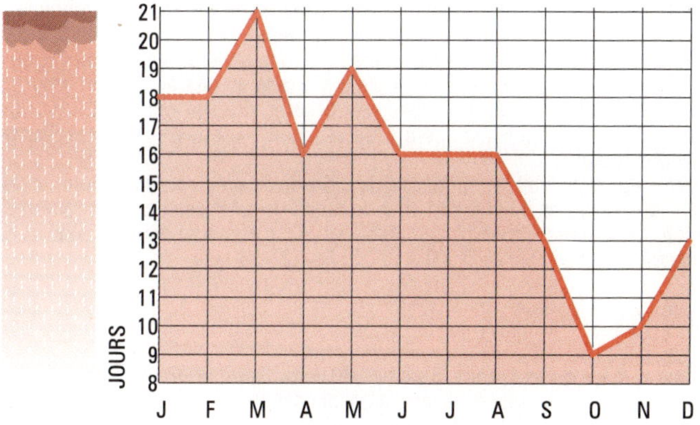

Nombre de jours de pluie

ÎLE MAURICE (Port-Louis)

DANGERS ET ENQUIQUINEMENTS

Cher(e)s lecteurs(trices), pas de malentendu, ce chapitre ne se veut pas paranoïaque. Il s'agit d'une simple mise en garde. La délinquance existe. Oh, pas de braquage violent, bien sûr, mais des petits comportements malsains (souvent liés au tourisme de masse, d'ailleurs).

– ***Des cas de vols dans les bungalows :*** fermez toujours bien les fenêtres de votre chambre ou de votre bungalow pour éviter la technique de « la canne à pêche » (le voleur va à la pêche aux objets depuis l'extérieur, par la fenêtre !). Des cas d'agressions pour vol sont aussi mentionnés, mais ça reste assez rare. Cela dit, il ne faut pas généraliser, et sachez que les touristes ne sont pas les seuls à subir des vols. Les Mauriciens en sont également victimes, d'où les grilles aux fenêtres de certaines résidences, et les barbelés que l'on voit poindre parfois au-dessus des murs des villas de luxe.

– ***Les routardes devront être vigilantes,*** comme partout ailleurs : la nuit, éviter de se balader dans des coins déserts et d'une manière générale de sortir seule.

– ***Ne pas toucher aux drogues et aux stupéfiants :*** la consommation et la détention de drogue sont strictement interdites, sous peine d'emprisonnement (parfois même à vie !). La situation semble s'aggraver ces derniers temps, avec l'apparition de véritables cartels. Méfiez-vous des petits vendeurs qui vous proposent de la *gandia,* autrement dit de l'herbe.
– ***Ne pas laisser ses affaires sur la plage sans surveillance :*** comme partout, ça va de soi.
– ***Les chiens errants :*** dans les rues, sur les plages, sur les routes, ils sont partout ! S'ils peuvent être gênants pour la circulation, ils ne sont pas bien vifs ni agressifs. Ne les approchez pas et ils finiront par se fondre dans le décor.
– ***Pour toutes excursions en mer,*** plusieurs points à vérifier : que les gilets de sauvetage à bord sont en nombre suffisant (ils sont obligatoires), que le transport est assuré pour « X » passagers (l'affiche doit être claire), que les bateaux ont le droit de naviguer en dehors du lagon (l'inscription « OL », *Outside Lagoon,* doit figurer sur le permis, sinon, il est inscrit « IL » pour *Inside Lagoon*). Pour différencier un bateau privé d'un bateau avec licence autorisé à transporter des touristes, il doit être mentionné sur la coque PC (Permis Commercial) et non PPC *(Private Pleasure Craft).* En résumé, l'immatriculation d'un bateau doit comporter les mentions suivantes : PC, une série de chiffres et OL ou IL. Enfin, évitez de sortir en cas de houle (il y a déjà eu des accidents). Pour tout ce qui est spécifique à la plongée, se reporter directement à cette rubrique, puis « Comment choisir un centre de plongée ? », dans « Hommes, culture, environnement ».
– La vente, l'importation et l'usage de ***cigarettes électroniques*** sont interdits sur l'île. Il est aussi interdit de fumer du tabac dans les lieux publics (ouverts ou fermés, y compris sur les plages, dans les parcs et même dans sa voiture). Les amendes prévues vont de 5 000 à 10 000 Rs (125-250 €) !

ÉLECTRICITÉ

Même voltage qu'en France, à savoir 220 volts. Selon les logements, il faut parfois acheter un adaptateur de prise à un tarif dérisoire. Certains hôtels en prêtent si leurs prises sont différentes des nôtres. Sinon, on en trouve dans toutes les échoppes.

HÉBERGEMENT

Le plus important est surtout de bien choisir son lieu de séjour. La région touristique de Grand Baie et Pereybère ? Celle plus calme de Trou aux Biches et de Mont-Choisy ? La côte est du côté de Belle Mare ? Celle de Flic en Flac ou encore du côté sud-est, vers Mahébourg ? Bien sélectionner aussi le type de structure ; pour un grand hôtel, il peut être intéressant d'effectuer la réservation en France par le biais d'une agence (voir plus haut la rubrique « Budget »), ou directement sur Internet par le site de l'hôtel (en essayant de profiter des promos). On peut alors, en moyenne saison, négocier le tarif sans intermédiaire. Maurice est pourvue de grandes chaînes hôtelières possédant des établissements de 100 chambres et plus. Juste un détail qui a son importance : dans ce type d'hébergement, si vous êtes un inconditionnel du calme, demandez, dans la mesure du possible, une chambre éloignée du bar et de la piscine, où il y a souvent des animations nocturnes jusqu'à 23h.
Parallèlement à cela, il existe des petites résidences hôtelières sympathiques et plus abordables, répondant parfaitement à l'équation suivante : « On veut une semaine de repos dans un endroit confortable, pas trop cher, donnant directement sur la mer et possédant une petite piscine. » Les unes proposent des chambres, les autres des studios et appartements pour 2 à 6 personnes avec

cuisine équipée (ou parfois les 2 à la fois). Dans ce dernier cas, le ménage quotidien est généralement compris. Évidemment, les prestations sont restreintes et l'accueil n'est pas assuré 24h/24 (il y a néanmoins un gardien la nuit). Sur la côte nord-ouest (région de Trou aux Biches, Mont-Choisy et Grand Baie), on trouve des locations dans de petits édifices de 2 ou 3 étages, situés à quelques centaines de mètres de la plage (5-10 mn à pied). Ces hébergements sont pratiques, propres, bien équipés, calmes et fonctionnels à défaut d'être vraiment charmants. Ils constituent un bon rapport qualité-prix. Ceux donnant directement sur la mer deviennent rares, se transformant au fil des années en adresses plus luxueuses (et bien plus chères).

On peut tout aussi bien louer une petite maison individuelle si on est un petit groupe. Et puis, dans la catégorie « entrée de gamme », il y a, bien sûr, les petites pensions et les *guesthouses.* Et là, on trouve le pire et rarement le meilleur. Certaines proposent un rapport qualité-prix très moyen car elles sont mal situées (proches de la route, loin de la plage), à un prix pas si intéressant. Ce n'est pas forcément le bon choix de vouloir faire des économies de bouts de chandelle, et il vaut mieux payer un peu plus cher pour avoir une chambre ou une location confortable, à 2 pas de la mer, puisque vous êtes venu pour ça.

Outre notre sélection, vous verrez souvent des pancartes « *Rooms to let* » (chambres à louer). Celles-ci sont souvent modestes et bon marché. Bien seulement si vous êtes venu sans rien réserver. Mais encore une fois, ce n'est pas vraiment la manière de procéder à Maurice, car on prend des risques sans pour autant faire des économies.

Notez enfin que ***les réductions offertes aux lecteurs*** du *Routard* ne sont ***valables que pour des résas en direct.***

LANGUES

Là, pour les francophones, c'est la cerise sur le gâteau. Bien que la langue officielle soit l'anglais, les Mauriciens parlent le ***créole,*** ce français savamment transformé, simplifié, où l'on écrit les liaisons avec un « z », où les mots sont liés avec des « n », et où finalement ce qui apparaît comme une réduction des termes au 1er abord se transforme en richesse linguistique savoureuse. Intéressant de constater les différences (et les ressemblances !) avec le créole antillais.

RÉSISTANCE LINGUISTIQUE

On s'étonne toujours d'entendre parler le français à Maurice, alors qu'à partir de 1810, les Britanniques ont évincé les Français et se sont imposés sur l'île. En effet, les nouveaux colons anglais adoptèrent une attitude très dure vis-à-vis de la population locale : accès à la justice interdit aux Noirs et aux coolies indiens, éradication de la culture vivrière (le manioc) au profit de la canne à sucre, etc. La famine et le paludisme ravagèrent l'île. Les habitants ont alors conservé leur créole très francisé, car tout simplement incompréhensible des Britanniques. C'est toujours le cas aujourd'hui.

Voici quelques expressions courantes.

Français	***Créole***
S'il vous plaît	*Si ou plé*
Comment ça va ?	*Ki manière ?*
Bien, merci	*Mo bien, merci*
Monsieur	*Missié*
Où est-ce ?	*Kot sa ?*
C'est cher	*Li ser*
C'est bon	*Li bon*

C'est très bon	*Li mari bon*
C'est top	*Li mauvais bon*
Pas de problème	*Péna problème*
Quelle heure est-il ?	*Ki lère là ?*
Il fait chaud	*Fer so*
Où sommes-nous ?	*Kot nou été ?*
Je t'aime	*Mo content toi*
Bonjour	*Bonzour*
Au revoir	*Salam*
Je m'en vais	*Mo pé allé*
Aujourd'hui	*Azordi*
Demain	*Dimain*
Un coquillage	*Ene coqui*
Marché	*Bazar*
Médecin	*Doctère*

Et encore quelques expressions sympas, issues du français, mais inconnues dans l'Hexagone : « mettre une baise » (faire un scandale), « fesses ! » (juron), « beauté ! » (c'est superbe !), « chou » (mon chéri)...

Le ***français*** est donc la langue la plus utilisée après le créole. On ne peut comprendre ce dernier qu'avec un peu d'effort ou d'expérience. À l'école, c'est l'anglais qui domine, comme dans les documents officiels, mais les journaux, s'ils veulent vendre, doivent écrire en français. Voilà pour une fois un pays où le français a gardé un pouvoir charismatique et historique, à défaut d'être législatif.

FRANCE 1 – ANGLETERRE 1

Pour la culture, Maurice se tourne toujours vers la France. Infos en français, références hexagonales, etc. En revanche, quand il s'agit de sport, c'est indéniablement l'Angleterre qui prend le dessus. Il suffit d'écouter la radio et de regarder la télé le week-end, il n'y en a que pour les matchs du championnat anglais : Chelsea, Liverpool, Manchester... Jamais l'OM ou le PSG ne sont cités !

L'***hindi*** est enseigné à l'école, mais c'est le bhojpuri (sorte d'hindi créole) qui est parlé dans les communautés indiennes, ainsi que le ***cantonais,*** le hakka et, dans une moindre mesure, le mandarin chez les Chinois. En résumé, les Mauriciens sont au bas mot trilingues : créole, anglais et français.

LIVRES DE ROUTE

– ***Les romans de J.-M. G. Le Clézio :*** *Le Chercheur d'or* (1985, Gallimard ; « Folio », 1988), *La Quarantaine* (1995, Gallimard ; « Folio », 1997), *Voyage à Rodrigues* (1986, Gallimard ; « Folio », 1997), *Alma* (2017, Gallimard ; « Folio », 2021) et plus récemment *Avers, des nouvelles des indésirables* (2023, Gallimard). 5 ouvrages de ce Prix Nobel de littérature 2008, « écrivain de la rupture, de l'aventure poétique et de l'extase sensuelle », comme le définissait l'Académie suédoise, s'inspirent de l'île Maurice et de l'océan Indien. À travers ses personnages, Le Clézio part à la découverte de sa famille, renoue avec ses racines et crie son amour. Entre l'île Maurice et Rodrigues, il embarque le lecteur dans une quête du « paradis perdu ».

– ***Les œuvres de Nathacha Appanah :*** née en 1973 à Maurice, elle vit aujourd'hui à Paris. Une œuvre souvent primée. Dans son 1er roman (prix RFO), *Les Rochers de poudre d'or* (2003 ; Gallimard, « Folio », 2006), elle décrit le recrutement, le voyage – effroyable – et l'arrivée à l'île Maurice d'immigrants indiens, à la fin du XIXe s. Quant à *Blue Bay Palace* (2004, Gallimard ; « Folio », 2015), il est d'une écriture tout aussi maîtrisée ; on ne le lit pas, on le dévore ! Dans un décor où, « à gauche, les riches ont vue sur l'océan » et « à droite, les pauvres n'ont vue sur rien excepté leurs semblables », Maya, 19 ans, poursuit l'amour, et le lecteur, lui, se prend au piège de cette brûlante passion. Citons encore *Le Dernier Frère* (2007 ; Points, 2008), ayant pour thème l'immigration, celle de juifs qui ont fui la Palestine en 1940 et qui ont fraîchement débarqué à Port-Louis. Raj, après une enfance parmi les champs de canne à sucre, rencontre David, un réfugié justement.

– ***Le Silence des Chagos*** (2005), de Shenaz Patel ; éd. de l'Olivier, 2018. L'histoire simple et émouvante de l'exil forcé des habitants des Chagos à Maurice, en 1973, afin que ce petit archipel, au cœur de l'océan Indien, puisse devenir une base militaire américaine, loin des regards dérangeants. Une incroyable (et véritable) confiscation de terres, un bel hommage à ces centaines de Chagossiens laissés pour compte à Port-Louis, telle « une poussière brune qu'une légère brise de mer balaiera au loin ».

Sur le même sujet, le récent ***Rivage de la colère*** (2020 ; éd. Les Escales), de Caroline Laurent, relate l'histoire de Marie-Pierre et Gabriel, forcés par les Britanniques et les Américains à quitter les Chagos. Un souffle romanesque pour sortir ces îles de l'oubli du monde.

– ***Bénarès*** (1999), de Barlen Pyamootoo ; éd. de l'Olivier. La fuite vers le bonheur de 2 jeunes garçons qui essaient, le temps d'une nuit, d'échapper à la misère et au chômage. De Bénarès, village sans avenir, ils partent vers Port-Louis et rêvent de cette autre Bénarès, ville indienne mythique, d'un ailleurs où le paradis existe peut-être. Un roman sans complaisance, où l'auteur mauricien évoque son île avec amour et détresse.

– ***L'Affaire de l'esclave Furcy*** (2010), de Mohammed Aïssaoui ; Gallimard, « Folio », 2011. Ce livre (prix Renaudot Essai et RFO) relate l'extraordinaire procès, le plus long mené par un esclave contre son maître. Une affaire pleine de rebondissements, un récit passionnant sur une période clé de l'histoire de l'esclavage, de l'Histoire tout court.

UN PROCÈS EXEMPLAIRE !

En 1817, l'esclave Furcy fit un procès à son maître pour retrouver sa liberté. La procédure dura 26 ans ! Né à La Réunion, il travailla 18 ans à Maurice. Il gagna en 1843... 5 ans avant l'abolition de l'esclavage. Devenu célèbre, il fit fortune comme confiseur. Lire L'Affaire de l'esclave Furcy *chez Gallimard.*

– ***Paul et Virginie,*** de Bernardin de Saint-Pierre (Pocket, 2021). Écrite en 1773, publiée à Paris en 1787, cette histoire d'amour pure et tragique fut l'un des 3 triomphes de la littérature française au siècle des Lumières, avec *La Nouvelle Héloïse* de Jean-Jacques Rousseau et *Les Liaisons dangereuses* de Pierre Choderlos de Laclos. C'est l'histoire d'une idylle entre 2 enfants, Paul et Virginie, élevés selon « la nature et la vertu » sur l'Isle de France, cette île tropicale paradisiaque de l'océan Indien. Paul est fils d'une paysanne bretonne modeste, et Virginie, fille d'une dame normande désargentée. Ils partagent tout durant leur enfance. Hélas, le destin les sépare. Virginie est envoyée en France pour être « éduquée » et Paul, désespéré, attend durant des années le retour de sa bien-aimée. Elle revient à bord du vaisseau *Saint-Géran,* mais le navire se brise, et Virginie connaît une fin tragique (voir plus loin le résumé de l'histoire vraie du naufrage dans la rubrique « Histoire » du chapitre « Hommes, culture, environnement »). On trouve de nombreuses références à cet ouvrage, ainsi que des lieux réels dont s'inspira Bernardin de Saint-Pierre, à Rivière Noire, Rivière des Trois Mamelles, le quartier de Montagne Longue (où se passe l'essentiel de l'action), Poudre d'Or, la baie du Tombeau et l'église de Pamplemousses. Paul et Virginie sont les prénoms des 2 enfants de l'auteur, morts jeunes et à qui il a ainsi rendu hommage.

– ***Les œuvres de Malcolm de Chazal :*** voir plus loin son portrait dans la rubrique « Personnages » du chapitre « Hommes, culture, environnement ». Ses livres ont été publiés en France (*Sens plastique,* 1948, Gallimard, rééd. 1985) ou chez des éditeurs de l'île Maurice. À la lecture de *Sens plastique,* Jean Paulhan s'écrie : « Si on cherche un parallèle à votre livre, il faudrait remonter à la métaphysique hindoue. » Chazal publie ensuite *La Vie filtrée* (1949), *Petrusmok, Mythologie de Crève-Cœur : Les Hommes de la pierre* et *Le Rocher de Sisyphe* (1946, tous 2 parus à l'île Maurice). Puis, après 1954, on retiendra *Le Livre de conscience, La Bible du mal, L'Évangile de l'eau, Les Dieux ou les Consciences-univers.*

– ***Quelques poèmes de Charles Baudelaire :*** peu le savent, mais le poète a été très marqué par son court séjour mauricien (du 1er au 19 septembre 1841). Plusieurs poèmes s'en inspirent : *La Vie antérieure, La Chevelure, Correspondances, Parfum exotique, Bien loin d'ici, La Belle Dorothée, L'Invitation au voyage, La Musique...* Et *À une Dame créole.*

– ***L'Arbre fouet*** (1997), d'Ananda Devi ; L'Harmattan, 2000. Le voyage intérieur d'Aeena, fille d'un prêtre swami, soumise aux punitions liées à un karma de parricide (datant d'une vie antérieure). Une quête identitaire noueuse et vibrante, qui, d'un grenier peuplé de fantômes jusqu'au tréfonds d'un lac, permettra d'exorciser de vieux démons et de « faire la peau » au pouvoir constricteur de la religion. À lire encore, ***Moi, l'interdite*** (2000 ; Dapper Éditions), qui lui a valu le prix de littérature de l'océan Indien en 2001, ***Ève de ses décombres*** (2006) et ***Le Sari vert*** (2009 ; « Folio » 2011), parus chez Gallimard. Voir aussi, plus loin, notre rubrique « Personnages » dans « Hommes, culture, environnement ».

– ***Le Dernier des Dulac*** (2019), de François Antelme ; Pocket, 2021. Marc naît à l'île Maurice dans les années 1920 dans une riche famille franco-mauricienne. Très vite, il se sent différent. Il n'aura de cesse de partir à la quête de ses origines au cœur d'une Histoire en plein basculement.

Pour les jeunes routards

– ***Histoire de Maurice*** (2017), B.D. de Shenaz Patel, Jocelyn Chanlow, Laval NG et Christophe Carmona ; éd. du Signe. Histoire de l'île de 1598 aux années 2000. Le tome 4 traite de Rodrigues.

– ***Le Bestiaire mauricien*** (2016), de Shenaz Patel. 9 contes drôles sur les animaux de l'île (insectes, geckos, singes...). Pour les tout-petits.

– ***Tikoulou,*** B.D. illustrée par Henry Koombes ; éd. Vizavi. Les aventures de Tikoulou se déclinent en plusieurs albums et plongent les jeunes lecteurs dans une île Maurice entre réel et imaginaire. Une B.D. très colorée, plutôt pour enfants entre 4 et 7 ans.

– ***Guide Zanfan de l'île Rodrigues*** (2019), de Florence Lebouteux ; éd. Orphie. Un ouvrage ludique aussi bien pour enfants (dès 6 ans) que pour adultes. À travers des dessins, des interviews et même des quiz, chacun part à la découverte de la diversité rodriguaise, qu'elle soit naturelle ou culturelle. Une bonne approche de l'île.

– On peut lire également les ***Contes mauriciens*** de Charles Baissac.

POSTE

Les bureaux ouvrent du lundi au vendredi de 8h15 (ou 8h30) à 15h30, (ou 16h) – le samedi jusqu'à 11h45 – et ferment environ 1h pour le déjeuner. Attention, les tarifs varient du simple au double selon le format de la carte postale. Un courrier vers la France met au moins une semaine.

Pour la petite histoire, sachez que l'île Maurice a émis des timbres dès 1847 : les fameux *one penny* et *two pence.* Il n'en reste guère plus d'une vingtaine. Ce seraient les vignettes les plus chères au monde ! Le Blue Penny Museum (à Port-Louis) abrite les célèbres timbres.

POURBOIRE ET TAXE

Le service est, la plupart du temps, inclus dans le prix, mais rien ne vous empêche de laisser quelque chose en plus. En principe, on ajoute environ 5 % de l'addition dans les restos (si c'est justifié !). Rien dans les stations-service, sauf si on lave votre pare-brise.
ATTENTION : il existe une taxe sur la valeur ajoutée (***TVA*** ; une idée de la France) de 15 % pour les produits et services en général. Vérifiez bien si la taxe est incluse ou non dans les tarifs des hôtels et surtout des restos (les restos « Chic » mettent parfois la taxe en plus).

SANTÉ

Avec la Covid, les gestes barrières sont (en principe) entrés dans le quotidien, ce qui diminue le risque d'attraper aussi les autres virus. Même si les règles d'hygiène ont été renforcées dans les établissements touristiques, il reste conseillé de :
– se laver les mains très régulièrement à tous moments de la journée, soit avec du savon (n'importe lequel est efficace contre les infections, pourvu que le lavage soit vigoureux), soit en utilisant une solution hydroalcoolique (en apporter suffisamment de son pays d'origine), et privilégier les ongles courts ;
– suivre les recommandations en vigueur dans le pays.

– Aucune ***vaccination*** n'est obligatoire à l'heure où nous bouclons le guide, hormis la fièvre jaune si vous êtes allé dernièrement dans des régions infectées. Les agents de santé peuvent vous demander votre certificat de vaccination.
Il est aussi conseillé d'être à jour pour les vaccins « universels » recommandés en Europe : tétanos-polio-diphtérie-coqueluche, rougeole, ainsi que pour l'hépatite B. Le vaccin contre l'hépatite A est aussi fortement recommandé ; c'est une des maladies qui se contracte le plus facilement par l'eau et l'alimentation.
– Même si elle est potable, éviter de boire l'***eau du robinet.***
– ***Il n'existe plus aucune souche de maladie tropicale grave à redouter.*** Pas de paludisme. En revanche, Maurice est exposée à des maladies tropicales courantes transmises par les ***piqûres d'insectes,*** notamment la dengue et le virus du chikungunya, piqûres dont il convient de se préserver au mieux. Toutefois, les Mauriciens n'ont jamais relâché leur vigilance quant aux risques liés aux maladies tropicales : démoustication régulière, anticipation du phénomène et de ses conséquences, population avertie et accompagnée, etc. Il est conseillé d'utiliser une gamme conforme (OMS, ministère de la Santé) et fiable de produits antimoustiques.

PENSE-BÊTES

Les moustiques piquent surtout entre 17h15 et 19h. Parfois, ils peuvent faire une gratte supplémentaire...

– Par précaution, on pourra emporter des médicaments contre la ***diarrhée*** : un antibiotique, type azithromycine (*Zithromax*® ; 2 comprimés en une seule prise, une seule fois), éventuellement associé à un ralentisseur du transit intestinal, tel que le racécadotril (*Tiorfan*® ou ses génériques ; une gélule d'emblée, puis une gélule 3 fois par jour, si possible avant les 3 principaux repas ; durée maxi : 7 jours). Se réhydrater fréquemment. ***Attention,*** si une diarrhée s'accompagne de fièvre, d'émissions de pus dans les selles ou de sang, il est urgent et indispensable de consulter un médecin.
– Il faut aussi se protéger contre le ***soleil.*** Chapeau et crème solaire sont indispensables (mieux vaut acheter la crème avant de partir, sur place, elle coûte

beaucoup plus cher). Attention, quand on roule à mobylette, on ne sent pas le soleil, et bonjour les brûlures ! Port du casque obligatoire. Protection maximale aussi quand on nage, de préférence avec un T-shirt, la crème solaire étant nocive pour les coraux : rien de plus vicieux que l'eau qui vous rafraîchit le corps alors que l'on est en train de brûler de la nuque aux talons (en passant par les mollets et les omoplates).

– Attention à la ***consommation de poissons*** : un certain nombre sont contaminés par une toxine qui peut entraîner une maladie appelée « ciguatera » ou « gratte ». Les poissons les plus gros et les carnivores sont les plus dangereux. Conseil : ne manger du poisson qu'après avis d'un pêcheur ou d'un restaurateur local.

– En plongée, prendre garde au ***poisson-pierre,*** difficile à voir tant on a l'impression d'avoir affaire à un morceau de rocher. Mieux vaut porter de charmantes sandales pour aller dans l'eau et surtout ne rien toucher !

– Attention aux ***MST*** (donc au sida) : préservatif systématique !

– ***Les médecins*** ne sont pas aussi bien équipés qu'en Europe, mais ils soignent correctement les petits bobos dont peuvent souffrir les touristes. En cas de gros pépin, on rejoint vite La Réunion et ses excellents hôpitaux.

– Il existe de nombreuses ***cliniques*** privées sur l'île. À signaler que la *C-Care Darné,* à Floréal, et *C-Care Wellkin,* à Moka (voir la rubrique « Urgences »), sont les seules de l'île à être affiliées à la Sécurité sociale française.

– ***Les dispensaires*** existent dans la plupart des villages. Les infirmières qui y officient peuvent parfois être d'un grand secours pour prodiguer les 1ers soins.

– ***Les pharmacies*** sont très nombreuses. Chaque village en possède une, généralement ouverte du lundi au samedi de 8h30 à 18h ou 19h. Dans les grandes villes, pour connaître la pharmacie de garde le week-end, téléphoner à la police.

– Pour information : notez que les produits et matériels utiles aux voyageurs, assez difficiles à trouver, peuvent être achetés par correspondance sur le site de *Santé Voyages* : • *astrium.com* • Infos complètes toutes destinations, boutique en ligne avec paiement sécurisé, expéditions So Colissimo (48h) ou Chronopost (24h). ☎ *01-45-86-41-91.*

TÉLÉPHONE – INTERNET

Voici les numéros à composer entre la France et Maurice.

– ***France → Maurice :*** composez le 00-230, suivi de votre numéro. Pour connaître le tarif, contactez votre opérateur habituel.

– ***Maurice → France :*** composez le 020-33, puis votre numéro à 9 chiffres. Le 0 qui précède le préfixe disparaît lorsqu'on téléphone de l'étranger vers la France.

– ***Maurice → La Réunion :*** composez le 020-262, suivi de votre numéro.

Numéros utiles

- ***Renseignements pages blanches :*** ☎ *150.*
- ***Renseignements pages jaunes :*** ☎ *152.*

Portables

– ***L'option « international » sur votre portable :*** elle est en général activée par défaut. Renseignez-vous avant le départ sur les propositions de votre opérateur.

– ***Le « roaming » ou itinérance :*** c'est un système d'accords internationaux entre opérateurs. Concrètement, cela signifie que lorsque vous arrivez dans un pays, le nouveau réseau local s'affiche automatiquement. Vous recevez rapidement un SMS de votre opérateur qui propose un ***pack voyageurs*** plus ou moins avantageux, incluant un forfait limité de consommations téléphoniques et de connexion Internet.

– ***Forfaits étranger inclus :*** certains opérateurs proposent des forfaits où ***35 jours de roaming par an sont offerts*** dans le monde entier. On peut donc cumuler plusieurs voyages à l'étranger sans se soucier de la facture au retour. Attention, si SMS, MMS et appels sont souvent illimités, la connexion internet est, elle, limitée. D'autres opérateurs offrent carrément le ***roaming toute l'année vers certaines destinations.*** Renseignez-vous auprès de votre opérateur.
– ***Tarifs :*** ils sont propres à chaque opérateur et varient en fonction des pays (le globe est découpé en plusieurs zones tarifaires). ***N'oubliez pas qu'à l'international, vous êtes facturé aussi bien pour les appels sortants que les appels entrants*** (ces derniers étant bien moins chers, évidemment). Donc quand un correspondant vous appelle à l'étranger, vous payez aussi. Soyez bref ! Même chose parfois pour les SMS selon les opérateurs.
– ***Acheter une carte SIM sur place :*** c'est une option très avantageuse. Il suffit de posséder un ***téléphone débloqué*** et d'acheter à l'arrivée une carte SIM locale prépayée chez l'un des opérateurs – *Emtel ou MyT* –, dans la plupart des épiceries ou boutiques de téléphonie mobile. On vous attribue alors un numéro de téléphone local et un crédit de communication, avec de l'Internet selon l'option choisie. Avantage, *WhatsApp* est toujours accessible sur votre téléphone au numéro habituel, en activant au préalable le wifi ou les données mobiles de la carte SIM mauricienne. Avant de signer le contrat et de payer, essayez donc, si possible, la carte SIM du vendeur dans votre téléphone pour voir s'il est compatible. Ensuite, vous la rechargez dans les boutiques ou supermarchés.

La connexion Internet en voyage

– ***Se connecter au wifi*** à l'étranger est le seul moyen d'avoir accès au Web gratuitement si vous ne disposez pas d'un forfait avec *roaming* offert.
Le plus sage consiste à ***désactiver la connexion*** « données à l'étranger » ou « données mobiles ». On peut aussi mettre le portable ***en mode « Avion »*** et activer ensuite le wifi. Attention, le mode « Avion » empêche, en revanche, de recevoir appels et messages.
La majorité des hôtels, restos, bars et mêmes certains espaces publics ***disposent d'un réseau,*** le plus souvent gratuit, mais parfois lent. Nous n'indiquons plus systématiquement le picto pour chaque adresse.
– Une fois connecté au wifi, vous avez accès à tous les services de la ***téléphonie par Internet. WhatsApp, Messenger, Viber...***

Attention piratage !

Les wifi publics sont de véritables passoires ! Il est devenu très facile, même pour un débutant, de pirater un réseau. La seule parade véritablement fiable est de ne fréquenter que des sites « certifiés ». Ils commencent par « https:// » et affichent souvent un petit cadenas à côté de l'adresse. Dans ce cas, vos transmissions sont cryptées et donc sécurisées. Les sites les plus sensibles et populaires, comme les banques, ont tous une connexion certifiée.
Enfin, si vous utilisez un ordinateur en libre-service, évitez, dans la mesure du possible, d'entrer votre mot de passe ou toute information sensible ! Une quantité phénoménale de ces postes est infectée par des « enregistreurs de frappes », qui peuvent transmettre vos données à un destinataire mal intentionné. Et si malgré tout, vous utilisez ces postes, pensez à bien vous déconnecter et à ne pas cliquer sur l'option « enregistrer mon mot de passe ».

TRANSPORTS INTÉRIEURS

Il y a 2 « autoroutes » à Maurice. Elles sont gratuites. La 1re traverse l'île en diagonale, de l'aéroport à Grand Baie en passant par le centre de l'île, la capitale et le jardin de Pamplemousses.

La 2de opère un large contournement de Port-Louis par l'est, depuis Ébène (à proximité de Rose Hill), et remonte jusqu'à Terre Rouge, un peu au sud-ouest de Pamplemousses, en traversant de beaux paysages et en contournant le massif montagneux de Pieter Both. Elle est indiquée « The North – The South » et a pour objectif d'éviter la région de Port-Louis. Elle est interdite aux véhicules non motorisés, mais on y a tout de même vu quelques vélos ! Pratique si vous résidez dans le Nord et que vous allez vers le Sud (ou l'inverse), pour éviter les bouchons d'accès à Port-Louis. Attention aux radars !

Le bus

Toutes les infos concernant les trajets et horaires sur • *mauritius-buses.com* •
Pour se rendre d'un point à un autre de l'île, ou pour des petits trajets, le bus s'avère fort pratique. De même pour les trajets *Express,* tel Mahébourg/Port-Louis ou Port-Louis/Grand Baie. Car malgré les apparences, il est efficace. Tous les véhicules appartiennent à une multitude de compagnies privées, qui exploitent un créneau horaire dont la grille est gérée par le gouvernement. À chacun de rentabiliser au mieux le temps qui lui est imparti ! Dans chaque gare routière, les rabatteurs s'efforcent évidemment de rameuter les passagers vers leurs propres bus. Ils passent souvent sur les axes principaux (mais sont moins fréquents ailleurs). Les arrêts sont nombreux (dans quasi tous les villages du parcours) et les trajets extrêmement bon marché (entre 0,50 et 1 €). On paie dans le bus. Bien demander une preuve de paiement ; en cas de contrôle ou pour une quelconque réclamation, elle vous sera précieuse. On vous prévient : les chauffeurs conduisent comme des fous et abordent les virages à une vitesse peu réglementaire. Accrochez-vous !
À partir de Port-Louis, aucun problème pour se diriger vers Grand Baie, Pereybère, Trou aux Biches, Flic en Flac, Trou d'Eau Douce, Mahébourg ou Curepipe. Pour plus de précisions au départ de Port-Louis, voir la rubrique « Arriver – Quitter » de la capitale. On rappelle qu'il y a un *Express* qui relie Port-Louis à Grand Baie.
Il y a 4 grandes gares routières dans l'île : à Port-Louis, Rose Hill, Quatre-Bornes et Curepipe.
Enfin, signalons que si le bus est pratique et bon marché, il est aussi bruyant et extrêmement polluant ; on n'a jamais vu de pareils crachoirs à gaz. Il est par ailleurs assez lent (sauf les *Express,* évidemment). Compter 30 km/h de moyenne. Mais comme les distances sont courtes, on n'y passe jamais bien longtemps.
Si vous voulez visiter plusieurs sites de l'île dans une même journée (Eurêka, Casela Nature Parks, Pamplemousses), on vous conseille plutôt de louer une voiture à plusieurs, ou de prendre un taxi-guide.

Location de voitures

Nombreuses petites agences dans toutes les villes touristiques. Il faut avoir au ***minimum 21 ans*** (parfois 25 ans selon les agences), et un permis datant d'au moins un an (voire 2 ans). ***Pas besoin de permis de conduire international si l'on séjourne moins d'un mois.*** Certaines grandes agences internationales imposent une limite d'âge (souvent 75 ans) et/ou un certificat médical.
Si vous voulez une voiture à votre arrivée à l'aéroport, réservation indispensable avant le départ.
Nul besoin de louer un véhicule pour tout le séjour. En 2 ou 3 journées, on peut effectuer la visite des principales attractions de l'île. Mieux vaut louer une voiture au coup par coup et organiser des journées d'excursions. Rien n'est jamais très loin, mais pour explorer toutes les côtes tranquillement ainsi que l'intérieur des terres, une voiture est quand même nécessaire.

Distances entre les principales villes

Distances en km	PORT-LOUIS	GRAND BAIE	FLIC EN FLAC	LE MORNE BRABANT	TROU D'EAU DOUCE	MAHÉBOURG	BEL OMBRE	CUREPIPE
PORT-LOUIS		23	22	48	45	47	55	23
GRAND BAIE	23		42	66	40	68	77	46
FLIC EN FLAC	22	42		31	56	50	42	23
LE MORNE BRABANT	48	66	31		82	64	15	42
TROU D'EAU DOUCE	45	40	56	82		41	84	45
MAHÉBOURG	47	68	50	64	41		48	28
BEL OMBRE	55	77	42	15	84	48		34
CUREPIPE	23	46	23	42	45	28	34	

Attention, lire le contrat soigneusement, vérifier la validité de la vignette. Les 2 derniers chiffres de la plaque indiquent l'année de mise en circulation. Celle-ci est alors conforme au regard des assurances tous risques. Une caution est toujours demandée. Avant de partir, vérifier les freins, la présence et l'état de la roue de secours, l'efficacité des essuie-glaces et les feux. Bien se mettre d'accord sur la période de location, l'heure de retour et le niveau d'essence. Et demandez au loueur qu'il vous indique ce qu'il faut montrer aux policiers en cas de contrôle. Attention, les assurances ne couvrent RIEN lorsqu'il s'agit de voitures de sous-loueurs, réservées à l'usage privé. L'assurance tous risques ne concerne par conséquent que les propriétaires des véhicules, pas les touristes.
Si vous ne passez pas par un grand loueur, sachez que le proprio de votre hébergement sera souvent de bon conseil pour vous aider à louer un véhicule ou vous indiquer un bon petit prestataire local. Comme il ne veut pas avoir de problème avec vous, il sélectionne en général soigneusement l'agence avec laquelle il travaille.
En cas d'accident, contactez immédiatement votre agence de location.
Les loueurs demandent toujours de fournir une carte bancaire pour régler la location de voiture et bloquer une somme en guise de caution. Mais attention, ***il existe une différence entre une carte de débit et une carte de crédit*** et il arrive que certaines agences refusent votre location de voiture en cas de paiement par carte de débit. Certains loueurs acceptent les cartes de débit mais ils vous demanderont alors de souscrire une assurance complémentaire souvent très chère. Il faut donc avoir une carte de crédit. Donc vérifiez bien si une mention « CREDIT » (débit différé) ou « DEBIT » (débit immédiat) est inscrite sur votre carte bancaire, sinon renseignez-vous auprès de votre banque (avant votre départ). Vous pouvez accéder à ces informations concernant les conditions de location des loueurs sur le site ● *bsp-auto.com* ● après avoir lancé votre recherche dans la rubrique « Informations détaillées ».

■ **BSP Auto :** ☎ *01-43-46-20-74 (lun-ven 9h-21h30, w-e 9h-20h).* ● *bsp-auto.com* ● *Remise spéciale de 5 % aux lecteurs de ce guide avec le code « ROUTARD24 ».* *BSP Auto* est un courtier qui propose, sur son moteur de réservation en ligne, les locations de véhicules des grandes compagnies de location, assurant un très bon niveau de service. Les prix comparés sont attractifs et comprennent les assurances et, le plus souvent, le kilométrage illimité. Le plus : vous ne payez votre location que 5 jours avant le départ.

– ***Généralités sur la conduite automobile :*** ici comme dans la plupart des anciennes colonies britanniques, ***on roule à gauche.*** Donc, faites bien attention en arrivant à un rond-point ou quand vous sortez d'un chemin pour reprendre la route principale. Mais la priorité reste à droite. Au fait, comment reconnaître un Français au volant ? C'est celui qui met ses essuie-glaces aux carrefours ! Et oui, les commandes sont inversées... Les Mauriciens conduisent un peu à l'italienne dans le style, mais en beaucoup plus tolérant et fataliste. Avec l'enrichissement d'une (toute) petite partie de la population, on voit de plus en plus de grosses voitures qui roulent très vite (faut bien frimer un peu, hein ?). Prudence donc. Ne vous énervez pas non plus si l'on vous klaxonne, c'est pour vous indiquer qu'on vous dépasse et que vous devez vous serrer sur la gauche pour que la voiture d'en face puisse elle aussi passer... quand bien même il y aurait sur la gauche un cycliste zigzaguant ou quelques piétons : à vous de bien calculer le coup ! Vous serez d'ailleurs, d'une façon générale, consterné par l'imprudence, l'inconscience même, de ces ***cyclistes*** (ou motocyclistes) roulant de nuit sans éclairage, quasiment au milieu de la chaussée, même si le gilet fluorescent est obligatoire. Idem pour les ***piétons*** marchant au milieu des rues et les cars, souvent pressés. Autre danger : les ***chiens,*** nombreux, et qui aiment eux aussi se balader au milieu de la route ou même de l'autoroute. Évitez de conduire de nuit.

– ***Attention,*** évitez de vous rendre à Port-Louis aux heures de pointe, en début de matinée et en fin d'après-midi. Si vous devez aller du nord au sud, contournez la capitale par la « nouvelle » autoroute.

Le même ***problème de bouchons*** se posera si vous entreprenez la traversée des villes du centre comme Curepipe ou Quatre-Bornes à la sortie des classes et des bureaux. Il faut parfois presque 45 mn pour traverser ces villes aux heures d'affluence !

– ***À propos des routes :*** l'état des grandes routes est excellent. C'est moins vrai pour les routes secondaires parfois défoncées, étroites et criblées de nids-de-poule pour certaines. Par temps de pluie, redoublez de prudence, car tout le monde a tendance à rouler... au milieu. Les bus y compris. ***De nuit, la conduite est*** également ***dangereuse.*** À éviter ! La signalisation reste souvent fantaisiste, quand elle n'est pas tout simplement absente ou, pire, contradictoire. Quand ils sont indiqués, mieux vaut se fier aux numéros des routes pour savoir si vous êtes sur la bonne ; il est indispensable d'avoir une bonne carte routière (on recommande la carte *IGN* ou *Macmillan,* un peu plus chère) et le sens de l'orientation (ou une boussole !). Même s'il aide bien, ne comptez pas trop sur votre GPS, qui peut vous faire tourner... en rond, ou vous propose des chemins vers des champs de canne.

– ***Les applis de cartes embarquées :*** sans connexion, mais à télécharger avant le départ, *Maps.me.* Itinéraire sur plan. *Google Maps/Waze* indique en temps réel la qualité du réseau, les points radar, limitations de vitesse et autres incidents sur le réseau routier.

– ***Limitation de vitesse :*** de 30 à 60 km/h en ville et sur les routes secondaires ; de 60 à 110 km/h sur autoroute. De nombreux radars ont été mis en place au bord des autoroutes, et les touristes ne sont pas à l'abri des amendes, rapidement envoyées aux loueurs !

– ***Lorsque le clignotant ne fonctionne pas,*** les Mauriciens tendent le bras à l'horizontale par la fenêtre pour indiquer qu'ils vont tourner à droite. Pour tourner à gauche, le bras est relevé jusqu'à former un angle droit (n'allez pas vous imaginer autre chose !).

– ***À Port-Louis, Curepipe, Quatre-Bornes et Rose Hill, le stationnement*** est payant sur les principaux axes. Il faut alors acheter des coupons de 30 mn, 1h ou 2h, vendus par carnets de 10 dans les stations-service. Il faut alors percer la fiche cartonnée correspondant à votre heure d'arrivée. Mais le mieux est de se garer quelques rues à l'écart du centre. C'est alors gratuit.
– ***L'essence*** reste un peu moins chère qu'en France, même si elle a fortement augmenté ces derniers temps. Compter environ 75 Rs (1,66 €) le litre de super sans-plomb.
– ***Le taux d'alcool*** est limité à 0,27 g/l de sang, soit un petit (tout petit !) verre de vin.

Le taxi

– ***Pour des excursions :*** la location de taxi à plusieurs constitue un excellent moyen d'explorer l'île si l'on n'a pas envie d'ouvrir la carte à chaque carrefour. Compter 3 500-4 500 Rs/j. selon la distance parcourue et la qualité de la voiture. Avantages : on ne se perd pas, on se laisse guider, et si le chauffeur est sympa, on peut apprendre plein de choses sur le mode de vie mauricien. Bien préciser la durée de la virée, le parcours choisi avec les différentes étapes et le tarif pour la voiture entière (pas pour chaque passager !). Inconvénients : on peut tomber sur un chauffeur pénible qui a hâte de finir sa journée ou bien tout simplement conduisant comme un pied. Formule à ne pas négliger tout de même. Le bouche-à-oreille marche bien pour se faire conseiller un bon chauffeur. On déconseille les faux taxis, appelés « taxis marrons ».
– ***Mises en garde :*** les taxis sont équipés d'un compteur, mais, pour les petites courses notamment, les chauffeurs ne le mettent pas toujours en marche. Vous pouvez demander qu'ils le fassent, sinon renseignez-vous auprès de votre hôtel du montant habituel de la course et proposez-le au chauffeur. Quoi qu'il en soit, mettez-vous d'accord AVANT de monter, histoire d'éviter les mauvaises surprises.
Il faut aussi déplorer l'abus d'une pratique chez les chauffeurs de taxi : la commission perçue auprès des restaurateurs et autres commerces où le taxi vous conduit... que vous ayez ou non indiqué l'adresse. Quitte à vous affirmer qu'un lieu qui ne donne pas de commission est fermé ou peu recommandable. Un comble ! Avec pour conséquence une guerre des commissions (dont le montant est évidemment répercuté sur votre addition). Certains s'adonnent à un véritable racket. Ne laissez pas votre chauffeur vous imposer vos arrêts.

Le métro aérien

Le 1er métro aérien de Maurice, Metro Express, relie Port-Louis à Curepipe. Le projet, très coûteux, a fait l'objet d'une grosse controverse. Il devait considérablement alléger la circulation, particulièrement dense autour de la capitale. Franchement, on n'a pas vu de grosses différences et les bouchons sont toujours là.

Le scooter

Pour les petits trajets (plage-resto, resto-hôtel, hôtel-centre du village), le scooter peut s'avérer bien pratique, à condition d'être habitué à conduire un 2-roues (ne pas s'improviser motard !). Plus le coin est touristique, plus les points de location sont nombreux. On les indique. En revanche, on déconseille vivement le scooter pour parcourir toute l'île. Distances trop grandes et franchement dangereux. Bien vérifier l'état avant de partir (freins, phares...) et que l'assurance est comprise. Sympa, mais encore une fois, prudence, et casque et gilet fluo obligatoires ! Et attention aux coups de soleil ! Dernier conseil : ***ne JAMAIS conduire de nuit.***

Le vélo

Compte tenu du trafic, on déconseille de louer un vélo. C'est trop dangereux (pas de bas-côtés, conduite à gauche, voitures de plus en plus larges et rapides, absence de marquage au sol...).

URGENCES

- ***Police du tourisme :*** ☎ *210-38-94.* • *police.govmu.org* •, *onglet « Organisation », puis « Units ».*
- ***Police :*** ☎ *112 et 999.*
- ***Météo :*** en cas de cyclone, composer le ☎ *96.* Voir plus haut la rubrique « Climat ».
- ***Garde-côtes :*** ☎ *212-27-47.*

Médicales

- ***Pompiers :*** ☎ *995 ou 115.*
- ***SAMU :*** ☎ *114.*
- ***Hôpitaux et cliniques :*** *à Floréal,* ***C-Care Darné,*** *rue G.-Guibert,* ☎ *601-23-00. À Moka,* ***C-Care Wellkin,*** ☎ *605-10-00.* En cas de gros pépin, c'est là qu'il faut aller. De plus, ce sont les seuls à être affiliés à la Sécurité sociale française. Soit vous êtes détenteur d'une carte de la Caisse française des étrangers (CFE ; pour son obtention, renseignez-vous auprès de votre centre de Sécurité sociale) et dans ce cas, en fonction de la prise en charge, vous ne paierez pas (ou que partiellement) vos frais de santé ; soit vous n'êtes pas en possession de cette carte et vous avancez tous les frais. Une fois en France, présentez toutes les factures originales émises par la clinique pour vous faire rembourser. Le meilleur hôpital public, le plus moderne, est à Pamplemousses : ***Hôpital National Sir Seewoosagur Ramgoolan,*** ☎ *209-35-00.* Aussi connu sous le nom d'*Hôpital du Nord.*
- ***Médecins spécialistes de la plongée :*** ***Brigitte Labat,*** *à Grand Baie,* ☎ *263-68-96.* Médecin hyperbare et subaquatique. ***Shireen Hansrod,*** ☎ *415-12-77.* Spécialiste hyperbare basée à Trou d'Eau Douce.
- ***Caisson de décompression :*** *à Quatre-Bornes, à l'****hôpital Victoria,*** *à Candos,* ☎ *427-51-35 (8h-16h) ; en dehors de ces horaires, contacter le standard de l'hôpital :* ☎ *425-30-31.*

Pour les cartes de paiement

En cas de perte, de vol, ou de fraude, quelle que soit la carte que vous possédez, chaque banque gère elle-même le processus d'opposition.
Le plus simple est de faire opposition en ligne via le site de votre agence bancaire ou son application mobile, ou en l'appelant directement. Sinon, voici les numéros des centres d'assistance des différentes cartes :

– ***Carte Bleue Visa :*** *numéro d'urgence depuis Maurice, appeler le* ☎ *01-120, attendre la 2de tonalité, puis composer le* ☎ *866-654-01-65.* • *visa.fr* •
– ***Carte MasterCard :*** *numéro d'urgence,* ☎ *00-1-636-722-71-11.* • *mastercard.fr* •
– ***Carte American Express :*** ☎ *(00-33) 1-47-77-72-00.* • *americanexpress.com* •
– Il existe aussi un ***serveur interbancaire d'opposition*** : *en France,* ☎ *0892-705-705 (service 0,34 €/mn + prix d'appel).*

Besoin urgent d'argent liquide

Se reporter plus haut à la rubrique « Argent, banques, change ».

Pour les téléphones portables

En cas de perte ou de vol, suspendre aussitôt sa ligne permet d'éviter de douloureuses surprises au retour du voyage ! Le plus simple est de demander la suspension de votre ligne depuis le site internet ou l'appli de votre opérateur.
Voici sinon les numéros des 4 opérateurs français, accessibles depuis la France et l'étranger.

- **Free :** *depuis la France, ☎ 3244 ; depuis l'étranger, ☎ + 33-1-78-56-95-60.*
- **Orange :** *depuis la France, ☎ 3900 ; depuis l'étranger, ☎ + 33-969-39-39-00.*
- **SFR :** *depuis la France, ☎ 1023 ; depuis l'étranger, 📱 + 33-6-1000-1023.*
- **Bouygues Télécom :** *depuis la France, ☎ 1064 ; depuis l'étranger, 📱 + 33-6-60-61-46-14.*

Avant de partir, notez (ailleurs que dans votre téléphone portable !) votre numéro IMEI utile, pour bloquer à distance l'accès à votre téléphone en cas de perte ou de vol. Comment avoir ce numéro ? Il suffit de taper sur votre clavier *#06#.

L'ÎLE MAURICE

Arriver – Quitter

✈ ***L'aéroport*** est situé au sud-est de l'île, à 50 km de Port-Louis, la capitale, et à 7 km de la petite ville de Mahébourg. Il est possible de s'y rendre en bus (arrêt à 600 m de l'aérogare) par la ligne Port-Louis/Mahébourg. Les transferts (payants) peuvent également être assurés par votre hôtel. Il s'appelle *Sir Seewoosagur Ramgoolam International Airport,* en souvenir du « père de la nation mauricienne », mais il est partout indiqué « Aéroport de Plaisance ». Moderne et efficace, il offre toute la panoplie des services.

– ***Infos :*** *☎ 603-80-00. Pour des infos sur les départs, composer le ☎ 8965 depuis Maurice, pour des vols le jour même, ainsi que le ☎ 603-30-30 pour les vols **Air Mauritius.** • mauritius-airport.atol.aero •*

À noter : ***au départ de Maurice, aucune taxe de sortie n'est exigée.***

ℹ ***Office de tourisme :*** *dans le hall. Tlj 6h-20h.* Petit guide pratique de l'île et carte sommaire.

– ***Change :*** plusieurs bureaux dans le hall de sortie, les uns à côté des autres. Même taux qu'en ville (parfois meilleur) et pas de commission. Également des ***distributeurs automatiques*** en sortant à gauche.

Comment se rendre à son hôtel et revenir à l'aéroport ?

En fonction du type de voyage que vous entreprenez, plusieurs formules.

➢ Si vous avez réservé votre hôtel depuis la France, vous avez peut-être demandé un ***transfert aéroport*** (de nombreux hôtels le proposent). Un véhicule de l'hôtel viendra alors vous chercher. Pratique. De même, au retour, votre hébergement peut vous arranger un transfert.

➢ Si vous avez loué une ***voiture,*** l'agence vous remettra un ticket à donner à la sortie du parking, vous n'aurez rien à régler. Pour rejoindre le Nord (Trou aux Biches, Grand Baie, Pereybère...), mieux vaut emprunter la « nouvelle » autoroute qui contourne Port-Louis par l'est au niveau de Rose Hill et permet d'éviter les embouteillages dans la capitale.

➢ ***En bus :*** *arrêt de bus (bus lane) à env 600 m, à droite de l'aéroport en sortant (par la porte 4), au-delà du parking.* 4 lignes de bus relient l'aéroport à Mahébourg (durée : 15 mn), Curepipe (durée : 1h) et Port-Louis (durée : 1h30) avec de nombreux arrêts intermédiaires. Env ttes les 10-20 mn, 5h-19h30 ; et ttes les 30 mn env pour Port-Louis. Très bon marché. Mais franchement, après 11h de vol, on ne conseille pas vraiment !

➢ ***En taxi :*** *comptoir dans le hall des arrivées (service pratique et gratuit) ; sinon, les taxis attendent à la sortie de l'aérogare. 4 pers max par voiture.* Compter environ 700 Rs pour Mahébourg ; 1 800 Rs pour Port-Louis ; et 2 700-3 000 Rs pour les autres trajets vers le Nord (Grand Baie, Grand Gaube, Pointe aux Canonniers...), l'Ouest (Flic en Flac, Tamarin...), l'Est (Trou d'Eau Douce, Belle Mare...) et le Sud. Veillez à vous faire conduire au bon hôtel, et gare aux bobards du genre « Cet hôtel est minable, n'y allez pas » ou encore « Je vous assure qu'il est complet »... Même tarif de jour et de nuit.

LA RÉGION DE PORT-LOUIS

PORT-LOUIS

149 000 hab.

• Plan *p. 73*

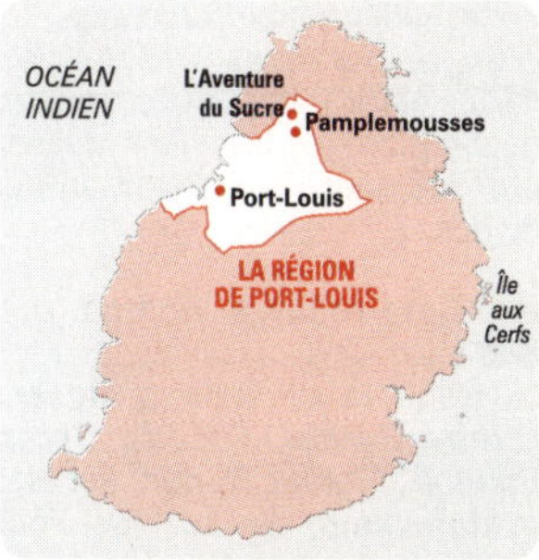

Port de commerce principal de l'île, Port-Louis ressemble plus à une grosse bourgade animée qu'à une vraie capitale. La ville semble fière de sa poignée de vilains buildings ultramodernes qui poussent doucement d'année en année, détruisant peu à peu les dernières maisons en bois qui en faisaient tout l'attrait. Malgré cela, la place d'Armes, les rues du centre et surtout le marché grouillant, cœur vibrant de la cité, ainsi que les rues autour dégagent un charme suave de sous-préfecture, qu'il faut visiter le matin de préférence. Le samedi est un bon jour (moins de bouchons et pas trop de monde).
Se perdre dans ce patchwork de quartiers juxtaposés et parfois radicalement différents permet de dénicher les dernières vieilles maisons créoles. On peut aussi tenter d'apprécier les aménagements modernes du front de mer : le Caudan Waterfront, la galerie commerciale vitrine de l'île, arbore en effet magasins chics, hôtel de luxe et restaurants quasi pieds dans l'eau. Pas désagréable, et c'est là que se concentre une partie de l'animation.

UN PEU D'HISTOIRE

Pourquoi « Port-Louis » ? Parce que c'est le principal port, bien abrité, sur la côte nord de l'île, et qu'on lui donna le prénom de Louis XV, au nom duquel le capitaine Dufresne d'Arsel prit possession de Maurice au début du XVIIIe s. La ville était déjà un gros port de commerce où mouillaient toutes sortes de vaisseaux chargés d'épices et de coton. Mais c'est au milieu du même siècle que la ville prend un véritable essor, grâce à Mahé de La Bourdonnais.
À cette époque, on trace les rues au cordeau, on réorganise le port. Il devient la halte obligée des navires de la Compagnie des Indes. Halte aussi pour les corsaires, comme le célèbre Surcouf, qui traquait sans cesse l'Anglais, à qui il disputait la suprématie sur l'océan Indien.
Puis, au cours du XIXe s, les militaires et les commerçants font de Port-Louis une escale dynamique sur la route des Indes. En 1865, cette prospérité se trouve ralentie par l'ouverture du canal de Suez. Ce prodigieux raccourci entre l'Europe et l'Asie évite aux navires venus d'Europe de contourner l'Afrique, leur permettant de gagner l'Inde plus rapidement, donc à moindre coût. Conséquence, le canal de Suez rend inutile l'escale mauricienne.
Un malheur n'arrivant jamais seul, une épidémie de malaria contraint la population à déserter la capitale pour les villes du centre de l'île, plus saines et plus fraîches. Aujourd'hui, c'est un port de commerce particulièrement dynamique, une place financière et une capitale administrative en pleine effervescence.

Arriver – Quitter

En bus

– Dans la région urbaine de Port-Louis : service 5h30-20h.
– De ville en ville : service 6h30-18h (ou 18h30 selon destinations), mais la liaison Port-Louis/Curepipe aller-retour via Rose Hill, Quatre-Bornes et Vacoas est assurée jusqu'à env 23h (il y a aussi le métro aérien sur ce parcours).
Il existe 2 grandes stations de bus, reliées entre elles par une navette. Les destinations et les villes desservies sont indiquées clairement au-dessus du bus.

Gare routière Victoria, pour le Sud *(plan A2, **1**)* **:** *pl. Victoria.*
➢ Relie la capitale à ***Rose Hill, Quatre-Bornes, Vacoas, Curepipe, Phoenix, Floréal, Réduit, Forest Side*** et ***Mahébourg*** via Curepipe. Pour ces destinations, bus ttes les 10-20 mn env. Tous les patelins sur la route du Sud sont également desservis.

Gare routière du Nord, pour le Nord et le Nord-Est *(plan A1, **2**)* **:** *pl. de l'Immigration. Fonctionne 5h-20h env. Départs ttes les 10 mn env.*
➢ Dessert notamment la côte touristique de ***Trou aux Biches, Mont-Choisy, Grand Baie, Pereybère*** et ***Cap Malheureux*** en s'arrêtant partout. Pour ces destinations, compter env 1h-1h30 en fonction des bouchons. À déconseiller pour Grand Baie (voir ci-après notre texte sur le bus *Express*). Également des bus pour ***Grand Gaube, Goodlands, Belle Mare, Flacq*** et ***Pamplemousses.*** Départs en moyenne ttes les 15-20 mn.
➢ Pour ***Grand Baie,*** prendre un bus *Express (plan A1, **3**).* Ces bus partent du grand parking un peu plus au nord que la gare routière du Nord (3 mn à pied). Départs ttes les 30 mn env, 7h-18h en général (dim 7h-15h). Ces bus empruntent l'autoroute et mettent donc 2 fois moins de temps que les autres (compter env 45 mn).

En voiture

– ***L'autoroute M2 :*** elle traverse Port-Louis devant le front de mer (Caudan Waterfront). En fait d'autoroute, il s'agit plutôt d'une voie rapide de 2 x 2 voies, accessible à tous les véhicules, camions, bus, autos (jusque-là, rien d'anormal), mais aussi aux vélos, mobs, chiens et autres engins mobiles se déplaçant sans feux la nuit...
Cette route traverse l'île du sud-est au nord-ouest, de Mahébourg à Grand Baie via la capitale. Mais gros inconvénient : elle entraîne des embouteillages monstres dans la capitale à certaines heures, en particulier le matin et en fin d'après-midi. Pour relier le Nord au Sud, il est conseillé d'emprunter la ***« nouvelle » autoroute*** (c'est comme ça qu'on l'appelle), qui contourne Port-Louis à l'est par Verdun.
Notez qu'il est inutile d'emprunter la M2 au départ de Port-Louis pour rejoindre le Sud-Ouest, et notamment Flic en Flac ou le Morne Brabant. Dans ce dernier cas, il est préférable de continuer vers le sud par la route qui prolonge Lord Kitchener Street *(plan A2)* : vous éviterez, entre autres, la traversée de Quatre-Bornes, infernale, et gagnerez un temps fou.

En métro aérien

– ***Port-Louis / Rose Hill / Quatre-Bornes / Curepipe :*** • *mauritiusmetroexpress.mu* • Tlj, en principe 6h-19h, ttes les 10-15 mn env. Une vingtaine d'arrêts en tout. Compter 45 mn pour Curepipe. Prix d'un aller : 20-55 Rs selon la distance. Cette ligne, censée réduire les bouchons à l'entrée de la capitale, est surtout importante pour les Mauriciens, pas vraiment pour les touristes.

Orientation

Ville coloniale au quadrillage parfait, coincée par les quais sur un flanc, encadrée d'une chaîne de petites montagnes sur l'arrière : on peut

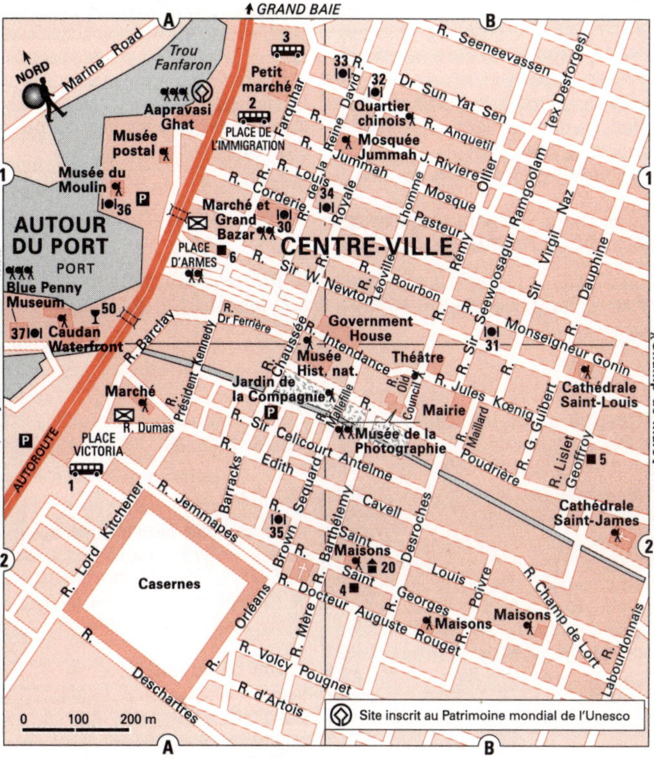

PORT-LOUIS

Adresses utiles

- **1** Gare routière pour le Sud (A2)
- **2** Gare routière pour le Nord et le Nord-Est (A1)
- **3** Bus Express pour Grand Baie (A1)
- **4** Ambassade et consulat de France (B2)
- **5** Bureau des passeports et de l'immigration (B2)
- **6** Pharmacie Newton (A1)

Où dormir ?

- **20** Hôtel Le Saint-Georges (B2)

Où manger ?

- **30** Marché (A1)
- **31** Jim Snack (B1)
- **32** Canton (B1)
- **33** Le Grand Canton (B1)
- **34** First Restaurant (A-B1)
- **35** Le Courtyard (A2)
- **36** Restos du food court et Mystic Masala (A1)
- **37** Kiosques devant le Blue Penny Museum (A1)

Où boire un verre ?

- **50** Keg and Marlin Pub (A1)

difficilement s'y perdre. Une carte est utile malgré tout, car les rues changent de nom plusieurs fois sur leur chemin, et parfois, elles n'en ont pas. On s'y balade sans problème à pied, mais de préférence dans la matinée (plus rien à y faire après 14h).

– ***Quelques points de repère :*** la place d'Armes (centre administratif et financier), le marché (centre social et économique), la mosquée (haute flèche blanche dans le quartier chinois), le Caudan (sur les quais) auquel on accède en utilisant un des 2 souterrains qui passent sous l'autoroute.

Adresses et infos utiles

– Pas d'office de tourisme ayant pignon sur rue à Port-Louis (bureau administratif seulement).

Argent, change

■ ***Change et distributeurs :*** *nombreuses banques en ville, en principe ouv lun-ven 9h-15h. La plupart sont regroupées sur la rue Sir-William-Newton et sur la pl. d'Armes (plan A1), ainsi que le long de l'autoroute, quai Louis-Pasteur et quai D (plan A1). Plusieurs distributeurs également au Caudan Waterfront.* Les banques pratiquent des taux voisins, à peine moins bons que les changeurs privés. Elles ont toutes des distributeurs extérieurs, accessibles 24h/24.

Représentations et services diplomatiques

■ ***Ambassade et consulat de France*** *(plan B2,* ***4****) :* *14, rue Saint-Georges, dans un charmant petit édifice blanc ; entrée du consulat par le 5, rue Auguste-Rouget. ☎ 202-01-00. En cas d'urgence : ☎ 5257-61-00. • mu.ambafrance.org • Service consulaire ouv lun-ven 8h-12h.* Le consulat peut, en cas de difficultés financières, vous indiquer la meilleure solution pour vous faire envoyer de l'argent, ou encore vous assister juridiquement en cas de problème.

■ ***Consulat honoraire de Belgique :*** *10, rue Dr-Ferrière (c/o Ireland Blyth Limited). ☎ 208-72-89 ou 203-20-02. • rpayen@iblgroup.com • Lun-ven 9h-12h.*

■ ***Consulat de Suisse :*** *24, av. des Hirondelles, à* ***Quatre-Bornes*** *(et non à Port-Louis). ☎ 427-55-07. • mauritius@honrep.ch • Lun-ven 9h-12h.*

■ ***Bureau des passeports et de l'immigration*** *(plan B2,* ***5****) :* *Sterling House, 9-11, rue Lislet-Geoffroy. ☎ 260-20-73. • passport.govmu.org • (cliquer sur le lien « Visa in Mauritius »). Lun-ven 8h45-16h, sam 8h45-12h.* Pour prolonger son séjour jusqu'à 6 mois maximum. Demande gratuite.

Santé

■ ***Pharmacie Newton*** *(plan A1,* ***6****) :* *10, rue Sir-William-Newton. ☎ 208-22-44. Lun-ven 8h-17h, sam 8h-14h.*

■ ***Pharmacie Lai Fat :*** *22, rue Jummah-Mosque. ☎ 242-05-40. Lun-ven 9h-16h30, sam 9h-13h.*

✚ ***City Clinic :*** *102-106, rue Sir Edgar-Laurent. ☎ 242-04-86.* Clinique privée, donc chère. Service d'urgence 24h/24 (radiologie, analyses médicales).

✚ ***Hôpital Doctor-Jeetoo :*** *rue Volcy-Pougnet. ☎ 212-32-01.* Hôpital gouvernemental assez fiable.

■ ***Toilettes publiques :*** de nombreux w-c publics gratuits et propres au Caudan Waterfront *(plan A1).*

Transports

Pour les coordonnées d'***Air Mauritius,*** se reporter au chapitre « Arriver – Quitter » en début de guide.

P ***Parking :*** attention, les tickets de parking, indispensables pour se garer à Port-Louis, ne sont disponibles que dans les stations-service ou dans certaines petites boutiques. Il s'agit de cartes à perforer en fonction de votre heure d'arrivée. De toute manière, il est difficile de se garer dans le centre-ville. On trouve plus facilement des places hors du cœur de ville, dans les rues annexes. Sinon, plusieurs parkings payants au Caudan, où l'on paie sur place *(env*

80 Rs pour 4h, puis 80 Rs/h supplémentaire – conseil si l'on reste plus de 4h : ressortir et revenir) ; le *Granary,* situé juste derrière la poste principale *(plan A1 ; tlj 7h-23h),* dans un ancien entrepôt à grain (noter les grands toboggans à riz), est bien pratique et gardé. Un autre dans la rue Sir-Celicourt-Antelme *(plan A2),* tout près de la place d'Armes. Également un immeuble-parking, le *Dias Pier Parking,* sur plusieurs étages, au Caudan Waterfront *(plan A1).*

Culture

■ ***Librairie Book Court*** *(plan A1)* **:** *Caudan Waterfront, au rdc de la galerie commerciale Barkly Whaft. Lun-sam 10h-18h, dim 10h-12h30.* Grand choix de beaux livres, bouquins de cuisine mauricienne, livres de poche...

■ ***Ciné STAR*** *(plan A1)* **:** *au Caudan, à l'étage de la galerie commerciale Le Pavillon.* • *cinema.mu/fr* • Films en français ou en anglais.

Où dormir ?

Il n'y a vraiment aucune raison de dormir à Port-Louis. On vient surtout à Maurice pour les lagons et les couchers de soleil, pas vraiment pour sa capitale. La ville se vide en milieu d'après-midi et devient franchement déprimante quand tout le monde est rentré chez soi. Si votre voiture tombe en panne à 21h, voici toutefois une adresse.

Hôtel Le Saint-Georges *(plan B2,* ***20****)* **:** *19, rue Saint-Georges. ☎ 211-25-81 ou 82. Presque en face de l'ambassade de France. Double standard env 4 000 Rs (même prix tte l'année), petit déj inclus.* Immeuble d'une dizaine d'étages sans grand charme, hormis la bonne surprise du resto situé à l'arrière, au bord de la piscine. Les hommes d'affaires et les quelques touristes égarés apprécient le confort correct des chambres, relativement spacieuses et climatisées. Choisir une chambre dans les étages, plus sympa.

Où manger ?

Attention, beaucoup de restos ferment le week-end et le soir. Sans tomber dans la paranoïa, il n'est pas forcément recommandé de traîner en ville à la nuit tombée. D'ailleurs, il n'y a rien à y faire.

Au centre-ville

Bon marché (moins de 400 Rs / 9 €)

Marché *(plan A1,* ***30****)* **:** *sous la grande halle des fruits et légumes, à l'entrée du marché à droite.* Le *food court* regroupe tous les petits vendeurs de *samoussas,* de *dholl puri,* de *paratha, biryani* (*veg'* ou pas) et de petits pains. Idéal pour grignoter un morceau ou pour siroter un jus sans se ruiner. Pour boire un breuvage typiquement local, allez chez ***Alouda Pillay,*** par exemple, qui possède un stand sur le marché depuis plusieurs générations (au fond du *food court,* sur la gauche). Il propose un excellent *alouda,* une boisson traditionnelle à base de lait et de tapioca, qu'il sert avec une boule de glace. Délicieux ! On peut aussi aller ***Chez Hassen,*** sur le flanc gauche du marché.

Jim Snack *(plan B1,* ***31****)* **:** *rue Monseigneur-Gonin. ☎ 211-14-36. 📱 5800-00-31. Tlj sauf dim 10h30-16h (15h sam).* Snack de poche chinois. Cari d'ourite en semaine, riz frit-salade, *mine bouilli,* boulettes fraîches et *chow mein.* À emporter ou à déguster sur place, sur l'une des rares petites tables de la salle, carrelée en orange et jaune. Bon et pas cher.

Canton *(plan B1,* ***32****)* **:** *15, rue E.-Anquetil, 1re rue à gauche après la porte du quartier. ☎ 242-21-64. Tlj sauf dim 11h-20h30 (17h mar).* Au cœur du quartier chinois, une cantine populaire archibondée au déjeuner, où l'on mange à toute heure. Honnête cuisine cantonaise pas chère du tout, *yee mine,* soupes chinoises et quelques plats mauriciens. C'est copieux et servi dans une salle reposante et climatisée.

Prix moyens (400-600 Rs / 9-13 €)

|●| ***Le Grand Canton*** *(plan B1,* ***33****) : 47, rue de la Reine-David, à l'étage. ☎ 217-37-15. Tlj, midi et soir.* Grand frère du *Canton* de la rubrique précédente, celui-ci est la version un peu plus chic, avec une grande salle climatisée et surtout des plats à base de canard (notamment laqué). Préparations de *sizzling* également (cuisson sur plaque chauffante servie fumante à table). Également un bon calamar croustillant et un savoureux poulet braisé à l'ail. Du solide.

|●| ***First Restaurant*** *(plan A-B1,* ***34****) : à l'angle des rues Royale et Corderie, entrée par la rue Corderie (au 2e étage, levez les yeux !). ☎ 212-06-85. Tlj sauf lun 11h30-14h30, 18h30-21h30.* Dans une grande salle « chinoisante » et climatisée, on déguste des spécialités chinoises, et notamment du canard laqué qui fait la réputation du lieu, ainsi que des plats cantonais et sichuanais. Et même du cerf à la sauce huître (si, si !). Resto apprécié par la communauté chinoise de l'île.

Plus chic (plus de 1 000 Rs / 22 €)

|●| ***Le Courtyard*** *(plan A2,* ***35****) : à l'angle des rues Chevreau et Saint-Louis. ☎ 210-08-10. Lun-ven 11h-16h ; le soir, seulement ven-sam mais uniquement sur résa.* Niché dans une agréable courette au calme, complété par une élégante salle à l'étage, cet établissement chic offre une carte franco-mauricienne de bon aloi, sur laquelle le magret de canard voisine avec le *vindaye* de tofu aux courgettes et le risotto aux cèpes, qui lui-même fait de l'œil au rougaille de poisson. Le carré d'agneau à la moutarde n'est pas en reste. Une jolie adresse.

Au Caudan Waterfront (plan A1)

Tandis que les rues du centre-ville restent désespérément vides le soir, les terrasses des nombreux restos qui jouent à touche-touche autour du port ne désemplissent pas, surtout le week-end.

Bon marché (moins de 400 Rs / 9 €)

|●| ☂ ***Restos du food court*** *(plan A1,* ***36****) : sous les arcades qui longe le flanc gauche du port. Tlj.* Les nombreux kiosques offrent toutes les cuisines du monde (italien, chinois, indien, crêperie, amerloque...). Pas cher, mais il y a à boire et à manger. Parmi ceux-ci, une adresse qu'on aime bien : ***Mystic Masala*** *(à l'entrée de l'arcade ; ☎ 210-24-42 ; tlj 10h30-22h),* un kiosque-snack indien qui propose des plats savoureux à prix doux. Excellents *samoussas* bien garnis, *chicken biryani, veg meal...* Une adresse fidèle au poste depuis bien longtemps.

|●| ***Kiosques devant le Blue Penny Museum*** *(plan A1,* ***37****) : tlj 10h-21h env.* Juste devant le musée, on trouve quelques kiosques uniformisés, installés dans d'anciens containers revisités, tous tenus par des locaux. Nourriture variée et pas chère, à déguster sur les quelques tables installées devant. On aime bien ***Chez Chasseur,*** qui offre civet, curry et gibier en sauce. Sympa.

Où boire un verre ?

🍸 ***Kiosques à jus de fruits et jus de canne*** *(plan A1) : au Caudan Waterfront.* Dans les ruelles, quelques kiosques à jus dans les allées.

🍸 ☂ Rien à faire le soir au centre-ville. Une partie de la jeunesse locale vient finir la soirée dans les bars du Caudan, notamment au ***Keg and Marlin Pub*** *(plan A1,* ***50****).* Soirées live régulièrement.

À voir

Autour du port

Caudan Waterfront *(plan A1-2)* **:** *aux docks de Caudan, face au bassin du port. Toilettes publiques gratuites.* L'architecture du Caudan mêle l'audace à la tradition dans un style Taiwan avec des petites tourelles, des escalators, des galeries commerciales, d'anciens entrepôts en pierre... Il prend place sur les vieux docks rénovés, auxquels on a adjoint un vaste centre commercial au style qui respecte l'histoire du lieu. C'est ici que s'est déplacée une partie de l'activité touristico-économique de la cité (ce qui a eu pour conséquence de vider le centre-ville). Il s'agit d'un vrai aspirateur à pognon, avec boutiques, casino, hôtel de luxe... Côté culture, notons tout de même le remarquable musée du *Blue Penny.* C'est le soir et le week-end que les lieux s'animent pour la jeunesse mauricienne : on vient y grignoter des nourritures n'ayant bien souvent rien de local, prendre un verre sur les terrasses, voir un film...

Blue Penny Museum *(plan A1)* **:** *au Caudan Waterfront. ☎ 210-81-76 ou 210-92-04. • bluepennymuseum.com • Tlj sauf dim et j. fériés, 10h-17h. Fermeture des caisses 30 mn avt. Entrée : 275 Rs ; réduc. Compter au moins 1h de visite. Photos interdites.*

Un musée passionnant qui rend hommage au patrimoine mauricien à travers l'art et l'histoire. La muséographie moderne, qui fait appel à des ambiances et des atmosphères intimes, est très réussie. On vous recommande d'y venir dès le début de votre séjour, pour comprendre, en 2 pas et 3 enjambées, l'histoire du peuplement de l'île.

– La visite débute au ***1er étage,*** vers la droite. Dans la 1re salle, l'exploration des mers du Sud par les Arabes dès le IVe s, qui nommèrent l'île Dina Arobi, les Chinois au XIVe s et les 1ers Européens, grâce aux Portugais à la fin du XVe s. Les épopées sont magnifiquement illustrées : maquettes de bateaux, instruments de navigation, authentiques cartes d'époque qui retracent l'évolution des connaissances et dont certaines sont dans un état de conservation étonnant. Sur l'une d'elles est représentée une fausse île, histoire de brouiller les pistes ! Au milieu de la salle, la copie du plus ancien globe terrestre (1492), sur lequel ne figure pas encore le continent américain. Place ensuite à la découverte de l'île par les Hollandais, la colonisation par les Français, le *combat du Grand Port* est également évoqué (1810), la seule victoire navale française sous Napoléon. Les Anglais avaient pourtant laissé flotter le drapeau français, laissant croire que le chemin était libre..., puis la conquête par les Anglais (doc et gravures), jusqu'à l'indépendance. Voir l'étendard français remis aux Britanniques en 1810.

Honneur ensuite à ***Port-Louis et à son histoire*** : lithographies montrant la ville en 1859. Chaque superbe litho est judicieusement accompagnée d'une photo du même quartier de nos jours. Éloquent !

La visite du 1er étage continue avec la passionnante histoire de la poste mauricienne. C'est dans cette partie que vous trouverez les 2 joyaux du musée, qui ne mesurent que quelques

CARRÉMENT TIMBRÉ

Ce timbre doit sa gloire à l'étourderie du graveur, Joseph Osmond Barnard, chargé en 1847 d'imprimer des timbres. 500 timbres orange-rouge d'un penny et 500 timbres bleus de 2 pence voient le jour. Mais une erreur s'est introduite dans l'impression : au lieu de « Post Paid » (prépayé), il est écrit « Post Office ». Les faux timbres sont envoyés partout dans le monde, mais la majorité est perdue. Aujourd'hui, il n'en existe plus que 6 bleus et 2 orange-rouge. Ils sont parmi les timbres les plus rares du monde. Même la reine Elizabeth en possédait un exemplaire ! Fin 2009, l'un de ces précieux timbres a été mis en vente à 2 millions d'euros !

L'ÎLE MAURICE

centimètres carrés. Il s'agit des ***2 timbres-poste les plus célèbres,*** certainement les plus rares et donc les plus chers du monde, non oblitérés : les fameux *one penny* orange-rouge et *two pence* bleu, édités en 1847 (une lettre postée de Port-Louis pour un marchand de vin à Bordeaux). Attention, compte tenu de la fragilité des spécimens, les originaux ne sont exposés qu'en alternance (à côté d'une réimpression de 1912), ***seulement 10 mn par heure (à partir de 20 de chaque heure).*** Le reste du temps, ce sont des reproductions qui sont visibles (dans la vitrine voisine). Lorsque les philatélistes découvrent ces timbres au début du XXe s, ils réalisent qu'ils font partie de la 1re série, la seule portant la mention « Post Office » au lieu du « Post Paid » habituel. Ces trésors de la philatélie mondiale n'ont été rachetés qu'en 1993 par un consortium mauricien pour la modique somme de 2,2 millions de dollars. Un retour à l'envoyeur un siècle et demi plus tard.

– Suite de la visite au ***rez-de-chaussée.*** La majeure partie est consacrée à ***Paul et Virginie*** (l'histoire est résumée en images, pratique si vous n'avez pas lu le bouquin) et au naufrage du *Saint-Géran* (voir la rubrique « Histoire » dans « Île Maurice : Hommes, culture, environnement »). On y découvre, dans la vitrine au milieu de la pièce, la toute 1re édition du livre, datant de 1789, déjà dans un format poche. Ce drame, au cours duquel presque tous les passagers périrent noyés, resta gravé dans toutes les mémoires et perturba la vie économique de l'île, car le navire apportait des vivres et des denrées essentielles. Une petite vitrine abrite quelques vestiges du naufrage : compas, pièces d'argent, couverts de gentilshommes bretons... et une émouvante « bague-foi » posée sur un décor de sable. Il s'agit d'une bague de fiançailles traditionnelle telle qu'en portaient les jeunes filles de Bretagne au XVIIIe s. Ce bijou en or comporte un cœur tenu par 2 mains. Il était probablement porté par une jeune fille à bord. Coïncidence ? Dans le livre, Virginie revient justement de Bretagne pour retrouver son fiancé Paul. Née du drame, l'histoire de *Paul et Virginie* inspira nombre d'artistes, comme le montrent les diverses éditions originales présentées (parmi les 500 qui existent à ce jour), les nombreuses remarquables gravures, la statue en marbre de Carrare blanc du sculpteur mauricien Adrien Prosper d'Épinay, sculpté en 1884, éminemment romantique, sans oublier cette peinture attribuée à Courbet montrant le corps sans vie de Virginie, nue. Une libre interprétation artistique de l'ouvrage puisque l'héroïne est morte justement après avoir refusé de se déshabiller pour entrer dans l'eau.

Expos temporaires régulières (accès gratuit). Boutique bien fournie en livres sur l'île Maurice.

Le musée du Moulin *(plan A1)* **:** *derrière l'Astrolabe, face au port. Lun-ven 10h-12h, 13h-15h (en théorie). Fermé w-e et vac scol. GRATUIT.* Une survivance du passé ! Ce moulin reconstitué a été bâti en 1736 à la demande de Mahé de La Bourdonnais, afin d'alimenter les travailleurs du port. Photos d'époque ou contemporaines, quelques outils, meules...

Le Musée postal *(plan A1)* **:** *Port-Louis Waterfront. ☎ 213-48-12. • mauritiuspost.mu • Lun-ven 8h30-16h, sam et j. fériés 8h30-11h45. Fermé dim. Entrée : 150 Rs ; réduc ; gratuit moins de 8 ans.* La 1re poste de l'île, construite en 1868, le musée présente tampons, plaques, vieux télégraphe, 1er central téléphonique, balances antiques, boîtes aux lettres, instruments, documents divers et, bien sûr, des timbres du monde entier rangés dans des tiroirs verticaux. Des panneaux explicatifs (en français et en

DE L'ORIGINE DES PAQUEBOTS

L'acheminement du courrier par bateau entre le Royaume-Uni et l'Inde fut mis en place en 1815. Il transitait par l'île Maurice et Le Cap. Il fallait pas moins de 6 mois aux voiliers pour rallier Plymouth à Calcutta. Quelques années plus tard, ils furent remplacés par une nouvelle technologie : les navires à vapeur. Au cours de ce XIXe s innovant, tout était bon pour raccourcir les délais de la poste. Rien ne devait freiner la mission de ces « packet boats », qui deviendront les... « paquebots ».

anglais) retracent l'évolution et les progrès des services postaux depuis le XIXe s, et l'importance de Maurice dans l'aventure postale. L'île a en effet été le 5e pays au monde et la 1re colonie à émettre un timbre. Reconstitution d'un petit bureau de poste. Balances, coffre de banque, petit central téléphonique tout en bois, vieux timbres... Mais rappelons que les célèbres « Post Office » (les plus chers du monde), se trouvent au *Blue Penny Museum* (voir plus haut). Conviendra surtout aux mordus de philatélie.

Aapravasi Ghat *(plan A1) : 1, Quay St. ☎ 217-77-70. • aapravasighat.org • Lun-ven 9h-16h, sam 9h-12h. Fermé dim et j. fériés. GRATUIT. Visite guidée possible (gratuit là encore, de préférence en réservant par tél) ou libre. Ateliers pédagogiques pour enfants (3-14 ans) : gratuit sur résa. Durée : 45 mn.*

L'Aapravasi Ghat est un ancien dépôt d'immigration construit en 1849 pour recevoir les « engagés » à Maurice et ceux qui transitaient vers d'autres colonies. *Aapravasi Ghat* signifie ***« lieu d'arrivée des immigrants »*** en hindi. L'engagisme est un système mis en place par les planteurs peu avant l'abolition de l'esclavage. Ils sont les 1ers à avoir recours à l'engagisme, c'est-à-dire à « employer sur contrat », au début des années 1820 avant qu'il ne soit institutionnalisé par les Britanniques à partir de 1842. Avant de mettre en œuvre ce système de recrutement dans l'ensemble de leur Empire, les Britanniques choisissent Maurice pour tester ce nouveau dispositif. C'est en 1834 que l'on commence véritablement à expérimenter le système à grande échelle. Mis en œuvre avec succès, il deviendra le principal mode de recrutement utilisé dans l'ensemble des colonies britanniques. Il est ensuite adopté par les autres puissances coloniales à partir de 1838. Au total, près de 2,2 millions d'engagés ont migré vers l'ensemble des colonies entre les années 1820 et 1920. L'Aapravasi Ghat est ***le symbole et la mémoire vivante*** de cette migration universelle.

UN CONTRAT PEU ENGAGEANT

L'engagisme fut mis en œuvre à l'île Maurice par les Britanniques au XIXe s. Le principe était simple : remplacer les esclaves (après l'abolition de l'esclavage, en 1833, dans l'Empire britannique) par des travailleurs immigrés. Ceux-ci acceptaient de « s'engager » pour les colonies de plantation dans des conditions plus que précaires, avec à l'appui un contrat compris entre 1 et 5 ans. Ceux qui égaraient leur pièce d'identité délivrée à la signature du contrat pouvaient écoper jusqu'à 3 mois de prison. L'engagisme est en partie à l'origine de l'incroyable métissage culturel de cette île de l'océan Indien.

La visite se divise en 2 parties, le centre d'interprétation et le site lui-même. Malgré sa modeste taille, ce dernier a été classé au Patrimoine mondial de l'Unesco en 2006, car il possède une haute portée symbolique en tant que lieu d'expérimentation et c'est l'un des rares témoignages du système engagiste dans le monde.
C'est ici précisément qu'arrivèrent les engagés. Travailleurs chinois, africains, mais surtout indiens furent recrutés pour servir de main-d'œuvre dans les plantations sucrières. À Maurice, presque 500 000 immigrants, appelés *coolies* (terme signifiant « salaire » en tamoul), sont passés par ce dépôt d'immigration jusqu'en 1910, date de l'arrêt légal du système. Dans les faits, celui-ci perdurera de loin en loin jusqu'en 1924. À Maurice, on estime aujourd'hui que près de 70 % de la population est issue de l'immigration engagée. 97 % d'entre elle venait d'Inde, et près de 40 % de l'État du Bihar, puis du Tamil Nadu.
– ***Le centre d'interprétation :*** dans un espace moderne et didactique, on explique l'histoire de l'engagisme, en le replaçant dans le contexte économique mondial. Photos, documents, vidéos, entretiens, écrans tactiles dans chaque section « pour aller plus loin » (ne pas manquer de les consulter, ils fourmillent d'infos... quand ils fonctionnent, dommage !), mais aussi maquettes, mises en situation et vestiges archéologiques aident à la compréhension. Rien n'a été

laissé au hasard pour contribuer à expliquer le système engagiste sur lequel les historiens se penchent depuis finalement assez peu de temps. Si le centre apprend beaucoup aux touristes, il est encore plus parlant pour les enfants mauriciens, car cette partie de leur histoire n'est encore que survolée à l'école. Rouages du ***système de l'engagisme,*** statuts du nouvel arrivé (exemple de contrat en anglais ; ils signaient un contrat de 5 ans, recevaient un salaire de 5 Rs par mois, de la nourriture, des soins médicaux et un hébergement), conditions de travail... tout cela est décrit de façon pédagogique. À noter, par exemple, que les engagés pouvaient porter plainte auprès du « Bureau des Protecteurs des immigrés ». Les réclamations portaient souvent sur le non-paiement des salaires, fréquent. Les plaignants avaient la plupart du temps gain de cause. Série de portraits d'engagés. Parmi les nombreuses sections, on verra notamment les vestiges archéologiques d'une cale, autrefois utilisée pour le débarquement des marchandises et la réparation des bateaux. Puis une série d'objets (trouvés dans le sous-sol) témoigne de la vie des immigrants et des officiers. Charrette de transport du sucre, carte rappelant les différentes provenances des engagés. Voir la maquette du site tel qu'il était en 1866, quand son activité battait son plein. Il ne reste qu'un tiers de sa superficie. Reconstitution d'un logement d'un engagé en pisé, identique à ceux que l'on trouvait dans les camps sucriers. Vidéos de témoignages (quand le système fonctionne !) d'ex-engagés qui ont continué à vivre et travailler sur place bien après l'abolition du système.
– ***Le site :*** juste à l'extérieur du centre d'interprétation. De cette politique engagiste dont l'île Maurice fut le 1er laboratoire, seuls subsistent quelques vestiges. On verra tout de même les ruines (arasées) où s'élevaient les cuisines, les salles communes, ce qui reste des latrines, ainsi que l'hôpital, unique édifice encore debout, conservé et restauré. C'est là que les nouveaux venus passaient la visite médicale. Ils séjournaient 2 jours au dépôt avant d'être pris en charge par leurs employeurs. Si le site n'est pas très parlant (il n'en reste pas grand-chose), il complète de manière tangible la visite du centre d'interprétation. Il permet d'expliquer aux descendants des engagés les conditions qui ont déterminé le changement radical de la vie de leurs aïeux.

Au centre-ville

La place d'Armes *(plan A1)* **:** c'est la grande place et le berceau de Port-Louis, bordée d'élégants palmiers et de 3 allées qui remontent jusqu'au palais du Gouvernement, édifice du XVIIIe s (ne se visite pas). C'est l'un des plus anciens bâtiments de la ville et aujourd'hui le siège du Parlement. Devant le palais, une statue de la reine Victoria.
– Sur l'***avenue Duke-of-Edinburgh*** (l'allée de gauche), quelques vénérables bâtisses créoles transformées en banques ou en agences de voyages, mais il faut avoir l'œil pour les repérer.
– À l'autre extrémité de la place, côté port, à l'ombre des palmiers, la ***statue de Mahé de La Bourdonnais,*** fondateur de la ville, contemple à jamais (et pour toujours) les quais. Il ne reste malheureusement rien de ses réalisations : hôpital, poudrière, entrepôt, tout fut détruit par un incendie.

Le Grand Bazar *(plan A1)* **:** *à l'angle des rues Bourbon et Farquhar. Lun-sam 6h-17h30 env (mais les échoppes commencent à fermer à partir de 16h-16h30), dim et j. fériés 6h-11h30. Pour éviter les bouchons, venir plutôt le sam (même si c'est un peu plus vivant en sem).*
Sans aucun doute le coin le plus animé de la ville. Sous une grande halle sillonnée par d'étroites allées, on trouve quelques centaines de vendeurs de souvenirs, épices, nappes brodées, sets de table, maquettes de bateaux, objets artisanaux *made in Mauritius* (souvent) ou *made in Ailleurs* (parfois). Beaucoup de vêtements également, de jeux et d'étoffes en tout genre. Comme partout, essayer de faire le tri entre le bon grain et l'ivraie. Construit en 1828 sur un terrain marécageux,

on y venait en barque, un peu comme au marché flottant. Au temps de La Bourdonnais, c'est ici que les navires de la route des épices, une course exaltante pour l'époque, faisaient parfois halte.
Pas de parano inutile, mais signalons que les touristes sont parfois la cible d'adroits pickpockets. N'ayez rien à voler, on ne vous volera rien.
– *Conseils :* pour tout achat, ***marchandage de rigueur,*** car les prix annoncés sont parfois ridiculement élevés. Pour être efficace, essayez d'avoir une idée des « vrais » tarifs pratiqués ailleurs. Attention également aux contrefaçons qu'on ne manquera pas de vous proposer, parfois de façon insistante, là encore à prix parfois déments.

Le marché aux fruits et aux légumes *(plan A1)* **:** *sous une autre halle, juste à côté du Grand Bazar. Lun-sam 5h30-17h30, dim et j. fériés 5h30-11h30.* Il est divisé en plusieurs halles, reliées les unes aux autres par des allées. Il ne faut surtout pas manquer d'aller manger sur le pouce dans la halle voisine, où sont regroupés tous les marchands. Le secteur consacré aux fruits et légumes est le plus haut en couleur et le plus riche en découvertes pour vos yeux et vos papilles. D'ailleurs, ne pas manquer le kiosque à jus de fruits dans la rue principale, délicieux ! À l'étage de la halle, des marchands de tissus, d'épices et de souvenirs.

Les rues autour du marché : dans Royale, Bourbon et Léoville-Lhomme notamment, on trouve des dizaines de petits vendeurs à la sauvette, qui débordent sur les trottoirs et proposent toutes sortes de fringues, chaussettes, tongs, petits objets de la vie domestique... Certains ne font que des liquettes à papa, d'autres des trucs super hype. Ne pas hésiter à fouiner, on repart rarement bredouille. Pas mal de petites marques locales ou des fins de série.

La mosquée Jummah *(plan B1)* **:** *rue Royale, à l'angle de la rue Jummah-Mosque. En principe, toujours quelqu'un pour fournir des explications tlj sauf ven 7h-12h, 14h-16h, mais la mosquée reste ouv jusqu'à 20h.*
Blanche et verte, comme toutes celles de l'île d'ailleurs, elle compte parmi les édifices les plus réussis de la ville. La mosquée est née de l'initiative de négociants musulmans qui, ne pouvant se rendre à la mosquée de la Plaine Verte, se cotisèrent en 1853 pour sa construction (elle ne fut terminée qu'en 1894). Avec sa façade chaulée, ses tourelles au style largement influencé par les styles moghol, mauresque et arabe quant à leur décor, ses balcons sculptés et ses volets verts, ce bel édifice est typique de l'architecture des mosquées mauriciennes. À la limite du quartier chinois, c'est l'un des multiples symboles de l'esprit de tolérance du peuple mauricien. Derrière la magnifique porte d'entrée en bois se cache un patio agréable, frais et calme, où poussent un badamier et un manguier. Remarquez le travail des boiseries et le baromètre de manufacture française, caché derrière une colonnade sur la droite. Les visiteurs sont les bienvenus jusqu'au bassin des ablutions. Quant aux femmes musulmanes, la balustrade leur est réservée.

Le quartier chinois *(plan B1)* **:** le long de la rue Royale et symbolisé par une arche de marbre. Impossible de le rater avec ses inscriptions chinoises. Malheureusement, les anciennes maisons de bois bringuebalantes se comptent aujourd'hui sur les doigts d'une seule main. Ces boutiques sont les derniers vestiges d'une époque, chacune ayant son charme propre. Il ne faut pas hésiter à pénétrer dans le quartier et s'y perdre pour le sentir vivre.

Les pagodes : à différents endroits de la ville s'élèvent de modestes pagodes qu'on reconnaît aisément à leur dominante rouge et à leurs inscriptions en chinois. Souvent simples, elles prennent leur relief lors de cérémonies, notamment celles des morts.

Le musée d'Histoire naturelle *(Natural History Museum ; plan A-B2)* **:** *rue Poudrière. ☎ 211-64-15. Lun-mar et jeu-ven 9h-16h, mer 11h-16h, sam 9h-12h. Fermé dim et j. fériés. GRATUIT. Panneaux explicatifs en anglais.*
Ce musée, installé dans un édifice du XIXe s, fut créé en 1831. On y trouve une curieuse collection d'animaux naturalisés. Certains sont vrais, d'autres faux, mais la naturalisation est tellement approximative qu'on a du mal à faire le tri. On

commence par les oiseaux des Mascareignes, avant de poursuivre, selon ses envies, par les insectes, les reptiles ou la vie marine avec une centaine d'espèces de poissons et de coquillages : squelette de baleine, vertèbre de cachalot, quelques requins (nourrice, marteau, faucille, etc.).
Dans la salle du fond, section consacrée au célèbre dodo et exposant 3 squelettes entiers de l'animal reconstitué (rare), dont un issu du même animal (« unique au monde ! »). Présentation assez complète. À ce sujet, des recherches récentes ont permis de découvrir plus de 8 000 ossements du fameux volatile. On peut également le voir en réalité virtuelle dans son habitat de l'époque (voir aussi la rubrique « Faune et flore » dans « Île Maurice : Hommes, culture, environnement »). Documentaires et jeux interactifs complètent l'ensemble.

Le jardin de la Compagnie *(plan A-B2)* **:** *en face du musée d'Histoire naturelle. Tlj 6h-17h (18h oct-mars).* Il appartenait autrefois à la Compagnie des Indes françaises (d'où son nom), et fut pendant longtemps la promenade préférée des Port-Louisiens, qui pouvaient y observer nombre de statues offertes par les gouvernements étrangers. Mais on admire surtout les nombreux banians dont les lianes pendantes envahissent l'espace des allées. Au centre, la statue du sculpteur Adrien d'Épinay.

L'ÎLE MAURICE

Le musée de la Photographie *(plan B2)* **:** *rue du Vieux-Conseil. ☎ 211-17-05. • musee.photo • Lun-ven 10h-15h. Fermé le w-e. Entrée : 300 Rs ; réduc.* Musée privé qui existe depuis 1966. Petit et dense, il présente un bel ensemble d'appareils photographiques du XIXe s et du début du XXe s, rassemblés ici par Tristan Bréville et son épouse depuis l'âge de 12 ans. Tristan Bréville est un véritable passionné du patrimoine mauricien, qui se fera un plaisir de vous commenter la visite. C'est l'un des plus grands fonds photographiques du monde et l'un des trésors de Maurice.
Collection de daguerréotypes (il s'agit des tout 1ers clichés, datant de 1839, sur plaques de cuivre) et rarissimes autochromes stéréoscopiques des frères Lumière. Photos de Niepce (1816), l'inventeur de la photographie. Sur les murs, des photos anciennes sépia ou jaunies par le temps. Ici, Curepipe au début du XXe s ; là, une émouvante image du débarquement des coolies en 1857. Étonnant objectif daguerrien, ayant équipé l'un des appareils du célèbre photographe, albums de cartes postales mauriciennes, qui constituent la plus importante collection de cartes postales mauriciennes au monde. Quelques films aussi, montrant l'île Maurice des années 1950. Des retirages de vieilles photos et de cartes postales sont en vente.

PREMIÈRES IMPRESSIONS

Le 27 février 1840, Ferdinand Wohrnitz débarqua à l'île Maurice avec un appareil photo acheté chez Daguerre. De ses 1res impressions mauriciennes, il reste 2 portraits – parmi les plus anciennes photos au monde, donc – qui appartiennent au musée de la Photographie. Une précision : on ne regarde pas un daguerréotype, on le lit. Il s'agit de chercher l'angle exact où négatif et positif concordent, pour que l'image apparaisse. Tout un art !

Les cathédrales *(plan B2)* **:** face au palais de justice se dresse la modeste ***cathédrale Saint-Louis,*** dotée d'une charpente métallique. On y trouve les restes de Mme Mahé de La Bourdonnais. Ça ne la rend pas plus intéressante, mais c'est tout ce qu'on a dégoté. Un peu au sud, la ***cathédrale Saint-James,*** 1re église anglicane de la ville (XIXe s), n'a rien d'extraordinaire non plus, sauf si vous êtes observateur. Vous remarquerez alors l'épaisseur des murs et le travail de la charpente. La cathédrale fut construite sur les fondations d'une poudrière, ce qui explique son architecture pas très catholique.

Les anciennes maisons créoles *(plan B2)* **:** si, comme beaucoup de grandes villes, Port-Louis perd ses vieilles demeures au profit d'immeubles à la banalité affligeante, il subsiste, de-ci de-là, des lambeaux de quartiers évoquant la ville d'antan. Le quartier situé entre la cathédrale Saint-James et le Champ-de-Mars, par exemple, abritent encore quelques vénérables maisons de bois. On trouve aussi quelques vestiges d'habitat traditionnel le long de la ***rue Saint-Georges*** et de la ***rue Saint-Louis.*** Si vous passez par là...

Autre marché *(plan A2)* **:** *au bout de la gare routière de la pl. Victoria. Tlj jusqu'à 16h30 env.* Assez différent du Grand Bazar, c'est un marché relativement petit mais typique, où l'on trouve de tout : des fruits et légumes, des vêtements, casquettes ou serviettes de bain, des brosses... En général, il faut marchander, mais ce n'est pas le souk ! À noter qu'ici les prix ne sont pas majorés de façon abusive pour les touristes.

Excentré

Odysseo Oceanarium *(hors plan par A2)* **:** *Les Salines, Harbour Waterfront, à env 1,5 km du centre de Port-Louis. ☎ 659-80-00. • odysseomauritius.com • Tlj 9h-18h. Entrée : 800 Rs ; 540 Rs pour les 4-12 ans. Visite guidée 550 Rs. Activités diverses payantes.*
Ceux qui n'ont pas le privilège de faire de la plongée ou du snorkelling se voient offrir ici une belle occasion de partir à la rencontre des fonds sous-marins de l'océan Indien. Cet *oceanorium* axe son propos sur ***la pédagogie et la protection du monde aquatique.*** Et c'est ce qui fait tout son intérêt. Chaque aquarium, chaque bassin est accompagné de plusieurs cartels didactiques concernant les animaux présentés, mettant toujours en avant la fragilité de leur habitat. Éduquer enfants et adultes, locaux comme visiteurs, telle est la vocation de ce lieu.
Les différentes sections présentent ***les poissons de lagon,*** qui vivent autour de ***la barrière de corail*** (évocation de l'état des récifs). Parmi les merveilles à observer, voir les étonnants hippocampes, les poissons lions, les poissons clowns, les belles murènes. Intéressante présentation des herbiers marins, riche source d'oxygène. Poissons d'eau douce, espèces endémiques et invasives sont répertoriés avec précision. On passe ensuite au-dessus, puis en dessous (par un impressionnant tunnel) de l'***immense bassin*** où s'ébattent requins et raies. Les invertébrés et les crustacés ne sont pas en reste. La lumière noire va si bien aux fascinantes méduses.
À l'extérieur, quelques autres bassins permettent la rencontre avec d'autres espèces de petits requins notamment.

Les courses hippiques *(hors plan par B2)* **:** *rens au ☎ 212-22-12. • mauritiusturfclub.com • Les courses ont lieu de fin mars à mi-déc, en général sam ou dim à partir de 12h30. GRATUIT.* Si vous êtes à Maurice en été, ne manquez pas ces courses. Le Champ-de-Mars, comprenez l'hippodrome, est un lieu hautement fréquenté pendant la saison. Mesdames-Messieurs, les paris sont ouverts ! L'hippodrome le plus ancien de l'hémisphère sud fut conçu par les militaires français, pour en faire un champ de manœuvres. Des duels s'y déroulaient.

DANS LES ENVIRONS DE PORT-LOUIS

Pieter Both **:** *de Port-Louis, prendre vers le nord, puis, à Terre Rouge, à droite direction Pamplemousses, puis très vite à droite la B19 pour Crève-Cœur à 6 km. Guide qualifié obligatoire.* Il porte le nom de l'amiral hollandais, gouverneur des Indes néerlandaises, qui périt avec son navire dans la baie du Tombeau (la bien nommée). Cette « montagnette » à l'allure hautaine, qui dresse son pic à 821 m, exactement dans l'axe du Champ-de-Mars, est coiffée d'une pierre en équilibre. Pas de chemin balisé ni entretenu et escalade à la fin pour parvenir au sommet (niveaux 4b-5a, en cordée). Bref, sans guide compétent, abstenez-vous, on n'a pas envie de perdre nos lecteurs...

La tombe du père Désiré Laval : *à **Sainte-Croix,** à env 3 km au nord-est du centre de Port-Louis. Sortir de l'autoroute au rond-point de Riche Terre ; au croisement en « T », prendre à droite, puis tt de suite à gauche après le pont.* Voici le monument funéraire du père Laval, un missionnaire normand qui arriva ici en 1841 et vécut jusqu'en 1864. Médecin de formation, il fédéra les esclaves affranchis et les guida. En 1851, les critiques dans la presse cessèrent, et l'on reconnut le rôle important du père Laval auprès de la population. Il a été béatifié en 1979.

L'APÔTRE DES NOIRS

Aujourd'hui encore, dans la nuit du 8 au 9 septembre, pour célébrer l'anniversaire de la mort du père Désiré Laval, les Mauriciens, toutes confessions confondues, viennent se recueillir sur sa tombe. Événement étonnant à ne pas manquer (messes en plein air, procession devant le gisant) que celui de cette démarche religieuse qui transcende les croyances et les couleurs de peau, afin d'honorer « l'apôtre des Noirs », comme on le surnomme encore.

MOKA

À une dizaine de kilomètres au sud de Port-Louis. Derrière la montagne qui domine la capitale, le quartier de Moka, au nom savoureux, se situe tout près de la ville de Rose Hill. On y trouve les symboles de la matière grise de l'île : l'université, des laboratoires de recherche, l'institut Mahatma-Gandhi et la résidence du président de la République. À l'entrée de la ville se dresse également le plus grand « mall » à l'américaine de l'île, le centre commercial de *Bagatelle.* C'est aussi dans cette région, à *Ébène,* que l'on trouve la *Cybercity,* grande fierté insulaire, située entre Moka et Rose Hill, véritable pôle d'affaires de l'île, qui accueille les grandes sociétés de services (banques, agences de consulting, instituts de formations, *call centers...*). Aucun intérêt touristique, mais il y a toutefois une visite à ne pas manquer, celle de la maison *Eurêka.*

Où manger dans le coin ?

Restaurant de la maison créole Eurêka : *☎ 433-84-77. • eurekamr@intnet.mu • Le midi seulement (12h-15h). Table d'hôtes sur résa, env 850 Rs le repas mauricien (également des snacks), visite du domaine comprise quand on y déjeune (pour s'y rendre, voir plus loin).* On déguste les repas sous la varangue de la maison Eurêka, ce qui est fort agréable. Cuisine traditionnelle simple (marlin fumé, achards, rougaille...) mais de qualité. Un agréable moment avant ou après la visite de la maison.

Table d'hôtes Escale Créole : *à Moka, Bois-Chéri Rd, à env 1 km de la maison Eurêka. 📱 5422-23-32. De Port-Louis en allant vers Le Réduit, prendre à gauche (panneau) vers Moka et faire 800 m ; au rond-point, prendre à gauche, puis c'est fléché sur la droite. Lun-sam 12h-15h seulement. Fermé en principe fin déc-début janv. Résa indispensable. 3 menus au choix, 700-1 000 Rs (hors boissons). CB acceptées.* Dans le jardin d'une bien belle maison, sous un auvent à la déco florale, quelques tables joliment dressées, idéal pour savourer un repas créole dans l'âme, préparé selon l'inspiration du jour. Tout est servi en même temps, comme à la maison. Le plat principal est toujours accompagné de lentilles noires, fricassée de giraumon, *chatigny de bringelles,* achards de papaye verte... Copieux et délicieux. Ils reçoivent parfois des groupes.

À voir. À faire

La maison créole Eurêka : *juste à l'entrée de Moka, avt le pont, tourner à droite ; la 1re entrée correspond à la ravine, la 2de à la maison. ☎ 433-84-77. Lun-sam 9h-17h. Fermé dim et j. fériés. Entrée : 300 Rs, comprenant la maison (visite libre ou guidée, au choix), le jardin et la cascade (prévoir de bonnes chaussures et de l'antimoustiques) ; gratuit moins de 12 ans. Jolie boutique à l'entrée.*
Élégante maison coloniale du début du XIXe s, très bien conservée, ayant appartenu pendant 20 ans au 1er master mauricien de la Cour suprême avant d'être rachetée par Henri Le Clézio, arrière-grand-père de l'illustre écrivain et Prix Nobel J.-M. G. Le Clézio. « Eurêka ! » fut le cri que poussa le futur propriétaire en découvrant la bâtisse. Elle en conserva le nom. La maison et le domaine furent vendus en 1980, lors du partage des biens, car les ancêtres Le Clézio ayant eu 17 enfants, 104 héritiers se présentèrent.
Aujourd'hui, la maison n'est plus habitée, mais elle conserve une certaine atmosphère aristocratique entretenue par les actuels propriétaires. Pour bien comprendre son histoire, ***on conseille la visite guidée,*** en l'absence de panneaux explicatifs, ce qui n'empêche pas d'y déambuler à son gré après celle-ci. On se promène partout à l'intérieur, au milieu de salons très vivants. Un piano Pleyel est toujours présent et les pièces possèdent un mobilier souvent superbe, provenant pour beaucoup des Compagnies des Indes française ou anglaise.
On parcourt successivement le ***petit salon d'entrée*** puis, à droite, le ***bureau*** (avec ses fauteuils créoles). Vient ensuite le ***grand salon*** (voir le piano Pleyel) et la salle à manger qui s'ouvre sur la varangue. Elle abrite une table en acajou qui accueillait jusqu'à 18 personnes. Dans un autre salon, on découvre des assiettes de la Compagnie des Indes qui étaient emportées en Asie pour lester les navires et que l'on faisait peindre sur place avant de faire le voyage retour (déjà la mondialisation !). Un vaisselier Henri II abrite de belles porcelaines japonaises. Notez la table de palissandre à 3 pieds. La ***bibliothèque*** présente aux murs des photos de Port-Louis au début du XXe s. Dans la chambre des parents, beau lit à baldaquin (notez le plateau pour prendre le petit déj au lit). Puis la salle de bains, avec son bassin en zinc et son pommeau original. Jetez un œil au curieux chauffe-eau et au seau d'aisance.
On passe ensuite par le ***salon chinois,*** conçu uniquement pour témoigner de la richesse de la famille (étonnant meuble en bois de cannelle et lit en séquoia). Le jardin abrite la ***cuisine,*** séparée de la maison pour éviter les feux et les odeurs (voir le vieux four à pain, les ustensiles et le fourneau). Quelques meules de pierre à l'extérieur pour moudre le carry. À l'étage de la maison, l'ancien vaste dortoir des enfants (aujourd'hui vide).

➢ ***Balade jusqu'aux cascades :*** derrière la maison, côté sud, une belle varangue à colonnade, jardin et pelouse, et, tout au bout du parc, les ***cascades*** où coule la rivière Moka (environ 1h en tout pour la balade). Attention, ça descend puis ça grimpe. Compter environ 15 mn pour accéder aux cascades et 20 mn pour le retour (avoir de vraies chaussures). Pour ceux qui aiment crapahuter dans les rochers, c'est une balade agréable. On parvient à 2 bassins taillés par l'homme pour se baigner. C'est ici même que Henri Le Clézio faisait quelques brasses. Des arbres endémiques ont été plantés dans un réel effort de protection et de respect de l'environnement. Il y a 3 cascades dans la ravine, et une encore un peu plus bas. On peut se baigner, même si l'eau reste assez fraîche. Sous quasiment chaque cascade, des bassins permettent un massage naturel...

DANS LES ENVIRONS DE MOKA

Le Réduit : *ne se visite pas. Jardin ouv 1 fois/an, en sept.* Ce nom bien modeste cache en fait l'une des plus belles résidences de l'île, qui ne fit que s'enrichir au fil des siècles puisqu'il s'agit de la résidence des gouverneurs de l'île. Elle est habitée aujourd'hui par le président. Vous pouvez toujours admirer le château sur les billets de 500 roupies !

La montagne du Pouce : *pour entreprendre cette randonnée, compter env 3h A/R. Aucune difficulté technique, mais un guide est toutefois vivement recommandé pour ne pas se perdre, vous conseiller et éviter les éventuels désagréments, même si les planteurs de marijuana se soucient a priori plus de leurs cultures que des touristes (voir les prestataires à Grand Baie ou à Pereybère pour cette balade).* ***Attention,*** *ne pas faire la balade s'il a plu avant, ça glisse beaucoup.*
Fermant le cirque de montagnes au sud-est de Port-Louis, la montagne du Pouce culmine à 812 m. On ne peut pas la louper : au sommet, un petit plateau avec un rocher lui donne la forme d'un pouce, d'où son nom. Une des balades sportives à ne pas rater ! Faire attention quand le terrain est mouillé. Tout en haut, un panorama fabuleux vous attend.
L'ascension se fait à travers une végétation dense. Le sentier est assez abrupt et jonché de pierres glissantes. Par un trou dans la végétation, on peut contempler le plateau central, la zone urbaine et les champs de canne. Plus loin, une niche bleue dans la roche est dédiée à la Vierge Marie.
On débouche ensuite sur un autre magnifique panorama avec une vue sur l'ouest, le sud et l'est. Les intrépides termineront par l'ascension vers le sommet. Attention, le chemin est escarpé et il faut souvent s'aider des mains. On ne peut s'y engager qu'un par un. Prudence ! En haut, vue à 360° sur l'île Maurice, ainsi que sur quelques îles. On reste pantois à contempler ce somptueux paysage. Prudence redoublée pour la descente.

LE JARDIN DE PAMPLEMOUSSES *(SSR BOTANIC GARDEN)*

• Plan *p. 87*

« **Le don d'une plante utile me paraît plus précieux que la découverte d'une mine d'or.** »

Bernardin de Saint-Pierre

Ce vaste jardin botanique, situé dans le village de Pamplemousses, se trouve à environ 11 km au nord-est de Port-Louis. On pense que le nom de « Pamplemousses » provient d'une variété de *citrus* appelé pamplemoussier, sans que celui-ci donne des pamplemousses mais quelque chose de voisin.
Le jardin s'organise sur 26 ha et propose quelques merveilles de la création. En tout, 600 espèces, parmi lesquelles 85 variétés de palmiers dont 40 proviennent des Mascareignes uniquement.

UN FESTIVAL DE PALMES

Pas moins de 85 variétés de palmiers, aux noms évocateurs et parfois très imagés, peuplent le jardin de Pamplemousses. On y trouve le palmier bambou ou palmier multipliant, le palmier bouteille, le palmier crocodile (appelé « palmier Lacoste » par les locaux), le palmier oursin, le palmier latanier (toujours un mâle et une femelle face à face !), le palmier splendide qui développe de nombreuses racines pour se protéger des tortues, etc. La palme – si l'on ose – revient peut-être au palmier salade de millionnaire : son fameux cœur peut nourrir 5 personnes ; mais il ne peut être coupé qu'au bout de 7 ans, d'où son coût élevé.

LE JARDIN DE PAMPLEMOUSSES

UN PEU D'HISTOIRE

Comme beaucoup de choses à Maurice, c'est encore à Mahé de La Bourdonnais, gouverneur français de ce qui s'appelait alors l'Isle de France, qu'on doit la création de l'un des plus beaux jardins botaniques du monde. Donc, l'ami Mahé acheta en 1735 la demeure *Mon Plaisir* sur ce terrain, pour y créer un potager. Il y planta des arbres et des plantes venus d'ailleurs. On essaya le ver à soie, on y planta du manioc. *Mon Plaisir* fut la résidence officielle des gouverneurs jusqu'à la construction du *Réduit*. Abandonné quelques années, le jardin connut un nouvel élan grâce à Pierre Poivre, naturaliste et philosophe comme on pouvait l'être à l'époque, mais surtout intendant de l'île à partir de 1767. Il importa des plantes et des arbres de tous pays, notamment le giroflier qui se vendait à l'époque une fortune. Il s'attacha à répertorier précisément toute la flore de l'île et convertit le potager en parc botanique.

Le vrai départ de Pamplemousses était donné, et Nicolas Céré, le botaniste qui eut, après Poivre, la charge du jardin, poursuivit le chemin tracé par son prédécesseur. Ainsi la cannelle et la muscade firent leur apparition en même temps que des dizaines d'essences rares. Au milieu du XIXe s, à la grande époque du sucre, on introduisit plusieurs sortes de canne. De même, l'épidémie de malaria que connut l'île en 1866 poussa les responsables du jardin à introduire et étudier l'eucalyptus, qui permettait d'assécher les marais où foisonnaient les moustiques.
Quelques écrivains de renom ont visité le jardin : Charles Baudelaire en 1841, Joseph Conrad en 1888, Jean-Marie Gustave Le Clézio, ainsi que des personnalités politiques, tels Nelson Mandela, François Mitterrand, Indira Gandhi...
Aujourd'hui, le jardin est la promenade favorite des Mauriciens le dimanche, en dehors de la plage, évidemment.

Arriver – Quitter

➢ ***En bus :*** de Port-Louis, départ de la gare routière du Nord, pl. de l'Immigration. Plusieurs bus passent par Pamplemousses. Demandez aux employés, il y aura toujours quelqu'un pour vous dire où se trouve le bus prêt à partir.

Adresse utile

■ ***Distributeurs de la MCB Bank :*** *rte Royale, 500 m après l'entrée principale du parc (en venant du parking). La banque est au carrefour, face à la station Shell.*

Où manger ? Où boire un verre dans le coin ?

Prix moyens (400-600 Rs / 9-13 €)

|●| ***Café Wiener Walzer :*** *dans la petite rue parallèle à la rte Royale (celle du jardin) qui fait face à l'entrée de l'église de Pamplemousses. ☎ 243-84-65. Tlj 9h-17h.* Belle varangue avec d'agréables fauteuils en rotin protégés par des stores, parfait pour siroter un jus de fruits frais (orange et citron), se caler avec une salade, une crêpe salée ou sucrée, ou encore savourer une pâtisserie germanique (gâteau aux pommes, forêt-noire...). Omelettes et quelques petits plats tout simples. Halte sympathique et sans prétention.

Chic (600-1 000 Rs / 13-22 €)

|●| ***Le Fangourin :*** *à l'entrée de L'Aventure du Sucre, dans une maison ancienne avec varangue ; voir plus loin « Dans les environs de Pamplemousses ». ☎ 243-79-00. ♿ Tlj sauf dim 9h-16h30. Conseillé de réserver la table avt la visite du musée. Cocktail offert sur présentation du guide de l'année.* Très bel accueil sur la véranda ou l'agréable terrasse posée dans le magnifique jardin du domaine de Beau Plan, avec vue sur le lac et la cocoteraie. Les produits frais locaux sont à l'honneur dans la composition de copieuses salades, de plats élaborés, des spécialités maison, et même des assiettes végétariennes : il y en a pour tous les goûts. Le tout présenté de manière très étudiée. Ne pas manquer les desserts avec les sucres spéciaux. À accompagner d'un thé glacé ou de la citronnelle du jardin servie chaude ou froide. Quant à l'espace *fooding,* aménagé de meubles fabriqués à partir des palettes de la rhumerie, il propose salades, sandwichs et pâtisseries pour un en-cas gourmand. Là aussi, un bon moment en perspective.

|●| ***Chez Tante Athalie :*** *rte Royale, village Mon Goût, Pamplemousses.*

☎ 243-92-66. 📱 5751-38-01. De Pamplemousses, passer devant le jardin en le laissant sur la gauche ; à 500 m, au T, prendre à gauche sur 2 km, puis emprunter l'allée sur la gauche (c'est indiqué), à la sortie de Mon Goût ; c'est tt au bout, à gauche de la belle maison coloniale. Lun-sam, le midi seulement, 12h-14h30. Fermé dim. Menu 550 Rs (choix de poisson ou viande). La salle de resto se situe dans une sorte de grand hangar arrangé de manière originale et chaleureuse, avec de généreuses tables en bois. Cette sympathique table d'hôtes est entourée d'un beau jardin avec pelouse, sur laquelle est garée une remarquable collection de voitures anciennes, toutes en état de fonctionnement. Un lieu bien séduisant pour un déjeuner au vert, sur la terrasse extérieure, accompagné du chant des cardinaux. Dans l'assiette, une cuisine créole classique mais bien maîtrisée : fricassée de poulet au cumin, cari de poisson aux *bringelles* (aubergines), rougaille de poissons... Bon accueil et un agréable moment en perspective.

Achats

Maritime Models : *rte Royale, dans le minuscule centre commercial situé juste en face du grand parking du jardin de Pamplemousses. ☎ 243-93-47. • maritime-models.net • Lun-sam 9h-17h. Fermé dim.* Un fabricant de maquettes de voiliers d'une grande élégance, et des prix qui le positionnent en haut du panier. L'atelier ne se visite pas.

Comment visiter le jardin ?

– ***Bureau d'infos :*** *☎ 243-94-01.*
– ***Parking :*** si vous êtes en voiture, il y a un grand ***parking gratuit*** sur le flanc gauche du jardin, à environ 300 m du grand portail (actuellement fermé). L'entrée du jardin se situe pour l'instant au fond du grand parking. Il est toutefois possible que dans un futur proche l'entrée principale soit de nouveau ouverte.
– ***Horaires et durée de la visite :*** *tlj 8h30-17h30 (la caisse ferme à 17h).* Évidemment, la visite est plus agréable tôt le matin, avec le chant des oiseaux, ou à partir de 15h30, quand le jardin se vide et que la lumière devient plus douce. Évitez si possible les heures les plus chaudes. Compter environ 2h de visite, en prenant tout son temps.
– ***Entrée :*** *200 Rs (jusqu'à la prochaine augmentation) ; gratuit moins de 5 ans, pour les Mauriciens dim et j. fériés (donc plus de monde ces jours-là).*
– ***Plan du jardin :*** un plan est théoriquement disponible gratuitement à la caisse (quand il n'y a pas rupture de stock).
– ***3 solutions de visite :*** soit vous déambulez à votre guise (avec votre plan), découvrant ici et là, au gré de la balade, certains joyaux du parc et passant assurément à côté de certains autres ; soit vous optez pour un guide, ce que nous vous conseillons ; soit vous achetez un livret très complet intitulé le *Guidebook* (250 Rs), qui comprend une carte bien détaillée.
– ***Les guides :*** *ils sont badgés, se tiennent près de la caisse et demandent 75 Rs/pers (tarif affiché à l'entrée), quel que soit le nombre de pers dans votre groupe ; gratuit moins de 12 ans.* Si vous voulez voir les choses les plus importantes, prendre un guide vous évitera bien du temps perdu. Ils vous feront découvrir la flore avec passion, et certains ne sont pas avares en anecdotes. D'autres font ça à la va-vite, c'est selon ! Libre à vous, ensuite, de poursuivre la flânerie à votre rythme.
– ***Conseils :*** pensez à prendre de l'eau. En fonction des saisons et de l'heure de votre visite, les moustiques peuvent être particulièrement virulents ; mettez un pantalon et prévoyez des manches longues pour éviter les piqûres, et apportez un répulsif.

Par ici la visite

Voici quelques jalons qui vous aideront dans votre balade. En reliant ces points les uns aux autres, vous découvrirez avec les yeux ou le nez, tout au long du parcours, des centaines d'essences bizarres, majestueuses, étonnantes, inconnues en Europe : arbres à muscade, à miel, palmiers de Rodrigues et du voyageur, bouquets de bambous, baobabs, lataniers de l'île Ronde, banian de 400 ans, fromagers (l'écorce du fromager était utilisée pour fabriquer les boîtes de fromage), sapotilliers (dont la gomme donne le chewing du même nom), arbres à pain. Curieux arbre quatre épices *(Pimenta dioica),* qui rappelle 4 senteurs : clou de girofle, poivre, cannelle et muscade ! Au Moyen Âge, la muscade valait plus cher que l'or. Une seule noix de muscade permettait de conserver 10 kg de viande ! Quant à l'« encrier », sa sève noire donne l'encre de Chine. Vacoas de l'île Rodrigues, arbres à cannelle, poivriers, lotus dont on fait le papier (papier Lotus !), filaos, badamiers, tecomas, litchis, arbres à saucisses, appelées « cacahuètes pour éléphants »...

– *Note sur l'entretien du parc :* la bonne tenue du parc est particulièrement cyclique. Certaines années il est impeccable, d'autres fois c'est un grand laisser-aller. Ces derniers temps, on note un effort quant à son entretien général. Évidemment, le lundi, après le week-end, plein de détritus jonchent encore le sol (tout le monde vient y pique-niquer le dimanche !) et les poubelles ne sont pas toujours vidées.

La grille d'entrée principale *(actuellement fermée)* **:** en fer forgé, très belle, majestueuse et accueillante. Elle aurait remporté un 1er prix à une exposition internationale en Angleterre en 1862.

Le château de Mon Plaisir : le terme de « château » est sacrément exagéré, mais cette élégante demeure de style colonial, élevée au XIXe s par les Anglais, n'a rien à voir avec la villa *Mon Plaisir* que fit édifier Mahé de La Bourdonnais près de la grille d'entrée et qui est aujourd'hui détruite. Le château de Mon Plaisir accueille les bureaux administratifs et certaines cérémonies officielles. Néanmoins, on peut visiter une petite salle avec une exposition d'intéressantes photos en noir et blanc dédiée à Seewoosagur Ramgoolam, le « père de la nation mauricienne », présentant les différentes étapes de sa carrière. Attention ! Elle ferme plus tôt que le parc.

Le Samadhi de Sir Seewoosagur Ramgoolam : face au château de Mon Plaisir, il s'agit d'un monument en pierre, bas, de forme carrée, entouré de grilles blanches. Là fut incinéré le corps de l'ancien Premier ministre de Maurice, de 1968 à 1982. Partant de ce monument funéraire, une série d'arbres plantés par des visiteurs de marque, comme Nelson Mandela, la famille Gandhi ou François Mitterrand. Sur le devant du monument, un curieux arbre agrémenté d'une plante parasite au tronc évoquant une pelote de ficelle emmêlée. Étonnant.

L'avenue Poivre, qui part en oblique sur la droite au niveau de l'entrée principale, est bordée de hauts et superbes palmiers, aux cylindres parfaitement ronds, parfaitement droits. On les appelle les palmiers royaux. Ils sont originaires de Cuba (où pourtant il n'y a jamais eu de roi !).

L'avenue François-Liénard : bordée de superbes palmiers hauts, fins et élégants.

L'avenue Telfair : *au croisement avec l'av. Poivre.* Bordée

LA FLEUR DE L'ÂGE ET L'ÂGE DE LA FLEUR

Les palmiers talipots de l'avenue Telfair sont originaires du sud de l'Inde et de Ceylan. Signe particulier : ils ne fleurissent qu'à 60 ans, de manière incroyable, puis meurent juste après. Pas de chance, la dernière floraison a eu lieu en 2001. Mais on compte une quinzaine de palmiers et on peut encore espérer quelques floraisons.

d'exceptionnels palmiers talipots, qui se caractérisent par leurs feuilles énormes en forme d'éventail. Une colonne commémorative a été érigée en 1860 en l'honneur des créateurs du parc.

Le bassin des lotus roses : ce bassin regorge de remarquables... lotus roses. Dommage qu'il soit en partie fermé par un grillage.

L'avenue Paul-et-Virginie : rien de particulier en soi, si ce n'est qu'elle est agréable, bordée de palmiers bambous, de genévriers, de noyers d'Inde et, non loin, de mahoganis. Tout au bout, côté parc aux cerfs, un piédestal qui devait accueillir une statue de Paul et Virginie. Elle ne fut jamais réalisée.

Le grand bassin : autrefois marécage, il entoure maintenant une végétation luxuriante, accueillant des nichées d'oiseaux tout en voix. De petits ponts mènent à de petits kiosques sur de petites îles.

Le bassin des nénuphars : en poursuivant le périple, on tombe fatalement sur ce beau bassin rectangulaire bordé d'acajous, où évoluent les *Victoria amazonica*, ces nénuphars géants de la forêt amazonienne, qui souffrent malheureusement du mauvais entretien. Cette incroyable plante aquatique, au diamètre atteignant presque 1,50 m, est lisse sur la surface et fermée par un rebord, ressemblant ainsi à un immense moule à tarte. Le dessous est hérissé d'épines minuscules par milliers, qui lui servent de défenses contre les poissons. Son plateau peut supporter un poids de 3-4 kg. La beauté naturelle, l'équilibre et la simplicité de cette plante en font l'une des plus nobles qui soient. Pas étonnant que son découvreur lui ait donné le nom d'une reine. Si l'on est attentif, on s'aperçoit que plusieurs branches immergées dans les eaux du bassin partent d'un cœur commun qui donne naissance à une seule fleur. À la beauté de la plante s'ajoute sa fragilité. Sa floraison dure 24h et passe doucement du blanc le matin au rose l'après-midi, avant de s'éteindre en mauve le lendemain matin. Aux abords du bassin, il n'est pas rare d'observer hérons et poules d'eau qui se posent sur la délicate plante.

Sur l'**avenue Charles-Darwin,** qui longe le bassin des nénuphars, on trouve d'énormes mahoganis, connus sous le nom d'acajous en français. Ils furent plantés il y a plus d'un siècle.

Le bassin des lotus blancs : tout aussi spectaculaire que celui des nénuphars, dans un autre genre. Les jolies fleurs blanches se dressent au sommet de fines tiges verticales qui, à un certain niveau d'évolution, ressemblent étrangement à un pommeau de douche. Noter que les feuilles sont imperméables. L'eau glisse dessus comme sur une toile cirée. Non loin, on trouve les aréquiers qui produisent un fruit dont la noix centrale est le bétel, un excitant très prisé par les Indiens (Inde) comme par les Amérindiens (Amérique du Sud). On mélange le bétel à de la chaux et on entoure cette pâte d'une feuille de vigne pour qu'elle puisse être mâchée.

Le parc aux tortues : en marge du grand bassin. On y voit quelques très vieux spécimens importés des Seychelles au XIXe s en vue de la protection de l'espèce. Elles sont énormes et superbes. Elles ont aussi quelques copines originaires de Madagascar.

Le parc aux cerfs : les cerfs de Java furent introduits en 1639 par les Hollandais. Comme vous n'aurez sans doute pas la chance d'en apercevoir à l'état sauvage, en voici quelques spécimens à portée de main, mais leur état ne semble pas très réjouissant.

Non loin de là, près de la sortie qui donne sur le parking, un vieux ***moulin à sucre.*** Il fonctionnait avec des bœufs pour entraîner le mécanisme qui broyait les cannes. On peut encore voir les bacs de décantation du jus.

À voir à l'extérieur du jardin

Le cimetière de Pamplemousses : *dans le village de Pamplemousses, sur le côté de l'église qui fait face à la grille principale.* Ce cimetière abrite de nombreuses tombes et sépultures, dont celle d'Émeline Autard de Bragard, « la créole enchanteresse », muse de Baudelaire, morte en mer.

L'église de Pamplemousses : elle date du XVIIIe s. Modeste et discrète, avec son appareillage de pierres volcaniques et sa jolie charpente. Elle fait partie de la légende de *Paul et Virginie* depuis que ces lignes furent écrites par Bernardin de Saint-Pierre à la fin de son roman : « On l'enterra (Virginie) près de l'église de Pamplemousses, sur son côté occidental, au pied d'une touffe de bambous... » En réalité, aucune Virginie n'a jamais été enterrée à cet endroit ! Cela n'empêche pas les touristes curieux de venir jusqu'ici pour chercher en vain la tombe de l'héroïne du livre... Devant l'église, statue à la mémoire de Mahé de La Bourdonnais (1699-1753).

DANS LES ENVIRONS DE PAMPLEMOUSSES

L'Aventure du Sucre : *Beau Plan, Pamplemousses. ☎ 243-79-00. • aventuredusucre.com • Accès par la M2, entre Port-Louis et Grand Baie, panneau au niveau du rond-point de Pamplemousses, à 1 km de l'entrée du jardin de Pamplemousses (bien fléché). Tlj sauf dim 10h-16h. Entrée du musée : 700 Rs ; enfants et étudiants (sur présentation de la carte) 400 Rs ; gratuit moins de 6 ans. Compter min 2h de visite. Notez qu'en cas d'arrivée tardive (après 15h15), il est possible de poursuivre la visite un autre j. avec le même ticket. Pour les passionnés, le catalogue (350 Rs) reprend les points essentiels de la visite. Parcours-jeux pour les 8-15 ans et Parcours-bambins pour les tout-petits (gratuits). Visite guidée (excellente !) conseillée (supplément de 300 Rs/pers), lun-jeu à 10h30 et 14h, ven à 14h (hors j. fériés) ou visite libre avec un audioguide (application gratuite à télécharger ; durée : 1h15-1h30). Également « Expérience coupe de la canne » chaque mer mat, sur résa, juin-déc ; à partir de 15 ans. Compter 800 Rs/pers (durée : 45 mn). Coupe, broyage, cocktail et dégustation ; expérience guidée par un ancien coupeur de canne. Pour ceux qui déjeuneront au resto* Le Fangourin, *cocktail offert sur présentation du guide de l'année.*

On pénètre ici dans l'ancienne usine de sucre de Beau Plan, fermée en 1999 et reconvertie en musée. Elle s'étend sur pas moins de 5 000 m². Avec le musée du *Blue Penny* et l'*Aapravasi Ghat* à Port-Louis, c'est assurément LA visite culturelle de Maurice par excellence, qui permet de découvrir toute l'histoire de l'île et d'en comprendre les différentes étapes. Grâce à sa très belle muséographie vivante et moderne, qui alterne théorie et travaux pratiques, on y découvre comment le sucre a façonné l'île, ses paysages, son économie, son peuplement ; bref, son histoire. C'est cette mémoire collective, cette identité mauricienne, par-delà les clivages communautaires et religieux, que le musée entend mettre en lumière. L'idée est que tous les habitants sont des enfants d'immigrés, qui, par leurs talents conjugués, ont contribué à bâtir Maurice.

NOSTRADAMUS S'EST SUCRÉ

C'est Nostradamus qui décrivit le 1er l'une des plus grandes vertus du sucre, dès 1555. On connaissait la conservation des chairs par le sel. Il mit en avant la conservation des fruits par le sucre, notamment dans son gourmand, essentiel et néanmoins méconnu Traité des confitures.

Le musée est conçu avec le sucre comme fil rouge. On le retrouve dans l'histoire, l'économie, l'agronomie et la culture. Chaque section est résumée par un panneau ***« La leçon »*** qui reprend en quelques lignes les points les plus importants.

– ***En introduction,*** quelques images superbes sur l'île. Puis une alcôve, intitulée « *Pour un goût sucré* », résume l'épopée du sucre à travers les âges, avant de pénétrer véritablement au cœur de l'histoire de l'île. En 2 mots : l'Orient maîtrise la fabrication du sucre bien avant l'Occident. En Occident, il est rare et cher. À tel point qu'en 1574, au palais des Doges de Venise, alors qu'il était encore une denrée extrêmement précieuse, ***1 286 chefs-d'œuvre*** réalisés en sucre furent présentés au roi de France en visite. Le sucre sera ensuite distribué chez les apothicaires pour ses vertus curatives. Il se démocratisera avec l'arrivée du chocolat et du café (dont il équilibre l'amertume).

– ***Histoire de l'île Maurice :*** le fabuleux travail de recherche rend justement la partie historique tout à fait passionnante. Sur des panneaux pédagogiques, on passe en revue toutes les grandes étapes de l'épopée mauricienne et de son peuplement : les tentatives d'établissement des 1ers colons depuis les Hollandais, les difficultés de la vie au quotidien (famines, mortalité, absence de femmes), puis l'installation définitive des Français avec la création de l'Isle de France et le travail titanesque accompli par La Bourdonnais. Vient ensuite la traite des esclaves africains (films sur l'esclavage), la description de leur terrible statut de « biens mobiliers » jusqu'à l'abolition. C'est la période du grand développement du sucre : ***de 100 usines sous les Français, on passe à 400 à la période anglaise !***

On poursuit en toute logique par la colonisation anglaise : rôle de la Compagnie des Indes, développement de la colonie, présentation des personnages principaux qui ont façonné Maurice. Puis la mise en place du système de l'engagisme, qui provoquera une immigration indienne importante. Les conditions de vie, ainsi que l'indépendance, sont évoquées à travers des coupures de presse.

– ***La canne à sucre :*** on entre ici dans la partie technique de l'histoire du sucre. Les gros tuyaux de toutes les couleurs (elles ont toutes une signification) qui courent du sol au plafond donnent le ton. À travers les impressionnantes machines aux engrenages tentaculaires encore en activité il y a peu, on apprend le procédé de fabrication du sucre, comment la canne devient jus (le fangourin, 1er jus de la canne), puis cristal. Quant à la fibre de la canne, la bagasse, elle est brûlée, et sa combustion fournit près de 20 % de l'électricité de l'île. Schéma de fabrication du sucre (broyage, extraction du jus, évaporation, cristallisation, etc.). Gros décanteurs, filtres à boues, labo du petit chimiste. On traverse même des appareils à cuire coupés en 2. Grosses centrifugeuses (pour extraire la mélasse !), malaxeurs qui refroidissent les cristaux... Un ***plan en relief*** montre la progression incroyable de la culture de la canne à sucre au XIXe s, qui a rapidement pris le pas sur la forêt endémique. Éloquent !

> **TOUT SUCRE**
>
> *Lors de la visite de L'Aventure du Sucre, on est mis en présence du fangourin, terme provenant du mot « frangourinier » qui désigne un cylindre réalisé à la main jusqu'au XXe s et qui servait à écraser la canne pour en extraire le jus. Par extension, c'est ainsi qu'aujourd'hui on nomme le jus de canne.*

– Plus loin, le ***Pavillon de la canne*** présente les différents sols, les types de canne. Évocation des ***routes du sucre,*** petite loco (qui se met en marche quand on répond bien à 2 questions consécutives), barge de transports... Les plus forts (en gueule !) essaieront de soulever du sol le sac de 80 kg que les *coolies* portaient sur leur tête (oui, on a bien dit sur leur tête !). Attention au tour de reins, ne faites pas les malins !

– Quelques panneaux permettent de mieux comprendre que la canne produit non seulement du sucre, mais aussi des engrais naturels, de l'électricité, du bioéthanol,

et du rhum (auquel un pavillon est consacré).
– Enfin, le parcours se conclut par des explications très intéressantes sur la fabrication du rhum, de la fermentation de la mélasse ou du jus de canne à la production du fameux élixir.
– À voir également, avant la sortie, l'espace d'expositions temporaires avec une ***expo annuelle*** sur différents sujets en rapport avec le développement durable. Elle met en valeur des artistes mauriciens ou de l'océan Indien associés à la démarche pédagogique et scientifique du lieu.
– ***Spécial enfants :*** les plus jeunes sont accompagnés dans leur découverte par 2 personnages de dessin animé (Raj, le martin, et Floryse, la mangouste).
Le site propose également un ***espace pique-nique,*** où l'on peut apporter son propre casse-croûte ou en acheter un sur place.

LA CANNE NE MANQUE PAS D'AIR !

Bien connue pour sa capacité à produire du sucre, la canne est également un super capteur de dioxyde de carbone (CO_2), l'un des plus puissants du monde végétal. Elle relâche par là même une belle quantité d'oxygène. À l'heure du dérèglement climatique, cet impact sur l'effet de serre fait l'objet d'un grand intérêt de la part des scientifiques. On estime que la culture de la canne permet de réduire de près de 2 °C la température moyenne de Maurice, rien que ça !

À la sortie, le ***Village Boutik*** permet d'acheter quelques souvenirs originaux, réalisés spécialement par des artisans du coin. Ils mettent en valeur les produits et objets d'antan, comme le *katora* du temps « lontan », qui sert de conditionnement au sucre. C'est aussi l'occasion ***de goûter à la canne à sucre et aux 11 sucres bruns*** naturels non raffinés de l'île. On ne savait pas qu'il pouvait y en avoir autant, avec des goûts si distincts ! Chacun possède sa propre valeur nutritionnelle et une saveur personnelle. Essayez, vous serez étonné ! La dégustation se poursuit par ***une sélection de rhums*** de la plus ancienne distillerie de l'île (200 ans), *New Grove,* la seule à Maurice à faire vieillir ses rhums en fûts de chêne français. On goûte à une dizaine de rhums 5 étoiles, aux saveurs rondes et suaves. Un vrai plaisir ! La pépite, c'est le *New Grove Emotion 1969,* élu meilleur rhum du monde par le récent *International Sugarcane Spirits Awards,* édition 2020. Mais celui-là n'est pas en dégustation. À tester également une grande variété de miels et de confitures... En tout, plus de 30 produits du terroir à déguster gratuitement. Vraiment intéressant.

L'aventure peut aussi se prolonger sur le plan culinaire au ***Fangourin,*** le ***resto du site,*** dont on ne dit que du bien plus haut (voir « Où manger ? Où boire un verre dans le coin ? »).

Le joaillier Patrick Mavros : *juste à côté de L'Aventure du Sucre, de l'autre côté du parking.* ☎ *260-43-33.* • *patrickmavros.com* • *Lun-ven 9h-17h, sam 9h-12h30.* Une bijouterie créée par un artiste zimbabwéen. Travail de qualité sur l'argent, mais aussi sur l'or et des pierres semi-précieuses, avec des pièces inspirées de la faune et de la flore mauriciennes. Tout est conçu et fabriqué sur place (on peut apercevoir l'atelier au fond).

LA ROUTE DE PAMPLEMOUSSES À POSTE-DE-FLACQ

C'est l'une des plus belles routes de l'île Maurice. Elle part de Pamplemousses et rejoint ***Poste-de-Flacq*** sur la côte est, en passant par l'intérieur (et non par le littoral). De Pamplemousses, prendre vers l'est, direction Mont Goût et

Grande Rosalie. La route traverse un paysage vallonné, composé de collines plantées de champs de canne à sucre. À Grande Rosalie, beau château de Villebague sur la droite, l'une des dernières grandes maisons créoles du XVIIIe s (ne se visite pas). Bifurquer sur la droite un peu plus loin, juste avant Villebague (petit panneau indiquant La Nicolière sur la droite).
La route passe devant le ***lac de La Nicolière,*** une réserve d'eau douce, et grimpe ensuite sur un versant de montagne verdoyante. L'air est plus frais que sur la côte, les nuages sont plus nombreux, et la végétation devient boisée. Les pins de Chine apparaissent. On trouve aussi des papyrus, arbres qu'on reconnaît facilement à leur écorce qui se déchire comme du papier.

Au carrefour de ***Salazie*** commence la redescente vers la plaine côtière. De là-haut, vue superbe. On aperçoit au loin la mer, avec le lagon bleu turquoise et la plaine littorale, très verte, ponctuée de hameaux et de villages éparpillés. En chemin, la route passe par Bon Accueil et rejoint Poste-de-Flacq, puis les plages tranquilles de Belle Mare, encore assez méconnues. Chuuut !...

LA CÔTE NORD-OUEST ET NORD, DE POINTE AUX PIMENTS À ROCHES NOIRES

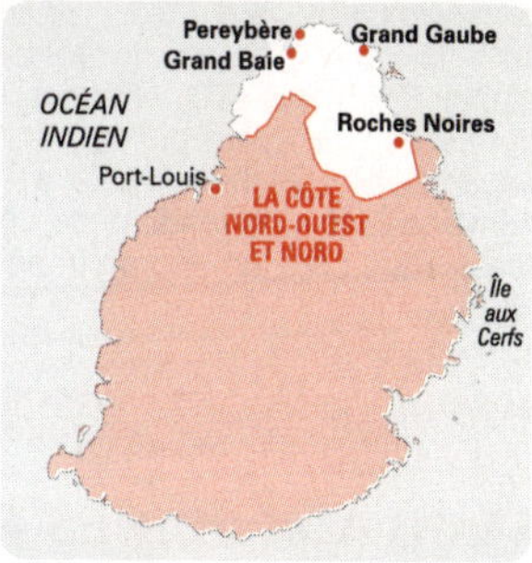

Au nord-ouest, de Pointe aux Piments jusqu'à Cap Malheureux, les plages se succèdent, séparées par des bancs de rochers noirs. Trou aux Biches, Mont-Choisy, Grand Baie et Pereybère forment les 4 pôles principaux de ce littoral. C'est la région la plus touristique de l'île, un chapelet continu d'hôtels de toutes catégories (avec de moins en moins d'établissements bon marché), de plages immenses mais pas toujours publiques, bordées de plantations de filaos et fermées au loin par une barrière de corail, s'égrène. Bref, les vacances comme on les imagine, avec coups de soleil, vendeurs de *samoussas* et paréos.
Sur cette partie de la côte, on ne regarde que la mer. À l'intérieur des terres, pas grand-chose à voir. Relief zéro. Des champs de canne qui alternent avec d'autres champs de canne, ponctués de programmes immobiliers pas toujours heureux, et à l'horizon, encore des champs de canne (en attendant de nouveaux programmes immobiliers). Pour mieux cultiver le sol, les agriculteurs en dégagent les énormes rochers de lave noire, qu'ils rassemblent ici et là entre 2 champs. Ces monticules, parfois de forme pyramidale, ressemblent à des ruines aztèques. On les appelle d'ailleurs les pyramides créoles.

Transports sur cette côte

➢ ***En bus :*** sur la route côtière, les bus passent fréquemment. Il y a des arrêts à peu près partout et le ticket coûte 3 fois rien. Très peu de bus après 18h.

➢ ***En voiture :*** la plupart des agences de voyages de Grand Baie et quelques hôtels proposent des locations.
➢ ***En taxi :*** à plusieurs, c'est un bon moyen pour explorer une partie de l'île.

POINTE AUX PIMENTS

Un morceau de côte bordé de roches noires et qui est resté préservé, surtout entre Pointe aux Piments et Trou aux Biches. Pas vraiment un village, mais un coin au calme. Pas vraiment de plages non plus, ou alors petites et artificielles, créées par les hôtels de luxe. Amis des longues langues de sable, cap plus au nord. La seule vraie plage avec une mince bande de sable est celle de Balaclava, qui se trouve à 3 km au sud.

Où dormir ?

De plus chic à beaucoup plus chic (plus de 5 000 Rs / 111 €)

Villas Mon Plaisir *(hors plan Trou aux Biches par A2,* ***29****)* **:** *tt au bout du village de Pointe aux Piments, sur le côté gauche de la rte en venant du sud. ☎ 261-74-71. • villasmonplaisir.com • Doubles 5 000-6 500 Rs, petit déj inclus ; plus cher pdt les fêtes de fin d'année.* Un hôtel-resto à taille humaine (une cinquantaine de chambres), situé dans un endroit tranquille, avec son petit bout de plage populaire (mais caillouteuse), juste en face. Il propose des chambres à la déco simple et moderne, climatisées, lumineuses et disposées autour d'un jardin avec la belle piscine au milieu. Celles du 1er étage, prolongées par un balcon, disposent pour certaines de la vue sur la mer. L'ensemble est mignon et familial. Buffet le soir. Devant l'hôtel, terrasse en bois pour l'apéro. Diverses activités nautiques gratuites : prêt de masque et tuba, kayak, balade en bateau à fond de verre. Une adresse à privilégier en famille.

TROU AUX BICHES ET MONT-CHOISY

• Plan *p. 97*

Voici un coin qui collectionne bien des atouts : exposition nord-ouest idéale, lagon, plages et filaos. Trou aux Biches s'étale sur plusieurs kilomètres, alternant maisons et hôtels. Si on devait définir un centre, il se trouverait entre le poste de police et le supermarché *Popo.* Quelques boutiques et restos apportent un peu d'animation. C'est aussi un coin prisé des retraités européens, qui y passent volontiers l'hiver et des Italiens qui ont formé ici une petite communauté. La plage, très longue, ondule sagement, épargnée à certains endroits de l'appétit immobilier par une forêt de filaos qui abritait autrefois des... biches. Les hôtels chers squattent le littoral, mais on y accède par un bout qui est public.
Plus au nord, l'anse de Mont-Choisy, notre préférée. C'est l'une des plus belles plages de l'île, en arc de cercle, large, au sable blond planté de filaos qui permettent de fixer le sol. Et une des plus grandes plages publiques encore préservées de l'île. En fin de semaine, c'est le grand rendez-vous des familles qui viennent ici pique-niquer, jouer dans l'eau, faire la sieste, picoler un peu, bref, être ensemble.

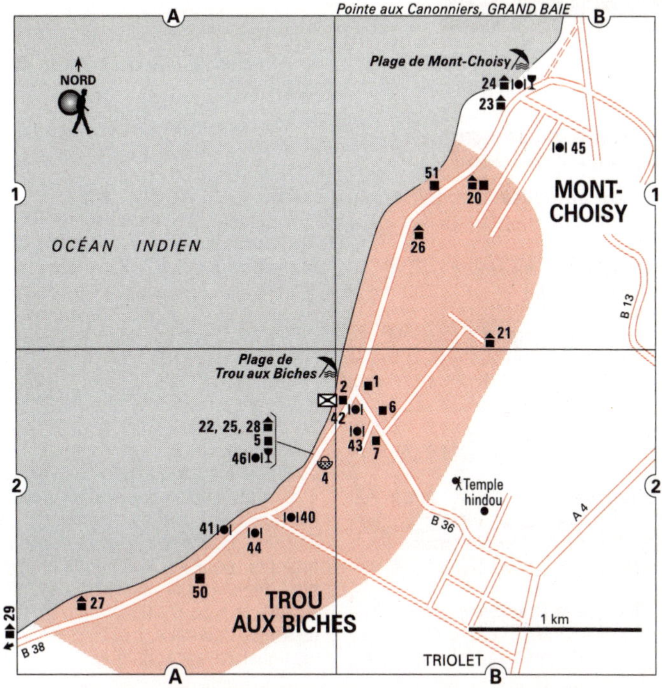

TROU AUX BICHES ET MONT-CHOISY

Adresses utiles

- **1** Poste de police (B2)
- **2** Distributeur MCB (B2)
- **4** Popo Supermarché (A2)
- **5** Pharmacie Ducasse (A2)
- **6** Pharmacie Centrale (B2)
- **7** Flambeau Travel – Rent a Car Mauritius (B2)

Où dormir ?

- **20** Studios Blue Water Divers (B1)
- **21** La Sorellina (B1)
- **22** Rhapsodie Villas (A2)
- **23** Mont Choisy Beach R (B1)
- **24** Mystik Life Style (B1)
- **25** Résidence C'est Ici (A2)
- **26** Casuarina Hotel (B1)
- **27** Veranda Pointe aux Biches (A2)
- **28** Le Sakoa Boutik Hotel (A2)
- **29** Villas Mon Plaisir (hors plan par A2)

Où manger ?

- **24** Restaurant de l'hôtel Mystic Life Style (B1)
- **40** Mine (A2)
- **41** Sakauye Moris (A2)
- **42** Souvenir Snack (B2)
- **43** La Marmite Mauricienne et Assiette du Nord (B2)
- **44** 1974, Da Antonio e Giulia (A2)
- **45** Chez Stéphanie (B1)
- **46** Evaco Beach Club « La Plage » (A2)

Où boire un verre ?

- **24** Bar de l'hôtel Mystic Life Style (B1)
- **46** Evaco Beach Club « La Plage » (A2)

À faire

- **20** Blue Water Diving Center (B1)
- **50** Atlantis Dive Center (A2)
- **51** Blue Safari (B1)

Arriver – Quitter

➢ ***En bus :*** entre ***Port-Louis*** et Trou aux Biches, liaisons ttes les 20 mn env, 5h-19h30. Bus pour ***Grand Baie*** également.

Adresses utiles

■ ***Poste de police*** *(plan B2,* ***1****)* **:** *au croisement de la rte Triolet/Trou aux Biches et Pointe aux Piments.*
■ ***Distributeur MCB*** *(plan B2,* ***2****)* **:** *en face du poste de police, à côté de la poste.*
Popo Supermarché *(plan A2,* ***4****)* **:** *rte Royale, à 500 m à gauche après le croisement du poste de police en allant vers le sud.* ☎ *265-54-63. Lun-sam 8h-19h, dim et j. fériés 8h-13h.* Supermarché bien approvisionné, le plus important du secteur.
■ ***Pharmacie Ducasse*** *(plan A2,* ***5****)* **:** *sur la gauche en venant du sud, un peu avt l'intersection pour Triolet.* ☎ *265-65-38. Lun-sam 8h30-19h, dim 9h-12h.*
■ ***Pharmacie Centrale*** *(plan B2,* ***6****)* **:** *à* ***Trou aux Biches,*** *prendre à droite au poste de police vers Triolet et c'est à 300 m, sur la gauche.* ☎ *265-57-03. Lun-sam 8h-20h, dim 8h-14h.*
■ ***Flambeau Travel – Rent a Car Mauritius*** *(plan B2,* ***7****)* **:** *à* ***Trou aux Biches,*** *face à la Pharmacie Centrale.* 📱 *5254-39-94.* • *rentacar-mauritius.com* • *En principe, lun-ven 9h-12h, 15h30-18h30, mais mieux vaut téléphoner avt, car pas toujours quelqu'un à l'agence. Compter env 1 800 Rs pour l'îlot Gabriel et env 1 700 Rs pour l'île aux Cerfs (déj compris).* Une agence sérieuse qui loue des voitures et propose toutes sortes d'excursions (île aux Cerfs, île aux Bénitiers, îlot Gabriel, Route du Thé...). Comme toujours, pour les excursions en mer, bien demander le nombre de ss maxi à bord, le type d'embarcation (bateau rapide ou catamaran), et bien vérifier si les transferts sont compris.

Où dormir ?

Trou aux Biches est un peu plus animé que Mont-Choisy. On est proche des commerces et on n'a que l'embarras du choix côté restos, y compris le soir. À Mont-Choisy, le principal atout réside dans la proximité de sa superbe plage publique.

Prix modérés (1 200-2 000 Rs / 27-44 €)

Studios Blue Water Divers *(plan B1,* ***20****)* **:** *rte Royale, juste au-dessus du club de plongée Blue Waters Diving, à* ***Trou aux Biches.*** ☎ *265-67-00.* • *bluewaterdivingcentre.com* • *2 studios 2 pers 35 € et 1 appart 4 pers 60 €.* Les plongeurs qui fréquentent le club seront ravis de pouvoir se loger ici, dans des appartements simples, vraiment spacieux et bien équipés (clim et cuisinette). Pas de charme particulier mais fonctionnel et au calme car légèrement en retrait de la route. Et vraiment bon marché. Tous les hébergements avec terrasse. Pas besoin d'être plongeur pour loger ici, tout le monde est le bienvenu. Petit resto au rez-de-chaussée. Pratique.

Prix moyens (2 000-3 200 Rs / 44-71 €)

La Sorellina *(plan B1,* ***21****)* **:** *morcellement Jhuboo.* 📱 *5759-42-23 (Viviane) ou 5758-23-22 (Thierry).* • *lasorellina.net* • *À env 1,5 km de la plage. Prendre à gauche au niveau du poste de police (en venant du nord), direction Triolet, puis la 1re à gauche (à l'angle de la pharmacie) ; aller presque jusqu'au bout de la rue et tourner dans Palm Ave, l'avt-dernière à droite ; c'est le 2e portail à gauche. Compter 70 € pour 2, petit déj compris.* Thierry et Viviane, en plus de proposer des croisières en voilier (voir plus loin la rubrique « À faire »), ont aménagé, dans ce quartier résidentiel, un grand studio bien agréable dans leur maison parfaitement au calme, pour accueillir des hôtes (frigo, micro-ondes, bouilloire et cafetière...). Ceux-ci ont à leur disposition un salon et une généreuse varangue, ainsi que l'agréable petite piscine dans le jardin. Leurs chiens et chats sont très placides, et l'accueil est formidable.

Chic (3 200-5 000 Rs / 71-111 €)

Rhapsodie Villas (plan A2, **22**) : *à **Trou aux Biches,** rte Royale, à 50 m du* Supermarché Popo. *5759-30-77. • rhapsodie.villas@gmail.com • Studios 2-4 pers 90-100 €. Résa à la sem min.* Le genre d'adresse devenue rare. Il s'agit de 2 maisonnettes situées l'une derrière l'autre, celle sur le devant se prolongeant par un carré de pelouse et s'ouvrant directement sur la belle plage de sable blanc. Calme total. Chaque maison abrite 2 appartements (au rez-de-chaussée et à l'étage). Ils sont simples, un rien vieillots, sans véritable charme mais spacieux et propres. Et puis la plage est juste là, superbe, ce qui constitue un argument de taille. Un bon rapport qualité-prix.

Plus chic (5 000-8 000 Rs / 111-177 €)

Mont Choisy Beach R (plan B1, **23**) : *à **Mont-Choisy,** rte Royale, côté gauche en venant du sud. ☎ 265-85-00. • monchoisy.com • Studios 65-125 € (vue jardin) ou 100-165 € (vue mer) ; petit déj en plus, servi en chambre. Voir aussi les promos sur leur site.* Un beau bâtiment abrite cet ensemble résidentiel de taille raisonnable, perpendiculaire à la mer, avec des studios à la déco tendance et très bien équipés. Seuls les studios situés au bout (il y en a 7) profitent d'une vue directe sur l'eau, mais toutes les chambres du 2e étage possèdent une terrasse. Clim, ventilo, cuisinette... et studios communicants au rez-de-chaussée pour les familles. Belle piscine à débordement face au large, avec quelques parasols et un carré de pelouse. Accès direct à la plage, certes, mais on ne peut pas se baigner juste devant ; la belle plage de Mont-Choisy est à 100 m.

Mystik Life Style (plan B1, **24**) : *rte Royale, à **Mont-Choisy.** ☎ 204-55-00. • mystiklifeboutiquehotel.com • Doubles 3 800-6 200 Rs selon saison, petit déj inclus.* On aime bien cet établissement résolument moderne et bien agencé, à taille humaine (à peine 35 chambres), qui se cantonne à 3 petits étages. Les chambres, pas immenses mais parfaitement équipées (avec petit balcon), sont disposées en épi. Elles offrent donc une vue latérale sur la mer. Belle situation, jolie piscine façon large couloir de nage à débordement. Resto et bar surplombent le charmant petit bout de plage situé juste en dessous. Le soir, on s'attarde au bord de l'eau ou sur la terrasse à l'étage, façon *lounge.* Une jolie adresse.

Résidence C'est Ici (plan A2, **25**) : *rte Royale, à **Trou aux Biches,** immédiatement à droite de la* Pharmacie Ducasse. *☎ 265-52-31. • reservation@cest-ici.com • cest-ici.com • Réception le mat essentiellement. Résa conseillée assez longtemps à l'avance. Plusieurs types d'hébergements : studios, apparts ou encore bungalows 2-4 pers. Compter 140-160 € pour 2 et jusqu'à 200 € pour 4 (15 €/pers en plus) ; villa 6 pers donnant sur la plage 500 €/j. Pas de petit déj.* Autour d'un jardin spacieux, ombragé et agréable, un petit complexe à l'ambiance relax, aux logements indépendants et climatisés avec accès direct à la plage. En tout, 4 structures comprenant chacune 2 à 4 chambres, une cuisine et une terrasse. Rien à redire sur le confort, la déco, et encore moins sur l'emplacement puisque le jardin donne directement accès à la belle plage de sable. Ceux sur le devant possèdent une vue sur la mer. Ménage fait tous les jours. Au bout du jardin, devant le sable, quelques transats.

Casuarina Hotel (plan B1, **26**) : *rte Royale, à **Trou aux Biches,** côté droit en venant du sud. ☎ 204-50-00.*

• hotel-casuarina.com • Doubles 115-170 € avec petit déj ; et bungalows pour 4-5 pers. Promos fréquentes sur leur site. Un vaste complexe hôtelier, bien intégré dans le décor. La plage est de l'autre côté de la route (transats à disposition). On profite d'un grand jardin luxuriant, dans lequel sont disséminés d'agréables bungalows (2 chambres) au toit de chaume et aux murs chaulés. Quelques transats et paillotes sont mis à disposition sur la plage même. Intérieur soigné et moderne, salles de bains impeccables, terrasses bien séparées, sans vis-à-vis. Bonnes prestations générales. Côté activités gratuites : 2 piscines, salle de muscu, tennis, ping-pong et, sur la plage, kayak, balade en bateau à fond de verre, prêt de palmes-masque-tuba... Initiation à la plongée en piscine (payant). Spa avec soins à la carte (payant).

Beaucoup plus chic (plus de 8 000 Rs / 177 €)

🏠 ***Veranda Pointe aux Biches*** *(plan A2,* ***27****)* **:** *rte Royale,* ***au sud de Trou aux Biches.*** *☎ 260-51-01 ou 266-97-00 (résa). • veranda-resorts.com • Selon période, chambres env 260-360 € pour 2 pers en ½ pens. Voir aussi les promos sur leur site.* « Pieds nus dans le sable », voilà le concept développé ici par le groupe. De la réception, où l'on est invité à un rituel déchaussé, au bar, en bord de mer, on reste dans l'ambiance plage, décontractée-chic. Style que l'on retrouve dans les chambres, soignées et confortables, aménagées comme une sorte de petit village niché dans un beau jardin. Nombreux petits ensembles en dur, couleur sable, sur 2 niveaux. Nombreuses familiales et miniclub pour les enfants, mais l'hôtel conviendra aussi aux couples recherchant la sérénité dans une zone qui leur est consacrée. Vaste et belle piscine et un joli petit bout de plage sur le devant. 3 restos (dont un gastronomique) face aux flots bleus. Spa. Location de vélos et navette gratuite pour se rendre à la plage de Trou aux Biches.

🏠 ***Le Sakoa Boutik Hotel*** *(plan A2,* ***28****)* **:** *rte Royale, à* ***Trou aux Biches,*** *au niveau de la Pharmacie Ducasse. ☎ 265-52-44 (réception) ou 483-49-70 (résa). • lesakoa.com • Compter 275-375 € pour 2 selon vue et saison, petit déj inclus ; plus cher en fin d'année. ½ pens proposée.* Ensemble de bungalows sur un étage, au toit de chaume, abritant des chambres spacieuses, meublées avec élégance et décorées avec goût. Les chambres les plus chères ont vue sur la mer et peuvent accueillir 3 personnes. Certaines avec kitchenette. Demander impérativement (dès la réservation) un bungalow loin de la route. Belle petite piscine encadrée de palmiers altiers et devant la plage superbe (paillotes, chaises longues...). Bibliothèque en mezzanine, bar accueillant, dans une déco alliant roche et bois. Resto avec vue sur la mer.

Où manger ?

Bon marché (moins de 400 Rs / 9 €)

|●| Sur la ***plage de Mont-Choisy,*** le midi, goûtez aux petits plats vendus par les ***cuisiniers ambulants*** (gâteaux-piments, *samoussas, rotis* et... hamburgers), il y en a plusieurs sur la plage de Mont-Choisy. Tous proposent aussi des plats plus élaborés, type curry, grillades (à prix moyens). Sur la plage, certains font un peu de retape sous les filaos. Rien de lourd cependant. Non seulement c'est bon et pas cher, mais ça permet à des centaines de Mauriciens de vivre et de faire vivre leur famille. Si l'on reste plusieurs jours dans le secteur, on prend rapidement ses petites habitudes. On vous recommande ***Chez Hans – Le Kiosque Magique*** (roulotte peinte en vert et jaune) pour ses très bons plats créoles ou poisson entier grillé. Prévoir de l'attente en saison et le week-end. Également

Salade Tropicale chez Stéphanie *(tlj sauf dim 10h-16h),* dans sa minuscule roulotte orange, qui propose sandwichs, salades et plats créoles à prix moyens (possède aussi un resto, voir plus loin). On trouve aussi quelques kiosques sur le ***parking de la plage publique de Trou aux Biches.*** Certains vendent noix de coco et ananas.

|●| ***Mine*** *(ou « Meung » ; plan A2,* ***40****) : sur la rte Royale, à* ***Trou aux Biches ;*** *pas d'enseigne, repérer la façade rouge. 📱 5924-78-38. Tlj 11h30-16h (parfois fermé le dim). Sur place ou à emporter.* Les habitués font la queue pour commander un bol de nouilles frites ou bouillies avec des boulettes de viande ou de poisson. Quelques modestes chaises en terrasse ou salle riquiqui, mais on préfère largement aller s'installer en bord de mer, juste en face. C'est bon, ça cale et on ne se ruine pas.

|●| ***Sakauye Moris*** *(plan A2,* ***41****) : rte Royale, à* ***Trou aux Biches.*** *Minuscule cahute de tôle jaune et bleu juste en face du resto* 1974, *au niveau des jeux pour enfants. Lun-sam 10h30-16h. Uniquement à emporter.* On aime bien les populaires boulettes de viande et de poisson, ainsi que le *mine frit.* La daube de poulpe n'est pas mal non plus.

|●| ***Souvenir Snack*** *(plan B2,* ***42****) : en face du poste de police, à* ***Trou aux Biches.*** *📱 5291-14-40. Tlj sauf jeu, en continu 9h-22h.* Au carrefour principal, avec la plage à 2 pas, un emplacement stratégique à défaut d'être romantique, qui attire à un moment ou à un autre les touristes de Trou aux Biches. Ça ne paie pas de mine (frit !), mais la grande salle couverte par une grande tôle et ouverte sur la rue ne désemplit pas, malgré le bruit des voitures qui passent devant. On y sert à toute heure une très copieuse et honnête cuisine mauricienne (plats créoles, bols renversés, salades, *mine,* etc.). Bref, on a le ventre plein pour pas cher.

|●| ***La Marmite Mauricienne*** *(plan B2,* ***43****) : à* ***Trou aux Biches,*** *un peu après le poste de police, sur la droite, en direction de Triolet (à env 200 m). ☎ 265-76-04. Midi et soir, tlj sauf ven.* Un bistrot populaire où l'on retrouve tous les classiques de la cuisine mauricienne (curry, *chop suey...*). Rien de magique sur le plan culinaire, mais ce n'est pas cher (et bière à prix imbattable !).

|●| ***Assiette du Nord*** *(plan B2,* ***43****) : à* ***Trou aux Biches,*** *à 150 m du petit carrefour, direction Triolet, sur la droite. ☎ 265-70-40. Tlj sauf mar, en continu 12h-21h30.* Grande terrasse couverte au style un peu suranné. Spécialités créoles et plats indiens, mais aussi des pâtes et des bols renversés : il y en a pour tous les goûts. Dorade grillée, poulet à la crème, curry aux fruits de mer... Bon rapport qualité-prix, service efficace et accueil gentil.

Prix moyens (400-600 Rs / 9-13 €)

|●| ***1974, Da Antonio e Giulia*** *(plan A2,* ***44****) : rte Royale, à* ***Trou aux Biches.*** *☎ 265-74-00. 📱 5709-35-77. Mar-ven 18h-23h ; w-e 12h-15h, 18h30-23h. Fermé lun.* Dans une maison orange de bord de route, avec une minuscule terrasse coquette comme tout. Un resto directement branché sur l'Italie, tenu par un couple transalpin (Giulia et Antonio), qui propose une cuisine à base de pâtes fraîches, à toutes les sauces, *fritto misto di mare,* mais aussi de bons poissons préparés avec soin. Tous les jours, des plats différents et bien frais.

|●| ***Chez Stéphanie*** *(plan B1,* ***45****) : à* ***Mont-Choisy,*** *dans une petite rue parallèle à la rte Royale. 📱 5789-82-37. Bien fléché. ♿ Tlj sauf dim 10h-15h, 18h-21h30. CB refusées. Apéritif maison offert sur présentation du guide de l'année.* Petite maison dans un quartier résidentiel, au calme. Les tables sont soignées, tout comme la cuisine familiale qu'on y déguste. On y trouve les grands classiques, à prix un peu plus élevés que la moyenne. Les gros appétits pourront rester un peu sur leur faim. Curry de poisson, bons *samoussas,* crevettes grillées au beurre citronné, langouste grillée... Le soir, c'est le souriant Richard (mari de Stéphanie) qui est à l'accueil, accompagné de tous les commentaires laissés sur les murs par les voyageurs de passage.

De chic à plus chic (plus de 600 Rs / 13 €)

Restaurant de l'hôtel Mystic Life Style (plan B1, **24**) : *rte Royale, à* ***Mont-Choisy.*** *☎ 204-55-00. Tlj midi et soir. Rubrique « Chic ». Accès piscine et plage possible pour les clients du restaurant à l'heure du déj.* Face à l'élégante piscine, sous une terrasse couverte, des tables bien mises, éclairées le soir à la bougie. À la carte, des plats mauriciens ici, quelques influences françaises par-là, des pâtes pour contenter tout le monde. Le tout est bien réalisé, joliment mis en valeur et rehaussé par un service pro. Et les prix restent encore raisonnables. Ne pas manquer de grimper dans les étages (voir « Où boire un verre ? »).

Evaco Beach Club « La Plage » *(plan A2,* ***46****) : rte Royale, à* ***Trou aux Biches.*** *☎ 265-75-91. Près de l'hôtel Sakoa. Tlj 9h-22h (18h dim). Rubrique « Plus chic ». Résa conseillée.* On profite ici d'un excellent emplacement et d'une déco élégante, claire et marine. Les tables sont dressées au bord de l'eau et la carte propose des spécialités mauriciennes et internationales le midi (pâtes, burgers, pizzas...) et thaïes le soir (carte plus chère et plats raffinés). Sans oublier un bar, une piscine, un coin enfants et quelques transats plantés sur la plage. Parfait pour paresser les pieds dans le sable ou manger les yeux dans le bleu. Si vous logez dans le coin, c'est une belle adresse chic et de qualité pour le soir, pas si nombreuses que ça dans ce secteur. Et c'est l'un des rares restos (sans hôtel) en bord de mer.

Où boire un verre ?

Le bar de l'hôtel Mystic Life Style *(plan B1,* ***24****) : à* ***Mont-Choisy****; voir plus haut « Où manger ? De chic à plus chic ». Tlj jusqu'à 22h. Happy hours ven-sam 17h-20h. Animations musicales le w-e.* Au niveau de la piscine, on grimpe au 1er étage le temps de s'extasier devant la vue, puis on poursuit l'ascension jusqu'au 2e... pour ne plus en décoller. De là-haut, panorama magnifique sur le large. Le coin idéal pour l'apéro au coucher du soleil.

Evaco Beach Club « La Plage » *(plan A2,* ***46****) : rte Royale, à* ***Trou aux Biches.*** *Résa conseillée.* L'endroit est top pour paresser les pieds dans le sable en sirotant un verre (voir plus haut « Où manger ? »).

À voir

Le temple hindou de Triolet *(plan B2) : sur la rte de Triolet, à env 2 km de Trou aux Biches. Prendre la route qui passe devant le poste de police ; le temple de Maheswarnath Maudir se trouve sur le côté gauche. Tlj 6h-18h. On enlève ses chaussures à l'entrée.*

Site religieux hindou élevé en 1891 et réunissant sur un même espace plusieurs temples colorés de différentes tailles, dans le style coloré qui caractérise cet art. Plusieurs divinités sont évidemment à l'honneur. C'est le site le plus vénéré de l'île avec celui de Grand Bassin. C'est en effet d'ici qu'un groupe de 9 personnes a effectué le 1er pèlerinage à Grand Bassin en 1898. Cet épisode occupe une grande place dans l'histoire de l'indépendance mauricienne. Il faut dire qu'à cette époque, les travailleurs n'avaient pas la possibilité de se déplacer librement sur l'île, et encore moins de quitter leur travail pendant plusieurs jours. On peut observer sans problème les rites des prières, avec la discrétion et la mesure qui conviennent à ce type de lieu.

Un immense banian à l'entrée, vieux d'un siècle et demi, aux lianes qui dégringolent jusqu'à terre, abrite une multitude d'oiseaux en fin de journée, produisant une cacophonie incroyable (sympa, mais faites quand même gaffe aux fientes quand vous passez dessous !).

À faire

Plages

La plage de Trou aux Biches *(plan A2-B1)* est toujours agréable avec son espace délimité pour les baigneurs. Quand on arrive du parking, sur la gauche, on a de la place pour poser sa serviette... Sur la droite, après la plage des hôtels, en marchant une dizaine de minutes, l'eau est superbe et limpide, et il y a moins de monde. Comme partout, attention tout de même à vos affaires quand vous allez vous baigner (laissez vos valeurs à l'hôtel, c'est plus simple).

La plage de Mont-Choisy *(plan B1),* superbe, prolonge celle de Trou aux Biches plus au nord. Large, généreuse, aux eaux calmes et plantée de filaos, ces grands arbres frêles aux longs filaments. Les Mauriciens utilisent cet arbre en guise de sapin de Noël. C'est une superbe anse ourlée de sable blond, longue de plus de 1 km, aérée et propre (elle est nettoyée chaque jour), sans aucun hôtel qui s'interpose entre la plage et la végétation (on a eu la bonne idée de faire passer la route bien à l'arrière). L'eau est d'un beau vert translucide. Pour nous, c'est ***la plus belle plage de toute la côte nord-ouest.*** En plus, elle est exposée à l'ouest, idéal pour observer le coucher du soleil. En semaine, les jeunes Mauriciens jouent au foot, les touristes se prélassent, le *Club Med* voisin fait tournicoter ses clients en ski nautique ou en grosse bouée. Le week-end, des centaines de familles s'installent pour le pique-nique traditionnel. Musique, ballons, sieste, jeux dans l'eau... rhum. Ambiance bon enfant et zen. Une douceur de vivre et une certaine idée du bonheur bien séduisante, propre à Maurice.
À l'extrémité gauche de la plage, près de l'hôtel *Mystic,* plusieurs statues hindoues, dont Ganesh, sont vénérées par les fidèles à la tombée du jour. Lumière superbe, atmosphère sereine.

Activités nautiques

Au niveau du parking de Trou aux Biches, un stand propose des activités nautiques à des prix intéressants.

Plongée

■ ***Blue Water Diving Center*** *(plan B1,* ***20****) : avt la plage de* ***Mont-Choisy,*** *sur la rte côtière, côté droit en venant du sud (après le resto* Le Pescatore*). ☎ 265-67-00. 📱 5858-22-26 (WhatsApp). • bluewaterdivingcentre.com • Centre ouv tlj sauf dim 8h-17h. Fermé 1er janv et 25 déc. Baptême env 3 700 Rs, plongée env 2 400 Rs avec équipement fourni. Licence incluse dans le prix (200 Rs), valable 2 mois dans ts les clubs affiliés de l'île Maurice. Également des forfaits. Certificat médical recommandé (mais pas obligatoire, sauf pour les formations) et brevets demandés. Réduc de 10 % sur les plongées sur présentation du guide de l'année pour 2 pers, hors forfaits.* Le centre, affilié CMAS, PADI, FFESSM et SSI, propose baptême, perfectionnement, passage de diplômes, formation en secourisme, plongées pour les enfants (à partir de 8 ans) et de nuit. 3 départs par jour. Et puis, bien sûr, des balades sous-marines extra, dans un climat de confiance total. Et hors de l'eau, toujours la même convivialité ! Hugues Vitry, fervent défenseur de la faune et de la flore sous-marines, et bon photographe, dirige son club depuis de très nombreuses années (plus de 30 ans !), avec sérieux et gentillesse. Pour les baptêmes, on fait tout pour mettre en confiance le néophyte et lui faire découvrir le monde de la plongée. On nous prend par la main et on bat le rappel des poissons qui viennent nous saluer. Possibilité d'hébergement à l'étage du bâtiment (voir « Où dormir ? »). Par ailleurs, le club propose l'observation respectueuse des cachalots (de février à juillet) et des baleines à bosse (août-novembre), Hugues ayant fondé avec d'autres passionnés une association de sauvegarde des cétacés. Possible également la plongée avec les requins. Excursion à la demande et en fonction de la météo.

■ ***Atlantis Dive Center*** *(plan A2,* ***50****) : à* ***Trou aux Biches,*** *sur la gauche de la rte côtière en allant vers Pointe aux Piments ; après le portail, suivre la petite allée qui longe la maison, jusqu'au bout et un local qui ne paie pas de mine. ☎ 265-71-72. 📱 5422-71-26. • atlantisdiving.net • Transport A/R gratuit de votre hôtel (dans la région Nord) au club de plongée. Plongée 40 €, 35 € à partir de la 2e plongée (sur présentation du guide de l'année), assurance incluse ; baptême 60 € (55 € sur présentation du guide de l'année), comprenant un cours théorique sur vidéo, une initiation dans le lagon et une plongée sur la barrière de corail.* Vellin Bhurtun, que tout le monde appelle par son nom de famille (prononcer Burton, c'est-à-dire « beurre-tonne », et non « bure-thon »), anime ce club affilié PADI et CMAS. Cet infirmier-réanimateur diplômé (ça rassure !) adapte son accompagnement aux capacités de chaque plongeur. Il propose initiations et sorties pour plongeurs confirmés sur épaves, coraux et tombants rocheux. Plongées de nuit, photo et vidéo sous-marines. Cours et brevets PADI et CMAS, tous niveaux, amateur et professionnel. D'une grande patience, Vellin sécurise et prend en main les plus inquiets.

Plongée un peu spéciale

■ ***Blue Safari*** *(plan B1,* ***51****) : bureau dans la courette sur la droite, à* ***Trou aux Biches.*** *☎ 265-72-72. 📱 5942-33-10 (WhatsApp). • blue-safari.com • Résa impérative, surtout en hte saison.*

– ***En sous-marin :*** *départs tlj ttes les heures (selon conditions météo), 8h30-16h30 (dernier départ en été ; 15h30 en hiver). Prévoir env 5 700 Rs/pers pour une plongée ; 3 500 Rs moins de 12 ans. Durée de la plongée : 45 mn env, mais compter 2h en tt.* Un petit tour en sous-marin, ça vous tente ? Bon, d'accord, c'est très cher, mais ce n'est pas tous les jours qu'on peut plonger à une telle profondeur. Ces 2 petits sous-marins, de 5 et 10 places, plongent de l'autre côté du lagon jusqu'à 35 m de profondeur au pied d'un récif corallien, près d'une épave, etc. Évidemment, d'épaisses vitres permettent aux poissons d'observer les humains sans s'asphyxier, et ça marche aussi dans l'autre sens. Remarquez la modification chromatique du décor : à partir de - 10 m, la couleur rouge disparaît. Selon les conditions météo, le nombre de poissons est plus ou moins important, mais là, c'est un peu la loterie : par temps gris, la visibilité est souvent bonne ; ce n'est pas toujours le cas par beau temps.

– ***En scooter sous-marin (biplace) :*** *7 500 Rs pour 2 pers et env 5 700 Rs si vous voulez tenter l'aventure seul (sans ou avec moniteur selon disponibilité ; pilotage possible à partir de 16 ans). Départ ttes les heures 9h-16h (15h en hiver). Durée de l'immersion : 30 mn, mais là encore, prévoir 2h en tt. Interdit aux moins de 8 ans, aux femmes enceintes et si vous avez un problème de santé, bien entendu.* Amateurs de sensations fortes, bienvenue ! Après un briefing complet et quelques appréhensions, vous enfourchez votre scooter, et vous voilà dirigeant vous-même l'engin, à 3 m de profondeur, parmi les poissons, la tête maintenue dans une bulle d'air. C'est finalement moins compliqué que ça en a l'air, sécurisé (vous êtes suivi en permanence par des plongeurs), et c'est surtout l'occasion de vivre une expérience unique ! Les petits malins se prendront pour un certain agent 00 quelque chose.

Croisières en voilier

■ ***La Sorellina :*** *à* ***Trou aux Biches.*** *📱 5758-23-22. • lasorellina.net • Journée (9h-16h) env 80 €/pers ; loc du bateau en exclu 500 € pour 2-6 pers la journée.* Thierry, un skipper alsacien, vous accueille à bord de son voilier de 13,50 m. Il organise des sorties hors des sentiers marins battus. Réserver plusieurs jours à l'avance, car il ne prend pas plus de 6-7 personnes à la fois (minimum 4 personnes). Au programme, initiation à la navigation à la voile pour ceux qui le souhaitent, snorkelling et repas (punch, grillades) dans de beaux endroits, si possible isolés. Propose aussi une chambre d'hôtes (voir plus haut « Où dormir ? Prix moyens »).

LA POINTE AUX CANONNIERS

• Plan Grand Baie – Pointe aux Canonniers *p. 108-109*

Une sorte de presqu'île qui ferme à l'est le site de Grand Baie. Un coin calme où se nichent quelques hôtels de luxe, le *Club Med,* ainsi que des structures plus discrètes, souvent charmantes. La pointe est un peu ventée et ne possède pas de grande plage proprement dite, mais la plus proche est celle de Mont-Choisy, à seulement 3 km. C'est en tout cas un endroit indiqué pour loger dans le coin de Grand Baie en évitant la pleine ville.

Adresses utiles

Centre médical du Nord *(plan Grand Baie, B1,* ***1****)* **:** *rte Royale, côté gauche en venant de Grand Baie. ☎ 263-10-10. Tlj, 24h/24. Pour une consultation, téléphoner avt pour prendre rdv.* Une antenne de la *Clinique du Nord.* Pour tous types d'urgence.

Momo Store *(plan Grand Baie, B1,* ***2****)* **:** *sur la rte Royale vers Grand Baie. Tlj 6h30-20h (19h dim).*

Où dormir ?

Chic (3 200-5 000 Rs / 71-111 €)

Mandala Moris *(plan Grand Baie, B1,* ***10****)* **:** *rue des Étoiles. 5940-20-51 (WhatsApp). • lemandalamoris.com • Studios avec clim et ventilo 95-110 € ; 2 suites pour 4 pers. Petit déj 12 €/pers. À certaines dates, résa min 2-3 nuits.* Dans un quartier résidentiel, la belle maison d'Anja et Jean-François abrite 8 chambres spacieuses aux couleurs claires et douces. Elles disposent toutes d'une kitchenette, de lits *king size* au matelas bien épais et d'une terrasse (ou balcon). Les 2 suites peuvent accueillir une famille avec 2 enfants. Le petit déj (en option) se prend sous une terrasse abritée, ouverte sur la piscine. Accueil adorable. Une très belle adresse, intime et conviviale, entre le petit hôtel de charme et la maison d'hôtes.

Esprit Libre Guesthouse *(plan Grand Baie, B1,* ***11****)* **:** *à 200 m du carrefour de la Pointe aux Canonniers, en allant vers Grand Baie. ☎ 269-11-59. 5974-31-93. Doubles 65-110 € (sans petit déj) ; familiales (4 pers) 100-165 €. CB acceptées.* Un bouquet de chambres agréables et tranquilles, certaines à l'étage, organisées dans 2 petits édifices. Et comme on est à l'écart de la route, le calme est de mise. En revanche, le (bon) resto, peut rester animé jusqu'à 22h environ. Petite piscine. Au final, une bonne option dans ce secteur, à prix raisonnables.

Guesthouse Sous le Badamier *(plan Grand Baie, B1,* ***12****)* **:** *X-Club Rd. 5487-90-17. • contact@sousleba damier.mu • Doubles 3 500-4 000 Rs, petit déj compris.* Une dizaine de chambres pour cet établissement sur 2 étages, certes un peu à l'étroit sur son bout de terrain, mais offrant des petites chambres coquettes. Bon à savoir, bon nombre d'entre elles possèdent des fenêtres s'ouvrant sur un mur. Sauf les triples qui donnent sur l'agréable espace arboré sur l'avant. Malgré ces petits défauts, une adresse recommandable car les chambres, dans les tons blancs et crème, sont bien équipées, avec des lits spacieux (180 cm) et vraiment confortables. Courette avec bassin d'agrément et à l'arrière une piscine au calme, avec bar et coin *lounge*. Au final, un bon rapport qualité-prix-accueil-tranquillité, dans un secteur où tout est cher.

La Maison du Nord *(plan Grand Baie, B1, **13**)* : *Lauriers Rd. 5764-6187. • maisondunord.com • Doubles standard 70-110 €, petit déj-buffet inclus.* Au calme, les chambres s'organisent dans 2 longs édifices d'un étage, de part et d'autre d'une allée. Toutes très spacieuses, avec terrasse ou balcon. Elles sont simples, bien équipées mais sans aucune déco, presque un peu tristounes. Éviter celles à l'entrée, proches de la route et devant le petit parking. Préférer celles du fond, là où l'on trouve la jolie piscine et le coin bar. Pas une ambiance de fou, autant le savoir, mais le rapport qualité-prix reste intéressant, avec une tranquillité absolue.

Spécial folie (à partir de 300 €)

Ces hôtels sont hors de prix, certes, mais les petits malins pourront toujours jeter un œil à leur site internet, qui casse les prix de manière ponctuelle.

Hôtel 20° Sud *(plan Grand Baie, C1, **14**)* : *rte côtière, dans la partie est de la Pointe aux Canonniers, face à la baie de Grand Baie. ☎ 263-50-00. • 20degressud.net • Doubles à partir de 435 € avec le petit déj ; également des suites (plus chères) avec vue sur l'océan, et piscine privée ou jacuzzi. ½ pens et pens complète proposées. Voir aussi les offres sur leur site. Resto accessible aux non-résidents midi et soir. Le midi, salades, burgers et tartares (terre ou mer) 500-1 000 Rs ; le soir, plats plus élaborés.* Ce boutique-hôtel renoue avec la tradition (meubles évoquant les demeures coloniales, salles de bains dotées de baignoires à l'ancienne). On pénètre dans ces espaces privilégiés par une superbe et haute porte en bois, copie d'un modèle du XVIIIe s. Réparties dans un ensemble de bungalows, savant mélange de pierre, bois et toit de chaume, les chambres sont douillettes et baignées d'une douce atmosphère. Les 2 belles piscines, étroites et tout en longueur, recouvertes de schiste, donnent une classe indéniable au lieu. Et on ne vous raconte pas les suites... Accès direct à la mer, avec un charmant bout de plage sur le devant. Prêt de vélos.

Canonnier Beachcomber *(plan Grand Baie, A1, **15**)* : *Royal Rd, Pointe aux Canonniers, à la pointe même. ☎ 209-70-00. • beachcomber-hotels.com • Doubles standard 300-400 € en ½ pens pour 2 pers ; superior vue mer et suites plus chères. Étonnantes promos à certaines périodes.* On n'a pas vraiment l'habitude de conseiller les grosses structures hôtelières (près de 300 chambres). Celle-ci s'organise intelligemment autour d'une vaste piscine, au milieu d'un superbe jardin planté de palmiers et de 2 banians gigantesques, et s'ouvre sur plusieurs adorables plagettes. Chambres claires et charmantes, décorées avec goût, et dotées d'un excellent confort (super matelas, clim, balcon ou terrasse, baignoire...). Bar, billard, coins salon... et plusieurs activités gratuites.

Où manger ? Où prendre un petit déj ?

Bon marché (moins de 400 Rs / 9 €)

Le Fournil *(plan Grand Baie, B1, **30**)* : *rte côtière. ☎ 263-30-30. Tlj 6h30-18h30 (13h dim).* Une boulangerie-pâtisserie à la française, qui satisfera les amoureux de croissants, pains au chocolat, mais aussi les amateurs de bonnes choses plus sucrées qui garnissent la vitrine. Quelques tables dehors.

Chic (600-1 000 Rs / 13-22 €)

Esprit Libre *(plan Grand Baie, B1, **11**)* : *voir « Où dormir ? ». ☎ 269-11-59. Tlj midi et soir. CB acceptées.* On aime bien la cuisine franco-mauricienne que l'on déguste sur cette terrasse au calme et à l'écart de la route. Elle change avec les saisons mais ne varie pas en qualité. Tapas mauriciennes, gratin de fruits de mer, pêche du jour ou burger de bœuf sont des rendez-vous quasi permanents de la carte.

GRAND BAIE

• Plan *p. 108-109*

Grand Baie porte bien son nom. La baie est large, très fermée sur elle-même, ce qui en fait un port de plaisance paisible et très prisé des voiliers qui se baladent dans l'océan Indien. En revanche, l'étroite plage qui la borde (ou ce qu'il en reste) n'est quasiment pas accessible à cause de la présence de nombreux bateaux et pas super agréable à cause de la route très passante juste derrière. Pour se baigner, il faut pousser au nord vers Pereybère ou au sud vers Mont-Choisy. Grand Baie est surtout l'épicentre touristique de l'île, avec les qualités (vie sociale, activités, transports, etc.) et les inconvénients que cela implique : développement architectural totalement anarchique, nuisances sonores, bouchons, difficultés pour se garer... Et malheureusement, pas moyen de faire du lèche-vitrines aux heures où le soleil tape le moins : à partir de 17h30, tous les rideaux sont baissés. Le soir, en saison, si vous sortez au restaurant, pensez à réserver. Bref, si l'on visite Grand Baie, on ne réside pas vraiment dans la ville, mais plutôt aux environs.

Arriver – Quitter

➢ ***En bus*** *(plan D1-2)* **:** un *Express* pour ***Port-Louis*** part tlj, env ttes les 30 mn, 6h30-17h30 (ttes les 45 mn le dim, jusqu'à 14h15), au pied du resto *La Jonque.* Relie la capitale en 30-45 mn env. Bus pour ***Cap Malheureux, Mont-Choisy*** et ***Trou aux Biches*** également.

Adresses et infos utiles

Pas d'office de tourisme, mais toutes les agences de voyages pourront vous renseigner sur tout et n'importe quoi.

Services

■ ***Banques :*** *plusieurs distributeurs automatiques accessibles 24h/24, juste à droite de l'entrée du centre commercial* ***Super U*** *(plan D2,* ***3****) et à côté de la banque* ***BCP****, qui fait le change (lun-ven 9h-17h, sam 9h-13h). Distributeurs également dans le centre commercial* ***Sunset Boulevard*** *(en bord de mer).*

■ ***Change :*** ***Shibani Finance*** *(plan D2,* ***4****), au début de la rue de la Salette, la rue qui va vers le Super U, sur la droite. ☎ 263-47-98. Lun-sam 8h-19h, dim et j. fériés 8h-12h30. D'autres bureaux de change face à la plage de Grand Baie.*

■ ***Police*** *(plan D2)* **:** *kiosque ouv 24h/24, sur la rte Royale. ☎ 263-00-62.*

Transports

■ ***Location de 2 et 4-roues :*** *dans certains hôtels ou dans les agences situées près de la plage publique. Prix assez voisins, en tt cas sur cette côte : scooter env 700 Rs et voitures à partir de 1 200 Rs.* Pour les scooters, casque fourni.

■ ***Location de voitures Peramal*** *(plan C2,* ***6****)* **:** *bureau dans une maisonnette en pierre, presque en face du resto Le Capitaine. ☎ 263-81-09. 📱 5756-94-47 (WhatsApp). • residence-peramal.com •*

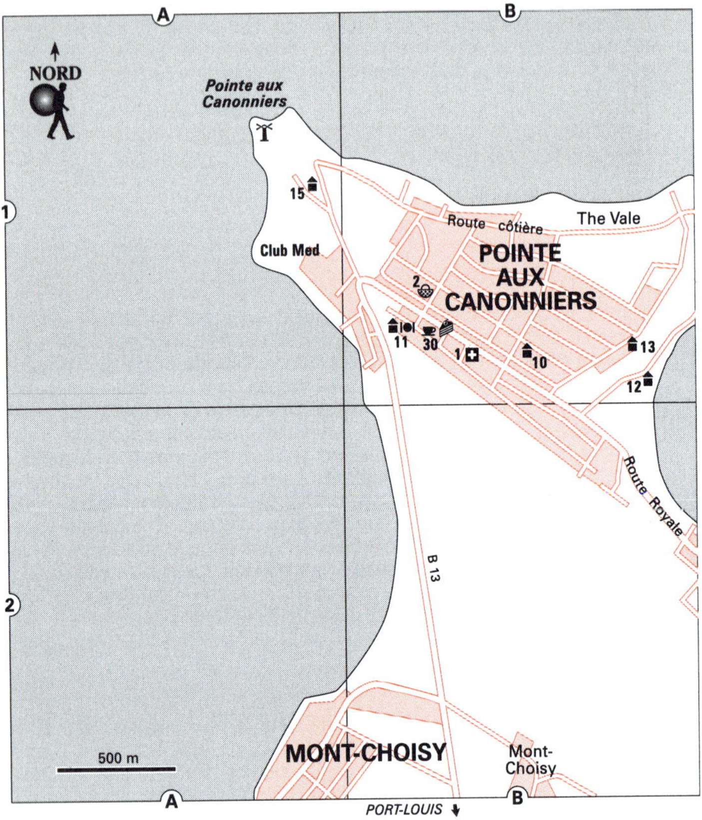

Adresses utiles

1 Centre médical du Nord (B1)
2 Momo Store (B1)
3 Super U, distributeurs et banque BCP (D2)
4 Shibani Finance (D2)
6 Location de voitures Peramal (C2)
7 Pharmacie Ducasse (C2)

Où dormir ?

10 Mandala Moris (B1)
11 Esprit Libre Guesthouse (B1)
12 Guesthouse Sous le Badamier (B1)
13 La Maison du Nord (B1)
14 Hôtel 20° Sud (C1)
15 Canonnier Beachcomber (A1)
17 Pillay Guesthouse (C2)
18 Eden Cove (D1)
19 Sunshine Villas (D2)
20 Résidence Peramal (C2)
21 Auberge Miko (D2)
22 Monalysa Saint-Honoré (D2)

Où manger ?
Où prendre un petit déj ?

11 Esprit Libre (B1)
30 Le Fournil (B1)
31 Grains de Folie (D2)

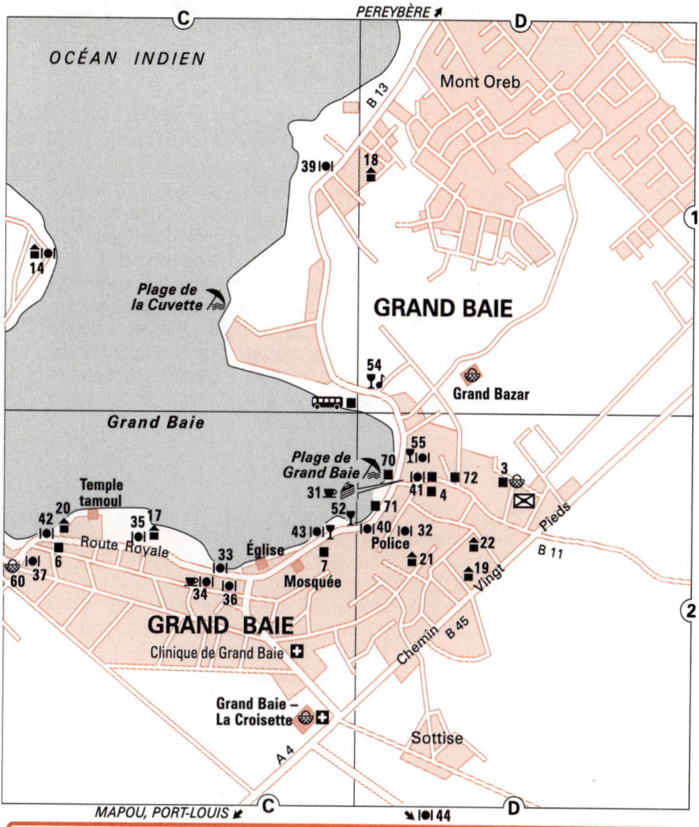

GRAND BAIE – POINTE AUX CANONNIERS

32 Ti Kouloir et La Rougaille Créole (D2)
33 Nanda Snack (C2)
34 Café Müller (C2)
35 Restaurant Coolen, chez Ram (C2)
36 La Terrasse (C2)
37 Mama Mia (C2)
39 Le Poivrier (C1)
40 Blue Lagoon Café (D2)
41 La Vieille Rouge (D2)
42 Le Capitaine (C2)
43 The Beach House (C2)
44 Le Domaine (hors plan par D2)

Où boire un cocktail ? Où sortir ?

43 The Beach House (C2)
52 Les Canisses (C2)
54 Le Banana Beach Club (D1)
55 Cocoloko (D2)

Achats

60 Le Comptoir de Michel Abad (C2)

À faire

41 Excursions Keiffel (D2)
70 Centre Sport Nautique de Grand Baie (D2)
71 Sunset Diving (D2)
72 Monalysa Tours (D2)

Tlj 7h30-17h (12h dim). Petite voiture env 26 €/j., assurance comprise, kilométrage illimité. Une petite agence de confiance, tenue par les proprios de la *Résidence Peramal.*

Santé

■ ***Pharmacie Ducasse*** *(plan C2, **7**) : sur la rte côtière, non loin de la mosquée. ☎ 263-84-03. Lun-sam 8h-20h, dim 8h-13h. À gauche de la pharmacie, petit cabinet médical avec plusieurs praticiens. Également une pharmacie au Super U et d'autres en ville.*

■ ***Clinique Darné*** *(plan C2) : au centre commercial de La Croisette, à l'étage de la MCB Bank. ☎ 601-25-00. Urgences 24h/24.*

■ ***Clinique privée de Grand Baie*** *(plan C2) : Sottise Rd. ☎ 263-12-12. Urgences 24h/24.* Clinique avec de nombreux spécialistes.

Alimentation

Super U *(plan D2, **3**) : rue de la Salette, perpendiculaire à la rte Royale. Lun-sam 9h-20h30, dim et j. fériés 9h-15h.* Le plus grand supermarché de la région. Beaucoup de produits importés, donc assez chers, mais intéressant pour les produits locaux (épices, confitures, café, etc.). On vient même ici pour trouver des produits introuvables ailleurs ! Galerie marchande tout autour, avec plusieurs distributeurs automatiques.

Où dormir ?

À Grand Baie même, on trouve surtout des locations d'appartements à prix raisonnables dans des petits édifices sans charme. Pour passer à la catégorie supérieure, rendez-vous dans les communes avoisinantes.

Prix modérés (1 200-2 000 Rs / 27-44 €)

Pillay Guesthouse *(plan C2, **17**) : Coolen Lane. ☎ 265-69-25. 📱 5254-19-54 (Rajini). • grandbay@intnet.mu • Immédiatement à droite du resto Coolen, prendre l'impasse qui mène à la mer ; c'est au bout à gauche. Compter en moyenne 1 300 Rs le studio pour 2 et 1 900 Rs l'appart 4 pers.* Face à la mer, donc une denrée rare, surtout à ce prix : studios tout en longueur ou appartements de 2 chambres dans 2 petits édifices en dur, sur 2 étages. En tout, 6 studios et 3 apparts, tous climatisés. Pas de plage devant, mais vue sur l'océan et calme qui compense. C'est simple, certes (surtout côté cuisine), mais l'ensemble est propre et l'atmosphère familiale. De fait, l'une des dernières adresses bon marché du secteur d'où l'on peut voir la mer. Loue également des voitures.

Eden Cove *(plan D1, **18**) : rte Royale, Eden Cove St, entre Grand Baie et Pereybère, sur la droite. ☎ 263-43-45. 📱 5255-77-77. • edencove-ilemaurice.com • Studio avec ventilo 1 200 Rs ; apparts 2-3 pers 1 400 Rs, 4-5 pers env 3 000 Rs. Clim en sus.* À l'écart de la route, donc tranquille, mais pas trop loin de la plage quand même. Petit établissement fonctionnel de 2 étages comprenant 3 types de logements spacieux (surtout les appartements !), chacun avec kitchenette, salle de bains et balcon donnant sur la minuscule courette sur le devant. Ils sont aménagés vraiment simplement, sans chichis, mais entretenus scrupuleusement. Lave-linge, lit bébé à disposition. Accueil gentil comme tout de Raju Mulliah et de sa femme. Le vrai plus, c'est le prix, pas le charme.

Sunshine Villas *(plan D2, **19**) : rue Mare-Rossette, chemin Vingt-Pieds. 📱 5774-44-23 et 5782-82-56. • villasunshine4@gmail.com • Doubles avec sdb et clim autour de 1 100-1 500 Rs, petit déj compris.* On va d'abord parler des atouts : des chambres correctes, basiques certes, mais suffisamment équipées. On préfère celles du 3ᵉ étage. Un bout de piscine sur le côté, mais franchement pas très attirante. Soyons francs, c'est une adresse qui attirera surtout ceux qui sont à la recherche des tarifs les plus bas. Proprio adorable, chauffeur de taxi, qui assure aussi bien les transferts à l'aéroport que les excursions partout dans l'île.

Prix moyens (2 000-3 200 Rs / 44-71 €)

Résidence Peramal (plan C2, **20**) : *impasse Souvenir-Lane.* ☎ *263-81-09.* 📱 *5756-94-47 (WhatsApp).* • *residence-peramal.com* • *Prendre le chemin qui longe la mer, juste à l'angle du resto* Le Capitaine *; c'est au bout. Résa conseillée longtemps à l'avance. Studios 45-65 € sans ou avec clim et vue, apparts de 2 chambres (4 pers) 80-100 €, ménage quotidien compris. CB acceptées (+ 3,5 %).* Arassen Peramal loue des studios pour 2 personnes et des appartements pour 3 ou 4 dans un bâtiment couleur sable, très en retrait de la route, donc tranquille. Logements spacieux, impeccables, modernes et fort bien équipés (cuisine), tous avec petite terrasse. Vue directe sur la baie. Mais pas de plage à proximité immédiate. Excellent rapport qualité-prix-vue-calme, et ce depuis de très nombreuses années. Sans oublier l'accueil au top d'Arassen et son papa. Bref, on se sent vite en famille. Minuscule bout de jardin devant. Location de voitures à prix très intéressants (voir « Adresses et infos utiles » plus haut). Propose aussi des sorties en mer sur un bateau rapide (îlots Gabriel, Bernache et île Plate), ainsi que des dîners sur l'eau au coucher du soleil.

Auberge Miko (plan D2, **21**) : *morcellement Boucan.* ☎ *263-70-48.* 📱 *5706-37-54 (Vivek).* • *aubergemiko.mu* • *À env 400 m du centre. Depuis la rte Royale, s'engager au niveau de la rue située à l'angle du poste de police, puis à droite (la rue la plus large), ensuite, 2e à gauche ; c'est un peu plus loin à gauche. Studio 2 pers env 50 €, appart 4 pers avec 2 chambres 100 € ; petit déj en plus. Transfert aéroport possible.* Un peu éloigné du bord de mer et du bruit. Les logements sont spacieux, équipés de clim, ventilo, TV et terrasse (ménage quotidien sauf le dimanche). Coin cuisine. Le petit plus, c'est l'accueil de Lena et de Vivek, un couple finno-mauricien polyglotte qui habite sur place et distille une ambiance agréable. Petit bout de jardin sur le devant et terrasse commune sympa comme tout. Une adresse familiale où l'on se sent vite chez soi.

Monalysa Saint-Honoré Appartements & Studios et **Monalysa Suites & Residence** (plan D2, **22**) : *morcellement Saint-Honoré, à quelques mn du centre de Grand Baie.* ☎ *263-09-91.* 📱 *5937-77-50 (WhatsApp).* • *monalysaholidays.com* • *Prévenir de son heure d'arrivée ou téléphoner une fois sur place. Studios 2 pers, tt équipés, 1 850-2 000 Rs. CB acceptées. Réduc de 5 % sur l'hébergement à certaines périodes sur présentation du guide de l'année, si résa en direct seulement.* Petit immeuble sans grand charme, mais situé dans un quartier résidentiel, qui abrite une dizaine de studios nickel et bien équipés (clim, ventilo, cuisine, coffre...). Un tout petit bout de piscine sur le devant mais peu équipé. Vraiment pour faire trempette. D'autant qu'elle est partagée avec les logements du *Monalysa Suites & Residence,* juste en face, qui propose notamment des chambres communicantes pour les familles. Le propriétaire loue également un bungalow pour 4 personnes.

Où manger ? Où prendre un petit déj ?

Sur le pouce

Plusieurs solutions pour manger sur le pouce. Pourquoi ne pas pique-niquer le long de la plage dans le centre ? Les nombreux bancs n'attendent que vous.

Dans le centre, sur le grand parking face à la plage publique, ***vendeurs ambulants*** de *rotis,* gâteaux-piments, beignets d'aubergine ou de pomme de terre, *dholl puri,* ainsi que de fruits pelés et de glaces. Vraiment très bon et à prix défiant toute concurrence.

Ti Kouloir (plan D2, **32**) : *dans une petite rue parallèle au Sunset Boulevard, juste à gauche de* La Rougaille Créole. 📱 *5743-51-62. Tlj jusqu'à env 19h ou 20h, sauf dim soir.* Pas vraiment un resto, mais un minuscule couloir, vraiment étroit (comme son nom l'indique), avec quelques modestes tables pour déguster d'excellents « bouchons » et boulettes, délicieux et frais, agrémentés de différentes manières (agneau gingembre, poisson, poulet-chevrette...). Populaire et vraiment pas cher ! Chouette petit lieu qu'on adopte bien vite.

Nanda Snack (plan C2, **33**) **:** *rte côtière, côté mer. Tlj sauf dim, midi et soir.* Petit snack populaire et tout simple, proposant chaque jour riz et *mine frit,* boulettes de viande et de poisson, pas chers du tout.

Bon marché (moins de 400 Rs / 9 €)

Grains de Folie (plan D2, **31**) **:** *rte Royale, dans le centre. ☎ 268-29-58. Lun-sam 7h-19h, dim 7h-15h.* Une jolie petite adresse, lumineuse et cool, au rez-de-chaussée du *Grand Bay Store.* Bonnes formules pour le petit déj, le déj ou le goûter. Salades et sandwichs de qualité, crêpes et *waffles* goûteux. Si vous logez dans le secteur, parfait pour le petit déj ou pour grignoter un morceau à toute heure.

Café Müller (plan C2, **34**) **:** *rte Royale, sur la gauche en allant vers Trou aux Biches, un peu en retrait de la rte. ☎ 263-52-30. Jeu-sam seulement, 8h-17h. Fermé de mi-juil à mi-août.* Pour une petite faim ou un goûter, voici une sympathique adresse. Excellent strudel aux pommes, la spécialité, ou le gâteau au chocolat. Toujours un plat du jour différent. Également des crêpes salées aux herbes et des salades à composer soi-même sur une base à choisir parmi différentes couleurs (vert, rouge, orange...). Déco cosy dans cette mini-oasis et belle cour-terrasse noyée dans la verdure. Accueil sympathique et lieu très calme.

Restaurant Coolen, chez Ram (plan C2, **35**) **:** *rte Royale, côté mer, à 50 m à droite du temple tamoul. ☎ 263-85-69. Midi et soir, tlj sauf mer.* On vient ici pour la cuisine locale. La même qui a été servie à Christophe Maé (les photos font foi, tandis que Johnny n'avait pris que l'apéro). Spécialités de fruits de mer et de poisson (dans une feuille de bananier notamment), poisson grillé, *chicken tikka...* Salle apprêtée et terrasse mais en bord de route.

Prix moyens (400-600 Rs / 9-13 €)

La Terrasse (plan C2, **36**) **:** *rte Royale, sur la gauche en allant vers Trou aux Biches, après l'église. ☎ 263-63-91. Tlj sauf mar 12h-14h, 18h-22h. Résa conseillée. CB acceptées.* Petite terrasse à l'étage, qui offre une vue sur la mer le jour, mais la route en contrebas est passante. Dans les assiettes, une cuisine créole, chinoise et mauricienne (ourite aux oignons, curry de crevettes, calamar sauce rouge...), au rapport qualité-prix très correct avec, en prime, de vrais efforts au niveau de la présentation. Et dans les verres, pourquoi ne pas se laisser tenter par un rhum arrangé, fort recommandable ?

La Rougaille Créole (plan D2, **32**) **:** *dans une petite rue parallèle au Sunset Boulevard. ☎ 263-84-49. Tlj midi et soir. Les prix flirtent avec la rubrique « Chic ».* À l'écart de l'agitation, quelques tables bien mises, dans une salle chaleureuse aux murs orange, ouverte sur la ruelle. On aime autant l'atmosphère du lieu que les plats soignés qu'on y propose. Pêche du jour, rougaille de calamars, brochette du pêcheur... Également des caris agréablement épicés.

Mama Mia (plan C2, **37**) **:** *rte Royale. ☎ 422-45-56. Tlj sauf mar, le soir seulement.* Un peu à l'écart, surplombant la baie, cette adresse tenue par un vrai Romain décline les pâtes à toutes les sauces et les pizzas de tous styles. Il n'y a que ça, mais comme on vient pour ça, c'est nickel. Un conseil, réserver pour retenir une table à l'extérieur, avec vue sur la mer (même si la route passe en contrebas). La salle est un peu moins agréable.

Blue Lagoon Café (plan D2, **40**) **:** *rte Royale, côté route ; une planche de surf pour tte enseigne. ☎ 263-38-89. Tlj sauf dim 7h-22h. En basse saison (avr-oct), fermé le soir lun-jeu. CB acceptées.* Une petite terrasse ouverte sur la rue qui offre des spécialités de poisson et fruits de mer, mais aussi quelques plats internationaux, surtout français, adaptés à la vie mauricienne : gratin de fruits de mer, curry de poulpe, pizza, et même des crêpes.

La Vieille Rouge (plan D2, **41**) : *rue de la Salette. 5752-25-91. Tlj midi et soir. CB acceptées.* On ne vient clairement pas pour le cadre (la rue devant est passante) mais pour des plats classiques bien tournés, de qualité constante : daubes, rougailles divers, salades, currys, poulet sauté aux légumes.

Plus chic (plus de 1 000 Rs / 22 €)

Le Poivrier (plan C1, **39**) : *rte Royale, entre Grand Baie et Pereybère, côté gauche. ☎ 263-32-51. Mer-sam, midi et soir. Fermé dim-mar. Résa conseillée.* En retrait de la route, dans un jardin agréable bien ombragé, une poignée de tables seulement. La courte carte présente des plats franco-italiens : risottos, pâtes et quelques digressions tout aussi délicieuses. Bons desserts. Service soigné.

Le Capitaine (plan C2, **42**) : *rte côtière, à l'entrée de Grand Baie en venant de la Pointe aux Canonniers. ☎ 263-68-67. Midi et soir, tlj sauf dim soir et lun.* Cadre particulièrement agréable, notamment cette grande terrasse ouverte partiellement sur la baie. Nappes blanches et sièges confortables. Côté cuisine, honneur à la mer ! Et tout est fort bien réalisé (avec toutefois quelques irrégularités de temps à autre). Une adresse de référence, et ce depuis bien longtemps, malgré des tarifs élevés.

The Beach House (plan C2, **43**) : *rte Royale, côté mer. ☎ 263-25-99. Tlj midi et soir. Rubrique « Chic ».* Ambiance détendue et branchée dans ce bar-resto juste en surplomb de la plage. Les adresses vraiment en bord de mer, accessibles à tous, sont finalement assez rares sur la côte pour ne pas en profiter ! Ici, sous la grande terrasse ombragée, on déguste une cuisine éclectique qui ratisse très large (salade grecque, *octopus curry*, nachos, spaghettis...). Qualité variable, ça dépend des plats et des jours, mais c'est toujours copieux. Spécialités d'*espetadas* (brochettes de viandes ou poissons marinés, servies à la verticale). L'endroit est néanmoins bien plaisant. Voir aussi « Où boire un cocktail ?... ».

L'ÎLE MAURICE

Où manger dans les environs de Grand Baie ?

Le Domaine (hors plan par D2, **44**) : *Narainen St, Upper Vale, The Vale, à env 4 km au sud de Grand Baie. ☎ 263-52-86. Tlj sauf lun 12h-15h, 18h-22h30. Résa conseillée. Plats bon marché à prix moyens. Ts les sam, DJ avec karaoké.* C'est le moment de se connecter à un GPS embarqué pour trouver cette adresse improbable. Dans cet ancien garage (d'où les plaques d'immatriculation au mur), s'est bricolé un resto à la solide réputation. Plus de 200 couverts. On concocte ici une cuisine mauricienne, mais aussi indienne et chinoise à l'excellent rapport qualité-prix, servie dans la salle ornée de peintures maritimes ou forestières, ou dans le jardin. Parmi les chouchous de la carte, l'ourite safranée, le curry d'agneau ou les crevettes au beurre d'ail. Une adresse d'habitués comme on les aime.

La Table du Château *(hors plan par C2) : à **Mapou,** à env 10 km au sud de Grand Baie. ☎ 266-71-72. Rubrique « Plus chic ».* Voir plus loin le texte que l'on consacre à ce resto situé dans le château de Labourdonnais dans la rubrique « Dans les environs de Grand Baie ».

Où boire un cocktail ? Où sortir ?

The Beach House (plan C2, **43**) : *rte Royale. ☎ 263-25-99. Tlj sauf lun 11h-23h. Bar à l'étage ouv tlj en hte saison ; seulement ven-sam soir en basse saison.* Ambiance détendue dans ce bar situé à l'étage du resto du même nom (voir « Où manger ? »), juste en surplomb de la plage. Belle vue, atmosphère agréable et excellent choix de cocktails. On peut aussi se contenter d'une bonne bière en fin d'après-midi. Petite formation musicale le soir.

Les Canisses (plan C2, **52**) : *rte Royale, côté mer. ☎ 263-52-31. Tlj sauf mar 11h-minuit.* La terrasse de ce resto située directement en surplomb de la plagette, très tranquille à cet endroit-là, est bien agréable pour prendre un petit verre face à l'océan. Musique live le soir.

Le Banana Beach Club (plan D1, **54**) : *en plein centre de Grand Baie, à côté de la station Engen. ☎ 263-03-26. Tlj sauf dim 16h-1h.* C'est le café à la plage, ou plutôt la plage au café puisqu'on n'est pas devant la mer. Dans la cour, du gravier, quelques tables, des fauteuils sous les bananiers et un flamboyant. L'endroit est sympa comme tout, l'ambiance conviviale et la musique éclectique.

Cocoloko (plan D2, **55**) : *rte Royale. ☎ 263-12-41. Tlj 10h-22h (plus tard le w-e). Happy hours 16h-20h. Live music certains soirs.* Grande cour ombragée, agréable pour siroter un cocktail ou un rhum arrangé. Fait aussi resto et notamment des pizzas (livraison possible).

Achats

Nombreuses galeries marchandes plutôt chics à Grand Baie. On y trouve de l'artisanat (souvent importé de Madagascar, de Thaïlande et d'Indonésie) et des vêtements (tant qu'à faire, choisissez les marques locales ; voir la rubrique « Achats » dans « Île Maurice utile »).

Le Comptoir de Michel Abad (plan C2, **60**) : *rte Royale, à la sortie de Grand Baie en direction de Pointe aux Canonniers. ☎ 263-30-17. • michelabad.com • Lun-ven 10h-17h, sam 10h-13h. Fermé dim. Réduc de 10 % sur présentation du guide de l'année.* Nappes brodées superbes (mais chères !), pyjamas et robes pour enfants. Jolis cachemires.

Grand Bazar (plan D1) : *prendre la rue Racket et la suivre sur 300 m env. Lun-sam 8h30-17h, dim 8h30-13h.* La déco (ringarde) est de style chinois, mais les commerçants sont... indiens. Ce marché vend de tout (artisanat, vêtements, chaussures), mais vraiment cher et très attrape-touristes. Bref, intérêt très limité.

À faire

Le retour de pêche (plan D1-2) : *quasi en face du Banana Beach Club (plan D1, 54). Tlj sauf dim, vers 16-17h.* Les pêcheurs doivent aujourd'hui naviguer près de 4h avant de lancer leurs filets. En cause, les grands thoniers senneurs qui ratissent les fonds. Les locaux rapportent tout de même vielles rouges, capitaines, licornes et autres poulpes qu'il est possible d'acheter.

Plages

Grand Baie (plan D2) : *face aux restos chinois.* Plage étroite et pas pratique du tout pour la baignade en raison du nombre de bateaux qui mouillent dans la baie.

La Cuvette (plan C1) : *pratiquement face à l'entrée de l'hôtel Veranda Grand Baie.* Belle plage aménagée, pas très grande, prisée des familles mauriciennes le week-end. Aussi bien pour les enfants que pour les grands, qui peuvent véritablement nager avec suffisamment de fond.

Activités nautiques, sorties en mer

Pour toutes les activités nautiques, il est possible de passer par l'une des multiples agences de Grand Baie. Nous en avons sélectionné quelques-unes :

■ **Centre Sport Nautique de Grand Baie** (plan D2, **70**) : *rte Royale, centre commercial Sunset Boulevard. ☎ 263-80-17. 📱 5729-12-19. Tlj 8h-17h30. Ttes sortes d'excursions et activités : sortie en catamaran sur l'îlot*

Gabriel à la journée 1 800-2 000 Rs/pers (déj compris) ; sortie avec Le Nessee *1 000 Rs/pers, incluant 30 mn de mise à l'eau (1-3 départs/j. selon saison)...* Agence sérieuse installée depuis des années. C'est plutôt bien mené et agréablement encadré, même si on n'est pas tout seul. Plusieurs possibilités de balades et excursions aquatiques, de la marche sous l'eau *(undersea walk)* à la balade en bateau semi-submersible *Le Nessee,* unique à Maurice (le bateau leur appartient), en passant par les sorties en mer vers les îles du Nord sur leurs catamarans, le *Coral Belle* ou le *Coral Princesse.*

■ ***Monalysa Tours*** *(plan D2,* ***72****)* **:** *rue de la Salette. ☎ 263-09-91. 📱 5937-77-50 (WhatsApp). • monalysa holidays.com • 100 m avt le Super U, sur la gauche. Lun-sam 8h-17h, dim 8h-12h.* Agence qui propose les transferts aéroport, des sorties en bateau à l'île aux Cerfs, à l'îlot Gabriel, et toutes sortes d'excursions en mer à la journée ou sur la terre ferme et la location de voitures.

■ ***Excursions Keiffel*** *(plan D2,* ***41****)* **:** *rue de la Salette, juste à gauche du resto* La Vieille Rouge. *📱 5780-65-82 ou 5755-91-36. • ilemauriceexcursion.com • Offres promotionnelles régulières.* Ne paie vraiment pas de mine, mais propose toutes les excursions nautiques possibles, bien encadrées. Location de voitures également.

– Reportez-vous également, plus haut, à la rubrique « À faire. Croisières en voilier » de Trou aux Biches ***(La Sorellina),*** et plus loin, au chapitre « Les îles au nord de Cap Malheureux », pour les sorties en mer dans le coin.

Plongée

■ ***Sunset Diving*** *(plan D2,* ***71****)* **:** *rte Royale, au niveau du centre commercial Sunset Boulevard. ☎ 263-75-08. • sunset-diving.mu • Tlj sauf dim 8h30-17h. Plongée 42 € ; 80 € pour 2 plongées (avec équipement). Ttes sortes de formations et de forfaits 6-10 plongées. CB acceptées (+ 4 %).* Club affilié PADI, FFESSM et SSI monté par Grégory Tocque. Plongées sur épaves, de nuit, au Nitrox... Sorties également sur une journée, comprenant 2 plongées et le déjeuner sur une plage. Croisières-plongées en catamaran et package de 1 à 2 semaines qui inclut l'hébergement.

DANS LES ENVIRONS DE GRAND BAIE

Le château de Labourdonnais *(hors plan par C2)* **:** *à* **Mapou,** *à env 10 km de Grand Baie. ☎ 266-30-07. • domainedelabourdonnais.com • Tlj 9h-17h (dernière admission à 16h15). Entrée : 500 Rs ; réduc. La visite libre inclut la maison, les jardins et une dégustation de jus, rhum et pâtes de fruits maison. Pour une visite guidée du château et du souterrain (tlj sauf dim à 9h30, 11h30 et 14h30) : supplément de 200 Rs. Compter env 1h. Sur place,* La Table du Château, *un resto recommandable.*

Vous êtes sur une ancienne exploitation horticole et sucrière, une vraie affaire de famille. En 1856, l'entrepreneur Christian Wiehe fait construire cette élégante demeure de style néoclassique avec sa double varangue et ses colonnes. Elle fut habitée par ses descendants jusqu'en 2006 et merveilleusement restaurée. Essayez d'aborder la demeure de face, en empruntant la remarquable allée d'intendances, nom donné à ces arbres majestueux introduits à Maurice au XVIIIe s et venant d'Inde et de Ceylan, aux épaisses ramifications et aux généreuses racines qui serpentent au sol.

– ***La visite :*** on découvre une magnifique bâtisse coloniale avec ***salle à manger*** (à gauche dans l'entrée), aménagée dans le style victorien, avec sa table pouvant accueillir jusqu'à 25 convives et son lustre en cristal de Baccarat installé en 1962. Voir aussi l'étonnant papier peint sur le thème de la nature qui orne les murs. Noter sur le buffet l'énorme cloche à pudding (sacré pudding !). L'***office,*** avec son vaisselier bien garni, et le ***godon*** (voir l'encadré) donnent un bel aperçu de la vie à l'époque. Voir également le magnifique plancher en marqueterie (mélange

de chêne, teck et bois de natte), ainsi que les vitres travaillées des portes-fenêtres de la varangue. C'est beau, bourgeois et super guindé. Côté droit de l'entrée, ***salon style Napoléon III*** (meublé en palissandre), puis le ***bureau*** de style français.
À l'étage se trouve la ***chambre*** du maître de maison, avec son lit à baldaquin, sa grande armoire à glace et son prie-Dieu. Sur la table de nuit, on déposait un verre d'eau dans une soucoupe. Les vibrations du moulin faisaient tinter le verre ; quand le bruit s'arrêtait, le proprio savait qu'il y avait un problème au moulin et qu'il devait se lever pour aller le régler ; astucieux !

LE GODON

Toutes les grandes demeures bourgeoises avaient leur « godon ». Ce terme est la déformation des mots « Go down ! », qui signifient « Allez en bas ! ». Cet ordre signifiait aux employés que ce que l'on cherchait était en bas, dans l'office du sous-sol. Cet office devint tout simplement le godon, prononcé avec un « on » à la française.

Puis plusieurs pièces évoquent différents thèmes : restauration de la demeure (petit film intéressant), bref aperçu historique de Maurice, les origines du domaine et l'histoire de la famille. La galerie expose quelques œuvres de peintres mauriciens.
– ***Le parc et les vergers :*** on se balade dans le parc avec grand plaisir. Les vergers de collection présentent les principaux arbres fruitiers du domaine, qui donnent un aperçu de tous les fruits à partir desquels on réalise les confitures, jus et pâtes de fruits. Admirer le *rain tree* dont les feuilles se recroquevillent quand il pleut. À 2 pas, petit parc aux tortues ; n'oubliez pas de saluer les tortues géantes et surtout Jérémy, qui a plus de 100 ans !
– ***Visite guidée du souterrain :*** *uniquement en visite guidée avec la maison. Supplément de 200 Rs/pers.* Un long souterrain découvert récemment, agrémenté de panneaux explicatifs sur l'histoire de la plantation sucrière.

La Table du Château : *☎ 266-71-72. Midi et soir, tlj sauf dim soir. Résa vivement conseillée. Plats 600-1 500 Rs ; menus 1 300-2 000 Rs (bien plus cher le soir).* Installé sous un espace entièrement ouvert sur le jardin et avec vue sur le château, on conclut la visite du domaine par un déjeuner concocté par le chef italien. Les plats goûteux mélangent sans complexe les viandes braisées et les légumes tropicaux, en grande partie produits sur le domaine, le tout bien présenté. Plats végétariens également. Très cher et très chic.

La Terrasse : *à 2 mn à pied du château. ☎ 266-30-08. Tlj sauf dim 8h-18h (17h sam). Fermé dim. En-cas pas chers et plats env 400-450 Rs.* Petit café tranquille proposant des sandwichs, paninis, salades, plats traditionnels mauriciens et des options plus internationales.

La boutique : *à côté du resto.* On y trouve des copies de certains objets qui étaient dans la maison, mais également de la broderie et de l'artisanat fabriqué à Maurice, Rodrigues et Madagascar. Enfin, toutes sortes de rhums et confitures élaborés dans la propriété. Également une épicerie, ***La Corbeille,*** située à côté de *La Terrasse*.

PEREYBÈRE

• Carte *p. 118-119*

À quelques minutes au nord de Grand Baie, petit village un peu moins touristique, plus familial et disposant de son lot de locations bon marché. Belle plage publique vivante et populaire, où des dizaines de familles mauriciennes

pique-niquent en fin de semaine. On ne vient pas à Pereybère pour le calme, mais c'est l'un des endroits où les contacts avec les Mauriciens sont les plus faciles, les plus directs. Bref, le village a conservé le caractère populaire et chaleureux qu'a un peu perdu Grand Baie.
Sur la plage de Pereybère, observez et participez au boka (un jeu de cartes très populaire à Maurice), sous les filaos.

Arriver – Quitter

➢ ***En bus :*** liaisons avec ***Grand Baie*** tlj, ttes les 10 mn aux heures de pointe, 6h30-17h30. Liaisons avec ***Port-Louis*** ttes les heures en moyenne, avec le *Port-Louis Express.*

Adresses utiles

■ ***Distributeur automatique :*** *à la **Mauritius Commercial Bank** (carte Pereybère, **1**), au début du village sur la droite en venant de Grand Baie. Également sur le parking du supermarché* Winner's.
■ ***Change Express*** *(carte Pereybère, **2**) : face à la plage publique. Lun-ven 8h30-16h30, sam 8h30-13h30. Fermé dim et j. fériés.*
■ ***Pharmacie Pereybère*** *(carte Pereybère, **5**) : rte Royale. ☎ 263-57-88. Lun-sam 8h-19h, dim 8h-13h.*
🚕 ***Station de taxis :*** *en face de la plage.*
■ ***Agence Malyra Tours*** *(carte Pereybère, **6**) : rte Royale, dans le centre. 📱 5755-92-07. • villamalyra.com • Lun-sam 8h30-17h.* Organise des excursions vers l'île Plate et l'île aux Cerfs. Propose aussi quelques logements (voir « Où dormir ? »).

Où dormir ?

De bon marché à prix modérés (moins de 2 000 Rs / 44 €)

🏠 ***Chez Stephen*** *(carte Pereybère, **10**) : Stephen Lane (dans Stephen Lane, à la fourche prendre à gauche, et encore la 1re à gauche, c'est là). ☎ 263-88-58. • stephen.studios2@gmail.com • Studios 2 pers à partir de 1 000 Rs ; maison 4 pers et une autre pour 6 pers 1 200-1 400 Rs. Résa obligatoire en hte saison.* Ici, les routards sont les bienvenus. Le patron, Stephen, loue des logements très calmes et avenants, avec vue sur un petit jardin, très en retrait de la route Royale. 2 appartements pour 4 et 2 studios d'un rapport qualité-prix épatant. Ils ont tous une cuisine bien équipée, une terrasse, un ventilo, parfois la clim. Service de linge. Le propriétaire habite sur place.
🏠 ***Villa Malyra*** *(carte Pereybère, **12**) : bureau à l'agence Malyra Tours, sur la rte Royale, en plein centre (voir « Adresses utiles ») ; logements dans la ruelle Stephen Lane. 📱 5932-83-85 ou 5755-92-07. • villamalyra.com • Compter 30-40 € pour 2-4 pers selon saison et logement.* 3 studios spacieux et 3 appartements de 2 chambres (clim, TV câblée) dans une petite résidence impeccable. En retrait de la route, donc au calme. Bon accueil et vraiment propre. Un rapport qualité-prix très intéressant. L'agence qui gère cet hébergement organise par ailleurs toutes sortes d'excursions et travaille avec le club de plongée *Ocean Spirit.*
🏠 ***Baleau Villa*** *(carte Pereybère, **12**) : Stephen Lane. 📱 5797-11-11 (WhatsApp). • baleauvilla@yahoo.com • 2 studios et 3 apparts 2-4 pers env 1 400 Rs (pour 2 pers) et 2 500 Rs (pour 4 pers).* Petit édifice de 2 étages, agréable et discret, précédé par un bout de pelouse soigné et quelques arbres. Un bouquet d'appartements coquets et impeccables, avec balcon ou terrasse

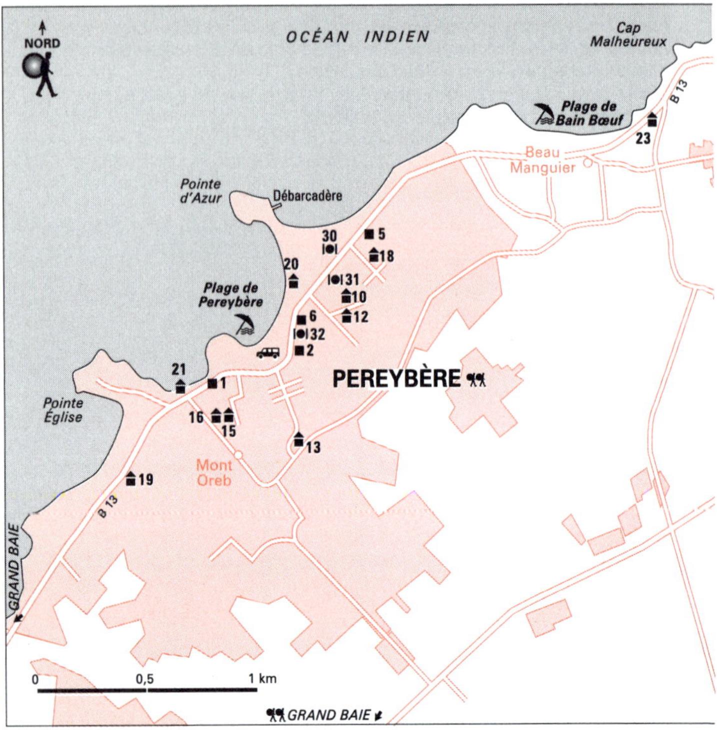

Adresses utiles	**12** Baleau Villa et Villa Malyra
1 Mauritius Commercial Bank	**13** Cœur de Paradis Villa
2 Change Express	**15** Blooms
5 Pharmacie Pereybère	**16** Le Capricorne Villas
6 Agence Malyra Tours	**18** Casa Florida Hotel and Spa
Où dormir ?	**19** Bleu de Toi
10 Chez Stephen	**20** Le Beach Club

et clim. Sympa et parfaitement équipés. Une bonne petite adresse au rapport qualité-prix intéressant.

Cœur de Paradis Villa *(carte Pereybère,* ***13****)* **:** *Beach Lane ; à env 300 m, sur la gauche. ☎ 282-19-38. 5777-25-67. ● camille2894@hotmail.com ● Apparts 2-4 pers env 30-40 €. Prix dégressifs selon durée du séjour.* On ne peut pas louper ces 3 petits édifices de 2 étages, chacun peint d'une couleur crue : orange fluo, vert pomme et vanille. Bon équipement (clim, ventilo, coffre...). Cuisine dans tous les logements. Balcon ou terrasse et petite piscine commune pour faire trempette, avec 2 transats pour se sécher. Également une grande villa pour 10 personnes. Bon accueil de Camille et son mari.

Blooms (carte Pereybère, **15**) **:** *Paradizo Lane. ☎ 263-88-40. 5491-78-17. ● ratna@intnet.mu ● À env 200 m de la rte Royale. Studio 2 pers env*

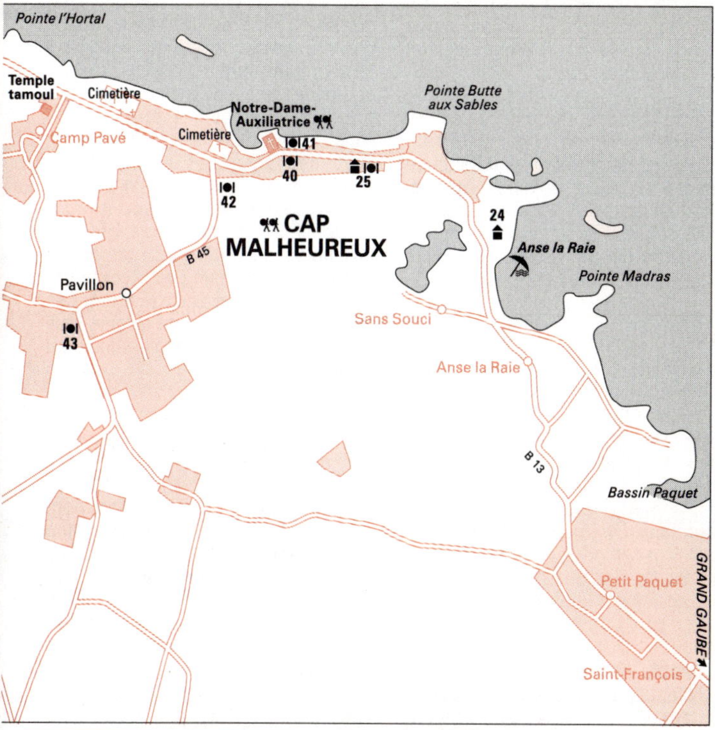

PEREYBÈRE – CAP MALHEUREUX

21 Hibiscus Boutique Hotel	**30** Gourmand'île
23 Coin de Mire Attitude	**31** Wangthaï
24 Paradise Cove Boutique Hotel	**32** D-Erny's
25 The Good Life	**40** Helena's
	41 Lakaz Sandrine
Où manger ?	**42** Kanaco
25 The Good Life	**43** Amigo

1 500 Rs tte l'année, sans petit déj. Dans un quartier résidentiel et calme. Une maison moderne et agréable, de style vaguement méditerranéen, jaune et bleu fort. Pas d'étage, un bout de jardin verdoyant tout autour de la maison et un patio autour duquel s'ordonnent 7 chambres pour 2 personnes avec clim, à la décoration colorée. C'est simple, pas cher et on s'y sent bien. Chacune donne directement dans le jardin, avec un bout de terrasse privée. Pas de petit déj ni de repas (cuisine dans les studios). Le propriétaire habite la maison en face. Excellent rapport qualité-prix.

Le Capricorne Villas *(carte Pereybère,* ***16****)* **:** *impasse Jolicœur. ☎ 263-52-13. 5800-76-67. Venant de Grand Baie, prendre à droite après les distributeurs de la MCB ; c'est à env 300 m, à gauche. • lecapricorne@intnet.mu • Studio 2 pers env 1 500 Rs ; duplex 4 pers* *env 3 000 Rs. Pas de petit déj.* Un complexe à taille humaine tenue par une famille mauricienne (environ 20 logements), dans 4 petits édifices, sur 2 étages, situés à 3 mn à pied de la plage et organisés autour d'une petite piscine. Logements tranquilles à défaut d'être véritablement charmants, avec cuisine équipée, clim. Les studios, à l'étage, sans vis-à-vis, donnent sur un coin de nature. Ambiance décontractée. Possibilité de louer une voiture sur place.

Prix moyens (2 000-3 200 Rs / 44-71 €)

☗ ***Casa Florida Hotel and Spa*** *(carte Pereybère,* ***18****)* **:** *Mont Oreb Lane. ☎ 263-73-71. ● casaflorida.net ● Dans la rue à droite en venant de Grand Baie, juste avt la pharmacie (panneau). Compter 2 800-3 200 Rs pour 2, petit déj compris ; apparts 4 pers (2 chambres) 5 600-6 400 Rs ; également des apparts pour 6 pers (3 chambres). Possibilité de pens complète ou ½ pens. CB acceptées.* Ensemble de petits bâtiments bien entretenus, surélevés d'un étage et abritant différents types de chambres, studios et appartements, avec clim et balcon ou terrasse. Le tout au milieu d'un immense jardin tranquille. Ça fait un peu village-vacances à petit prix, sans grand luxe mais au bon rapport qualité-prix. Les types A et D sont pour 2 personnes. Les plus sympas, de catégorie C, disposent de 2 chambres et sont situés près de la jolie piscine avec toboggan. Un endroit très prisé par les familles. Sur place, terrain de pétanque, ping-pong, tennis...

De chic à plus chic (plus de 3 200 Rs / 71 €)

☗ ***Bleu de Toi*** *(carte Pereybère,* ***19****)* **:** *rte Royale. ☎ 269-17-61. ● bleudetoi.mu ● À env 500 m de Pereybère en venant de Grand Baie, prendre l'allée sur la droite de la rte principale (fléché). Doubles standard env 4 500-5 000 Rs, petit déj compris ; plus cher pour les deluxe.* Une adresse intime et de charme, dans une villa résidentielle, avec seulement 12 chambres, pas trop loin de la plage et aménagée avec beaucoup de style et de goût. Ambiance et déco zen, sans tomber dans le magazine déco. Certaines chambres avec terrasse s'ouvrent sur le jardin à la végétation luxuriante. Toutes avec minibar et bouilloire. Bon confort général. Piscine dans le beau jardin paisible et généreuse varangue pour profiter du beau petit déj, copieux et varié. Les chambres à l'étage sont un peu plus lumineuses. Prêt de vélos et location de voitures.

☗ ***Le Beach Club*** *(carte Pereybère,* ***20****)* **:** *juste sur la droite de la plage de Pereybère. ☎ 263-51-04. ● le-beachclub.com ● Studios 2 pers 100-130 € et apparts 4 pers (2 chambres) 120-200 € selon vue, taille et saison (hors promos). Min 2 nuits.* Une vingtaine de bungalows dans un espace assez étriqué et sans jardin (c'est l'inconvénient). On est serrés certes, mais le lieu est tranquille, l'architecture assez habile, tous les apparts (avec cuisine) possèdent une terrasse de poche, et, surtout, on est directement en bord de mer, à quelques mètres de la plage de Pereybère, très familiale. Également 2 villas pour 6-8 personnes. Bon équipement et accueil souriant.

☗ ***Hibiscus Boutique Hotel*** *(carte Pereybère,* ***21****)* **:** *rte Royale, à l'entrée du village, sur la gauche en venant de Grand Baie. ☎ 263-85-54. ● hibiscushotel.com ● Selon vue, compter 5 000-9 000 Rs la double avec petit déj. ½ pens intéressante.* Un ensemble d'une cinquantaine de chambres enfouies sous la végétation, distribuées dans 8 petits édifices indépendants, tout blancs et sur 2 étages (préférer les chambres dans les étages). Essayez d'en avoir une avec vue directe sur la mer. Toutes avec terrasse ou balcon. Piscine face à la mer ; pas vraiment de plage devant, mais accès à l'eau possible grâce à un ponton et une échelle. Et il y a une plage à 2 pas, de chaque côté de l'hôtel.

Où manger ?

Sur le pouce

Sur la plage, toujours quelques camions qui proposent sandwichs, *samoussas* ou kebabs. Parfait pour se nourrir sans quitter sa serviette de vue.

Gourmand'île *(carte Pereybère,* ***30****)* **:** *rte Royale, dans l'enceinte du supermarché Winner's, côté gauche. Lun-sam 8h-19h, dim 8h-13h. À emporter.* Pour des parts de pizzas ou des *faratas* (sorte de crêpes fourrées au curry de légumes et poulet) à avaler sur la plage. Quelques gâteaux également.

Prix moyens (400-600 Rs / 9-13 €)

Wangthaï *(carte Pereybère,* ***31****)* **:** *rte Royale, à 200 m de la plage publique ; à l'étage. ☎ 263-40-50. Mar-ven, le soir seulement ; midi et soir le w-e. Fermé lun.* Bonne note générale pour cette adresse qui se caractérise par sa constance. Grande salle élégante et ventilée, à la déco soignée, et petite terrasse surplombant la rue. Délicieuse cuisine thaïe : excellent *pad thaï* et canard « énervé » bien réalisé, préparé dans les règles de l'art. Curry au lait de coco, panache de légumes sauce soja, *thaï fish cake...* Plats végétariens. Service de qualité et patron adorable.

D-Erny's *(carte Pereybère,* ***32****)* **:** *rte Royale. 5772-67-55. Tlj 10h30-22h (non-stop). Menu autour de 700 Rs.* Resto de spécialités mauriciennes, fruits de mer et surtout de *sizzlings* (viande ou poisson mijotés, qui crépitent encore dans la marmite sur la table). Terrasse ouverte sur la rue. Carte longue comme le bras avec des plats au rapport qualité-prix imbattable en ville. Bon esprit.

Voir également plus haut « Où manger dans les environs de Grand Baie ? ».

À voir. À faire

Plages

Outre les plages où s'étirent les grands hôtels, la ***plage publique*** au cœur du village est vraiment très agréable. Un espace délimité pour les baigneurs permet d'éviter les bateaux, et l'eau est limpide, sur fond de sable blanc. Du coup, la plage est très fréquentée en semaine et bondée le week-end. Ceux qui préfèrent la solitude passeront leur chemin ou tenteront leur chance en marchant un peu vers la droite en regardant la mer. En se mouillant les pieds, on peut trouver des coins plus tranquilles, mais il n'y a pas d'ombre !
Sinon, notamment le dimanche, vous vivrez un authentique extrait de réalité sociale mauricienne. Les familles s'installent sous les filaos, déjeunent, roupillent, picolent un peu, jouent aux boules, écoutent de la musique. Et c'est ça que l'on vient chercher ici. Atmosphère bienveillante. Sur la plage même, des centaines de baigneurs de toutes les couleurs de peau en profitent dans la bonne humeur. Extra ! Vendeurs de paréos, d'ananas et de coca (c'est une boisson locale). Toilettes et douches extérieures, sur le parking, côté sud.

Sur la gauche de la plage publique, la ***plage de Casita.*** Bien qu'elle soit publique, elle n'est véritablement accessible que par les rochers (porter des chaussures). La plagette est tranquille et plutôt jolie.

Sorties en mer

De nombreuses excursions pour l'***îlot Gabriel*** et l'***île Plate*** partent de Grand Baie ou de Pereybère. Pour l'île d'Ambre et l'îlot Bernache, les départs se font plus facilement de Grand Gaube ou Poudre d'Or. Voir les adresses indiquées dans les villes correspondantes.

CAP MALHEUREUX

• Carte Pereybère – Cap Malheureux *p. 118-119*

Après Pereybère, voilà la pointe nord-est de Maurice, un endroit moins commercialisé, plus paisible. La route côtière *(Royal Road)* longe quelques beaux lagons. Entre les filaos, on aperçoit, en point de mire, l'île du même nom. Pas véritablement de plage sur le chemin entre Pereybère et Cap Malheureux, mais des coins de sable, des brèches pour faire trempette, des petits abris pour les barques. À vous de les découvrir. La mer offre ici d'exceptionnelles couleurs, des dégradés de vert, turquoise et bleu. Les pêcheurs partent tôt le matin et reviennent vers 14h ; leur retour vaut le coup d'œil, surtout lorsqu'ils installent leur moteur sur leur vélo. Ensuite, ils sont disponibles pour des promenades sur le lagon.

UNE VICTOIRE SI RARE

C'est près de l'église de Cap Malheureux que, le 6 novembre 1810, la flotte anglaise débarqua pour prendre définitivement le contrôle de l'île, lavant ainsi sa sévère déconvenue de Grand Port, quelques mois auparavant. La seule victoire navale française contre les Anglais fut vite oubliée, noyée dans un océan de défaites.

UN PEU D'HISTOIRE

Le nom de Cap Malheureux viendrait d'un passage dangereux pour les navires, qui provoqua par le passé le naufrage de quantité de vaisseaux. Certains naufrages furent toutefois volontaires...

Infos utiles

À Cap Malheureux, on trouve une ***poste,*** un petit ***supermarché.*** Côté restos, pas grand-chose à se mettre sous la dent.

Où dormir à Cap Malheureux et dans les environs ?

De plus chic à beaucoup plus chic (plus de 5 000 Rs / 111 €)

🏠 ***Coin de Mire Attitude*** (carte Pereybère, **23**) **:** *rte Royale, au niveau de la plage publique de Bain Bœuf. ☎ 204-38-20 ou 204-99-00. • hotels-attitude.com • Doubles 120-155 € avec le petit déj. ½ pens proposée. Promos très intéressantes sur leur site. CB acceptées.* En bord de route (mais tranquille le soir), l'hôtel fait face à une mer superbe (chaussée à traverser). L'établissement propose environ 120 chambres (dont des familiales) à la déco soignée, dans les tons turquoise. Certaines donnent sur une large piscine. Les chambres s'organisent tout en longueur, le long d'un joli jardin. Beau resto sous une grande paillote pleine de charme. L'ensemble est agréable, et côté confort, rien ne manque : 2 piscines, centre de remise en forme *Spa Attitude,* tennis, massages. Miniclub.

🏠 🍴 ***The Good Life*** (carte Pereybère, **25**) **:** *rte Royale, à env 300 m après* *l'église, sur la droite. 📱 5489-26-63 (WhatsApp). • thegoodlifemauritius.com • Fermé de mi-juin à mi-juil. Doubles 190-250 €, petit déj compris.* Un écolodge intimiste, offrant un bouquet de 8 jolies chambres qui enveloppent une agréable piscine et un petit bout de jardin tropical. Elles sont de taille raisonnable, avec une dominante de bois, parfaitement équipées et dégagent un vrai charme. Elles sont toutes prolongées par une terrasse. Et puisque écolodge n'est pas ici un vain mot, notons l'eau chauffée grâce à l'énergie solaire, le tri du plastique, la récup' des déchets, un frigo commun pour tous, des gourdes d'eau à dispo... Christelle et Antoine, qui réservent à leurs hôtes un bel accueil, font de vrais efforts pour limiter l'impact environnemental. On y mange aussi très bien (voir « Où manger ? »). Certes, on n'est pas face à la mer, mais ce lieu offre autre chose : un bel esprit.

Spécial folie

Paradise Cove Boutique Hotel *(carte Pereybère, **24**)* **:** *Anse la Raie, à 2 km de Cap Malheureux. ☎ 204-38-20. • paradisecovehotel.com • Compter 315-420 € pour 2 en ½ pens. Plus des suites. Voir les promos sur Internet ou via une agence.* Ambiance zen pour ce boutique-hôtel avec des voilages de-ci de-là créant une atmosphère vaporeuse, du mobilier en osier, 2 vastes piscines dont une à débordement face à l'océan, un court de tennis, une plage adorable, artificielle et privée, et une cascade dans un repli de côte noyé sous la végétation, des pontons avec toit de chaume au-dessus de l'eau... Chambres aux tonalités contemporaines, et bungalows somptueux qui regardent tous vers le large. Grand salon ouvert, avec meubles de bois sombre, billard. Large ponton de bois autour de la piscine, que quelques palmiers percent élégamment. Des petits kiosques surplombent la mer, et le soir, des tables y sont dressées. La classe ! Spa (payant) et salle de gym. Une plage s'ouvre sur une sorte de lagon privé, aux eaux très calmes. On est ici définitivement loin de tout. Location de vélos.

L'ÎLE MAURICE

Où manger ?

Sur le pouce

Helena's *(carte Pereybère, **40**)* **:** *rte Royale, 20 m après l'église sur la droite en venant de Pereybère. 📱 5846-85-06. Tlj sauf sam et 1 dim sur 2, 10h-16h.* Petit resto de poche, de quoi caler une faim quand on est dans les parages : *mine* et *riz frits,* panini. Sur place ou à emporter, les portions sont maousses ! Ça dépanne bien.

Prix moyens (400-600 Rs / 9-13 €)

Lakaz Sandrine *(carte Pereybère, **41**)* **:** *juste à droite de l'église, au niveau du minuscule parking, en bord de plage. Tlj sauf mar 11h-16h ; également le ven soir.* Une modeste cahute et 2 barbecues juste devant un bout de plage, où grillent de bons poissons issus de la pêche du jour. On choisit sa bête, on la fait peser, on se fait préciser le prix (important ça !) et en attendant que ça grille, on va s'installer à l'ombre de l'énorme banian. Quelques tables ont même les pieds dans l'eau. Extra. Pour les langoustes et les *king prawns,* on a trouvé les tarifs en revanche vraiment élevés. Pour les poissons, c'est nickel, et super frais !

Kanaco *(carte Pereybère, **42**)* **:** *env 1 km avt d'arriver à Cap Malheureux (venant du sud) ; prendre à droite au niveau du cimetière et faire 100 m. 📱 5755-41-27. Ouv ts les soirs, plus le midi le w-e.* Plus discret, c'est difficile. Une adresse toute simple, connue des locaux et des résidents au long cours (et de nous, évidemment !). Le poisson est ici à l'honneur, comme la langouste et les crevettes géantes. La pêche du jour est toujours un bon choix. De toute manière, tout est frais et les prix sont raisonnables.

The Good Life *(carte Pereybère,* **25***)* **:** *rte Royale, env 300 m après l'église, sur la droite.* 5489-26-63. *Tlj sauf dim-lun, le midi seulement. Fermé de mi-juin à mi-juil.* Ce bel écolodge (voir « Où dormir ? ») est aussi une halte vraiment sympa pour profiter d'une *healthy food* comme dit Christelle (une nourriture saine, quoi !), à base de légumes et de fruits. Une cuisine essentiellement végétarienne donc, goûteuse et pleine de fraîcheur. Même le pain est fait maison. Et surtout, gardez une place pour le *fluffy pancake* (pancake moelleux), absolument divin. Certains viennent exprès ici juste pour les déguster !

Où manger dans les proches environs ?

Amigo *(carte Pereybère,* **43***)* **:** *à* ***Pavillon,*** *un faubourg aux blocs HLM jaunes, face à la petite gare routière.* ☎ *262-62-48. Tlj (midi et soir) sauf dim et lun midi. CB acceptées.* Au 1er étage d'une maison, une salle chaleureuse et proprette. Une adresse un peu à l'écart de la côte mais qui garde néanmoins la cote auprès des touristes comme des locaux, depuis fort longtemps. Serviettes en tissu pour le service, et dans l'assiette de bonnes spécialités de poisson. Gratin de fruits de mer, vindaye d'ourite, tataki de thon rouge, et bien sûr de belles langoustes grillées à la perfection. Les 3 frères qui ont repris cette affaire de famille ont de l'énergie et plein d'idées. Belle cave à vins et petit bar à cocktails au rez-de-chaussée.

À voir

Le village : c'est un petit bout de village, juste quelques maisons et un cimetière marin touchant, en face d'un temple tamoul. Sa curiosité, c'est bien sûr sa charmante ***église Notre-Dame-Auxiliatrice*** au toit rouge, face au lagon. Voilà l'image d'Épinal de Maurice, l'une des cartes postales les plus vendues. Presque sereine toute la semaine, se contentant de regarder d'un œil aimable le retour des pêcheurs, l'église connaît le dimanche un vrai débordement. Grande affluence pour la grand-messe (à 9h30 en principe) ou le samedi à 18h. Parfois, il y a autant de monde dehors que dedans. Vaut le détour, mais vu le monde, privilégier la visite en semaine.

À faire

Plages

La plage publique *(carte Pereybère)* **:** *au centre du village, derrière l'église.* Face au *Coin de Mire,* elle draine en fin de semaine une foule de bienheureux qui goûtent aux joies du farniente, 1re activité des Mauriciens le week-end. Populaire donc, à défaut d'être la plus belle, mais multicouleurs locales.

La plage de Bain Bœuf *(carte Pereybère)* **:** *un peu avt Cap Malheureux, en face du Coin de Mire Attitude.* Plage étroite mais sympa avec sa rangée de filaos. On venait autrefois y nettoyer les bœufs. On peut y faire trempette mais on ne s'y baigne pas vraiment à cause des quelques rochers.

La plage d'Anse la Raie *(carte Pereybère)* **:** *quelques km après Cap Malheureux, sur la rte de Grand Baie.* Enclavée, elle est bordée de gazon et de filaos à n'en plus finir. De l'ombre donc et beaucoup de monde le week-end. Mais on s'y râpe aussi les pieds sur les rochers, et ce ne sont pas les fonds les plus clairs de Maurice !

LES ÎLES AU NORD DE CAP MALHEUREUX

• Carte *p. 127*

On compte 7 îlots au nord de la pointe de Maurice. Dans l'ordre, depuis la côte :
– ***Coin de Mire :*** c'est l'îlot le plus reconnaissable, avec ses hautes falaises, et le plus proche de la côte (environ 4 km de Cap Malheureux, 6 km de Pereybère). On ne débarque pas au Coin de Mire, dont les abords sont difficiles et qui a été transformé en réserve naturelle. En revanche, certains clubs de plongée viennent par ici, car les fonds sont superbes.
– ***L'île Plate et l'îlot Gabriel :*** un peu plus au nord, à 12 km de Cap Malheureux (18 km de Pereybère), on trouve ces 2 îles, séparées par un lagon de 200 m environ. Des excursions sont organisées par la plupart des agences ainsi que par tous les hôtels. Compter 3h de navigation aller-retour depuis Grand Baie ou Pereybère (ou 1h depuis Cap Malheureux), et 3 ou 4h sur place. Choisir d'y aller en catamaran ou en trimaran (même s'ils mettent rarement les voiles), c'est plus sympa qu'en bateau à moteur, à condition de suivre quelques précautions (lire plus bas).

GARE DE TRIAGE

*Jusqu'au milieu du XIX*e *s, les bateaux s'arrêtaient sur l'îlot Gabriel et l'île Plate avant d'arriver à l'île Maurice par Vieux Grand Port, au sud. Sur l'îlot Gabriel, on enterrait les morts, et sur l'île Plate, les malades étaient mis en quarantaine pour ne pas propager de virus sur Maurice. On y retrouve encore des vestiges de l'ancien hôpital. Lire* La Quarantaine, *de Le Clézio, qui dépeint toute cette atmosphère.*

Passé le Coin de Mire, on est en pleine mer avec une bonne houle au programme (selon météo). À choisir, préférez l'***île Plate*** pour sa plus grande « tranquillité ». Il y a rarement plus de 5 ou 6 bateaux sur cette île car la plupart des embarcations ne peuvent y accéder à marée basse. La baignade s'effectue dans un beau lagon.
Quelques précautions : la sortie en mer n'est à entreprendre que par temps calme, car la passe pour l'île Plate est difficile à négocier en cas de houle. Il y a déjà eu des accidents graves ! De plus, vérifiez bien qu'il y a suffisamment de gilets de sauvetage à bord. Ils sont obligatoires.
L'***îlot Gabriel*** est beaucoup plus fréquenté que l'île Plate : on se retrouve parfois à 20 ou 30 bateaux sur la même plage, avec les musiques des uns et des autres qui s'entremêlent. Ça limite le côté romantique. Une sortie cependant bien agréable : barbecue de poulet et poissons préparé sur le bateau (à l'îlot Gabriel) ou sur la plage (à l'île Plate), bronzette et plongée avec masque et tuba. Beau massif corallien dans le lagon et faune pas farouche (balistes, poissons-clowns, tortues, etc.).
Sur les 2 îlots, les abords des plages sont parfois assez sales malheureusement, avec des bouteilles en plastique et quelques autres cochonneries. Certains prestataires veillent à conserver les lieux propres en partant. D'autres non.
Bien faire attention à ne pas mettre les pieds ou les palmes sur les coraux : ça les casse. Un autre conseil, et on insiste : n'oubliez pas la crème solaire bio (sinon c'est nocif pour les coraux) et le T-shirt, même dans l'eau. Les coups de soleil que l'on attrape le dos semi-immergé et tourné vers le soleil sont sournois et ne pardonnent pas !
– ***L'île d'Ambre et l'îlot Bernache :*** entre Grand Gaube et Poudre d'Or, l'île d'Ambre est une petite île à l'intérieur du lagon. Les bateaux partent de Grand Baie (2h), de Pereybère (1h30), de Grand Gaube (30 mn) ou de Poudre d'Or (20 mn). La traversée du lagon est parfois délicate à marée basse. Ce sont en général des

bateaux à fond de verre (pour apprécier le lagon) ou des barques de pêche qui font le trajet. On longe toute la côte, dépassant Cap Malheureux, et on s'aperçoit que les cases en bord de mer n'ont rien de malheureux ; bien au contraire, heureux ceux qui vivent là, les pieds dans l'eau. Sur l'île d'Ambre, pas de plages de sable blanc bordées de cocotiers et des fonds ressemblant à des aquariums. L'île est entièrement cernée par la mangrove, composée de mangliers, sorte d'arbres à racines énormes qui s'enfoncent dans le sable, une forêt, des bancs de sable et de l'ombre sous les filaos.
Juste à côté, l'***îlot Bernache*** est un minuscule bout d'île où il fait bon se poser. C'est d'ailleurs l'objectif de l'excursion. Celui-ci est bordé de petites langues de sable blanc.
– Possibilité aussi de faire du kayak de mer (voir plus loin *Yemaya Adventures* dans la rubrique « À faire » à Grand Gaube).
– ***L'île Ronde et l'île aux Serpents :*** bien plus au nord, à 15 km environ de Cap Malheureux (24 km de Pereybère). Leur éloignement et leur difficulté d'approche les préservent des intrus. Elles sont de toute manière classées réserves naturelles et on ne peut donc y accoster. De beaux oiseaux y ont trouvé refuge. Même les ornithologues les observent depuis les embarcations, pour éviter qu'un rat ne débarque malencontreusement de la cale du bateau !

ÇA NE TOURNE PAS ROND

Les noms attribués aux îlots du Nord ont parfois de quoi dérouter. Ainsi, curieusement, c'est l'île aux Serpents qui est ronde, et elle n'abrite pas de serpents, mangés par les oiseaux. En revanche, l'île Ronde abrite des serpents. Les pêcheurs disent même qu'on y trouve une espèce de boa unique au monde... Mais le comble, c'est qu'elle n'est pas ronde ! Ces abus de langage seraient dus à une erreur des cartographes : ils auraient tout bonnement interverti les 2 îles. Et jusqu'à maintenant, personne n'a eu l'idée de rétablir les noms justes.

Comment choisir son prestataire ?

De nombreuses agences à Grand Baie et à Pereybère proposent les excursions (voir plus haut). Compter, selon le type de bateau, 1 600-1 800 Rs par personne pour l'***îlot Gabriel*** et autour de 1 800-2 000 Rs pour l'***île Plate,*** repas et boissons compris. Mais ces prix varient selon les agences et votre point de départ. Certains prestataires font les 2 îles dans la même journée, mais on déconseille, car on n'a pas le temps d'en profiter. Vous croiserez certainement des pêcheurs qui vous proposeront de vous y emmener avec leurs embarcations, pour moins cher en principe. On déconseille ! Sachez que vous vous embarquez alors à vos risques et périls. Primo, ils ne sont généralement pas assurés et ne possèdent pas assez de gilets de sauvetage. Secundo, c'est interdit (ils ne paient pas de patente) et les garde-côtes sont vigilants, car il y a déjà eu des accidents ! Le pêcheur risque une grosse amende, qui se transforme d'ailleurs souvent en bakchich... N'écoutez pas les rabatteurs des bacs à sable. Ils vous racontent n'importe quoi. Avant d'embarquer, vérifiez bien :
– l'inscription PC *(Permis Commercial),* qui doit figurer sur la coque du bateau ; cela signifie que l'embarcation est contrôlée régulièrement par le ministère du Tourisme et que le propriétaire est habilité à emmener des passagers ;
– le chiffre mentionné après les inscriptions BY ou AY, qui correspond au nombre de passagers autorisés à bord ;
– les gilets de sauvetage ; il doit y en avoir 1 par personne, ça va de soi ;
– que le prestataire vous pose des questions comme « Savez-vous nager ? » est la moindre des choses. Pour certains, l'excursion est devenue tellement routinière que les principes de base ne sont plus respectés.

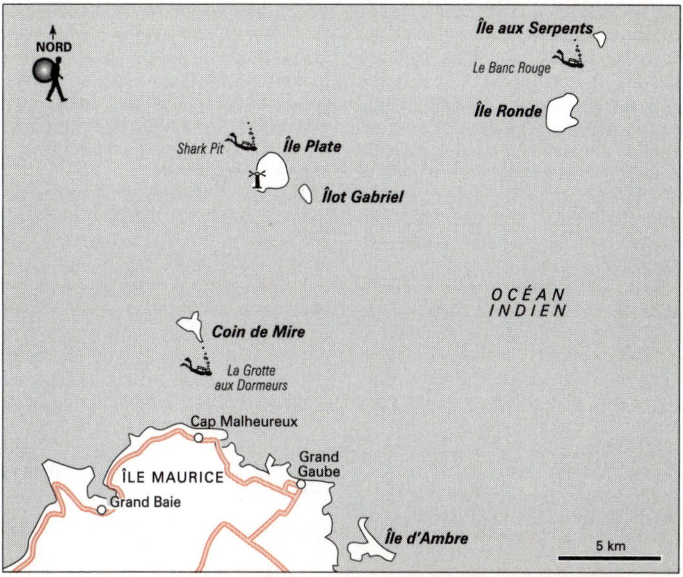

LES ÎLES AU NORD DE CAP MALHEUREUX

Enfin, ne pas sortir lorsque la mer est agitée (ce n'est pas drôle du tout !) et assurez-vous qu'il y a un abri contre le soleil sur l'embarcation (et surtout, que vous ne serez pas trop nombreux, car quoi qu'il en soit, tout le monde ne peut pas s'abriter).

L'ÎLE MAURICE

GRAND GAUBE

Nous voici déjà sur la côte est, beaucoup plus sauvage et battue par les vents. Peu de possibilités d'hébergement dans le coin, et Grand Gaube est le 1er village que l'on rencontre après avoir passé Cap Malheureux et la pointe nord de l'île. Tout en longueur, sans véritable centre, ce village authentique et reculé n'a à offrir que la nonchalance de ses habitants. Et ce n'est pas si mal. On fabrique ici des barques, en *jack fruit,* de manière artisanale. En bord de mer, bancs, kiosques et allées serpentant sous les arbres.

À faire

Excursions

■ ***Isa Mauritius :*** *5788-88-78 (WhatsApp). • isa-mauritius.com • Pdt les fêtes et vac scol, mieux vaut réserver sa voiture et son hébergement dès que possible.* Isa la Bretonne mauricienne organise des excursions à la carte et en privé, avec des partenaires mauriciens sérieux : sorties en mer, excursions à l'îlot Gabriel et l'île Plate en catamaran, l'île aux Cerfs, l'îlot Bernache, tortues, dauphins, baleines (juin-début décembre) et toutes les excursions classiques. Le tout en petit comité, voire seul à bord. Elle propose aussi les transferts aéroport, la location de voitures (assurées tous risques et kilométrage illimité), des excursions avec chauffeur... Elle est également équipée pour convoyer les personnes à mobilité réduite.

■ ***Yemaya Adventures :*** *à Kalodyne, Grand Gaube.* *5254-32-05.* *• yemayaadventures.com • Selon la rando pédestre, la sortie à VTT ou en kayak de mer, compter 40-60 €/pers la ½ journée.* Sportif et écolo passionné, Patrick Haberland a choisi le carburant le moins polluant pour partir à la découverte de son île : l'huile de coude (ou de genou) ! C'est à la force des mollets ou des bras (en fonction de l'option kayak, rando ou VTT) que lui et son équipe vous guideront dans la mangrove ou sur des petites routes jolies comme tout. Excursions limitées à 12 personnes pour préserver la convivialité de l'atmosphère. Une vraie leçon d'écotourisme. Location de VTT et de VAE également.

■ ***Big John Mauritius :*** *au débarcadère de Grand Gaube.* *5924-74-23.* *• obriannazareno@gmail.com • Compter env 2 250 Rs/pers pour l'excursion privative à la journée sur l'îlot Bernache, avec repas et boissons (1 800 Rs/pers s'il y a 6 pers).* Une bonne excursion en comité assez restreint (une dizaine de personnes maxi), avec barbecue sur la plage de cet adorable et minuscule îlot. Snorkelling sur l'îlot Bernache et balade dans la mangrove à l'île d'Ambre. Propose aussi des sorties en minibus dans toute l'île.

DE GRAND GAUBE À ROCHES NOIRES

GOODLANDS

Au sud de Grand Gaube, dans l'intérieur des terres. Ville qu'on pourrait qualifier au choix de quelconque ou de typique, les 2 adjectifs pouvant être appliqués. Avec près de 50 000 habitants, Goodlands grouille de monde, surtout les jours de marché aux fruits et légumes les mercredi et samedi, ou de marché au tissu et un peu d'artisanat les mardi et vendredi (très intéressant, souvenirs parmi les moins chers de l'île). Goodlands abrite l'une des plus grandes entreprises de maquettes de bateaux. Plusieurs banques avec distributeurs automatiques dans la rue principale.

Où dormir ? Où manger ?

Beaucoup plus chic (plus de 8 000 Rs / 177 €)

La Demeure Saint Antoine : *Royal Rd, juste à la sortie de Goodlands (vers Poudre d'Or).* ☎ *282-18-23 ou 282-17-61. • lademeuresaintantoine.com • À 2 pas du centre. Fermé 1 sem début janv. Doubles 195-245 € selon saison (hors fin d'année), petit déj compris. Repas à la carte ; plats env 800-1 500 Rs.* Elle est superbe cette demeure coloniale nichée dans un jardin splendide, qui vous projette dans un délicieux passé. Dans la même famille depuis 1830, elle n'a pas perdu une once de son charme. Les 4 chambres sont intimes, boisées et élégantes, et la large varangue à colonnades invite au farniente. Prendre un bouquin, écouter chanter les oiseaux, se promener dans le parc aux banians centenaires, boire un cocktail, prendre ses aises dans l'un des grands salons aux meubles anciens, voilà le programme. Elles sont peu nombreuses les maisons anciennes et bien vivantes dans lesquelles on peut loger. Celle-ci est donc une perle rare ! Le lieu dégage un charme infini et l'atmosphère raffinée du domaine fait que l'on se sent vite chez soi. C'est aussi une table recommandable, à laquelle on prend place avec plaisir le soir, dans l'intimité de la terrasse, où l'on profite d'un service de belle tenue.

À voir

Les ateliers de Historic Marine : *dans la zone industrielle de Goodlands, presque en face de la station Shell. ☎ 283-93-04. • historic-marine.com • Traverser le bourg en venant de Cap Malheureux, c'est sur la gauche. Lun-ven 9h-17h, w-e et j. fériés 9h-12h. Petite visite guidée gratuite. Réduc de 10 % sur le prix des maquettes sur présentation du guide de l'année.* Les prix sont élevés, certes, mais la qualité du travail et la variété des maquettes sont indiscutables. Pour un petit souvenir, 1ers modèles à partir de 35 € (pour les petites barques à voile), à personnaliser éventuellement ; ensuite, on grimpe vite à 75 € pour les petites demi-coques et 100 € pour les plus grandes. Même prix pour les 1res petites maquettes, dont les tarifs grimpent selon la taille et le travail : voiliers, bateaux historiques, *speedboats,* caravelles, voiliers de course... Aucun bois local n'est utilisé, pour éviter les craquements une fois le bateau bien en vue sur une commode européenne. Ils utilisent entre autres du teck, de l'acajou. À l'arrière, dans l'atelier, on voit les ouvriers travailler *(lun-ven seulement).* Chaque ouvrier travaille sur « son » bateau, sauf pour les gréements qui sont réalisés par des femmes, ainsi que les finitions. Possibilité d'expédition.

POUDRE D'OR

Malgré le nom évocateur dû au sable doré (pas plus doré qu'ailleurs) de cette partie de la côte, ce paisible village, verdoyant et attachant, n'a rien de spécial à offrir. Il doit sa seule gloire au ***naufrage du Saint-Géran,*** en août 1744, à 4 km au large de la côte de Poudre d'Or. Un mémorial très ordinaire a été élevé pour commémorer ce drame et le roman *Paul et Virginie.* Encore un monument pour rappeler le souvenir de ces personnages... de fiction ! Ces deux-là, on les retrouve tant et si bien partout sur l'île qu'on commence à croire qu'ils ont vraiment existé. Un joli coin en tout cas, ventilé par les alizés et agréable pour un pique-nique face au large.
Par la rue juste avant celle du monument dédié à Paul et Virginie, on accède au port de Poudre d'Or, qui consiste en quelques barques amarrées dans une crique cernée de mangrove. Le retour de pêche a lieu en début d'après-midi ; ensuite, les pêcheurs jouent aux dominos, sous le grand banian, tandis que d'autres réparent leur nasse ou tressent leur filet. La vie mauricienne dans toute sa belle torpeur. Au bout de l'allée de cocotiers se dresse la petite église dédiée à Marie Reine, entourée de champs de canne.

À faire

■ ***Le Grand Bleu Excursion :*** *rue du Débarcadère, à **Poudre d'Or Village** (fléché). 📱 5903-16-09 ou 5703-09-71 (WhatsApp). • grandbleuexcursionilemaurice.com • Excursions sur résa. Compter 2 000 Rs la journée (9h-16h env) ; 1 800 Rs sur présentation du guide de l'année. Pour camper, résa min 2 mois à l'avance par e-mail.* Petite structure proposant des excursions sur l'île Bernache, plongée en apnée (matériel fourni), puis arrêt sur une belle plage-lagon pour le déjeuner... Patrick Karia, l'adorable patron, s'intéresse à la nature et à l'écologie. Au retour, on s'arrête sur la méconnue île d'Ambre, entourée de mangrove. Chouette balade romantique dans les sous-bois par un chemin bien entretenu. Vraiment agréable et étonnant. Au final, une très bonne prestation, intime et familiale.

ENTRE POUDRE D'OR ET ROCHES NOIRES

Le parc spirituel de Pointe des Lascars (Ganesh Chaturthi Spiritual Park) **:** *à mi-chemin entre Poudre d'Or et Roches Noires (env 5 km). Lun-ven 7h-16h30, w-e et j. fériés 9h30-15h. Tenue couverte demandée (pas de shorts ou débardeurs).* Dans une partie de l'île très peu touristique, un grand parc aménagé en l'honneur de Ganesh, là où la rivière du Rempart se jette dans l'océan. C'est aujourd'hui un lieu de pèlerinage pour les hindous où se retrouvent les familles, surtout le matin. Sous un grand chapiteau au toit de chaume, on vient vénérer la statue du dieu-éléphant, avec force offrandes. Agréable promenade dans le parc.

ROCHES NOIRES

Bras d'Eau National Park : *à un peu moins de 4 km au sud de Roches Noires, par la rte de l'intérieur.* Visitor's Centre *ouv lun-ven 8h-15h, w-e 9h-16h. Entrée libre. Accès libre pour le site, ouv en permanence. Un petit plan des balades balisées possibles est affiché sur un mur ; pratique pour comprendre les parcours proposés.* Une réserve naturelle d'environ 500 ha, créée au sein d'un boisement diversifié d'eucalyptus, d'araucarias, de filaos, etc. Intéressante pour l'avifaune qu'elle abrite. Avec beaucoup de patience et pas mal de chance, on peut y observer certaines espèces d'oiseaux rares comme le coq des bois, une espèce endémique. C'est un gobe-mouches aux ailes rouges, rien à voir donc avec notre gallinacé national ! Dans le très sommaire *Visitor's Centre,* quelques petits panneaux (en anglais seulement) sur la faune et la flore. En face, les vestiges de l'ancienne sucrerie. En traversant la route (attention à ne pas traverser dans le virage, c'est dangereux !), après les ruines d'un puits, débutent 2 sentiers (communs au début) : l'un décrit une boucle de 5 km (on le conseille), l'autre se fait en aller-retour (7 km aller). Ce sont des promenades sans difficulté et ombragée, dont l'une rejoint les mares de Mahogany, Chevrettes et Coq des Bois. Prévoir de bonnes chaussures, car le sentier est caillouteux. La mare Mahogany est un endroit sympa et frais pour pique-niquer (quelques tables).

La Maison d'Été : *Poste Lafayette, **Flacq.** ☎ 410-50-39. • newmarkhotels.com • Rubrique « Spécial folie ! ». À mi-chemin entre Roches Noires et Bras d'Eau, par la rte côtière, sur la gauche en venant du nord. Fermé en principe 1 mois en basse saison. Doubles deluxe env 260-410 €, petit déj compris.* Un établissement de poche avec une quinzaine de chambres disséminées parmi les cocotiers et des fontaines zen, dans un environnement sauvage. Toutes les chambres sont hyper chic, superbement décorées dans les tons blancs et sable. Jolies têtes de lit en bois lasuré et remarquables objets de déco ou photos noir et blanc. Ajoutez 2 piscines à la grande élégance, une plage, des terrasses sablées avec paillotes, hamacs et gros coussins pour s'affaler. Vue extra sur la barrière de corail. Et enfin, un très bon restaurant ouvert aux non-résidents. Sans oublier un salon de massages. Tout cela constitue un cocktail exotique plein de saveurs. Bref, la classe... qui se paie ! Vélos à disposition, kayak, *paddles,* palmes-masque-tuba... Un billard également.

LA CÔTE EST, DE POINTE LAFAYETTE À MAHÉBOURG

Restée très sauvage pendant de nombreuses années, la côte connaît un important développement touristique, notamment entre la pointe de Flacq et Trou d'Eau Douce. Un peu plus au nord, entre Roches Noires et Pointe

Lafayette, le littoral est bordé de roches noires déchiquetées par la force des vagues et de quelques villas pieds dans l'eau. Le coin est beau et franchement tranquille, mais il y a peu de plages et de possibilités d'hébergement de ce côté-là. Ensuite, vers le sud, de superbes étendues de sable blanc se succèdent sur une dizaine de kilomètres, parsemées de quelques hôtels de luxe qui ont eu la bonne idée de ne pas dénaturer le site. Enfin, entre Grande Rivière Sud-Est et Vieux Grand Port s'égrènent des villages de pêcheurs. Sur cette partie de la côte et un peu plus au sud, le vent souffle presque toute l'année.

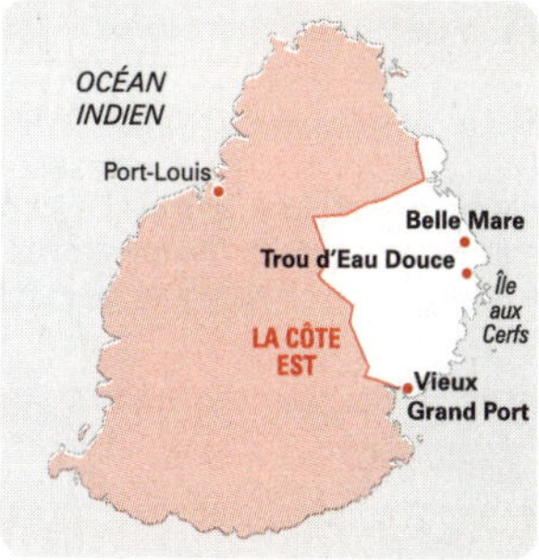

FLACQ

• Carte La Côte est, de la pointe de Flacq à Trou d'Eau Douce *p. 133*

Flacq est une commune englobant 36 villages et son centre est... *Centre-de-Flacq,* à 10 km environ de la côte. C'est la ville la plus importante de l'est de l'île. Elle a connu ces dernières années une certaine expansion démographique et économique, conséquence notamment d'une activité textile toujours florissante, dopée par la création de la zone franche. C'est aujourd'hui un bourg populaire vivant, avec de nombreux bazars et échoppes, ses centaines de collégiens en uniforme et les abords ombragés de sa rivière. Bon, sur le plan purement touristique, pas grand-chose à se mettre sous la dent dans la ville même, mais la côte regorge de superbes plages.

Infos utiles

– Nombreuses ***banques*** avec distributeurs automatiques à Centre-de-Flacq.

– ***Foire :*** *à* ***Centre-de-Flacq,*** *mer et dim tte la journée.* Fruits et légumes, épices, vannerie, vêtements, tissus... Grand marché animé, typique et dépaysant, avec des échoppes en enfilade sous des allées de tôles. De bonnes affaires à réaliser côté textile.

Où manger dans le coin ?

De prix moyens à chic (400-1 000 Rs / 9-22 €)

Chez Manuel *(hors carte Côte est,* ***30****) : à* ***Saint-Julien.*** *☎ 418-35-99. Village situé à env 6 km à l'ouest de Centre-de-Flacq. Du centre-ville, prendre la direction de Port-Louis, puis c'est fléché. Tlj sauf dim, midi et soir.* Un resto chinois classique, autant pour sa déco que pour sa carte pléthorique. Délicieuses préparations de crabe, poisson vapeur, porc croustillant, etc. Une bonne étape... si vous êtes dans le coin (on n'y vient pas exprès).

À voir

Le temple hindou Sagar Shiv Mandir *(carte Côte est)* **:** *à* ***Poste-de-Flacq,*** *sur un îlot au bout de la rte.* On n'est presque pas étonné de trouver un temple dans cet endroit si isolé, tant le site inspire la spiritualité : un îlot balayé par les vents au milieu de criques et de mangroves, la barrière de corail au loin... Il n'y a rien d'autre à faire que de s'imprégner de l'ambiance.

BELLE MARE ET PALMAR

• Carte La Côte est, de la pointe de Flacq à Trou d'Eau Douce *p. 133*

De la pointe de Flacq à la pointe aux Bœufs, une dizaine de kilomètres de plage bordée de filaos, presque sans discontinuité. Cette côte idyllique est moins fréquentée que la côte ouest. Bien sûr, il n'y a pas de coucher de soleil (on est à l'est), le coin est assez venté (bien plus qu'à l'ouest), mais on y trouve de très grandes plages, bien protégées par la barrière de corail. Vraiment chouette et d'une tranquillité parfaite.
Seul hic : l'hôtellerie haut de gamme (voire très haut de gamme) accapare peu à peu le littoral pour en faire son nouveau terrain de jeux. Résultat : les hébergements abordables sont remplacés par des établissements de luxe à des tarifs... inabordables. Malgré tout, certains proposent régulièrement sur Internet des promos à prix écrasés. Ouvrez l'œil !

Adresses et info utiles

■ ***Bureaux de change et distributeur automatique :*** ***Shibani Finance*** *(carte Côte est,* ***1****), dans le centre de* ***Belle Mare,*** *proche de la bifurcation entre Trou d'Eau Douce et la pointe de Flacq. ☎ 415-20-25. Lun-ven 8h30-17h, sam 8h30-16h, dim et j. fériés 8h30-12h. Distributeur automatique à la* ***Mauritius Commercial Bank*** *(carte Côte est,* ***2****), à la pointe de Flacq, face aux hôtels prestigieux, ouv 24h/24.*

■ ***Belle-Mare Pharmacie*** *(carte Côte est,* ***1****)* **:** *dans le centre de* ***Belle Mare,*** *à côté de Shibani Finance. ☎ 415-27-46. Lun-sam 8h-19h, dim 8h-14h.*

Bus : entre **Centre-de-Flacq** et ***Trou d'Eau Douce.*** Attention, pas de bus entre Belle Mare et Centre-de-Flacq, ni entre Belle Mare et Trou d'Eau Douce. Taxi uniquement pour ces trajets.

■ Adresses utiles

- **1** Shibani Finance et Belle-Mare Pharmacie
- **2** Mauritius Commercial Bank
- **4** Thomas Cook *(zoom)*
- **5** Pharmacie *(zoom)*
- **7** Supermarché *(zoom)*

Où dormir ?

- **11** Eden Villa
- **12** Veranda Palmar Beach
- **13** Salt of Palmar
- **14** Le Dodo *(zoom)*
- **15** Otentic Eco Tent et Evazion (hors carte)

Où manger ?

- **30** Chez Manuel (hors carte)
- **31** Symon's
- **32** Sun and Sand
- **33** Les Alizés *(zoom)*
- **34** Green Island Beach *(zoom)*
- **35** Chez Tino *(zoom)*
- **36** Sous le Manguier *(zoom)*
- **37** Restaurant Le Café des Arts – Fondation Maniglier *(hors zoom)*

■ À faire

- **50** Dive Time

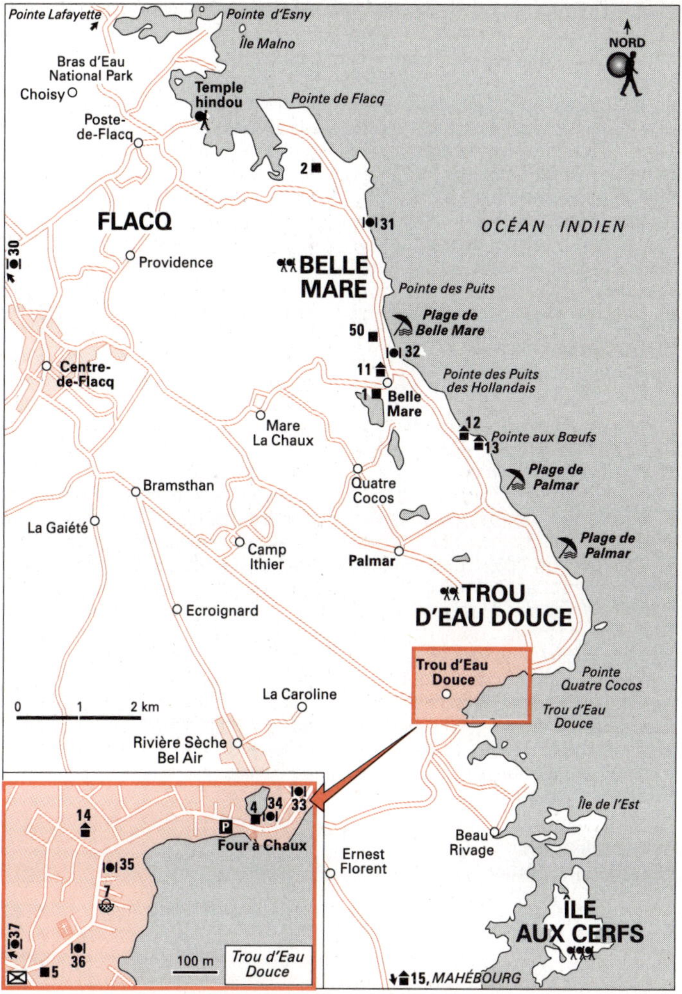

LA CÔTE EST, de la pointe de Flacq à Trou d'Eau Douce

Où dormir dans le coin ?

De prix moyens à chic (2 000-5 000 Rs / 44-111 €)

Eden Villa (carte Côte est, **11**) : *Ram Mandir Rd, en plein centre de Belle Mare. 5742-53-28 ou 5855-42-42. • edentourltd@yahoo.com • Compter 3 000-4 000 Rs pour 2 avec petit déj. Formule ½ pens intéressante.* Un des derniers petits hôtels du secteur à prix raisonnables. Il est niché dans une ruelle du centre, à 5 mn à pied de la plage. C'est une maison pleine de couleurs, avec une dominante turquoise. On préfère les chambres à l'étage, mais elles sont toutes impeccables et très au calme. Certaines peuvent accueillir jusqu'à 5 personnes. Un bout de piscine est coincé dans la courette et une grande terrasse commune vous attend à l'étage, avec vue sur le terrain de foot. Location de voitures possible.

Beaucoup plus chic (plus de 8 000 Rs / 177 €)

Veranda Palmar Beach (carte Côte est, **12**) : *Coastal Rd,* ***Belle Mare.*** *☎ 402-35-00. • veranda-resorts.com • Compter 230-380 € pour 2 en pens complète (pas d'autres formules). Voir les promos intéressantes sur leur site.* Un hôtel aux chambres disposées en épi, dont certaines encadrent la piscine et le jardin planté de beaux palmiers. Éviter toutefois les plus proches du bassin (soirées organisées autour et musique jusque tard tous les soirs). Ambiance familiale (miniclub et animations pour les bambins), beach-volley, ping-pong, et nombreuses activités incluses (kayak, bateau à fond de verre, *hobie cat,* snorkelling...). Spa (payant). Personnel charmant et équipement de qualité. 2 bars et 2 restos, avec possibilité de prendre un repas dans un autre hôtel du groupe *Veranda* à Grand Baie, Trou aux Biches ou Grand Gaube (mais ce dernier n'accepte pas les enfants), par exemple. Une adresse qui conviendra mieux aux familles qu'aux amoureux de tranquillité !

Salt of Palmar (carte Côte est, **13**) : *Coastal Rd,* ***Palmar.*** *☎ 401-85-00. • saltresorts.com • Compter 200-450 € pour 2 avec petit déj ; également des formules en ½ pens. Promos régulières sur leur site.* L'accueil donne le ton de cette nouvelle génération de boutique-hôtel : pas de réception, on vous reçoit tout en douceur dans de jolis petits salons au design coloré. Le reste est à l'unisson, belle déco et grand confort moderne partout. Les charmantes chambres (vue sur la mer ou le jardin) disposent toutes de bouquins, et d'un tapis de yoga. Éviter celles donnant sur le parking (aucun intérêt). Petite plage adorable juste devant ou belle piscine à débordement. Accueil soigné, service sans faille, snorkelling, kayak et bateau à fond de verre gratuits. Un établissement qui joue à fond la carte du charme. Mais l'addition reste salée.

Où manger ?

Symon's (carte Côte est, **31**) : *rte Royale, pointe de Flacq,* ***Belle Mare.*** *☎ 415-11-35. Au bord de la rte, sur la droite en venant du sud, 500 m avt l'intersection pour Poste-de-Flacq et la pointe de Flacq. Tlj 10h-22h. Rubrique « Prix moyens ».* Surtout des spécialités indiennes, mais large choix de plats chinois, mauriciens et végétariens aussi. La terrasse en bord de route et la salle climatisée sont très quelconques (voire tristounettes), mais la cuisine est stable depuis fort longtemps, copieuse et suffisamment variée pour satisfaire tous les goûts. On peut aussi emporter ses plats pour aller les déguster en bord de plage.

Sun and Sand (carte Côte est, **32**) : *plage publique,* ***Belle Mare.*** *5764-50-68. Au niveau du panneau « Beach Authority ». Ouv ts les midis (sauf lun) et ven soir de temps en temps.* Sous la large bande de filaos, un resto-paillote tout simple où se retrouvent quelques touristes, mais surtout des Mauriciens venus profiter de la belle plage publique. Charlène mitonne une cuisine locale simple et dans la bonne humeur. Bonnes salades, calamars croustillants, poisson fraîchement pêché et quelques plats bon marché comme les bols renversés. Une adresse comme on les aime, pour goûter à la culture mauricienne sans artifices.

À faire

■ ***Dive Time*** *(carte Côte est, **50**) : entrée à droite de l'hôtel* Sunrise Attitude, *à **Belle Mare.** ☐ 5256-77-37. Tlj 9h-17h. Baptême env 5 000 Rs ; plongée d'exploration env 2 800 Rs avec équipement fourni ; également des forfaits à utiliser à plusieurs. Réduc de 10 % pour les plongées sur présentation du guide de l'année.* Ce centre, affilié PADI, SSI et CMAS, propose des formations et emmène les plongeurs de tous niveaux à « la passe » (17 m de profondeur), un des sites favoris de Dev Koosul. Quand il y a trop de vent, il préfère aller plus au nord. En tout, il évolue sur une quinzaine de sites. Pour les baptêmes, on commence par une plongée en piscine à l'hôtel *Sunrise Attitude.* Propose également des plongées de nuit.

TROU D'EAU DOUCE

• Carte La Côte est, de la pointe de Flacq à Trou d'Eau Douce *p. 133*

Gros village pas désagréable, vivant et très étendu, qui s'étire en bord de route. Le lieu est connu parce qu'il est le point de départ pour l'île aux Cerfs. Les belles plages se situent au nord du village, en direction de Belle Mare. Certaines parties sont squattées par les hôtels de luxe, mais il reste tout de même plusieurs kilomètres de côte accessible. La plage change souvent de nom, mais peu importe, c'est la même, toujours belle et bordée de filaos.

Arriver – Quitter

➢ ***En bus :*** liaisons tlj, ttes les 20-30 mn env, 6h-18h, entre ***Centre-de-Flacq*** et ***Palmar,*** via Trou d'Eau Douce. À Centre-de-Flacq, bus pour les principales villes de l'île. Pas de bus en revanche entre Trou d'Eau Douce et Belle Mare.

Adresses utiles

■ ***Bureau de change Thomas Cook*** *(zoom Trou d'Eau Douce, **4**) : à côté du resto* Green Island Beach. *Lun-sam 8h30-16h30.*

■ ***Pharmacie*** *(zoom Trou d'Eau Douce, **5**) : en plein centre. ☎ 480-12-91. Lun-sam 8h-19h, dim 8h-13h.*

Supermarché *(zoom Trou d'Eau Douce, **7**) : en plein centre. Lun-sam 8h-19h30, dim 8h-18h.*

Où dormir ?

Prix modérés (1 200-2 000 Rs / 27-44 €)

Le Dodo *(zoom Trou d'Eau Douce, **14**) : en plein centre du village, sur la gauche de la rte Royale en allant vers le nord (panneau). ☎ 480-00-34. ☐ 5755-76-16. • christa0307@hotmail.com • Studios 1 200-1 500 Rs pour 2, avec cuisine, douche, w-c et ventilo (clim en option dans certains).* Quelques studios ou vastes appartements sans charme particulier mais fonctionnels, dans un petit édifice de 3 étages, à 100 m en retrait de la route. Certains appartements possèdent une vaste terrasse, ceux du 2e mais surtout du 3e étage ont vue sur la mer. Un type d'adresse devenu rare dans le secteur, parfait pour les petits budgets. Éviter en revanche les 2 minuscules chambres sur l'arrière, sans intérêt. De quoi faire de bons gros dodos. Accueil simple et gentil.

Où dormir dans les environs ?

Plus chic (5 000-8 000 Rs / 111-177 €)

Otentic Eco Tent *(hors carte Côte est,* ***15****)* **:** *à* ***Deux Frères,*** *à env 7 km au sud de Trou d'Eau Douce. 5941-48-88 (WhatsApp). • otentic.mu • Compter env 7 000 Rs pour une tente entière pouvant accueillir 5 pers (2 adultes et 3 enfants – min 5 ans), excellent petit déj inclus, très complet ; tarif dégressif à partir de 2 nuits. Plus cher pdt les fêtes de fin d'année. Repas-buffet 800 Rs ; réduc enfants. Resto accessible aux non-résidents. Bateau-navette quotidien jusqu'à l'île aux Cerfs, gratuit pour les résidents ; pour les pers extérieures, un forfait à la journée comprend l'A/R sur l'île et les activités à l'écolodge (1 500 Rs, repas-buffet compris au retour).* Un lieu différent, animé par l'adorable Julien qui distille un bel esprit. Il propose dans un environnement préservé un mode d'hébergement au plus près de la nature et de la culture mauricienne, sans jamais sacrifier au confort. On loge dans de grandes tentes (15 m^2 habitables et où l'on tient debout), prolongées par une généreuse terrasse en bois et avec une vraie salle de bains à l'arrière. C'est l'exemple parfait du *glamping* (contraction de « glamour » et « camping » !). Ici, on tente de diminuer l'empreinte écologique : panneaux solaires, tri des déchets, utilisation d'objets recyclés, comme l'ameublement des tentes sur pilotis, équipées d'un vrai lit, d'une salle de bains en bois de récup' (lavabos posés sur de vieilles portes) et de cagettes de légumes en guise d'étagères. Il faut encore parler de l'excellent resto, où chacun peut participer à l'élaboration des repas sous le contrôle de la charmante et super douée Christelle. Elle donne même des cours de cuisine 2 fois par semaine. On profite aussi de la petite piscine (idéal en famille), du kayak pour pagayer tranquillou jusqu'à la cascade (à certaines heures), du *stand-up paddle* et des VTT mis à dispo. Si vous voulez randonner, on vous donnera des infos sur les balades dans le coin. Possibilité aussi de se faire accompagner (payant). À voir sur place. Décidément, on aime beaucoup ce lieu pas comme les autres.

Evazion *(hors carte Côte est,* ***15****)* **:** *à env 7 km au sud de Trou d'Eau Douce, à* ***Deux Frères,*** *juste à côté d'Otentic Eco Tent. 5256-07-13. • evazionmaurice.com • Compter 85 € pour 2, avec petit déj. Repas env 500 Rs.* Classique, cette adresse l'est assurément. 2 petits édifices en dur sur 2 étages (ça reste intime donc), abritant en tout une dizaine de chambres. Préférer celles à l'étage, avec petit balcon, plus lumineuses. Elles sont impeccables et confortables. Sur le devant, terrasse en bois avec petite piscine et quelques tables, offrant une vue plongeante sur la rivière en contrebas. Un rapport qualité-prix intéressant pour le secteur.

Où manger ?

Bon marché (moins de 400 Rs / 9 €)

Les Alizés *(zoom Trou d'Eau Douce,* ***33****)* **:** *dans le centre. ☎ 480-24-13. Tlj sauf mar 11h-15h30 env.* Minuscule local qui ne ressemble pas à grand-chose, un échantillon de terrasse, mais des petits plats qui comblent tous les habitués ! Du frais, du simple, du bon : bouchons, *mine frit* ou calamars croustillants, tout est impeccable. Un bon plan pour pas cher, avant de filer déguster tout ça à l'ombre des filaos (ou pour le pique-nique sur l'île aux Cerfs).

Prix moyens (400-600 Rs / 9-13 €)

|●| ***Green Island Beach*** *(zoom Trou d'Eau Douce,* ***34****) : rte Royale. ☎ 480-07-35. Tlj sauf lun 12h30-21h, en continu.* Ce resto-café à la façade vert pomme, avec une microterrasse (surplombant la route), propose une cuisine d'un rapport qualité-prix épatant (chinoise, mauricienne et méditerranéenne). Copieux, goûteux et bien présenté (pêche du jour, soupe de crabe, crevettes à l'ail...). Une valeur sûre depuis fort longtemps.

|●| ***Chez Tino*** *(zoom Trou d'Eau Douce,* ***35****) : rte Royale. ☎ 480-27-69. Tlj en continu, sauf mar.* On passe par le garage de cette maison pour accéder à la grande terrasse qui surplombe la mer. Là-haut, outre le panorama, on découvre dans l'assiette de bons caris et des poissons bien cuisinés et servis avec le sourire. Une adresse régulière.

Chic (600-1 000 Rs / 13-22 €)

|●| ***Sous le Manguier*** *(zoom Trou d'Eau Douce,* ***36****) : rte Royale. 📱 5989-91-77. En face de l'église. Ouv le soir seulement, sur résa (appeler au moins la veille). Menu unique à 1 200 Rs.* À leur table d'hôtes, située sur la terrasse au 1er étage de leur maison, Marie-Line et José proposent un repas mauricien traditionnel de qualité, très complet, comprenant le ti-punch et le vin, que l'on déguste avec vos hôtes autour d'une même table. Selon les jours, on tombe sur un civet de poulet, un curry de bœuf ou un vindaye de poisson.

Coup de folie

|●| ***Restaurant Le Café des Arts – Fondation Maniglier*** *(hors zoom Trou d'Eau Douce,* ***37****) : Victoria Rd. ☎ 480-02-20. À 2 pas du centre du village. Ouv le soir et seulement sur résa. Fermé dim. Menu-carte 3 ou 4 plats, compter env 110 €, digestif inclus mais pas les boissons.* Dans le romantique cadre de la *Petite Victoria,* une ancienne sucrerie de 1840 joliment restaurée, plantée au milieu d'une vaste pelouse où trône un vénérable banian, on déguste une cuisine gastronomique, élaborée à partir de produits locaux et de qualité, qui varie selon l'inspiration du jour. Le tout au milieu des innombrables toiles de Maniglier qui fut, entre autres, la dernière élève de Matisse. Remarquable carte des vins. Accueil personnalisé de Jocelyn et de son épouse.

L'ÎLE AUX CERFS

L'île est située à environ 10 mn du village de Trou d'Eau Douce (en fonction des embarcations). On y va en bateau à travers la mangrove et il n'y a pas de voiture. Elle doit son succès à la beauté de son lagon et à ses longues plages de sable blanc, superbes. C'est l'excursion la plus courue de Maurice : plusieurs centaines de personnes y débarquent tous les jours ! Et comme la concession et les restos de l'île aux Cerfs dépendent du fameux hôtel *Shangri-La Touessrok,* on comprend mieux que le marketing joue bien son rôle. L'excursion se fait en général à la journée. Même si un golf a envahi une bonne partie de l'île, on peut tout de même explorer les jolies plages. Le vrai problème de l'île aux Cerfs est le côté kermesse autour du débarcadère d'arrivée, devenu un peu infernal. Mieux vaut le savoir pour éviter les désillusions.

Mais en lisant attentivement nos conseils et le mode d'emploi de l'île, vous pourrez y passer tout de même un moment délicieux. On peut en effet rejoindre sans problème quelques plages isolées en longeant la côte (on ne peut pas traverser l'île de part en part), la plupart des touristes restant agglutinés autour du débarcadère. Dès qu'on s'éloigne un peu, on se retrouve rapidement – presque – seul !

– ***Conseils et avertissement :*** l'endroit est beau, mais si vous voulez en profiter, il faut y aller tôt (1ers bateaux vers 9h30), et repartir avant 13-14h. Là, c'est vraiment le pied. Ainsi, vous serez à peu près tranquille sur le site, avant l'arrivée de la plupart des bateaux, barques de pêcheurs et catamarans qui déferlent à partir de 12h. Après, l'atmosphère change du tout au tout et ça ressemble à la Côte d'Azur au mois d'août. La plage principale est envahie par les bananes gonflables et autres engins à moteur. À partir de 15h30, pour revenir, c'est à nouveau la cohue sur le ponton. D'ailleurs, les bateaux qui traversent le font parfois dans des conditions de sécurité limite. Évitez aussi d'y aller le week-end, il y a encore plus de monde.

Comment y aller ?

Très facile. Toutes les agences de tourisme de l'île Maurice proposent cette excursion, généralement à un tarif voisin.

➢ ***Depuis ailleurs que Trou d'Eau Douce :*** si vous n'êtes pas véhiculé, le passage par une agence est quasi obligatoire. Bien évidemment, les tarifs augmentent avec l'éloignement, mais partir avec une agence proche de son hôtel s'avère bien pratique, d'autant qu'on peut parfois négocier un peu. De manière générale, les agences vendent l'excursion avec le repas sur place inclus et la visite de la cascade (bof !). Bien demander sur quel type de bateau vous partez et les heures de retour. S'il y a une formule sans la cascade, prenez là ! Malheureusement, dans la mesure où il y a un transfert, vous êtes un peu coincé par les horaires du minibus.

➢ ***Depuis Trou d'Eau Douce :*** avant tout, vérifiez bien que cette excursion n'est pas comprise dans le prix de votre chambre d'hôtel (voir plus haut « Où dormir ? »). Si ce n'est pas le cas, vous trouverez dans le village (voir ci-dessous), des petites agences (et leurs rabatteurs qui ne manqueront pas de vous solliciter). Enfin, quelques pêcheurs proposent l'excursion, attention toutefois à vérifier que le bateau a le droit de prendre des touristes et qu'il y a des gilets à bord ! En partant de Trou d'Eau Douce, inutile de réserver la veille, se présenter le matin suffit (à partir de 9h).

– ***Prix :*** depuis Trou d'Eau Douce, pour un simple A/R, compter autour de 600 Rs/pers selon le type de bateau. Pour l'A/R + un petit tour à la cascade (aucun intérêt, on le rappelle !), compter env 850-1 000 Rs/pers. La même chose plus le repas sur place (barbecue sur le bateau ou sur la plage), compter env 1 200-1 300 Rs (plus cher avec la cascade). Pour info, on ne conseille pas vraiment les formules avec langouste ou gambas (c'est rarement très bien cuisiné).

– ***Horaires :*** de manière générale, les bateaux partent pour l'île à partir de 9h-9h30. Les retours s'effectuent l'après-midi, en principe toutes les heures à partir de 15h et jusqu'à 16h-16h30.

– ***Les prestataires :*** les agences ont des petits bureaux au centre de Trou d'Eau Douce qui vendent des billets. ***Vicky*** *(📱 5836-94-11)* ainsi que ***Robin de Mer*** *(📱 5939-94-61)*, situé juste un peu plus loin mais côté mer, sont jusqu'à présent 2 agences sérieuses. Mais il y en a d'autres, plus ou moins racoleuses. Toutes proposent depuis l'île aux Cerfs un A/R en bateau rapide pour admirer la cascade de Grande Rivière (aucun intérêt, déjà dit). Autre formule : réserver auprès d'***Otentic*** *(voir « Où dormir dans les environs ? » à Trou d'Eau Douce ; 📱 5941-48-88 ; ● otentic.mu ●)*, qui propose un départ à 9h30, avec retour à 13h, incluant un délicieux déjeuner-buffet au retour au lodge (et la possibilité de lézarder autour de la piscine). Une super formule !

Mises en garde

– Si vous n'avez pas de véhicule, préférez acheter l'excursion avec le transfert plutôt que de prendre un taxi.

– Sachez que la traversée en *speed-boat* est, par définition, très rapide et peut réserver quelques frayeurs aux âmes sensibles qui ne s'y attendent pas. Nous, on préfère les bateaux un peu plus lents (5-10 mn de plus seulement !), qui permettent de mieux apprécier la traversée de la jolie mangrove.

Où manger ?

Si le repas n'est pas compris dans l'excursion, mieux vaut ***apporter son pique-nique,*** à condition de s'éloigner du lagon-piscine et trouver un coin tranquille. C'est d'ailleurs ce que font les Mauriciens. À noter que certains vendeurs avec glacières sont parfois insistants auprès des touristes.

Si vous n'avez rien apporté sur l'île, possibilité de casser une petite graine au ***Sand Grill*** *(tlj 12h30-16h),* une paillote qui propose snacks divers et pizzas. Bon, vraiment si vous avez oublié votre pique-nique !

À voir. À faire

– ***Le lagon-piscine,*** sur la gauche des débarcadères, surpeuplé à partir de 11h, à la pente très douce, ravit les petits et les grands. À noter que depuis quelques années, le canal de séparation entre l'île aux Cerfs et l'îlot Mangénie (situé juste à 100 m) s'est entièrement ensablé, ce qui fait que les eaux sont devenues stagnantes au niveau du débarcadère, donc pas toujours très attirantes (selon la fréquentation). Au bord du lagon et du débarcadère, quelques boutiques de souvenirs qui soulagent le portefeuille.

Les autres plages de l'île : quand vous arrivez au débarcadère, en regardant la mer, suivre le bord de mer sur la droite. En s'éloignant un peu, on se retrouve rapidement presque tout seul sur des bouts de plages de rêve, même aux « heures de pointe ». Tant mieux ! Attention toutefois, à certains endroits, on trouve quelques oursins dans l'eau. Il est donc conseillé de se baigner avec des chaussures en plastique et de s'équiper d'un masque et d'un tuba. Ici et là, certains installent quelques tables et un barbecue fumant pour accueillir leurs hôtes venus de Trou d'Eau Douce.
– Sur les plages, des rabatteurs vous proposeront différentes activités pas données, notamment une balade en bateau vers la cascade de Grande Rivière Sud-Est (parfois incluse dans le forfait journée), située au sud de l'île aux Cerfs mais dont l'accès est impossible depuis la terre ferme. En fait, vu l'affluence et le nombre d'embarcations, chaque bateau fait un petit tour, un demi-tour et puis s'en va (aucun intérêt).

– ***Autres activités :*** depuis le lagon, au niveau du débarcadère, on vous proposera un tour en parachute ascensionnel, un tour en bouée banane ou encore une balade en bateau rapide et plein d'autres activités intellectuelles.

RETOUR SUR LA CÔTE EST

POINTE DU DIABLE

En continuant vers le sud, on passe devant le site de la célèbre bataille navale de la baie de Vieux Grand Port, livrée en août 1810. Quelques canons pointés vers le large immortalisent la seule victoire jamais remportée par la flotte napoléonienne sur la *Royal Navy*. Peu d'intérêt en soi. Cela dit, si vous avez envie de vous dégourdir les jambes, la vue est belle.

Où manger dans le coin ?

La Case du Pêcheur : *Anse Bambou,* ***Bambous Virieux.*** *5858-22-56. Un peu après Pointe du Diable, sur le littoral. Tlj le midi ; le soir sur résa seulement. Menu env 850 Rs.* Ce lopin de terre aurait accueilli le campement du gouverneur pendant la bataille de 1810. Aujourd'hui, l'atmosphère est plus au farniente qu'à l'abordage et les gourmands s'offriront poissons et fruits de mer fraîchement pêchés. On est au bord de l'eau, mais pas vraiment d'accès à la mer par ici (mangrove). On peut aussi profiter de la petite piscine après le repas. Sympa !

VIEUX GRAND PORT

Fermant la baie de Grand Port, ce village au nord de Mahébourg n'est remarquable que pour son rôle historique. En venant de Trou d'Eau Douce, un panneau indique juste avant le pont Molino un monument en bord de mer. Il commémore le débarquement des Hollandais le 20 septembre 1598. « *Dutch Sailors First Landing* », mentionne la colonne de pierre noire élevée en 1948. Le village possède encore, à la sortie nord, quelques ruines d'un fort militaire construit par les Hollandais et agrandi plus tard par les Français.

LE JOUR DE GLOIRE EST ENFIN ARRIVÉ !

Célèbre pour le débarquement des Hollandais, le 20 septembre 1598, Vieux Grand Port est surtout connu comme le lieu de l'unique bataille navale jamais remportée par la flotte napoléonienne sur les Anglais (1810)... ce qui lui valut une inscription sur l'Arc de Triomphe parisien !

À voir

Frederik Hendrik Museum : *dans le centre ; bien fléché. ☎ 634-43-19. Tlj 9h (11h mer)-16h (12h dim). GRATUIT.* Le minuscule musée se trouve sur le site du 1er fort hollandais, remplacé à partir de 1753 par les baraquements de la garnison française. Y sont exposés une poignée d'objets découverts lors des fouilles (pipes en terre cuite, boutons d'uniforme, pièces de monnaie, coquillages...). En sortant, petit tour de rigueur dans le jardin parsemé de ruines du fort.

FERNEY LA VALLÉE

Peu après Vieux Grand Port, en direction de Mahébourg. 5729-10-80. • ferney.mu • Tlj 9h-17h (être revenu de la balade avt 16h30). Balade guidée, sur résa seulement : 4 départs/j., à 9h30, 11h30, 13h30 et 14h30. Compter 800 Rs/pers. Durée : 2h en prenant son temps. On peut aussi faire les balades sans guide (dans ce cas, venir sur le site avt 14h) : accès au site 400 Rs/pers ; réduc moins de 12 ans. 3 randos au choix, de 5 km (1h30), 13 km (3-4h) et 20 km (env 5h). Pour ces 2 dernières, venir le mat, pour avoir le temps de les faire tranquillement. Prévoir de bonnes chaussures, de la crème solaire, de l'eau et une lotion antimoustiques.

Pour préserver ce superbe patrimoine naturel, le groupe CIEL, propriétaire des terres, en partenariat avec le gouvernement et la MWF *(Mauritian Wildlife Foundation)*, a créé une zone de conservation forestière de 200 ha. Le fait de rendre la vallée accessible au public permet de faire prendre conscience à la population et surtout aux enfants de la biodiversité de l'île et de la nécessité de sa préservation. Il reste à Maurice moins de 5 % de forêt primaire (dont celle de la vallée de Ferney).
On y a découvert des espèces indigènes qu'on croyait disparues depuis des lustres : le bois clou, la crécerelle (seulement 4 au démarrage du projet, elles sont environ 400 désormais sur l'île), la grosse cateau verte, le pigeon des Mares... Autant d'espèces que les visiteurs peuvent aller admirer sur le terrain. La balade est enrichie des excellents commentaires de guides passionnés.

Ferney Falaise Rouge : *à 5 mn en voiture du site. Tlj 9h-17h. Plats à la carte.* Cuisine mauricienne traditionnelle à base de produits issus du potager bio de Ferney et des fermes alentour. Vue sur la mer et la montagne du Lion.

LA CÔTE SUD-EST : MAHÉBOURG, BLUE BAY ET LA POINTE D'ESNY

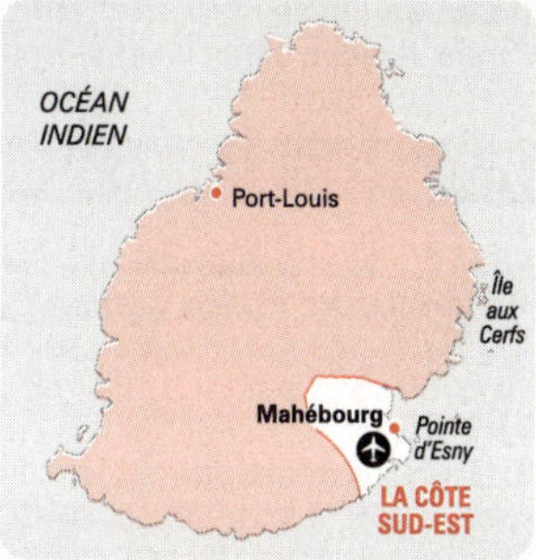

Voici le coin de l'île qui nous plaît le plus. Bien que ce soit l'une des régions les plus accessibles depuis l'aéroport, le développement touristique ne s'y est pas fait de la même manière qu'au nord. Ici, on séjourne au calme, fondus dans le quotidien des Mauriciens, presque en secret... L'une des particularités de la côte sud-est est d'être copieusement exposée au vent, le climat y est donc moins clément qu'ailleurs mais le ciel bien plus bleu (il peut pleuvoir au nord et faire grand beau par ici). Pendant les grosses chaleurs, cela rend le farniente sur la plage de Blue Bay des plus agréable, mais que la brise ne vous fasse pas oublier la puissance du roi des astres !

MAHÉBOURG

• Mahébourg (plan I) *p. 143*
• Mahébourg – La pointe d'Esny et Blue Bay (plan II) *p. 151*

Située à l'extrémité sud-est de l'île, la ville se niche au fond de la vaste baie de Grand Port. Son activité est en partie due à la proximité de l'aéroport de Plaisance, à une dizaine de kilomètres du centre. Une ville du littoral encore authentique, vivante, animée et douce à la fois, à la population éclectique, citadine, et pourtant à 2 pas de lagons fantastiques.

UN PEU D'HISTOIRE

Les Hollandais débarquèrent en 1598 dans la baie de Vieux Grand Port, mais ils ne se fixèrent pas, laissant la place aux marins et aux colons français. Au début du XVIIIe s, la 1re capitale de l'île fut Mahébourg. Mais en 1732, celle-ci perdit son titre au profit de Port-Louis, dont la baie est mieux abritée des vents. Mahébourg, quadrillée comme une ville coloniale par les urbanistes français, porte en souvenir le nom de Mahé de La Bourdonnais, le gouverneur français des Isles de France et de Bourbon, entre 1735 et 1746, qui marqua de manière importante le développement de l'île. Au fil du temps, Mahébourg se figea dans un rôle secondaire et s'assoupit peu à peu. Il fallut la construction de l'aéroport pour réveiller cette paisible bourgade, aujourd'hui dynamisée (sans excès) par l'autoroute vers Port-Louis. Mais ce regain d'activité n'entame pas le caractère délicieusement provincial de cette ville tout en sérénité et authenticité.

Arriver – Quitter

En bus

Gare routière *(plan I, B1) : dans le centre, à côté du marché.* Mahébourg est un carrefour important pour les bus.
➢ Liaisons directes avec ***Blue Bay, Curepipe*** (durée : env 1h ; correspondance ensuite pour Quatre-Bornes), ***Souillac, Port-Louis*** (compter 1h20, puis vous pouvez rejoindre Grand Baie et Trou d'Eau Douce) et ***Flacq*** (durée : 1h30). Départs ttes les 15-30 mn (moins fréquents le dim). Ni affichage ni bureau ; demander directement auprès des chauffeurs en stationnement.

Adresses et info utiles

– Pas d'office de tourisme.

■ ***Mahébourg Police Station*** *(plan I, A1,* ***1****) : entrée rue Marianne, à l'angle de la rue des Créoles. ☎ 631-50-26 et 76-01. Ouv 24h/24.*

■ ***Banques et change :*** *autour du carrefour formé par la rue des Cent-Gaulettes et la rue des Délices, on trouve la* ***Mauritius Commercial Bank*** *(plan A1,* ***2*** *; lun-jeu 9h-15h15, ven 9h-17h),* ***Absa*** *(plan I, A1,* ***3****) et* ***SBM*** *(plan A1,* ***4*** *; lun-jeu 9h-15h15, ven 9h-16h).* Toutes disposent de distributeurs automatiques.

■ ***Pharmacies :*** ***pharmacie de Mahébourg*** *(plan I, A1,* ***5****) sur la rue des Créoles, face au poste de police et à la poste. ☎ 631-96-21. Lun-sam 9h15-18h, dim 9h15-12h15. Une autre* ***pharmacie*** *au supermarché London Way (plan II,* ***2****). Lun-sam 8h30-19h, dim 8h30-13h.*

■ ***Médecin :*** ***Dr Christian Pac Soo*** *(plan I, A1,* ***6****), rue de la Chaux. ☎ 631-52-89. 📱 5772-92-49 (urgences). Consultations tlj 8h15-17h30 (11h30 dim et j. fériés).* Le Dr Pac Soo est un généraliste formé en France. Il assure les urgences et surtout les visites à domicile (ou dans les hôtels) jusqu'à Pointe d'Esny et Blue Bay.

■ ***Telecom Shop*** *(plan I, A1,* ***7****) : rue Marianne, en face du marché. Lun-ven 9h-16h, sam 9h-12h.* On peut y acheter une carte SIM à glisser dans un téléphone préalablement débloqué. Présenter son passeport.

■ ***Emtel*** *(plan I, A1,* ***8****) : à l'angle de la rue des Créoles et de la rue du Camizard. Lun-sam 9h-17h (13h jeu).* Achat de cartes SIM et recharges. Passeport demandé.

London Way *(plan II,* ***2****) : à la sortie de Mahébourg, sur la rte de Blue Bay, sur la droite (immanquable). Lun-sam 8h30-19h, dim 8h30-12h30.* À côté, 2 distributeurs automatiques et une pharmacie.

Bo'Vallon Mall *(plan II) : à 1,5 km au sud de Mahébourg.* On y trouve une ***pharmacie*** *(lun-sam 9h-20h, dim 9h-14h),* du ***change*** à ***Shibani Finance*** *(lun-sam 9h30-17h)* et 2 ***distributeurs,*** ainsi qu'un ***supermarché King Savers*** *(lun-sam 8h30-20h, dim 8h30-16h).*

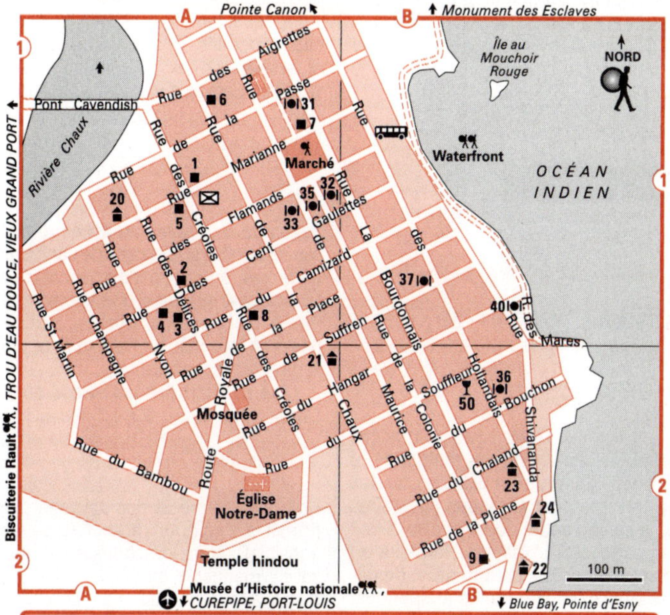

MAHÉBOURG (Plan I)

■ **Adresses utiles**

1 Mahébourg Police Station (A1)
2 Mauritius Commercial Bank (A1)
3 Absa (A1)
4 SBM (A1)
5 Pharmacie de Mahébourg (A1)
6 Dr Christian Pac Soo (A1)
7 Telecom Shop (A1)
8 Emtel (A1)
9 Colony Car Rental (B2)

Où dormir ?

20 Tyvabro (A1)
21 Le Saladier (A2)
22 Coco Villa (B2)
23 Orient Guesthouse (B2)
24 Chill Pill Guesthouse (B2)

Où manger ?

31 Le Coin Casse-Croûte (A1)
32 Pyramid (A1)
33 Le Bazilic (A1)
35 Salut les Copains (A1)
36 Chez Marilyn (B2)
37 Saveurs de Shin (B1)
40 La Vielle Rouge (B1)

Où boire un verre ?

50 L'Ajoupa (B2)

■ ***Excursions en minibus :*** ***Man Ramdhayan,*** *5251-25-31 ou 5786-09-34.* • *manramdhayan@yahoo.fr* • Man propose des virées à la journée (9h-17h) partout sur l'île. Excursions à la carte, tarifs (très raisonnables) selon distance et nombre de participants. Il peut passer prendre les gens à leur hôtel. Ce sont les circuits touristiques classiques (Terres de Couleurs, parc de La Vanille, shopping à Floréal, Pamplemousses, domaine Les Pailles...). Attention, sorties randos proposées vers la montagne du Lion et celle du Pouce, mais sans assurance. Man est aimable et connaît bien son île, qu'il aime faire découvrir.

– ***Location de voitures et motos :*** contrairement à Grand Baie où les loueurs sont légion, à Mahébourg il faut les chercher. Cela dit, toutes les grandes compagnies possèdent un comptoir à l'aéroport (tout proche). Voir aussi les adresses à la pointe d'Esny.

■ ***Colony Car Rental*** *(plan I, B2, **9**)* **:** *rue de la Colonie, au sud de la ville.* ☎ *631-70-62.* 📱 *5252-02-00.* • *colonyrental@hotmail.com* • *Suivre le panneau face à Coco Villa. Voiture env 1 200 Rs.* Kilométrage illimité, assurances comprises. Possibilité de livraison et remise à l'aéroport (gratuit). Peu de voitures, pensez à réserver à l'avance.

Où dormir ?

Prix modérés (1 200-2 000 Rs / 27-44 €)

Tyvabro *(plan I, A1, **20**)* **:** *10, rue Marianne.* 📱 *5780-47-28 (WhatsApp).* • *tyvabro.com* • *Au nord-ouest de la ville, près de la rivière Chaux. Double 1 400 Rs, petit déj inclus ; familiales. CB refusées.* Cette maison d'hôtes propose des chambres modestes, à la déco disparate, mais bien tenues et correctement équipées (sanitaires privés avec petite douche, clim). Petit déj excellent. L'agréable terrasse au dernier étage est un bon point de ralliement, avec ses bancs suspendus, ses plantes et sa vue panoramique sur la rivière et la ville. Le fils de la famille organise des excursions à la journée.

Le Saladier *(plan I, A2, **21**)* **:** *rue de la Chaux.* ☎ *631-97-58.* 📱 *5754-98-31 (WhatsApp, Viber, Messenger).* • *saladier1810@gmail.com* • *Double 1 400 Rs ; familiale (3-4 pers). Clim en sus (200 Rs/j.). Petit déj léger gratuit.* Une petite *guesthouse* intime, retranchée dans une rue calme (sauf pour l'appel à la prière du muezzin !), dont les quelques chambres et le studio s'organisent autour d'un patio fleuri. L'ensemble, bien tenu, à la déco très simple, ne lésine pas sur le confort, très convenable (bons matelas, clim, salle d'eau, w-c et frigo), et mise sur l'énergie solaire. Accueil sympa et disponible. Un coup de bol, ce *Saladier* !

Coco Villa *(plan I, B2, **22**)* **:** *rue Shivananda.* ☎ *631-21-92.* • *cocovilla30@hotmail.com* • *Juste à l'entrée de Mahébourg, sur la droite en venant de Blue Bay. Double 2 200 Rs, petit déj compris. CB acceptées.* Cette petite résidence peinte en blanc, parme et bleu, sans prétention, vaut le coup pour une étape. Prolongée par un agréable jardinet devant la mer (avec un accès direct), elle rassemble une dizaine de chambres correctes, à la déco indianisante. Certaines sont dotées d'une kitchenette. Pas de plage, mais une petite piscine et une bien jolie vue sur l'océan pour tout le monde. Accueil discret.

Orient Guesthouse *(Pensionnat Orient ; plan I, B2, **23**)* **:** *rue des Hollandais.* ☎ *631-21-11.* 📱 *5920-00-93.* • *orient@intnet.mu* • *Double 1 200 Rs avec petit déj ; familiales 4-6 pers.* Hôtel très apprécié des voyageurs en transit à l'aéroport (transfert payant possible). Au rez-de-chaussée, grande salle à manger et cuisine bien équipée dispo sur demande. Les chambres se révèlent simples mais propres et disposent d'un ventilo et d'une salle d'eau. Celles du 2e étage sont plus claires et profitent de la vue sur la mer, avec en prime un petit balcon. Au dernier étage, grande pièce à vivre ouverte mais couverte, agréable pour un verre ou un jeu en communauté. Bon rapport qualité-prix.

Prix moyens (2 000-3 200 Rs / 44-71 €)

Chill Pill Guesthouse *(plan I, B2, **24**)* **:** *6, rue Shivananda.* 📱 *5259-53-24 (WhatsApp).* • *chillpillguesthouse@gmail.com* • *Doubles et bungalows 1 800-2 400 Rs, petit déj compris ; familiale (4 pers).* Une de nos adresses préférées à Mahébourg. 12 chambres (dont 7 avec vue directe sur la mer), d'un bon confort, toutes avec clim et balcon ou terrasse, frigo, coffre-fort, café et thé à disposition. Propre et stratégiquement situé pour qui souhaite séjourner en ville : à 5 mn des commerces et déjà les pieds dans l'eau, en face du superbe lagon. On apprécie les bungalows au fond du jardin, face à la mer, et les chambres avec terrasse au-dessus de l'accueil. Pour compenser l'absence de plage, on peut profiter d'une toute petite piscine dans le jardin. L'auberge ne manque pas d'arguments.

Où manger ?

Bon marché (moins de 400 Rs / 9 €)

Le Coin Casse-Croûte *(plan I, A1, 31) : rue de la Passe, à l'angle de la rue de la Colonie. ☎ 631-60-29. Tlj 9h-20h45 (14h30 dim). Sur place ou à emporter.* On se félicite d'avoir poussé la porte de ce qui compte parmi les meilleurs snacks de la ville ! Il n'est d'ailleurs pas rare de faire la queue sur le trottoir. Laissez-vous tenter par un *mine foon* et un bol renversé ou l'un des quelques plats copieux et très bien exécutés, servis dans le cadre modeste des 2 petites salles. Petite terrasse à l'avant et sur le côté pour se poser. Accueil familial souriant.

Pyramid *(plan I, A1, 32) : rue La Bourdonnais, en face du marché couvert. ☎ 631-97-31. Tlj sauf dim, jusqu'à 15h env.* On vient dans cette cantine populaire pour le *biryani* au poulet, LA spécialité maison. Sans doute l'un des meilleurs de la ville et... le moins cher ! Ils préparent aussi des *biryanis* de poisson, délicieux, mais sur commande la veille uniquement.

Le Bazilic *(plan I, A1, 33) : rue de Maurice. 5254-81-91. Tlj sauf jeu 11h30-21h. CB acceptées.* Ce petit resto-snack surélevé qui ne paie pas de mine (frit !) renferme en fait 3 agréables salles (la plus grande à l'étage) à la déco soignée. Outre la simplicité d'une salade de poulpe ou d'un poisson grillé, on y déguste aussi des plats plus travaillés, dont quelques recettes végétariennes et véganes. Le tout servi avec gentillesse et à prix doux. Délicieux jus de fruits servis en journée.

Taste of Freedom *(plan II, 34) : Cité La Chaux, 200 m après Le Bistrot d'Edwige en allant vers Blue Bay, sur la droite, au-dessus de la rte. 5978-70-50. Le soir seulement, 18h30-22h30, plus dim midi. Fermé mer. Sur place ou à emporter.* Une gargote façon *food truck*, qui concocte une cuisine mauricienne de qualité, fraîche, copieuse et aux goûts réjouissants. Des burgers et des salades aussi. Quelques bidons en guise de tables et lumière (très) tamisée. Une adresse plébiscitée par les gens du coin. Rançon du succès : service un peu long.

Salut les Copains *(plan I, A1, 35) : rue de Maurice, près du marché couvert. Tlj 9h-18h. Fermé le soir sauf en fin d'année. À emporter ou sur place.* Un café bien sympa et sans prétention, tenu par un patron cool et jovial. Une bonne cuisine locale à consommer sur place dans la petite salle aux murs colorés et ouverte sur la rue, ou à l'étage : *mine,* salades et plats complets. À noter : de vrais cafés expressos !

Chez Marilyn *(plan I, B2, 36) : rue des Hollandais ; repérable à sa façade vert pomme. Tlj sauf mer 18h-21h30. Ne pas arriver trop tard ou réserver, vite plein.* Si les plus aventuriers commandent des *mangoacks,* espèces de palourdes de rivière pêchées dans le coin, qu'on trouve rarement à la carte (plutôt bon, malgré un aspect noirâtre peu engageant), le petit resto est surtout prisé pour ses plats, notamment créoles, bien réalisés. Service souriant.

Saveurs de Shin *(plan I, B1, 37) : rue Suffren. ☎ 631-36-68. Tlj midi et soir. Résa conseillée le soir.* Jolie terrasse éclairée en soirée, pour une cuisine chinoise qui décline, en portions généreuses, les grands classiques et des spécialités à base de fruits de mer. Si la carte est longue comme le bras, sachez que les riz et *mine frit,* servis partout en ville, font ici réellement la différence ! Appréciez aussi toutes les viandes et les fruits de mer version *sizzling* (cuits sur le caquelon et servis encore crépitants), sans oublier quelques plats européens et créoles pour compléter le choix. Service pas rapide rapide, mais accueil extra.

Prix moyens (400-600 Rs / 9-13 €)

Le Bistrot d'Edwige *(plan II, **38**) : rte côtière, à la sortie de Mahébourg, sur la droite après le supermarché* London Way. *☎ 631-99-91. 5475-78-81. À l'étage. Tlj midi et soir, sauf jeu. Mieux vaut appeler avt, car il arrive que le resto ferme pour servir des jeunes d'un centre aéré.* Elle est comme ça Edwige, généreuse et inattendue. Et sa cuisine lui ressemble. À l'ardoise, une carte courte de plats classiques ou plus rarement proposés ailleurs, comme le poulet à la vanille ou la fricassée de fruits de mer. Tout est excellent. Une adresse où l'on se sent bien.

Karay Mario *(plan II, **39**) : près de Bo'Vallon Mall, à 1,5 km au sud de Mahébourg. ☎ 630-16-82. 5833-04-71. Tlj sauf mer 11h30-15h. Réserver le w-e, car le resto est parfois privatisé.* Dans l'ancien dispensaire d'une usine sucrière, on déguste une savoureuse cuisine traditionnelle, essentiellement créole, à base de produits locaux. Les plats changent tous les jours, arrivent accompagnés de riz, grains et salade, et sont précédés de gâteaux-piments en amuse-bouches. Tout est frais et délicieux.

La Vielle Rouge *(plan I, B1, **40**) : à l'angle des rues du Hangar et des Mares, en face de la Maison des pêcheurs. 5936-03-55. Tlj midi et soir. Quelques plats à prix « Chic ».* La vielle rouge, c'est un poisson local (sorte de mérou) à la chair savoureuse, servi sur commande dans ce resto de quartier. On y savoure aussi un goûteux capitaine et, pour finir, de l'ananas flambé... le tout arrosé par les cocktails maison ! Agréable terrasse. Clientèle d'habitués.

Où boire un verre ?

L'Ajoupa *(plan I, B2, **50**) : rue du Souffleur, juste avt le croisement de la rue La Bourdonnais. 5290-12-68. Mar-sam 18h-23h.* Morghen, le jovial proprio, vous accueille avec le sourire, derrière son bar ou ses quelques tables, dans une ambiance ethnique et colorée (et le fantôme de Bob !). Terrasse couverte. Et si vous avez une playlist sur vos portables, n'hésitez pas à vous connecter à l'ordi de Morghen ! Ce sont les clients qui donnent le ton. Quelques spécialités à déguster également. Ambiance jeune et chaleureuse.

Où acheter une maquette de bateau ?

Bato Constance *(plan II, **60**) : en sortant de Mahébourg, sur la rte de Blue Bay, un bâtiment jaune et bleu immanquable. 5770-67-67. • mt.constance2@gmail.com • Ne pas donner de commission aux chauffeurs de taxi ; ne pas croire ceux qui affirment que c'est fermé. Lun-ven 9h-17h30, sam et j. fériés 9h-12h30. Réduc de 10 % sur présentation du guide de l'année.* Le jovial Tony dirige sa petite entreprise familiale avec passion et précision. Ses artisans, qui travaillent pour la plupart chez eux, cisèlent les maquettes de bateaux et même d'avions avec un soin extrême. Belles finitions. Prix affichés, raisonnables pour la qualité. Nous rappelons que pour les grosses pièces, quel que soit l'emballage, une taxe importante est perçue par les compagnies aériennes. Mini-atelier jouxtant le magasin, qui permet de voir comment les maquettes sont assemblées, mais il n'est pas toujours occupé, les artisans effectuant en effet l'essentiel de leurs tâches à domicile. Également d'autres articles, tous *made in Mauritius,* au bon rapport qualité-prix.

À voir. À faire

Le musée d'Histoire nationale, ou Musée naval *(plan II) : rte Royale ; en arrivant en ville depuis l'aéroport, sur le côté gauche. Lun-sam 9h (11h mer)-16h, dim 9h-12h. Fermé 1er et 2 janv. GRATUIT. Prévoir une lotion antimoustiques (pour le jardin).*

Cette belle demeure coloniale du XVIIIe s, ayant appartenu à une grande famille française de l'île, fut rachetée et aménagée en musée naval par les autorités britanniques en 1950. Elle est construite au fond d'un luxuriant jardin, renfermant sur 2 niveaux toute l'histoire de l'île Maurice, en insistant sur les épisodes les plus marquants.

Au rez-de-chaussée

– La 1re salle évoque l'***arrivée des 1ers colons hollandais*** (à partir de 1598), illustrée par de belles cartes et des lithographies de bateaux. À noter, sur la droite, le portrait de Maurice de Nassau, alors roi des Hollandais, à qui l'île doit son nom. Plusieurs représentations de dodo (peintures, dessins, squelettes), une tortue et un cerf empaillés témoignent des bouleversements écologiques causés par l'arrivée de l'homme à Maurice.

– La *salle du fond* est consacrée à la ***période française*** (1715-1810). Y figurent en bonne place les portraits des « illustres » (Pierre Poivre, le comte de Lapérouse, le gouverneur Mahé de La Bourdonnais, qui développa Port-Louis...). Également une poignée de meubles d'époque, un piano et 2 chaises à porteurs. Une section aborde enfin la question de l'esclavage, douloureuse. Des panneaux rappellent le code noir régissant le système esclavagiste et le marronnage qui consistait à poursuivre les esclaves en fuite (les marrons). Quelques épisodes plus anecdotiques comme le naufrage du *Saint-Géran* survenu en 1744 (fragments de l'épave et cloche du navire). Rappelons que cette tragédie inspira l'écrivain Bernardin de Saint-Pierre pour son roman *Paul et Virginie.*

– Dans la *salle de droite,* « ***Les guerres franco-anglaises*** » permettent de souligner le rôle primordial joué par les corsaires, ces marins formidables mais incontrôlables qui harcelaient sans relâche les vaisseaux de ligne et les navires de commerce ennemis. Un pistolet exposé aurait même appartenu au plus fameux d'entre eux, le légendaire Malouin Surcouf, surnommé « le roi des corsaires ». Une section détaille évidemment le plus célèbre épisode militaire de l'île : la bataille de Vieux Grand Port en 1810. Canons, fragments d'épaves et cartes illustrent l'unique victoire jamais remportée par la flotte napoléonienne sur les Anglais. Pour l'anecdote, les 2 capitaines ennemis furent blessés pendant la bataille et soignés ensemble dans cette maison.

Au 1er étage

En haut des marches, expositions temporaires. Dans la salle de droite, nombreuses gravures, peintures, lithos et photos de l'***époque britannique.*** Évocation des conditions de travail, de l'esclavage puis de son abolition, la construction du chemin de fer, le commerce maritime, etc.

La foire : *« le grand déballage », comme on dit ici, a lieu ts les lun 10h-16h ou 17h (selon fréquentation) à quelques pâtés de maisons au nord de la rue La Bourdonnais, le long de la promenade de bord de mer.* On se faufile comme on peut entre les étals de babioles et les commerçants qui étalent saris, T-shirts, shorts, nappes et petites robes brodées de Madagascar (mais peu d'artisanat), et des écharpes en cachemire *made in India,* le tout à des prix démocratiques. Beaucoup d'articles aussi en provenance de Chine. Pas ou peu d'arnaques de touristes (contrairement au marché central de Port-Louis). Le marchandage ne vous fera pas gagner grand-chose, mais n'hésitez pas à faire un 1er repérage avant d'acheter : pour un même produit, les prix peuvent varier du simple au double d'un stand à l'autre. Profitez-en ensuite pour renouveler votre garde-robe et acheter vos cadeaux...

Le marché *(plan I, A1) : face à la gare routière. Lun et ven 9h-18h.* Dans une halle récente mais bien intégrée, un petit marché haut en couleur. La plupart des étals sont regroupés dans une cour intérieure et protégée du soleil par de grandes voiles tendues. Très photogénique. On y vient pour les couleurs des paniers de fruits et de légumes, mais aussi pour les odeurs, un peu fortes, des épices et du poisson séché.

Le Waterfront : cette promenade le long de la baie offre de belles perspectives sur la mignonne petite ***île au Mouchoir Rouge,*** que l'on reconnaît à sa petite maison au toit... rouge, ainsi que l'élégante montagne du Lion au loin. Empruntez la passerelle en bois jusqu'au kiosque pour vous retrouver au milieu des eaux turquoise et vous délecter du panorama. De retour sur la terre ferme, la ***statue en galets de Swami Shivanada,*** maître spirituel hindou (qui donne son nom au front de mer), attire quelques fidèles.
Plus haut, en direction de Pointe Canon, un grand espace *(lun-ven 9h-16h, sam 9h-14h)* est dédié au ***Monument des Esclaves*** *(hors plan I par B1),* matérialisé par un obélisque à bout rond laissant apparaître 2 poings dégagés d'une chaîne brisée. Tous les ans, le 1er février, les Mauriciens y commémorent l'abolition de l'esclavage. Au fond, un petit ***amphithéâtre*** couvert accueille cours de yoga, expos, concerts et offre un point de vue sublime sur le front de mer.

DANS LES ENVIRONS DE MAHÉBOURG

La biscuiterie H. Rault *(hors plan I par A1)* **:** *à* ***Ville Noire.*** ☎ *631-95-59. À env 5 mn en voiture de Mahébourg. Au nord de la rte Royale, traverser la rivière de la Chaux par le pont Cavendish pour rejoindre Ville Noire ; suivre ensuite le fléchage de l'usine. Lun-ven 9h-15h, mais préférable de téléphoner avt. Visite guidée env 200-250 Rs sans ou avec dégustation ; réduc enfants.*
Voilà un biscuit unique en son genre. « Unique au monde », assure M. Sénèque, le représentant de la famille propriétaire de cette adorable fabrique artisanale depuis 5 générations. La recette de ces biscuits à la farine de manioc n'est jamais sortie de la famille Sénèque-Rault depuis son invention par Hilarion Rault, fils d'un colon breton venu de Saint-Brieuc à l'île Maurice au XIXe s. Il voulait recréer les galettes bretonnes de son enfance avec des ingrédients locaux.
La fabrication ne semble pas avoir changé depuis cette date, malgré la présence de machines... qui mériteraient d'ailleurs de figurer dans un musée, eu égard à leur grand âge ! Chaque jour, pas moins de 20 000 gâteaux sont élaborés à partir de ces fameuses racines de manioc cultivées à Maurice. Dans les champs à côté de la fabrique, on peut d'ailleurs voir une plantation de manioc. Les racines sont d'abord lavées, épluchées, pressées pour enlever le jus, puis broyées. La farine obtenue est alors mélangée au sucre et aux différentes saveurs naturelles. La préparation est ensuite répartie dans des petits moules carrés qui cuisent à même une immense plaque chauffée grâce aux feuilles de canne ou de l'arbre du voyageur. Dernière étape, toujours dans la même pièce : l'emballage exécuté à la main par les ouvrières, paquet après paquet. À noter que les biscuits restent en grande partie sur l'île, seuls 5 % de la production partent en Australie.
La visite se termine par la dégustation de ces étonnants gâteaux secs, assez farineux mais plutôt bons, sans conservateur ni gluten, colorant ou saveur artificielle. On distingue 7 variétés de biscuits (beurre, coco, vanille, chocolat, cannelle, anis et lait) et 4 de galettes (coco – véritable « bec à bonbon » – sésame, anis et cannelle). Boissons chaudes ou jus également servis pour un vrai goûter dans un cadre bucolique. Vente sur place (jusqu'à 1 an de conservation).

➢ ***Petite balade dans l'intérieur des terres :*** *être véhiculé. Compter 1h grand max.* Si vous avez l'âme vagabonde, la route de Mahébourg à Riche en Eau est l'une des plus jolies du Sud. Les arbres qui la bordent forment une voûte ombragée. La route traverse un beau paysage de champs de canne à sucre, avec des collines dans le lointain. À ***Riche en Eau,*** importante sucrerie dans un paysage verdoyant (la région est riche en eau... comme son nom l'indique). En continuant jusqu'à Saint-Hubert, puis Le Val, on pourra rattraper une petite route privée ouverte de 6h à 17h (précises) pour rejoindre le ***hameau de Cluny.*** En partie en mauvais état, elle monte en lacet sur une colline, puis redescend dans la plaine sucrière au sud, en offrant de belles échappées. Possibilité de revenir à Mahébourg en passant par les villages d'Eau Bleue, Mare Chicose et Riche en Eau.

➢ Plus facile d'accès (bus et stop), la ***route vers Trou d'Eau Douce*** offre de beaux paysages de monts surplombant les champs de canne, et quelques villages aux maisons parfois décorées (fresque, autel catholique ou hindou...).

LA POINTE D'ESNY ET BLUE BAY

• Mahébourg – La pointe d'Esny et Blue Bay (plan II) *p. 151*

À quelques kilomètres au sud de Mahébourg, la côte, de la pointe d'Esny à Blue Bay, est bordée de plages parmi les plus belles de l'île. Malheureusement, le long de la route côtière, une rangée de villas cossues dissimule le rivage. On y accède pourtant par de discrets sentiers, que nous vous indiquons plus loin (« À voir. À faire. Plages »). Seule la plage de Blue Bay ne se dérobe pas à la vue et affiche ses eaux turquoise.
Celles-ci ont pourtant été malmenées lors du naufrage d'un navire japonais en juillet 2020. Sur les 1 000 l de fioul échappés de ses cales, 80 % ont pu être récupérés grâce à l'effort collectif des habitants. 20 % ont pollué quelque 23 km de côte. Il s'agit de la plus grande catastrophe écologique que l'île ait connue.

Adresses utiles

■ Certains hébergements mentionnés dans le guide louent aussi des voitures : ***Pingouin Car Rental*** *(☎ 637-80-80 ; 📱 5916-86-67 ; • carrentalmauritius.com • ; voitures à partir de 1 100 Rs/j. ; bien se faire confirmer la résa).* ***Claire & Sailesh*** *(Morcellement Le Mahé, 183, av. Perroquet, à Beauvallon ; WhatsApp : 📱 5754-64-51 et 5798-59-13 ; • clairesaileshltd.com • ; compter 1 500 Rs/j. la voiture seule)* loue des véhicules avec ou sans chauffeur-guide et propose aussi des transferts.

■ ***Christ Car Rental*** *(plan II,* ***1****)* **:** *rte Royale, cité La Chaux, à la sortie de Mahébourg. 📱 5255-17-01 (WhatsApp) et 5919-29-84 (WhatsApp). • christcarhire23@gmail.com • Petite boutique en bord de rte, sur le côté gauche en arrivant de Mahébourg. S'il n'y a personne, adressez-vous au resto d'à côté,* La Belle Créole, *même maison. Tlj 7h-18h (mais joignable 24h/24). Voitures avec clim à partir de 1 200 Rs/j. Résa à l'avance car peu de petites voitures.* Kilométrage illimité, assurances comprises. Comme partout, bien vérifier l'état de la voiture avant de la prendre. Impossible de racheter la franchise ; elle est de 30 000 Rs, alors gare aux pépins ! Loue aussi des scooters.

Où dormir ?

Plusieurs pensions sont nichées dans la verdure, donnant parfois directement sur la plage. On se réveille tôt le matin, le soleil sur la ligne d'horizon (on est à l'est). On peut être surpris au début par le bruit occasionné par le décollage des avions car Blue Bay se trouve en bout de piste de l'aéroport, mais on se laisse vite gagner par la sérénité du paysage... Comme on y est un peu loin de tout, il est conseillé de louer un scooter ou un vélo pour être vraiment indépendant. Attention aux locations : des vols sont signalés. Soyez vigilant et, comme toujours, ne laissez rien de valeur à la portée des indélicats.

Prix moyens (2 000-3 200 Rs / 44-71 €)

Chez Henri *(plan II,* ***10****)* **:** ***pointe d'Esny,*** *sur la droite en arrivant de Mahébourg.* ☎ *631-98-06.* *5747-02-59.* ● *henri-vacances.com* ● *Doubles env 2 500-3 000 Rs, petit déj compris. Propose aussi un forfait avec services annexes (repas, loc de voitures, excursions, etc.).* Située sur la route côtière mais côté terre, cette villa ne donne pas sur la plage. Tant mieux ! Elle pratique par conséquent des prix serrés, qui sont une aubaine si on tient compte de la qualité de la maison : 3 chambres spacieuses, décorées avec goût (quelques tableaux, meubles choisis), tout confort et bien entretenues. Sans compter l'accueil chaleureux d'Henri et de Majo, qui met immédiatement à l'aise. Une bonne adresse, d'autant que le petit jardin fleuri est idéal pour prendre le frais en fin de journée, avec sa petite piscine. Chapeau !

La Case Mama *(plan II,* ***11****)* **:** *en face de Chez Henri, au fond d'une petite ruelle habitée menant à la mer (maison de gauche, pas d'enseigne).* *5472-86-57.* ● *lacasemama.sitew.fr* ● *Doubles et bungalows 2 000-3 000 Rs. Dîner 1 000 Rs.* Ambiance bohème pour cette adresse en bord de mer. Dans la maison au toit en paille de canne à sucre, 3 chambres, simples et rustiques, à la déco dépareillée, avec douche, toilettes et ventilo. Et 2 bungalows indépendants, tout ronds, au confort sommaire mais avec tout de même une minisalle de bains et un frigo, charmants à souhait. Cuisine à dispo. On vient surtout pour la situation, unique, les pieds dans le sable blanc de la plage d'Esny. Le rêve ! Esprit communautaire (les portes n'ont pas de clé), l'idéal pour les kitesurfeurs et les aventuriers de tout poil. Grande tablée sous un badamier, petites loupiotes qui clignotent. Cuisine simple et authentique. *Roots* et sympa.

Blue Beryl Guest House *(plan II,* ***12****)* **:** *Coastal Rd,* ***Blue Bay.*** ☎ *631-98-62.* *5810-36-45.* ● *blueberyl.com* ● *Quasi au bout de la rte côtière, juste avt le Peninsula Bay, sur la gauche. Doubles ou studios 2 100-4 200 Rs, petit déj inclus. Plus cher pdt les vac de fin d'année. Également 2 apparts pour 4.* Une petite maison discrète et familiale. Dans une bâtisse aux murs blancs immaculés, 4 studios avec vue sur le lagon et 2 chambres, dont l'une peut être couplée avec une autre toute petite à lits jumeaux pour les familles, au confort simple, mais nickel. Les 2 studios avec terrasse partagée jouissent d'une vue incomparable sur le lagon, du lever au coucher de soleil. Mais le *rooftop,* lui, est accessible à tous, et c'est magique ! Grand espace de vie. Les appartements possèdent 2 chambres : idéal en famille. Accès direct à la plage. Spot privilégié de snorkelling. Un très bon rapport qualité-prix-accueil.

Pingouinvillas *(plan II,* ***13****)* **:** *94A, rue Daurades, derrière la plage de* ***Blue Bay.*** ☎ *637-30-51.* *5758-38-37.* ● *pingouinvillas.com* ● *Avt Blue Bay, prendre la rte à droite en direction de l'aéroport, c'est la 2e à gauche ; le petit immeuble est sur la gauche. Résa conseillée. Pour 2-6 pers, 2 000-2 800 Rs en studio ou appart. Tarifs dégressifs. CB refusées. Sur présentation du guide de l'année, 10 % de réduc (mars-sept) si résa en direct.* Dans un quartier résidentiel et calme, l'immeuble tout en hauteur est composé de studios (chambre séparée, clim, balcon ou terrasse ; celui du dernier étage possède même une vue sur les montagnes et la mer au loin) et de grands appartements carrelés, nickel. Déco minimaliste, mais confort suffisant. Une bonne option pour les familles et les séjours prolongés ; d'ailleurs, pas mal d'habitués en ont fait leur pied-à-terre. Le fils de M. Ramjan, le propriétaire, possède aussi une agence de location de voitures basée à l'aéroport (voir coordonnées plus haut dans « Adresses utiles »), mais peut organiser une mise à dispo directement à la villa.

Le Jardin de Beau Vallon *(plan II,* ***14****)* **:** *à* ***Beauvallon.*** ☎ *631-28-05. Sur la gauche en arrivant de Mahébourg, juste avt le croisement avec la rte de Blue Bay (panneau). Doubles*

L'ÎLE MAURICE

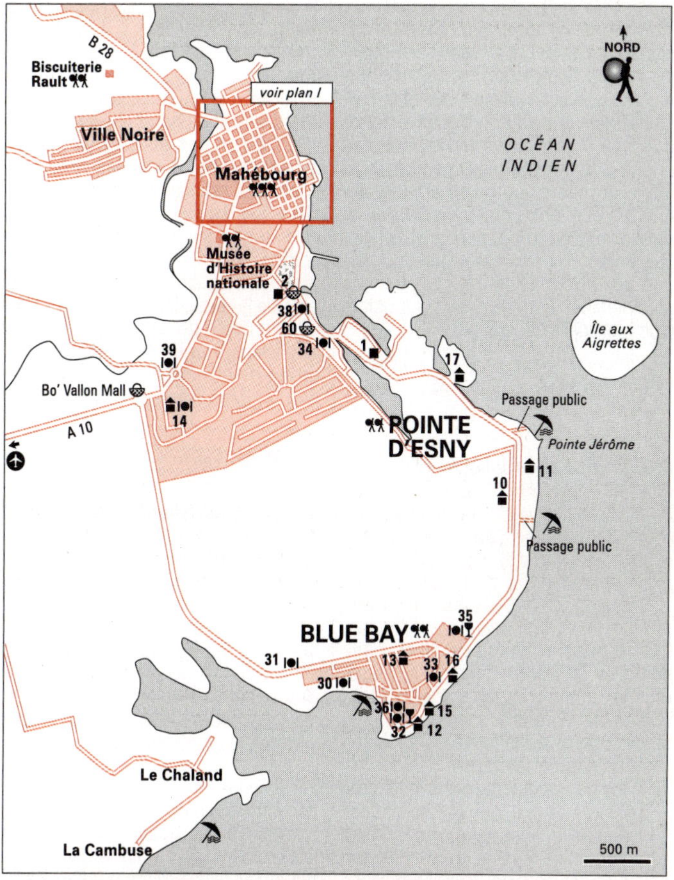

MAHÉBOURG – La pointe d'Esny et Blue Bay (Plan II)

Adresses utiles

- **1** Christ Car Rental
- **2** London Way

Où dormir ?

- **10** Chez Henri
- **11** La Case Mama
- **12** Blue Beryl Guest House
- **13** Pingouinvillas
- **14** Le Jardin de Beau Vallon
- **15** Chantauvent
- **16** Villa du Lagon
- **17** Preskil Island Resort

Où manger ? Où boire un verre ?

- **14** Restaurant Le Jardin de Beau Vallon
- **30** Kiosques et snack
- **31** Esco Burger
- **32** The Spot Café
- **33** Naked Foods
- **34** Taste of Freedom
- **35** The Bamboo
- **36** Le Bougainville
- **38** Le Bistrot d'Edwige
- **39** Karay Mario

Où acheter une maquette de bateau ?

- **60** Bato Constance

2 000-2 500 Rs, petit déj compris. Comment ne pas succomber au charme de cette belle maison coloniale du XVIIIe s, isolée au cœur d'un petit parc soigné où la jolie piscine et le bar n'attendent que vous ? Alignés au fond du jardin, 4 bungalows en bois conçus pour 2-3 personnes, à la chambre toutefois un peu exiguë. Les amoureux, quant à eux, choisiront sans hésiter le pavillon, un lodge indépendant avec un lit à baldaquin, très cosy, défendu par une porte indonésienne sculptée du plus bel effet. Excellent resto sur place (voir plus loin « Où manger ? »).

Chic (3 200-5 000 Rs / 71-111 €)

Villa du Lagon (plan II, **16**) **:** *22B, Coastal Rd,* ***pointe d'Esny,*** *à la limite de Blue Bay. 5422-31-01. • villadu lagon.jimdo.com • Studio 90 € pour 2 (loc de 2 sem min fin déc-début janv). Loue aussi 2 villas (3 et 4 chambres) 165-415 €/j. pour 6-8 pers. Plus cher pdt les vac de fin d'année.* Frédéric loue 2 villas spacieuses, avec coin salon et un accès direct à la plage d'Esny. Clim à tous les étages. L'idéal en famille ou entre copains. Seul le studio donne sur le jardin où évoluent tranquillement 2 tortues d'Aldabra. Tous les hébergements ont une kitchenette très bien équipée (micro-ondes, lave-vaisselle, lave-linge, etc.). Déco contemporaine, épurée, avec quelques objets et meubles de famille. Excellent rapport qualité-prix. Se réveiller avec le soleil dans son lit, vous vous en souviendrez !

Chantauvent (plan II, **15**) **:** ***Blue Bay,*** *juste avt le virage qui mène à la plage, à côté du Blue Beryl. ☎ 631-96-14. 5258-60-33 (WhatsApp). • chantauvent.com • Doubles ou studios 4 000-5 500 Rs, petit déj inclus. Possibilité de repas midi et soir.* Charmante villa créole face à la mer, dont la grande terrasse reçoit la bise comme une bénédiction aux heures les plus chaudes... Bon, l'intérieur est un peu sombre et les chambres ne sont pas immenses (l'une est vraiment petite), mais toutes ont vue sur la mer (uniquement de la terrasse pour la plus petite) ; certaines disposent d'un coin cuisine et d'un balcon. Petite plage privée en contrebas. Enfin, des studios et chambres sont également loués de l'autre côté de la route. Séparés par une allée, ils sont dotés de terrasses ombragées et partagent une petite piscine. Ceux du rez-de-chaussée sont, là encore, un peu sombres. Massage sur demande.

Spécial folie

Preskil Island Resort (plan II, **17**) **:** *à la* ***pointe Jérôme,*** *un peu avt la pointe d'Esny, dans le virage, sur la gauche. ☎ 604-10-00. • southern crosshotels.mu/preskil/ • Env 230-310 € pour 2 en ½ pens (plus cher en fin d'année) selon vue, confort et saison. Nombreuses promos sur Internet ou dans les agences. Selon disponibilité, buffet et resto de la plage le midi, plus le steakhouse le soir sont accessibles aux non-résidents sur résa.* Le *Preskil* a fait fort. Pour mériter son nom, cet établissement de grand standing a colonisé une petite langue de terre entièrement privée. La longue et jolie plage fait face à l'île aux Aigrettes. Le *resort* compte 2 piscines, plusieurs restaurants, 200 chambres tout confort et décorées avec goût, dispersées dans différents bâtiments et cottages d'inspiration créole, toutes avec vue sur la mer. Et bien sûr, une foultitude d'activités (spa, plongée, fitness, tennis, dériveurs, kayaks, club enfants, soirées à thème...). Accueil attentionné.

Où dormir dans les environs ?

Le Tibambari : *Le Bouchon,* ***Plaine Magnien.*** *☎ 637-41-11. 5770-31-95. • tibambari.com • De Mahébourg, direction l'aéroport ; une fois dans le village, continuer tt droit jusqu'à la mer ; puis suivre le rivage par la gauche, et emprunter le chemin à nouveau à gauche après les toilettes publiques ; repérer la maison jaune au toit bleu. Être véhiculé. Double avec sdb 2 500 Rs,* *petit déj compris ; familiales (3-4 pers). Dîner sur résa 600 Rs/pers. Zone wifi commune (pas dans les chambres). CB refusées. Transfert aéroport sur demande. Réduc de 10 % sur le prix de la chambre sur présentation du guide de l'année, si résa en direct.* Routards amoureux de la nature et en quête de tranquillité, voilà des chambres d'hôtes tout indiquées. Nichée dans un petit village à l'extrême sud-est de l'île, au bord du littoral, cette maison spacieuse et lumineuse est tenue par un adorable couple helvético-mauricien. Des 4 grandes chambres, 2 ont vue sur la mer du balcon, malgré une maison devant la leur. Ventilo et moustiquaire aux fenêtres. Grande salle à manger, qui contribue à la convivialité du lieu, et terrasse très sympa. Également une piscine. Pas de plage, mais un sentier herbeux qui mène d'un côté à la plage de la Cambuse, de l'autre au pont naturel et au Souffleur, 2 belles balades de la région. Prêt de *paddles.* On vous montrera aussi les bons coins pour nager. Quelques gargotes et un resto dans le village.

Où manger ? Où boire un verre ?

Bon marché (moins de 400 Rs / 9 €)

🍽 Face à la plage publique de Blue Bay *(plan II, **30**)*, plusieurs ***kiosques*** (le midi seulement, à emporter) et un ***snack*** (jusqu'à 16h). On y mange essentiellement des *mine* et bols renversés à avaler entre 2 brasses (pas trop coulées quand même) dans le lagon.

🍽 ***Esco Burger*** *(plan II, **31**) : au bout du parking de la plage de **Blue Bay.** 📱 5803-56-76. Tlj sauf jeu 12h-20h30. Sur place ou à emporter.* Dans cette cabane un peu à l'écart, le burger est roi. Il est au bœuf (tradi), au poulet (classique), au poisson (local) ou végétarien (dans l'air du temps). Plutôt bon.

🍽 🍷 ⛱ ***The Spot Café*** *(plan II, **32**) : **Blue Bay,** en retrait, derrière* Le Bougainville. *☎ 630-17-11. Tlj sauf dim 13h-21h. Musique live en principe le sam soir.* Une coque de bateau en guise de comptoir et des planches de surf pour tables, voilà planté le décor de ce resto de plage sans chichis où l'on vient volontiers boire un verre et/ou avaler une salade, une pizza ou un burger. Un endroit qui invite au farniente.

🍽 🍷 ***Naked Foods*** *(plan II, **33**) : à 100 m de la Villa du Lagon, côté droit en allant vers Blue Bay. Tlj sauf jeu et dim 7h-15h, sam 8h-13h.* Dans un ancien hangar à bateau, les habitués viennent surtout acheter le pain au levain maison, mais aussi des confitures ou des gâteaux réalisés par des femmes du voisinage. Sur la petite terrasse, on avale des tartines (houmous, pesto...) à base de l'excellent pain, bien sûr. Et pourquoi ne pas en profiter pour déposer le plastique usagé (bouteilles et autres) ? Une entreprise de recyclage se charge de le collecter pour le transformer en petits articles. Voir les porte-clés vendus dans la boutique. Une initiative pas si courante, à saluer.

Prix moyens (400-600 Rs / 9-13 €)

🍽 🍷 ⛱ ***The Bamboo*** *(plan II, **35**) : Coastal Rd, **pointe d'Esny.** ☎ 631-58-01. Tlj sauf lun 11h30-14h30, 18h-22h30. Fermé en principe 4 sem entre avr et juin. Résa conseillée.* Les clients se pressent au *Bamboo* à la fois pour l'agréable terrasse arrière, ceinte de hauts bambous qui crissent dans le vent, et pour la carte de pizzas cuites au feu de bois. Ajoutez à cela de belles portions, un complément de plats mauriciens généreusement servis et une bonne ambiance générale.

🍽 ***Restaurant Le Jardin de Beau Vallon*** *(plan II, **14**) : à **Beauvallon.** ☎ 631-28-05. Sur la gauche en arrivant de Mahébourg, juste avt le croisement avec la rte de Blue Bay (panneau). Tlj 12h-15h, 19h-22h. Résa conseillée le soir. CB acceptées.* Superbe demeure coloniale du XVIIIe s dont la salle à manger cossue s'ouvre sur une varangue et un jardin soigné. À la carte, une cuisine métisse de bon goût mêlant des spécialités traditionnelles, comme les 7 caris et la salade de palmiste, à quelques plats d'inspiration européenne. Tables nappées, lumières tamisées et service irréprochable.

Le Bougainville *(plan II, **36**)* : *Blue Bay, en face du Peninsula Bay, dans le virage.* ☎ *631-82-99. Tlj midi et soir.* Cette grande case créole vieillissante aligne plats mauriciens, salades et pizzas. Rien d'exceptionnel, mais peut éventuellement dépanner le soir.

À voir. À faire

Plages

La pointe d'Esny : notre préférée. Sauvage, elle sinue en silence au bord du lagon, pratiquement déserte, même le week-end. Seulement voilà, sur plusieurs kilomètres, le littoral est caché par des dizaines de villas entourées de murs et de haies, serrées les unes contre les autres, face à la plage. Fort heureusement, des panneaux signalent les 2 accès publics. Le 1er accès se situe environ 400 m après l'hôtel *Preskil* en venant de Mahébourg, avant le club nautique, dans le virage. Le 2d se trouve juste après *Chez Henri.* C'est à partir de ce passage et un peu plus au sud (direction Blue Bay) que les adeptes du snorkelling découvriront de très beaux poissons au niveau de l'hôtel *Astroea.* Attention, la plage n'est pas du tout ombragée.

Face à la pointe d'Esny, l'***île aux Aigrettes,*** plantée au milieu de ce lagon-piscine (voir plus loin « Visites écotouristiques à l'île aux Aigrettes »).

Blue Bay : plus au sud-est, c'est une petite baie très fermée qui doit son nom à une couleur bleue très belle, très lumineuse, due à un bas-fond assez rare dans un lagon. Pas d'oursins au niveau de la plage. Attention aux courants, toutefois moins forts qu'à la pointe d'Esny. Blue Bay a un seul inconvénient : on subit le bruit du décollage des avions, heureusement peu nombreux.

– De la plage publique, on aperçoit l'***île aux Deux Cocos,*** petit caillou posé sur la mer et chasse gardée d'un groupe hôtelier de luxe.

Le parc marin et le jardin de corail : cet espace protégé tant vanté par les brochures était, il y a encore peu de temps, magnifique. Malheureusement, en 2009, le pic de chaleur enregistré en raison du réchauffement climatique a blanchi le corail. De plus, l'écosystème est soumis à la pression humaine : un grand nombre de bateaux à moteur, la crème solaire des plongeurs (mieux vaut enfiler un T-shirt anti-UV pour se protéger des coups de soleil) et les couches de sédiments liées à des travaux effectués sur la côte recouvrent les coraux et les étouffent. L'un des plus beaux exemples de biodiversité dépérit de façon accélérée. Le naufrage du vraquier japonais qui a provoqué une marée noire dans le secteur, en 2020, a permis de sensibiliser les autorités et la population à la fragilité du milieu. Des mesures seront peut-être prises pour mieux le protéger.

Activités en mer

On peut à peu près tout faire, ou presque, à partir de la pointe d'Esny et de Blue Bay. Mais nous ne conseillons plus les sorties dans le parc marin, dit « protégé » (lire ci-avant) à bord de bateau à moteur. Cela ne ferait qu'aggraver une situation déjà préoccupante pour la faune et la flore.
En revanche, il est possible de partir en excursion vers les îles du Sud-Est, ou même de pousser jusqu'à l'île aux Cerfs. C'est d'ailleurs une excellente option. Partir de la pointe d'Esny permet de combiner la visite de l'île (voir plus haut « La côte est, de Pointe Lafayette à Mahébourg. L'île aux Cerfs ») avec une belle balade en bateau. Sur le trajet, cabotage d'île en île (et arrêt snorkelling) : île de la Passe, îlot Flamants, cascade de Grande Rivière Sud-Est. De nombreux pêcheurs, semi-professionnels et professionnels,

proposent toutes sortes d'activités à la carte... mais gare aux sorties en mer non couvertes par les assurances. Quelques adresses :

■ ***Totof :*** *plage de **Blue Bay.** 5836-90-65 (WhatsApp). • totof-mauritius.com • Rens sur la plage face à la jetée. Excursions à la ½ journée 1 700 Rs/pers, déj inclus ; à la journée 2 500 Rs/pers ; réduc moins de 12 ans ; gratuit moins de 4 ans.* Cette affaire familiale organise depuis de longues années déjà des sorties à l'île au Phare, à l'île aux Deux Cocos ou à l'île aux Cerfs (avec déjeuner sur un spot peu fréquenté), du snorkelling ou une virée en bateau à fond de verre. Bon accueil de Vanessa et Virginie.

■ ***Dodo Bato :*** *bateau à côté du ponton, sur la plage de **Blue Bay.** 5753-50-11 (WhatsApp). Prévoir env 500 Rs l'heure de snorkelling et env 2 900 Rs/pers pour une journée en mer.* En plus de vous accompagner pour du snorkelling dans le parc marin, Mio possède un bateau à fond de verre et un hors-bord. Il vous conduit aux îles Sauvages avec au programme snorkelling et pique-nique créole. C'est un joyeux drille, qui saura agrémenter la journée de sa bonne humeur et de sa philosophie hédoniste. Attention, son rhum arrangé est redoutable !

■ ***Jean-Claude Farla :*** *☎ 631-70-90. 5423-13-22. Compter 90 €/pers pour la journée de navigation et BBQ à l'îlot Mangenie ; 50 €/pers pour 5h de pirogue à voile, avec repas maison.* Jean-Claude et son fils Jean-Éric proposent notamment d'intéressantes excursions vers l'île aux Cerfs. Les départs s'effectuent depuis le débarcadère pour l'île aux Aigrettes (à pointe Jérôme) entre 9h et 10h pour un groupe de minimum 6 personnes qui se connaîsent déjà. L'idéal est de se grouper. Également des sorties plongée et en pirogue à voile (départ à 10h30, retour dans l'après-midi avec repas maison, à partir de 3 personnes). Là encore, on loue le bateau en entier... Très pro.

Visites écotouristiques à l'île aux Aigrettes

➢ Plusieurs visites quotidiennes (lun-sam 9h30-16h, et dim mat), sur résa (au moins la veille) : ☎ 631-23-96. 5258-81-39 (WhatsApp). • reservation@mauritian-wildlife.org • mauritian-wildlife.org • Compter 900 Rs/pers ; ½ tarif moins de 12 ans. Durée : 1h30-2h, traversée comprise. Départ de la pointe Jérôme, env 500 m au sud de l'hôtel Preskil. *N'oubliez pas d'apporter chapeau, crème anti-moustiques, crème solaire, eau et une bonne paire de chaussures.*

À quelques encablures de Mahébourg s'épanouit le sanctuaire des derniers vestiges de la forêt côtière mauricienne, posé comme un nénuphar au milieu des eaux turquoise de la baie sur un rocher calcaire. Protégée pour sa faune et sa flore, c'est une réserve naturelle gérée par la *Mauritian Wildlife Foundation.* Grâce à ses efforts, les espèces végétales exotiques qui parasitaient les essences endémiques ont été éliminées, afin de recréer petit à petit l'écosystème d'origine mis à mal depuis l'arrivée de l'homme. Quelques espèces rares ont également été réintroduites, comme le pigeon rose, le cardinal mauricien, l'oiseau à lunettes, rescapés de l'extinction, ainsi que des reptiles, dont les tortues géantes.

Et lorsque la marée noire d'août 2020 a touché l'île, l'ONG est parvenue à évacuer des espèces protégées, tout en participant aux opérations de nettoyage pour récupérer le fioul qui avait souillé le littoral.

L'île aux Aigrettes survit, malgré tout. La découvrir en compagnie d'un spécialiste de l'écosystème mauricien est un moyen de témoigner de sa richesse pour mieux la préserver.

DANS LES ENVIRONS DE BLUE BAY

La plage de la Cambuse : *après l'aéroport, prendre la direction Le Chaland ; passer devant le panneau de l'hôtel* Shandrani, *et suivre la route jusqu'au bout.*

Grand parking. On débouche sur une magnifique et longue plage de sable blond, ombragée par quelques acacias. La barrière de corail, assez proche, rend la mer plus houleuse qu'ailleurs. Malgré le panneau « Baignade dangereuse » en raison des courants un peu forts, les familles mauriciennes y viennent en nombre le week-end et pendant les vacances pour se baigner. Faites comme elles, privilégiez le côté gauche, moins agité, mais prudence tout de même, surtout avec des enfants. Une plage idéale en tout cas pour pique-niquer. Peu de monde en semaine. Sur place, vendeurs de noix de coco et toilettes. Comme partout, ne pas laisser ses affaires sur la plage sans surveillance.

LE SUD, DE MAHÉBOURG AU MORNE BRABANT

Une bien jolie route que celle qui serpente dans les terres, de Mahébourg à Souillac, avant de rejoindre le Morne Brabant. La végétation y est dense et l'atmosphère plus douce. Ensuite, la côte révèle des coins sauvages et de belles étendues de sable. On y aperçoit tour à tour un lagon paisible, puis de fortes vagues venant s'échouer sur de sombres roches noires et luisantes. Le sud de l'île est peu peuplé et loin des clichés sur Maurice (sauf en de rares endroits).

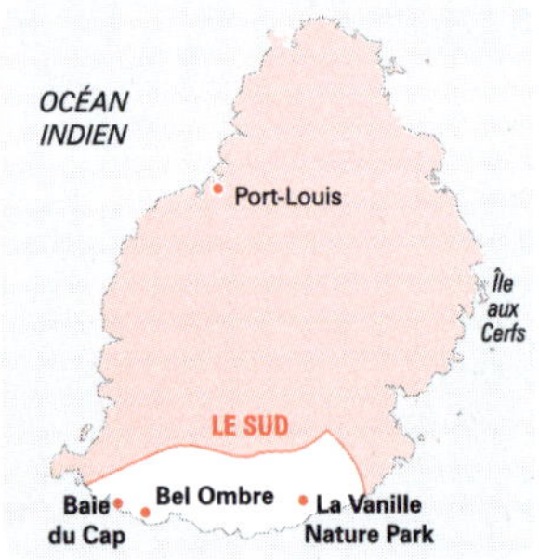

DE MAHÉBOURG À SOUILLAC

Où dormir ? Où manger ?

Beaucoup plus chic

Lodge L'Andréa : *à* ***Rivière des Anguilles,*** *Union Ducray. ☎ 5471-05-55 ou 5727-87-44. • andrea-lodge.com • Non loin du Domaine de Saint Aubin en direction de Souillac, fléché sur la gauche depuis l'A 9 ; une route mène jusqu'à l'usine sucrière avt de se transformer en piste à travers les champs de canne. Doubles 2 200-3 200 Rs, petit déj inclus. Repas, sur résa la veille, ouv aux non-résidents ; prix moyens.* Environnement forestier pour *L'Andréa* et ses 10 bungalows cubiques, aux noms de poissons locaux, juchés sur une petite falaise. Étonnamment, ils sont construits avec une façade en verre dévoilant la côte rocheuse. C'est donc de son lit (et même de sa douche) qu'on admire le littoral... Très lumineux mais un peu froid peut-être. De la salle de resto ou de la piscine, belle vue sur la mer, là encore. Clim. Possibilité de balades guidées (incluses).

L'Auberge de Saint Aubin : *au Domaine de Saint Aubin, près de* ***Rivière des Anguilles.*** *☎ 676-30-89. • saintaubinloisirs.com • Doubles 4 200-5 300 Rs, petit déj inclus et remise sur l'excursion « La Route du Thé, du Rhum et de la Vanille » et sur le repas dans l'un des domaines de « La Route ». CB acceptées.* Soigneusement restaurée et meublée avec un goût très sûr, la vieille habitation créole jouxtant le domaine abrite 3 belles chambres d'hôtes (dont 2 familiales).

Le parquet ancien, les lits à baldaquin (2 chambres sur 3), les beaux volumes et la varangue courant le long de la maison entretiennent une atmosphère d'antan, renforcée par les paysages de plantations qui environnent le domaine. De l'authentique mais tout confort, en témoignent la clim, les jolies salles de bains et la piscine. Un cocon douillet hors des sentiers battus, idéal pour les familles ou les amoureux. Juste en face se trouve le restaurant.

Restaurant Le Saint Aubin : *au Domaine de Saint Aubin, près de* ***Rivière des Anguilles.*** *☎ 676-30-89. Tlj 9h-17h. Prix moyens.* Très belle maison coloniale du début du XIXe s, avec une élégante salle à manger à l'ancienne et une véranda avec son carrelage en damier où sont servis les repas. De là, on profite d'une agréable vue sur le jardin pour savourer, par exemple, une salade de palmiste et marlin fumé, un poulet à la vanille de Saint Aubin (un régal !) ou créole, un vindaye de cerf et, enfin, une banane ou un ananas » caramélisé(e). Les légumes et fruits sont cultivés sur le domaine. Service attentif et souriant.

À voir

Le pont naturel : *au sud de Mahébourg en suivant la direction du Bouchon, puis de Carreau Accacia. Suivre les panneaux sur une piste un peu chaotique de 2 km env au milieu des champs de canne. À emprunter de préférence avec une bonne voiture, en évitant les jours de pluie. Petit parking improvisé et terminer à pied pour rejoindre la falaise.* Vous y êtes, maintenant, admirez. D'abord, l'océan à perte de vue et les falaises d'une beauté sauvage à couper le souffle. Puis, en s'avançant, on découvre cet étonnant pont d'une dizaine de mètres, naturellement creusé dans la roche volcanique par le vent et les vagues au fil du temps. Ici, la houle se heurte violemment contre la falaise, provoquant d'impressionnantes explosions, et l'eau finit par s'engouffrer sous le pont. Les plus téméraires tentent de le franchir, le temps d'immortaliser le moment, mais on le déconseille : il n'y a pas de protection et ***le risque de chute est réel*** (vent, pierre glissante...). Une puissante expression de la nature et un grand bol d'air iodé.

Le Souffleur : *juste à l'entrée du village* ***L'Escalier,*** *pile-poil après le poste de police, à gauche, à env 15 km au sud-ouest de Mahébourg, en direction de Souillac. Piste accessible tlj 6h-18h (après, des grilles bloquent l'entrée de la piste). On peut aussi y aller à pied en 30 mn depuis le pont naturel.* Pénétrez sur le domaine de l'usine de canne à sucre *Omnicane.* Suivez la petite route qui file à travers les champs de canne sur environ 5 km, avant de devenir une très mauvaise piste jusqu'au site. Au passage, admirez un remarquable banian, d'une quarantaine de mètres de haut, qui entoure la cheminée d'une ancienne usine à sucre. La vue est fantastique sur la côte sauvage. Ici, il n'y a pas de barrière de corail et l'océan déferle sur la falaise. Repérer la forte écume qui sort par intermittence, tel un souffle. Le spectacle est nettement plus féerique par gros temps (donc en hiver généralement, mais il ne faut pas non plus que la marée soit trop haute). Dommage toutefois qu'on y ait construit un parapet en béton assez laid.

La Vanille Nature Park : *bien indiqué depuis le village de* ***Rivière des Anguilles,*** *à env 2 km. ☎ 626-25-03. • lavanille-naturepark.com • Tlj 9h-17h30 (dernière admission à 17h). Entrée : 500 Rs ; 150 Rs enfants 3-12 ans. Visite libre ou guidée possible (ttes les 30 mn), comprise dans le billet ; la dernière commence 30 mn avt la fermeture. Lotion antimoustiques en vente à la boutique, si vous avez oublié la vôtre !*

C'est au cœur de la forêt tropicale, dans ce parc zoologique, que vivent des milliers d'animaux et notamment le plus grand nombre de tortues géantes en semi-liberté au monde : plus de 1 000 ***tortues Aldabra*** des Seychelles et ***Radiata*** de Madagascar. La plus vieille, Domino, déplace allègrement ses 275 kg du haut de ses 105 (ou 110) ans. Pour la reconnaître, repérer le n° 61 sur sa carapace. Leur durée de vie peut atteindre les 150 ans, voire 200 ans, chez les belles tortues-soleils. Vous pourrez nourrir les adultes (payant) et même les bébés tortues dans la nurserie en compagnie d'un guide (payant) à 10h30, 11h et 14h.

À découvrir aussi, au milieu des palmiers et des bambous géants, ***près de 2 000 crocodiles du Nil*** aux dents étincelantes (brrr !), importés de Madagascar, qui passent leur journée à bayer aux corneilles au bord de bassins luxuriants (en réalité, ils ventilent !). Ils s'animent quand ils mangent. Il est d'ailleurs possible en début d'après-midi de nourrir les jeunes avec des morceaux de viande accrochés au bout d'une canne à pêche (rassurant, mais quand même impressionnant !) ; l'activité est payante. Et pourtant, les bébés dans les couveuses sont si mignons que vous leur chatouilleriez bien le menton. On vous proposera même de vous prendre en photo avec l'un de ces bébés, moyennant supplément, bien entendu, ce que l'on déconseille en raison du stress provoqué chez l'animal ! Enfin, sachez qu'ils sont élevés autant pour la protection de l'espèce que pour leur chair et leur peau...

C'EST CHAUD !

Une femelle crocodile pond entre 30 et 40 œufs à la fois, de sexe... neutre. Seule la température d'incubation déterminera s'il en sortira un petit crocodile mâle ou femelle. Les conditions sont ici reproduites en couveuse : entre 26 et 30 °C, cela donnera des femelles, entre 30 et 33 °C des mâles !

La visite se poursuit par les sentiers ombragés qui conduisent ici à une volière de chauves-souris, là aux bassins de carpes koïs, ou encore aux makis catta, de la famille des lémuriens, que l'on peut là encore alimenter 4 fois par jour. Ils sont d'une grande douceur (s'inscrire à l'avance, c'est payant et cher, avec un nombre de places très limité). Et puis, à 10h30 et 14h30, vous pourrez même faire copain-copain avec Octar, l'iguane de la maison ! Et il n'est pas rare de rencontrer, au détour d'une allée, Chamarel, la biche apprivoisée, qui raffole des pommes.

Ne pas manquer non plus le ***chemin nature,*** très pédagogique.

Les passionnés passeront par le ***musée des Fossiles*** qui expose « 100 millions d'années sous la mer » à travers une centaine d'ammonites de Madagascar, ainsi que des œuvres d'art s'y rapportant. Également une section sur l'histoire des mammifères marins de Maurice : squelettes de baleines, mais aussi des phoques et des dugongs.

Sans oublier l'expo sur ***Le Pays perdu des dodos et la faune disparue de Maurice et de Madagascar,*** comme ces lémuriens géants ou cet oiseau-éléphant qui vivait à Madagascar il y a encore 4 siècles (son œuf est le plus gros au monde, celui de l'autruche ressemble à un cochonnet à côté). Voir aussi les ossements d'un dodo, vendus aux enchères de Londres en 2016 et acquis pour la modique somme de 346 000 £ (environ 400 000 €). Ça fait cher le pigeon... mythique, certes !

Mais la vraie belle surprise, c'est le superbe ***insectarium*** qui abrite la collection exceptionnelle de Jacques Siedlecki. S'il est là, il se fera un plaisir de vous l'expliquer. Sa passion vient de sa mère, taxidermiste dans les années 1960, qui chassait les papillons en Afrique. Son fils a continué avec les autres insectes. Sa collection compte aujourd'hui 26 000 spécimens principalement d'Afrique, de Malaisie et d'Indonésie, de Madagascar et d'Amazonie. Ils y sont tous : phasmes, scarabées, le *Teinopalpus imperialis,* une espèce de papillon qui vit au Bhoutan à 4 000 m d'altitude, une très rare veuve noire (repérer l'étiquette jaune), araignée qui n'effraie pas à 1re vue mais dont la morsure est mortelle dans certains cas, ou cette punaise à tête d'homme de Malaisie ! Certains papillons n'existent plus,

suite à la déforestation et au changement climatique. D'ailleurs, Jacques Siedlecki craint leur disparition complète d'ici 2030, et que les jeunes générations ne les admirent plus qu'épinglés dans les musées. Sa collection, unique, n'en prend que plus d'importance.
Les plus petits s'arrêteront certainement dans la ***miniferme,*** feront une balade en poney (payant), iront saluer les cerfs de Java ou s'amuser à l'espace création et peinture, animé par Annie.
Bref, ce parc est un savoureux cocktail pour petits et grands.
À noter aussi, la belle boutique à l'entrée, qui propose toutes sortes d'objets d'artisanat mauricien et des articles de maroquinerie en peau de croco, pour les adeptes.

Le Crocodile Affamé : *dernière commande à 16h. De prix moyens à chic.* Camouflé dans la verdure, un agréable resto-terrasse en surplomb du parc, qui propose du croco à toutes les sauces, au gingembre, au curry ou aigre-doux. Le goût de la chair se situe entre le poulet et le poisson. Les méfiants peuvent se contenter de tester les beignets de croco, et pour ceux qui ne seraient pas du tout tentés, on y sert aussi de la cuisine mauricienne et des pâtes.

Le Domaine de Saint Aubin : *près de* ***Rivière des Anguilles.*** *☎ 676-30-89. • saintaubinloisirs.com • Fléché depuis l'A9. Tlj 9h-17h. Visite seule env 650 Rs ; enfants moins de 12 ans 300 Rs. Le tarif comprend la visite guidée du jardin botanique, de la Maison de la vanille, du jardin des épices, de la miniferme, de la Maison du rhum (+ dégustation). Visite + déj au restaurant 1 700 Rs ; réduc enfants. Billet combiné, valable 1 sem, « La Route du Thé, du Rhum et de la Vanille », comprenant le Domaine de Bois Chéri et celui des Aubineaux (voir plus loin) : 2 500 Rs, repas compris, taxe incluse ; ½ tarif moins de 12 ans. Notez que ces prix sont susceptibles d'être modifiés en cours d'année.*
Le Domaine de Saint Aubin abrite une belle maison coloniale, datant de 1819, qui fut déplacée et reconstruite planche par planche en 1870, l'usine sucrière toute proche gênant la tranquillité des lieux. C'est aujourd'hui un site de visite intéressant, une agréable table d'hôtes, où l'on goûte à une cuisine mauricienne « typique », et un hébergement de charme (en face, dans l'annexe)...
Après le repas, la visite du domaine constitue la meilleure des balades digestives... car elle commence par la distillerie et la rhumerie ! En fonction de l'heure, on assiste au broyage de la canne, à une brève explication du fonctionnement des alambics et des cuves à fermentation, puis on regarde un petit film, et enfin, on file au bar pour tout goûter : pas moins de 5 liqueurs et 15 rhums différents ! Bien réchauffé, on entreprend le parcours botanique, la visite de la serre d'anthuriums et de la Maison de la vanille (ou comment tout savoir sur la culture de cette plante délicate, de la fécondation manuelle à sa commercialisation). On finit par l'écomusée. Miniferme et jeux pour enfants.
Sur place, vente de rhum, de liqueurs, de gin, de gousses de vanille du domaine et de différents sucres.

SOUILLAC

Un gentil village, au sommet de belles falaises noires. Il tient son nom de François de Souillac, gouverneur de l'île à la fin du XVIIIe s. Il est aujourd'hui jumelé avec... la ville de Souillac (Lot). Ici, la mer est tumultueuse et rugissante. Il est donc difficile de s'y baigner.

Arriver – Quitter

Gare routière : *dans le centre.* Gare importante.

➢ Bus pour ***Curepipe, Mahébourg*** et ***Baie du Cap.***

Où manger dans les environs ?

Chez Rosy : *sur le parking de la plage de **Gris-Gris.** ☎ 625-41-79. Tlj 11h30-16h. Prix moyens.* Terrasse colorée pour déjeuner à l'ombre des parasols. Cuisine mauricienne très correcte. Accueil souriant.

À voir

Le jardin de Telfair : *sur la rte de Gris-Gris, presque en face de la gare routière.* Agréable parc municipal qui surplombe la mer bouillonnante, où il est plaisant de pique-niquer à l'ombre des kiosques d'une autre époque. Il porte le nom du Dr Charles Telfair, secrétaire d'un des gouverneurs anglais de l'île au début du XIXᵉ s, personnage clé de l'industrie sucrière.

Le musée Robert-Edward-Hart : *à 700 m de la rue principale, sur la droite de la rte de Gris-Gris ; un peu après le jardin de Telfair. ☎ 625-61-01. Tlj sauf dim et j. fériés, 9h (11h mer)-16h (jusqu'à 12h sam). GRATUIT.* La petite maison de pierre volcanique et de corail, où habita le poète mauricien Robert Edward-Hart jusqu'à sa mort en 1954, a malheureusement été démolie par un cyclone. Reconstruite en 2003 quasiment à l'identique et au même endroit, « la Nef » fut, selon Georges Duhamel, une retraite marine à la fois austère et délicieuse. Les 3 pièces fidèlement reconstituées rassemblent quelques objets personnels (sa machine à écrire), une poignée de documents et même le masque mortuaire de l'écrivain francophone, considéré comme l'un des principaux auteurs de l'océan Indien. Vue saisissante depuis la véranda, d'où l'on peut imaginer qu'il écrivit : « Tous les songes d'Asie, tous les parfums d'Afrique, toute la poésie chimérique me viennent ce soir avec la brise de la mer Indienne. »

DANS LES ENVIRONS DE SOUILLAC

La falaise de Gris-Gris et la Roche qui pleure : *à l'est de Souillac. En venant de Rivière des Anguilles, au 2ᵉ rond-point soit on va tt droit jusqu'au parking qui surplombe la falaise (et de là un sentier mène à la Roche qui pleure), soit on tourne à gauche, en traversant le Domaine de Gris-Gris, jusqu'à un bois de filaos où l'on se gare avt de marcher 5 mn sur la gauche ; on voit la Roche qui pleure.* Derrière le rideau d'arbres, on découvre le paysage superbe formé par cette côte sauvage, où les falaises de roches volcaniques noires subissent les assauts féroces de l'océan. Un vrai coin de Bretagne ! La Roche qui pleure, c'est une saillie rocheuse énorme dans laquelle la mer s'engouffre en passant par un puits. En se retirant, l'eau ruisselle et la roche donne l'impression de pleurer... à marée haute tout du moins. On peut se balader aux alentours, sur les buttes herbeuses pelées par le vent. Entre la Roche qui pleure et le parking de la falaise de Gris-Gris (superbe panorama) s'étend une plage de sable fin où les baignades sont fortement déconseillées.

Rochester Falls : *à 4 km au nord-ouest de Souillac, sur la route de Surinam. On se gare au bout de la route, puis on chemine au milieu des plantations de canne sur une piste de 800 m. Il faut ensuite traverser la rivière au-dessus de la cascade pour rejoindre un sentier qui descend en demi-cercle jusqu'au bas de la chute d'eau.*

Nous déconseillons de suivre les jeunes (parfois insistants) qui veulent vous guider moyennant finances. On les entend gronder de loin, mais c'est bien au milieu de nulle part que l'on apprécie ces larges cascades de basalte sculptées par l'érosion. Du haut de leurs 12 m et au milieu d'une végétation luxuriante et paisible, on peut se rafraîchir dans l'eau claire et douce du joli bassin au pied des chutes. Un moment de quiétude dans un environnement préservé.

DE SOUILLAC AU MORNE BRABANT

Un joli coin plutôt sauvage, peu peuplé (la population y est majoritairement créole), avec seulement quelques poignées de maisons distribuées ici et là. Mais plusieurs complexes hôteliers de luxe (et même un golf...) se sont implantés dans le secteur de Saint-Félix – Bel Ombre. D'autres projets sont à l'étude, notamment du côté de Baie du Cap. Les promoteurs ont-ils l'intention de grignoter tout le littoral ?

RIAMBEL

Ne pas se fier à la « pomponnette », c'est bien connu. Cette jolie plage publique est, en effet, déconseillée pour la baignade en raison des forts courants mais agréable pour le pique-nique. Quelle vue ! Grâce à la mobilisation des habitants, la construction d'un hôtel qui devait privatiser les trois quarts de cette côte a été suspendue. Par mesure de rétorsion, les autorités ont arrêté un temps le ramassage des ordures... Et toc !

SAINT-FÉLIX

Village de l'arrière-pays, Saint-Félix a longtemps abrité la plus ancienne sucrerie de l'île, aujourd'hui fermée.

Très belle et longue ***plage publique*** à Saint-Félix, bien ombragée car bordée de filaos et aménagée (snacks, toilettes, grand parking). Idéale en famille.

MARE ANGUILLES

La vallée des Couleurs Nature Park : *à **Mare Anguilles,** Chamouny, en remontant vers l'intérieur des terres. ☎ 660-44-77. 5292-88-41 (résas ; WhatsApp). • lvdc.mu • Tlj 9h-17h. Entrée : env 400 Rs ; réduc enfants ; gratuit moins de 6 ans. En supplément, plusieurs activités payantes (et très chères), parfois proposées de façon insistante.*
Le site, magnifique, se parcourt facilement à pied. Il est jalonné de belles cascades et bassins (pique-nique possible) et points de vue sur la vallée et le lagon, au loin. Mais le clou, ce sont bien sûr les couleurs de la terre mauricienne, qui se déploient en bandes et dômes, sans se mélanger, selon un phénomène géologique très particulier (tout comme aux Terres de Chamarel). Sauf qu'ici, on a découvert pas moins de 23 variations (7 à Chamarel) sur un espace auquel on a donné la forme de l'île. Peu d'intérêt toutefois par temps maussade, où l'on peine à distinguer les couleurs.
Parmi les activités payantes : tyroliennes (dont une qui mesure 1,5 km, ce qui en fait l'une des plus longues au monde !), pêche, balades à cheval, luges karts et voiturettes, plus buggys et quads (mais là, on est carrément moins convaincus). À noter aussi, un musée qui retrace l'histoire géologique de l'île et de la vallée.
3 restos sur place.

LA BAIE DU JACOTET

Minuscule village avec un petit cimetière marin à Rivière des Galets chahuté par les intempéries, au centre d'un véritable jardin d'Éden. Les surfeurs se retrouvent à l'embouchure de la rivière, mais attention, la baignade y est dangereuse, comme à la baie du Jacotet. Les courants y sont importants et le corail affleure sur le littoral.

UN COMMANDANT QUI VAUT TRIPETTE

C'est dans la baie du Jacotet qu'eut lieu, en 1810, l'une des innombrables batailles entre Anglais et Français. Au cours de cette attaque-surprise, le commandant français fut fait prisonnier, puis échangé contre menues victuailles : cochonnailles, cabris et volailles !

BEL OMBRE

Le littoral a été réhabilité, et il accueille désormais plusieurs grands et beaux complexes touristiques pour nantis. Il faut bien avouer que le coin est superbe. La baignade, rendue autrefois impossible en raison des rejets de la sucrerie et des algues qui avaient par conséquent proliféré, se fait aujourd'hui dans d'excellentes conditions : la plage et l'eau ont été assainies, la blondeur du sable et le dégradé turquoise du lagon ont retrouvé leur place dans la palette des couleurs. Magnifique !
Sachez enfin qu'en logeant ici, il faut vraiment avoir envie de s'isoler du reste du monde. Il n'y a pas âme qui vive, ambiance un peu surréaliste. Mais qui veut vraiment s'échapper de ces hôtels où tout, absolument tout, est proposé aux résidents ? On trouve à l'intérieur du complexe de Bel Ombre un beau musée de coquillages (lire plus bas) et à proximité un golf 18 trous et la *réserve naturelle Frederica,* vaste domaine vallonné de 1 500 ha où l'on s'adonne aux joies de la marche dans la forêt ou celles plus discutables du quad en guettant les cerfs, cochons marron et autres chauves-souris. • *belombrenaturereserve.com* •

Plage publique dans le village (après les hôtels et le *C Beach Club*), étroite langue de sable, bordée d'un tapis herbeux. Le coin est plutôt prisé des kite-surfeurs, mais les familles viennent y pique-niquer et s'y baigner.

World of Seashells : *dans le domaine de Bel Ombre. Tlj 9h-16h (15h dim). Entrée : 250 Rs ; réduc. Livret enfants (payant).*
Installé dans une ancienne fonderie du XIXe s, il s'agit d'un des plus grands musées de ce genre en Afrique. Cette collection familiale rassemble pas moins de 8 000 coquillages, dont 1 500 espèces du monde entier (sur les 75 000 connues à ce jour) et 60 % originaires de Maurice. Si la plupart datent des années 1960 (plus aucun n'est prélevé aujourd'hui), les plus vieux remontent à 1758.
Muséographie pédagogique à travers 5 sections qui permettent d'aborder les différentes facettes des mollusques. On apprend par exemple qu'il existe 2 familles de coquillages : les gastéropodes (les bigorneaux) et les bivalves (les coquilles Saint-Jacques). Saviez-vous que dans tous vit un animal ? Certains voient dans leurs formes géométriques « une poésie des mathématiques » ; les cauris, petites coquilles blanches, servent de monnaie en Afrique à partir du Xe s et plus largement à partir du XVIe s aux puissances coloniales qui s'adonnent à la traite des esclaves. Mais les usages sont multiples : depuis la période néolithique, ils ont permis de fabriquer des outils, des bijoux, à teinter (le pourpre) ; on leur découvre des propriétés médicinales (le cône est ainsi utilisé comme antidouleur « sans accoutumance »). Un sujet aussi vaste que passionnant que l'on peut détailler à la lecture de panneaux courts et clairs. Un univers en soi.

BAIE DU CAP

Le village authentique et rustique est à l'image de l'île Maurice. C'est ici qu'accosta en 1803 le *Cumberland,* navire anglais sur la route du retour d'Australie. Des maisons en tôle, certaines colorées, et quelques jardins fleuris. Plage sauvage à Pointe Corail, tout de suite après Baie du Cap. Juste à la sortie du village, le rocher de Macondé. Quelques marches permettent d'accéder à un petit promontoire. Aussitôt après, la route serpente au pied de hautes falaises noires, avant de filer vers le désormais tout proche Morne Brabant. Longues langues de sable blanc, criques et eaux turquoise : la route est toujours sublime.
Si vous venez de Chamarel, par la mauvaise route qui rejoint Baie du Cap, suspendez 2 mn votre trajet à Choisy pour apercevoir un étonnant *temple tamoul* jaune vif adossé à un fond de végétation au vert intense.

Station A : *rte côtière, à* ***Baie du Cap.*** *☎ 659-19-91. 5712-49-76. Tlj sauf mar 9h-16h. Accès par l'arrière. De prix moyens à chic.* Face à l'ancienne station de police du village, le restaurant, situé à l'étage, offre depuis sa terrasse ombragée une vue superbe sur la mer. Il propose une cuisine à la fois mauricienne (sauté d'ourite, curry de poisson...) et internationale (salades, burgers). Une table pour tous les goûts dans un secteur qui compte peu d'adresses. Impeccable aussi pour boire un verre.

Adorable village du ***Morne,*** authentique et tranquille en bord de mer, avec ses échoppes et petites gargotes le long de la route principale, avant d'atteindre l'effervescence touristique de la péninsule.

L'ÎLE MAURICE

DU MORNE BRABANT À FLIC EN FLAC

Ce secteur du littoral est moins touché par l'affluence touristique que la partie nord-ouest de l'île. Ceux qui recherchent le calme séjourneront de préférence dans la région. Les autres en feront un excellent but de balade à la journée, qu'on peut agrémenter d'un petit tour vers l'intérieur à Chamarel et Grand Bassin.

LE MORNE BRABANT

Site superbe, classé au Patrimoine mondial de l'Unesco, péninsule paradisiaque, sorte de pain de sucre veillant sur le coin sud-ouest de l'île, le Morne dresse ses parois abruptes à 556 m d'altitude. En saison sèche, ne soyez pas surpris de voir la montagne racornie, des flancs arides, des herbes jaunies, des arbres dénudés et effeuillés, dans un paysage de brousse africaine. C'est normal, car le Morne Brabant tourne le dos aux nuages et les pluies ont du mal à arriver jusqu'ici, ce qui explique cette sécheresse.

Cette roche altière est entourée d'une mince bande de plage que l'on peut considérer comme la plus somptueuse de l'île grâce à la couleur de ses eaux. Les hôtels de luxe ont squatté presque tout le littoral et la plage publique. Pour accéder aux portions « privées » de la sublime plage, il faut s'acquitter d'un droit d'entrée très élevé auprès des hôtels qui, en outre, demandent souvent qu'un repas – hors de prix – soit pris sur place. Un vrai scandale ! Du coup, on conseille plutôt d'aller profiter de la mer et de l'air du temps sur la plage publique, aujourd'hui complètement morcelée par la construction de nouveaux hôtels, mais on vous indique les différents accès.

Où dormir ? Où manger ?

Ne cherchez pas de *guesthouse,* il n'y en a pas ! Ici, au pied du Morne sauvage et protecteur (il abrite sacrément du vent), l'un des plus beaux paysages de l'île, vous ne trouverez que des hôtels de chaînes prestigieuses : *Beachcomber* (*Paradis* et *Dinarobin*), *JW Marriott, Riu, Lux...*

De bon marché à prix moyens (jusqu'à 600 Rs / 13 €)

|●| *Emba Filao :* *sur la 1re plage publique, entre les hôtels* Dinarobin *et* Lux. *📱 5919-19-69. Tlj : petit déj 8h30-10h30, puis déj 11h30-15h ; plus ven-sam 18h-22h sur résa. Commande au comptoir, service à table.* Un resto de plage au succès fou, compte tenu de la situation les pieds dans le sable et du peu de concurrence dans le coin. On y vient surtout pour le poisson et les fruits de mer (hamburgers plus moyens). Également des *samoussas, hakien* et salades.

|●| *Wapalapam :* *dans le centre commercial L'Harmonie, sur la gauche, avt la zone des hôtels. 📱 5852-29-02. Tlj 12h-22h.* Pas forcément très bien situé, en bord de route, mais il s'agit d'un des rares restos qui ne fait pas partie d'un grand *resort* et ses horaires étendus permettent de s'attabler à toute heure de la journée. Il sert en outre une bonne cuisine mauricienne, notamment de la mer, bien présentée. Plusieurs choix végétariens aussi. Plutôt une adresse du soir, car sans vue. Service agréable mais parfois longuet.

À voir

👁👁 🚶 *Le Monument de la Route de l'Esclave :* *juste en face de la 1re plage publique ; l'entrée du site grillagé est assez discrète. GRATUIT.* Une stèle centrale, grand bloc de roche grise duquel semble s'échapper un homme, et d'où partent de petites allées en étoile, menant toutes à une pierre sculptée. Chacune d'elles est signée d'un artiste dont le pays d'origine a contribué au peuplement de Maurice dans des conditions douloureuses durant l'esclavage. Elles évoquent les esclaves marrons : la porte de la liberté (avec les chaînes encore aux poignets), l'esclave fouetté, la maternité comme une renaissance, mais aussi l'anonymat de ceux qui sont morts ici, avec des prénoms en graffiti. Ou encore des traits presque

MORNE ET TRISTE

C'est au sommet du Morne que venaient se cacher les esclaves noirs qu'on appelait « marrons » pour avoir échappé à leur maître. L'accès très difficile du lieu leur conférait une certaine sécurité. Selon la légende, en 1834, alors que des soldats venaient leur annoncer la bonne nouvelle de l'abolition de l'esclavage, prenant peur et craignant de se faire prendre, ils choisirent de se jeter dans la mer du haut de la falaise. Tragique méprise !

indistincts, comme un souvenir qui s'efface. Chaque sculpture symbolise une pierre tombale à la mémoire des esclaves marrons morts en 1834. L'ensemble rayonne telle une étoile contre l'oubli. Petit à petit, devant ce symbole poignant, on se laisse gagner par l'émotion.

➢ En longeant la côte, on peut faire le ***tour de la presqu'île*** du Morne en voiture par temps sec (uniquement). Il faut continuer jusqu'à la dernière plage publique et poursuivre sur la piste pour rattraper la route du Sud qui mène à Baie du Cap. Belle végétation tout le long, très variée.

À faire

Plages

La ***plage publique*** du Morne Brabant est déserte en semaine et bondée le week-end pour le pique-nique rituel des familles mauriciennes.

Les accès à la plage publique

➢ La 1re et principale section de plage publique se trouve entre les hôtels *Dinarobin* et *Lux*. Longue de 500 m, elle est frangée par un bois de filaos large de 50 m. Un vrai goût de paradis : grande quiétude, coins ombragés, sable blond très clair, eau transparente (même si ce n'est pas en face que l'on verra de beaux coraux). Pas trop de vent, elle est idéale en famille.

➢ Le 2e accès se trouve entre les hôtels *Lux* et *JW Marriott*. Beaucoup plus ramassé que le précédent, ce petit bout de plage est là encore précédé d'un espace planté de filaos. Pas désagréable. Au large, le lagon offre parmi les plus belles observations de coraux de l'île. Mais attention, si la baignade ne présente pas de danger majeur, mieux vaut être équipé de palmes pour lutter contre les courants parfois assez forts. De plus, ne pas trop s'éloigner de la plage en raison des bateaux qui peuvent filer très vite et ne pas voir les baigneurs.

➢ Le 3e accès se trouve à la pointe sud-ouest du Morne, juste après le *JW Marriott*. C'est là que se retrouvent les surfeurs car les vents et les courants y sont plus forts.

➢ Le dernier accès se situe après l'immense complexe hôtelier *Riu*, au bout de la route. Particulièrement venté, c'est là que les kitesurfeurs se sont installés.

Sorties en mer

■ ***Benitier Boat*** *(Jerry Hippolyte)* **:** *☎ 451-55-89. 📱 5724-28-71 (WhatsApp). Prévoir 4 500 Rs la balade pour 2 pers ; le prix augmente en fonction du nombre de participants. La sortie dure en général 2-3h. Téléphoner avt pour convenir d'un lieu de rdv : Jerry peut venir vous chercher sur l'une des plages du Morne ou vous donner rdv sur la 1re plage à côté du restaurant* Emba Filao. Sur son bateau de pêche bleu et blanc, impeccablement entretenu et doté d'un toit parasol, Jerry propose des sorties dans ou hors lagon à des prix plus ou moins négociables mais toujours raisonnables. Au choix, balades, snorkelling ou pêche au large du Morne, son secteur. Joie et bonne humeur garanties !

Balades

■ ***Le Haras du Morne*** **:** *suivre une allée entre les hôtels* Dinarobin *et* Lux, *sur la gauche. ☎ 450-41-42. 📱 5509-05-90. • harasdumorne.com • Lun-sam 7h-16h. Résa 1-2 j. avt. Porter un pantalon long.* Propose des balades à cheval privatives le long de la plage et même une nage avec les chevaux dans la mer. Excellents guides. Pas donné, mais prestations de qualité.

L'ÎLE MAURICE

L'ascension du Morne : *guide conseillé. Compter env 4h A/R. Partir tôt pour éviter les grosses chaleurs.* Le Morne est l'un des plus beaux points de vue de toute l'île, mais ce panorama à couper le souffle se mérite ! Ses pentes escarpées, surtout dans la dernière portion, demandent une bonne condition physique et un équipement adapté (bonnes chaussures, beaucoup d'eau, crème solaire...). On grimpe tout de même à 465 m d'altitude. De là-haut, vue sublime sur le lagon et le sud de l'île. Attention au vertige.

■ ***Explorers Mauritius :*** *5258-41-41. • explorersmauritius.com • Départ à l'aube. Durée : 3-4h. Compter 2 000-2 500 Rs/pers selon formule (classique ou familiale).* Bryn, un adorable Sud-Africain, très professionnel, embarque un groupe de 6-8 personnes à l'ascension du Morne par un accès privé et sur un sentier que lui seul emprunte. On y croise cerfs, sangliers, singes, et comme Bryn est très impliqué sur le plan environnemental, il vous montrera la *Trochetia buotonia,* une fleur emblématique de l'île qui pousse à 400 m d'altitude, seulement sur cette montagne. Une expérience unique qui se conclut par une vidéo souvenir à la fin. Il propose aussi d'autres randonnées dans le sud de l'île.

■ ***Yanature :*** *5251-40-50. • trekkingmauritius.com • Tlj. Résa obligatoire. Compter env 1 500-2 200 Rs/pers pour une rando guidée de 3-4h.* Cette équipe de passionnés vous entraîne, commentaires à l'appui, dans une rando au Morne Brabant, version découverte (accessible à tous) ou plus sportive... le tout dans un environnement de carte postale.

– ***Balade à vélo :*** pas de loueur de vélos au Morne ni à La Gaulette, mais il est possible de s'en procurer auprès des hôtels. Une balade courte et sympa : le tour du Morne en suivant la route, puis un chemin avant de rejoindre le village du Morne. On longe d'abord la côte, avec un œil sur les kitesurfeurs, ensuite on traverse la forêt. Si l'on fait abstraction des déchets qui jalonnent le sentier, la balade est bien agréable et facile, même pour les enfants.

Kitesurf

Le Morne est l'une des zones à Maurice qui se prêtent le plus à la pratique du kitesurf, quasiment toute l'année (un chouia moins en février-mars).

■ ***LMKS – Le Morne Kite School :*** *sur la dernière plage, au bout de la rte. 5731-97-67 ou 5984-32-44 (WhatsApp). • lemorne-kiteschool.com • Compter autour de 4 000 Rs/pers les 2h de leçon en groupe. En principe, 3 sessions/j., selon météo. Également des forfaits.* Équipe très pro. Propose aussi des cours de kite avec *foil* et loue du matériel pour les kitesurfeurs autonomes (sur présentation du certificat d'autonomie).

■ ***Pryde Club :*** *sur la dernière plage publique. 5989-10-60. Prévoir env 6 000 Rs les 2h de cours de découverte en groupe. Ts niveaux.* Travaille en partenariat avec l'hôtel *Lux.*

LA GAULETTE

Ce paisible village, au nord du Morne Brabant, s'étire langoureusement entre la route principale et la mer. Ici, pas de plage mais une anse vaseuse, romantique au crépuscule, qui attire pas mal de kitesurfeurs. Et lorsque les pêcheurs ne taquinent pas la carangue, ils papotent dans le village, à l'ombre des arbres, ou baladent les touristes à l'île aux Bénitiers, à quelques encablures de la côte.

Arriver – Quitter

➢ ***En bus :*** arrêts le long de la route principale vers ***Flic en Flac*** dans un sens et vers le ***Morne Brabant*** dans l'autre.

Adresse utile

Village Walk : *à l'entrée de La Gaulette en venant de Tamarin. Lun-sam 8h30-19h, dim 8h-13h.* Petit centre commercial avec un supermarché et un distributeur *MCB*.

Où dormir ? Où manger ?

Ropsen Apartments : *rte Royale. ☎ 451-57-63. 5902-80-00. • ropsen.net • À droite en venant du nord, après les principaux commerces. Compter 1 800-2 200 Rs pour 2 ; apparts 4 pers (2 chambres) 3 600-5 000 Rs et villas 6-8 pers 4 500-5 500 Rs/j. CB acceptées.* Ropsen loue 3 studios et 4 appartements. Propres et fonctionnels (cuisine, balcon ou terrasse...), ces logements s'avèrent très agréables lorsqu'ils donnent sur la mer (moins côté rue), et tous sont d'un très bon rapport qualité-prix. Ropsen loue également 3 villas avec piscine sur les hauteurs de La Gaulette. On peut demander le transfert à l'aéroport, ainsi que louer une voiture ou un pick-up. Bref, de quoi satisfaire tout le monde et tous les budgets.

The Rusty Pelican : *en venant du Morne, à droite après le supermarché, à droite 2 fois et sur votre gauche. 5747-45-44 (WhatsApp). • rusty-pelican.com • Apparts « containers » 75-150 €, familiaux 100-200 € pour 2-4 pers selon saison. Mieux vaut réserver longtemps à l'avance.* Dans un lotissement, un peu en dehors de l'animation, une grande maison, avec son jardin sous la verdure, et sa piscine. 2 appartements au rez-de-chaussée et 2 à l'étage (2 chambres), avec cuisine équipée et grand salon, pouvant accueillir 2 adultes, 2 enfants et un bébé. Les appartements « containers », pile en face de la piscine, hébergent jusqu'à 4 personnes (pas d'enfants de moins de 12 ans pour des raisons de sécurité). Belle déco contemporaine, espaces vastes et aérés, avec livres, matériel de snorkelling, et tout le nécessaire pour se prélasser au calme. Très propre. Gentil accueil.

Chez Meilee : *à 300 m du supermarché en direction du Morne, à côté du resto Frizzy. ☎ 451-62-18. Tlj sauf lun 19h-21h30.* Une petite adresse sans prétention, où Meilee sert avec le sourire entre les tables à touche-touche de sa terrasse au vent. Salle en paille tressée à l'intérieur. Classiques *mine frit,* bols renversés, mais aussi calamars à la créole ou autres spécialités de la mer.

À faire

Excursions à l'île aux Bénitiers

Cet îlot arboré, à quelques encablures de la côte, doit son nom à ce gros et beau coquillage converti par les missionnaires en bénitier. Il appartient à un particulier (propriétaire d'une sucrerie sur l'île), mais l'estran, ce bandeau de sable qui en fait le tour, reste public... et magnifique ! Alors, voilà, les pêcheurs et opérateurs improvisés ont flairé le filon et rivalisent d'arguments pour vous emmener, le temps d'un déjeuner-barbecue, profiter du lagon peu profond, aux eaux translucides qu'on surnomme ici « l'aquarium ». L'image paraît idyllique. Elle l'est moins

en réalité, lorsqu'en fin de matinée affluent les catamarans, hors-bord et autres bateaux de pêcheurs, chargés des heureux touristes que nous sommes.
Quand arrive l'heure du pique-nique et que chaque groupe occupe son emplacement avec sa table bâchée préinstallée, on oscille entre la rigolade et la déception. À l'heure de pointe, difficile de jouer les Robinsons, le lagon s'apparente à un grand centre nautique en plein air. Passe encore. Mais difficile de passer l'éponge sur l'état dans lequel tout ce beau monde laisse l'île une fois le pique-nique terminé. Car si certains prennent soin de ce joyau, d'autres, bien moins scrupuleux et très peu concernés, laissent choir détritus et sacs en plastique, sans cas de conscience.
Alors quelques conseils pour profiter pleinement et durablement de ce joli coin de paradis : venir à contretemps (certains pêcheurs – voir ci-après – organisent des sorties snorkelling très tôt le matin, suivies d'un déjeuner) et repartir quand la foule débarque, ne rien laisser sur le sable ou dans les broussailles, opter pour une salade et du marlin fumé. Cela évitera d'encourager le braconnage de la langouste, systématiquement proposée au menu moyennant une bonne poignée de roupies supplémentaires, alors que sa pêche en chasse sous-marine est désormais interdite à Maurice (les casiers restent autorisés).

Sorties en mer

■ ***Kissen :*** *☎ 451-51-56. 📱 5758-98-49. • kissenjeewajee@hotmail.com • Sortie dauphins 1 500-1 800 Rs/pers ou journée complète 2 500-2 800 Rs/pers.* Sérieux et respectueux des dauphins, Kissen cherche des solutions pour gêner le moins possible les mammifères et échapper à l'armada de bateaux. Pour la journée complète, l'excursion prévoit du snorkelling (prêt de matériel) et un délicieux pique-nique sur l'île aux Bénitiers.

■ ***Blue Reef Ecotours :*** *📱 5771-29-28 (WhatsApp). • bluereefecotours.com • Compter env 3 200 Rs/pers, à partir de 2 pers, pour l'île aux Bénitiers.* Lilian Demangeon, ancien garde princier à Monaco, est passionné d'écotourisme. Il a fondé *Action Lagon,* une ONG qui œuvre pour la protection, la sensibilisation et la réhabilitation du patrimoine corallien de Maurice. Il ne manque pas d'enthousiasme quand il s'agit de faire découvrir les aspects les plus méconnus de l'île aussi bien terrestres qu'océaniques. Tarifs assez élevés, mais la découverte de l'île à la journée se fait en petit comité. Circuit terrestre combiné avec sortie en mer (îles de l'Est ou aux Bénitiers), journée sur l'île aux Bénitiers avec les dauphins, vers le Morne Brabant... Passionné de reproduction corallienne, Lilian propose aussi des plongées didactiques avec masque et tuba. Également des randonnées (le Pouce, le Morne, journée cascade, etc.).

■ ***L'Amistad :*** *📱 5841-19-99 (WhatsApp). • amistad-maurice.com • Sur rdv seulement. Départ depuis le débarcadère en centre-ville « Embarkation Point ». Matinée dauphins 2 500 Rs/pers, ou 5 000 Rs/j. la journée avec repas. Bateau privé également possible (devis sur demande).* Bateau hors-bord pour aller observer les dauphins, accompagné d'un équipage professionnel formé selon la charte du respect des dauphins. Également repas sur l'île aux Bénitiers, à l'écart des autres bateaux.

EXCURSIONS VERS L'INTÉRIEUR

La partie sud-ouest de l'île propose quelques belles escapades très nature, changeant un peu du bord de mer. Une même route vous guide naturellement vers les domaines boisés ou colorés de Chamarel, Plaine Champagne et Grand Bassin. Une balade fort agréable.

CHAMAREL

Un peu après La Gaulette, à la hauteur du patelin de Grande Case Noyale, une route perpendiculaire à la route côtière indique Chamarel. Large et bien goudronnée (pèlerinage hindou à Grand Bassin oblige !), elle serpente à travers la forêt et les champs de canne, puis escalade courageusement les flancs escarpés de la montagne. La grimpette permet de profiter à plein du défilé de vues formidables sur la plaine en contrebas et le littoral, avant d'atteindre le village qui borde les plantations de caféiers. D'ailleurs, on vous encourage vivement à goûter le café de Chamarel. Il détient à juste titre une excellente réputation.
En revanche, si vous dormez sur place, prévoyez soit de réserver le repas chez votre hôte, soit de faire des provisions avant, car le soir, tout est fermé. Il vous faudra aller vers La Gaulette au plus proche.

Où dormir ?

De bon marché à prix modérés (moins de 2 000 Rs / 44 €)

Les Palmiers : *rte Royale, à Chamarel. ☎ 483-43-64. • shanaya108@hotmail.co.uk • À env 700 m avt l'entrée de la Terre des 7 Couleurs en venant du nord, drapeaux peints à l'entrée de cette grande maison rose posée sur une butte au-dessus de la rte. Double 1 000 Rs, petit déj en sus ; appart 1 800 Rs. Dîner sur résa ; env 450 Rs le plat.* L'aimable et souriante Mme Beehary loue un appartement (2 chambres, cuisine, salle de bains vétuste) et des chambres toutes simples, qui se partagent un salon et une grande terrasse équipée d'un coin cuisine. Au fond de la propriété, 4 appartements avec terrasse dominent le jardin parcouru par un joli cours d'eau et profitent d'une belle vue sur les montagnes. Un bon rapport qualité-prix dans l'arrière-pays mauricien.

Plus chic (plus de 5 000 Rs / 111 €)

La Vieille Cheminée : *à Chamarel. ☎ 483-42-49. 📱 5259-86-60. • lavieillecheminee.com • Maison 5 800 Rs sur la base de 2 pers (accueille jusqu'à 6 pers), petit déj inclus. 2 nuits min. Dîner sur commande (au moins la veille).* La vieille cheminée est celle que l'on aperçoit, tout en pierre de taille, en arrivant dans cet ancien domaine sucrier. Dans la nature, à flanc de colline, ce domaine se compose de magnifiques maisons créoles d'excellent confort, spacieuses et à la déco personnalisée gentiment rustique. Mobilier de charme, sanitaires modernes, cuisine et vastes salles de séjour ouvrant sur la traditionnelle varangue, sans oublier la petite piscine commune à la vue panoramique. En bref, une ode au bon goût et à la douceur de vivre, où la magie opère forcément... Une petite épicerie et des jeux pour enfants complètent le tableau. De plus, des efforts ont été faits pour diminuer l'impact environnemental. Sur réservation *(lun-sam)*, possibilité de balades à cheval et à pied dans le domaine. Prévoir une lotion antimoustiques (en vente aussi sur place).

Très chic et charme

Lakaz Chamarel Exclusive Lodge : *Piton Canot, à Chamarel. ☎ 483-42-40. • lakazchamarel.com • Juste avt d'arriver à Chamarel par la rte de Grande Case Noyale, prendre à droite un chemin au niveau d'un kiosque vert, juste après le resto Le Chamarel. Cases 260-315 € pour 2 pers en ½ pens (plus cher pdt les fêtes de fin d'année) ; également des suites avec ou sans piscine (jusqu'à 3 pers ou 2 adultes et 2 enfants) et une formule all inclusive. Navette jusqu'à la plage du Morne tlj sauf dim et j. fériés. Table ouv aux non-résidents midi et soir (dîner sur résa) ; plats à partir de 700 Rs.* C'est d'abord une histoire d'amour avec un lieu, un jardin secret (très grand, le jardin) que les proprios ont ciselé au fil des ans avec l'envie de le partager. Imaginez un peu : un vallon luxuriant au creux duquel s'épanouit un étang dans un calme olympien. Devant la réception, une maisonnette abrite une superbe chambre prolongée par une terrasse privée sur ponton. Plus loin, dispersés à flanc de colline, différents bungalows et suites de grand confort, à la déco soignée, jamais standardisée, prolongés par des douches à ciel ouvert et aux allures de jardin zen (galets, plantes, statuettes...). Pour les uns, piscine privée ; pour les autres, lodges avec vue sur la mer (et piscine) ! On n'a encore rien dit des 2 piscines, du bar perché avec vue sur le lagon, idéal au coucher du soleil, du bâtiment commun très cosy, avec salon colonial et une belle varangue, ni du spa ou de la salle de yoga. Il y a même un espace silence... On peut aussi vous prêter des vélos. En prime, excellente cuisine mauricienne. Une adresse discrète et romantique en diable, à l'accueil chaleureux et au service impeccable.

Où manger ? Où boire un verre ?

Sur le pouce

En laissant l'entrée de la Terre des 7 Couleurs sur la gauche, continuer sur la route principale en direction du village de Chamarel ; on trouve en face des 1res boutiques, côté droit, en surplomb, ***2 cabanes.*** L'une prépare des *mines,* l'autre des *rotis* farcis (excellentes galettes faites maison) pour un prix symbolique. 2 tables à disposition. Une aubaine dans le coin !

Prix moyens (400-600 Rs / 9-13 €)

Restaurant Le Barbizon : *à Chamarel, en direction de la rhumerie. ☎ 483-41-78. 5495-16-90 (WhatsApp). L'une des rares adresses à refuser une commission aux chauffeurs de taxi ; ne pas les croire s'ils vous affirment que c'est fermé. Sur résa seulement, de préférence la veille. Menu fixe env 550 Rs. CB acceptées. Punch maison offert sur présentation du guide de l'année.* Agréable resto de campagne très aéré, proposant un menu du jour élaboré au gré du marché par la maîtresse de maison. Rien que du frais par conséquent, pour une cuisine familiale où figurent en bonne place les recettes de grand-maman : poissons en sauce et une foule de légumes présentés façon tapas pour tout goûter. Simple et généreux... comme l'accueil de monsieur. Notre meilleure adresse du coin dans cette gamme de prix.

Les Palmiers Restaurant : *rte Royale, à Chamarel. ☎ 483-43-64. Resto accessible à midi aux non-résidents ; le soir, seulement pour les pensionnaires (voir plus haut « Où dormir ? »). Préciser lorsque vous venez sans taxi.* La cuisine servie en terrasse, sur un plateau, un peu façon cantine, est réalisée en fonction du marché et de la cueillette du jour (le vaste et très fourni jardin potager bio se trouve derrière la maison). À l'intérieur, salle un peu tristounette. Bon accueil.

Chic (600-1 000 Rs / 13-22 €)

L'Alchimiste : *rte Royale, à Chamarel, dans l'enceinte de la rhumerie. Tlj sauf dim 11h30-15h30 (dernière commande).* Dans un cadre élégant de varangue noyée dans la verdure, où sont aussi cachées quelques tables en terrasse sous les portiques. Le chef, aussi à l'aise avec le poisson qu'avec le gibier (cerf, cochon selon saison), sert une cuisine de terroir. Les touches de rhum viennent relever quelques recettes bien enlevées. Présentation des plats originale et soignée, service avenant et, enfin, un baba au rhum (de Chamarel, bien sûr !). Pour vous dégourdir, reprenez la séance de dégustation où vous l'aviez laissée, ou filez à la boutique pour finir vos emplettes.

Varangue sur Morne : *sur la rte de Plaine Champagne, à l'est de Chamarel. ☎ 483-59-10 ou 483-66-10. Tt le monde connaît l'adresse. Tlj 11h-15h30 (dernière commande).* On vient ici pour la vue spectaculaire sur la végétation luxuriante dégringolant jusqu'à la mer, un peu moins pour la cuisine, servie à de nombreux groupes à midi. On en oublierait presque aussi le cadre, qui lui non plus ne fait pas dans le banal : une immense salle d'inspiration chalet savoyard avec quelques clichés d'hôtes de marque accrochés aux murs. Un lieu qui vaut le coup d'œil, idéal pour boire un verre en cours de balade.

Le Chamarel : *à l'entrée de Chamarel en arrivant de Grande Case Noyale, sur la droite. ☎ 483-44-21. Tlj 9h-15h.* Garez votre véhicule sur le parking (ne vous laissez pas rebuter par les autocars) et descendez quelques marches pour découvrir l'une des plus belles vues de Maurice. Le resto en terrasse, au toit de chaume et en pleine végétation, domine de 400 m le versant de la montagne et la mer. Vue idyllique, donc, pour une cuisine mauricienne correcte, à base de produits locaux. Quelques incursions françaises et une belle carte de desserts. Service délicat et pro, quoiqu'un peu pousse-conso. Pour ceux qui ont un budget plus serré, venez plutôt y boire un bon cocktail ou siroter le fameux café de Chamarel. La vie (et la vue) sera tout aussi belle...

À voir. À faire

La rhumerie de Chamarel : *rte Royale, à Chamarel. ☎ 483-49-80. • rhumeriedechamarel.com • Tlj sauf dim 9h30-16h30 (fermeture des caisses). Fermé 1er-3 janv et à Noël. Période de récolte de début juil à mi-déc. Visite guidée (ttes les 20 mn) et dégustation : 450 Rs ; réduc.* En un parcours léché, vif et illustré par des machines en fonctionnement (en saison, sinon le lieu se transforme en « simple » musée, avec des vidéos explicatives), le visiteur saisit toutes les étapes de la fabrication du rhum agricole – récente sur l'île puisqu'elle est autorisée depuis 2003 –, conséquence du changement de politique sucrière. Ainsi, de la canne à sucre au liquide que l'on savoure nature, vieilli en fût de chêne ou arrangé, on suit les 4 étapes du broyage, de la fermentation, du chauffage à la vapeur, puis de la distillation à la mise en bouteille. Vous serez incollable sur la bagasse, le fangourin ou la double distillation, spécifique à Chamarel. Contrôle des connaissances avec la dégustation, entre rhum blanc, parfait pour les cocktails, et rhums au caractère plus savoureux et plus âgés. Les plus réfractaires testeront les liqueurs. Boutique bien approvisionnée en produits maison, avec flacons design, mais aussi divers objets artisanaux de belle facture. Restauration sur place (voir « Où manger ?... ») et la *Terrace* pour prendre un goûter *(15h30-17h).*

Curious Corner : *rte de la Baie du Cap, en face de l'entrée de la Terre des 7 Couleurs, à Chamarel. ☎ 483-42-00. • curiouscornerofchamarel.com • Tlj 9h30-17h (dernière entrée à 16h15). Entrée : env 500 Rs ; enfants 350 Rs.* Dans une ancienne usine de litchis, une galerie d'illusion d'optique. De quoi passer des heures entre copains ou en famille. Petits et grands adorent. Accueillis dans la *Librairie du Dodo,* à nous de trouver le passage secret ! La porte passée, nous voici retournés cul par-dessus tête dans une cuisine. Pas facile de boire au robinet dans ces conditions... On découvre que Marilyn Monroe n'est pas celle que l'on croyait, on joue *La Lettre à Élise* avec de la lumière, et on termine par un labyrinthe à fous rires garantis ! Plein de gadgets pour se prendre en photo, avec les guides très sympas. À l'extérieur, d'autres illusions d'optique. Original et plutôt décalé.

– ***Même accès pour les 3 domaines suivants.*** L'entrée principale se fait au niveau de la guitoune où l'on paie pour la Terre des 7 Couleurs. Si vous ne vous rendez pas à ce domaine, mais seulement à Ebony Forest et/ou au Lavilleon Adventure Park, doubler la file en avertissant la personne au guichet et continuer ; le paiement se fait directement à chacune des 2 entrées. La petite route bien goudronnée file dans les terres et fait un détour par la belle et très majestueuse ***cascade de Chamarel.*** Arrêt obligatoire pour grimper jusqu'à la terrasse panoramique. Elle surplombe les minces filets d'eau (plus importants entre décembre et avril), qui plongent d'une centaine de mètres dans un bassin au cœur d'une végétation dense et somptueuse. On reprend ensuite la voiture pour accéder aux différents domaines.

MYSTÈRE RÉSOLU

Si Chamarel était un haut lieu de la sorcellerie, point de magie dans le phénomène : les 7 variations chromatiques sont dues à l'érosion du basalte provenant des coulées de lave. Il s'est alors formé des ravins d'argile composés principalement d'oxyde de fer et d'aluminium. Le fer donne une gamme de couleurs allant de l'anthracite au rouge, l'aluminium offre une palette du bleu violacé au vert.

La Terre des 7 Couleurs : *☎ 483-42-98. • chamarel7colouredearth.com • Y aller de préférence en voiture (pas vraiment pratique en transports en commun et, de l'entrée, il y a encore 3 km de marche). Tlj 8h30-17h (17h30 oct-mai) ; fermeture des caisses 30 mn avt. Entrée : 500 Rs (cher la photo !) ; 250 Rs moins de 13 ans ; gratuit moins de 5 ans. Bien conserver son ticket, qui est redemandé une fois sur le site. Y aller de préférence par beau temps, les couleurs ressortent mieux, et tôt le mat pour éviter la foule (beaucoup de monde en saison). Snack sur place.* Dans ce parc de 7,5 ha, la Terre des 7 Couleurs est une sorte de grande clairière bombée et dénudée qui ondule gracieusement et présente 7 variations de couleurs, oscillant de l'ocre au marron, du rouge au violacé. Une fois mélangées, elles finissent toujours par se séparer. En fonction de la lumière, l'effet varie énormément et peut faire des déçus. Elle est généralement plus belle le matin. La terrasse en surplomb permet d'avoir une bonne vue d'ensemble. Enclos à tortues plus bas.

Ebony Forest : *même accès que la Terre des 7 Couleurs ; après une halte à la cascade, passer devant « la Terre », et à l'embranchement bifurquer à droite. ☎ 460-30-30 ou 31. • ebonyforest.com • Tlj 9h-17h. Plusieurs balades (la plupart guidées) : 200-1 800 Rs (de 25 mn à 4h pour le trek) ; réduc enfants 5-17 ans. Safari en jeep : 30 mn.*

Pensée pendant plus de 10 ans par les mêmes créateurs que *La Vanille Nature Park* pour servir un grand projet de conservation et de sensibilisation, cette réserve est ouverte au public depuis 2017. Pour pallier la déforestation massive, des équipes replantent depuis 2006 des espèces indigènes, qui remplacent les espèces invasives. 26 ha ont déjà été replantés à ce jour. Comme son nom l'indique, le bois d'ébène est à l'honneur avec 7 espèces sur les 11 présentes sur l'île. La forêt abrite également de nombreuses espèces de plantes et d'oiseaux, dont certaines sont menacées.

La découverte commence par un petit ***musée*** bien conçu et documenté retraçant 8 millions d'années d'histoire, ou comment la faune et la flore de l'île ont été bouleversées, menacées jusqu'à parfois disparaître. Un état des lieux avant de s'immerger dans cette impressionnante forêt endémique qui fait partie des 1,3 % restant à l'île Maurice.

D'innombrables nuances de vert, un air frais et des points de vue sublimes accompagnent ces randos ressourçantes sur les hauteurs de Chamarel, via une passerelle dans les arbres. Attention, c'est parfois musclé (on peut monter jusqu'au Piton Canot), on transpire, pour mieux se rappeler que le lieu se mérite. Une beauté majestueuse. Si vous êtes pressé ou moins en forme, le tour peut s'effectuer en jeep, ça perd toutefois un peu de charme et de sa portée écolo.

Une belle découverte et un doux moment dans ce havre de paix en compagnie d'une chaleureuse équipe, à l'écoute et toujours au service de la nature.

Lavilleon Adventure Park : *même accès que la Terre des 7 Couleurs ; poursuivre jusqu'au bout de la rte qui se termine par une piste* (track road). 5471-79-33. • *lavilleonadventurepark.com* • *Tlj 9h-17h. Entrée gratuite, mais activités payantes : à partir de 150 Rs/pers la marche de 15-20 mn, comprise dans ttes les autres attractions, jusqu'à 1 500 Rs env les 3 tyroliennes.*
Cet ancien domaine de chasse de 600 ha constitué d'une forêt endémique est aujourd'hui un magnifique terrain de jeux pour toute une série d'activités : mini-accrobranche pour les enfants, parcours de 3 tyroliennes pour les plus grands qui se termine par un pont suspendu à 50 m de haut, une *via ferrata* (à partir de 10 ans) de 500 m et du tir à l'arc.
Resto sur place avec quelques spécialités comme le poulet à la vanille ou au rhum épicé (prix moyens) ; d'autres plats bon marché.

LA PLAINE CHAMPAGNE

C'est le « paysage d'antan », avant que l'homme n'y laisse sa marque au XVIIe s pour commettre ses faits et méfaits. Peu après Chamarel et en se dirigeant vers Grand Bassin, sur la gauche se dresse une église dédiée à sainte Anne, mère de Marie et sainte patronne de la Bretagne (parmi les 1ers colons, les Bretons furent nombreux). À l'extérieur, sur un piédestal, la statue de la mère apprenant la lecture à sa fille. On traverse ensuite la région de la Plaine Champagne. Ce petit haut plateau (750 m) se trouve au cœur du parc national de Rivière Noire. Il concentre une bonne partie des plantations d'agrumes et abrite dans ses forêts des essences rares comme le colophane, le tatarnaka, le tambalacoque, le camphrier, le bois de natte... C'est également le refuge de nombreuses espèces d'oiseaux rares, certains en voie d'extinction, comme la crécerelle « mangeur de poules », le merle cuisinier ou le pigeon des mares. Vous pourrez aussi y rencontrer des macaques. La plaine est encore peu accessible aux randonneurs.
Des efforts sont entrepris pour baliser les différents chemins qui sillonnent la région. Certains sont déjà plus ou moins accessibles, mais en attendant la mise en place systématique de bornes, il faudra se contenter de la traverser par la route, ce qui reste malgré tout une balade savoureuse qui propose 2 beaux points de vue.
– ***Point de vue de Black River Gorges :*** à 6 ou 7 km après l'embranchement vers la Terre des 7 Couleurs, en atteignant la Plaine Champagne, un panneau indique sur la gauche « View Point Black River Gorges » ; à 150 m de là, par un sentier, on accède à un splendide point de vue sur la vallée, la forêt tropicale et plusieurs chutes d'eau. Gorges impressionnantes par leur profondeur et la richesse de la végétation.
– ***Point de vue sur les chutes Alexandra :*** environ 4 km plus loin, une autre pancarte sur la droite indique une allée plantée de beaux arbres. Au bout, un petit sentier permet d'accéder au belvédère qui fait face aux chutes Alexandra, visibles sur l'autre versant de la montagne. La vue très dégagée porte loin, jusqu'au littoral. Par ailleurs, plusieurs tables disséminées sous les arbres font du site un agréable lieu de pique-nique, d'autant qu'on trouve souvent des vendeurs de boissons fraîches et fruits pressés sur le parking (jusqu'à 16h).

LE PÉTRIN

➢ ***Black River Gorges National Park*** *(le parc naturel de Rivière Noire)* ***: centre d'infos*** (Les Mares Forest Office) *pour les randonnées dans le parc situé au carrefour des rtes pour Grand Bassin et Chamarel/Vacoas. Lun-ven 7h-15h, sam 7h-10h45. Fermé dim. Attention, les gardes sont souvent en inspection dans le parc.* Carte des sentiers de randonnée en vente sur place et bons conseils. En profiter d'ailleurs pour se faire repréciser le parcours choisi, car le tracé des cartes n'est pas toujours si clair sur le terrain. On vous suggère d'ailleurs de prendre en photo le plan avant de vous engager : il serait quand même dommage de se retrouver dans... le pétrin ! Derrière le centre d'info, belle aire de pique-nique ombragée avec des tables. Même des toilettes. Pour plus de détails sur les randonnées, se reporter à la rubrique « Sports et loisirs » dans « Île Maurice : Hommes, culture, environnement ».

GRAND BASSIN

À env 3 km du Pétrin. Pour s'y rendre : 2-3 bus/j., en principe tôt le mat. Sinon, bus jusqu'au village de La Marie, puis stop. L'arrivée sur une rte si large qu'elle ressemble à une piste d'atterrissage laisse imaginer le nombre de bus qui débarquent au moment du pèlerinage.

À 702 m d'altitude, dans un paysage de collines fraîches et verdoyantes, ce grand bassin est une vaste retenue d'eau naturelle, qui remplit le cratère d'un ancien volcan. Sur ses rives en partie aménagées en promenades, en particulier au sud et à l'est, ont été érigés une immense statue de la déesse du Gange ainsi que plusieurs temples hindouistes (de béton) très colorés, ouverts aux pèlerins et aux visiteurs. Enlevez vos chaussures à l'entrée, c'est la règle, et portez une tenue assez couvrante.

Le plus important est le temple hindou Shiva *(Shiv Jyotir Lingum Temple)*. Selon la croyance, 12 dieux Shiva se sont déjà manifestés en Inde, le 13e s'est illustré à Maurice, d'où la construction de ce temple en 1989. Depuis cette date, l'endroit est devenu un haut lieu de la ferveur populaire. Le temple abrite plusieurs autels dédiés aux divinités et aux déesses de l'hindouisme classique : Shiva, Vishnou, Durga, Kali, mais on trouve aussi un petit oratoire dédié aux 8 planètes du système solaire et à Pluton. Enfin, une imposante statue de Shiva (devant le parking) veille, du haut de ses 42 m (socle compris), aux destinées de ce haut lieu de pèlerinage. Tout en ciment peint, elle est l'œuvre d'artistes indiens. À ses côtés se dresse une statue de la déesse Durga.

SACRÉ LAC

À la fin du XIXe s, un hindou eut une révélation selon laquelle l'eau du lac de Grand Bassin était en contact avec celle du Gange, le fleuve sacré de l'hindouisme. Depuis, Grand Bassin est appelé Ganga Talao, « le lac du Gange ». Il demeure, pour tous ces religieux, la représentation symbolique du fleuve et le lieu le plus sacré de l'île.

Avant de quitter Grand Bassin, n'oubliez surtout pas de grimper au sommet de Piton Grand Bassin. L'escalier est situé sur la rive sud du lac, juste avant le temple, et permet d'accéder à un belvédère offrant une très belle vue panoramique. À vos appareils photo ! Ici, la flore est luxuriante, et il n'est pas rare de croiser quelque singe chapardeur.

Le Maha Shivaratree

Si vous êtes dans le coin en février ou en mars (la date varie chaque année), vous pourrez assister à la grande fête du *Maha Shivaratree* ou à ses préparatifs, qui ont lieu plusieurs semaines à l'avance. L'histoire raconte que les eaux du Ganga Talao furent versées sur la tête de Shiva. Aussi sacrées que celles du Gange, puisque le grand fleuve découle directement de la toison capillaire du dieu. Celui-ci fit sacrifice de sa vie pour sauver l'humanité, et c'est ce geste que l'on vient honorer ce jour-là. *Maha Shivaratree* signifie « la nuit du Seigneur Shiva ». Les eaux du lac cristallisent la foi des hindous lors de la fête, à laquelle assiste près de la moitié de la population de l'île (les chiffres varient entre 350 000 et 500 000 personnes). C'est l'une des plus importantes manifestations du calendrier hindou et de loin la plus grande fête de l'île Maurice ; elle s'étale sur 4 jours. De tous les coins de l'île, et même des pays voisins (La Réunion, Afrique du Sud), les hindous affluent en une procession de plusieurs jours, chacun portant son *kanwar,* sorte de chapiteau ou d'autel en bambou décoré de papiers rouges et blancs, de guirlandes, de morceaux de plastique brillant. L'image de Shiva est en bonne place partout. Le 1er pèlerinage eut lieu en 1898, et depuis lors, tous les ans, les hindous ne manquent pas le rendez-vous. C'est l'occasion d'appréhender un peu la religion hindoue et de voir les fidèles, en principe vêtus de blanc, multiplier les offrandes tout le long du chemin. À la suite de la longue marche, les pèlerins se baignent dans l'eau sacrée du bassin.

BOIS CHÉRI

Le Domaine de Bois Chéri : *à env 5 km à l'est de Grand Bassin. ☎ 617-91-09. • saintaubinloisirs.com • Tlj 9h-17h. En hiver (avr-sept), l'usine travaille au ralenti, car la récolte est minime. Au programme : musée, film et explications sur la production et l'emballage. Plusieurs formules. Visite de l'usine et du musée, plus dégustation : 650 Rs, taxe incluse (réduc moins de 13 ans) ; 1 700 Rs avec le déj et 1 900 Rs en ajoutant la cueillette du thé (sur résa). Billet combiné « La Route du Thé, du Rhum et de la Vanille », valable 1 sem, comprenant le Domaine de Saint Aubin (voir plus haut) et celui des Aubineaux (voir plus loin) : 2 500 Rs (½ tarif moins de 13 ans), déj inclus. Prix susceptibles d'être modifiés en cours d'année. En période de récolte, venir de préférence le matin.*

L'usine produit plus de la moitié du thé mauricien. On peut la visiter toute l'année, mais la meilleure période se situe entre octobre et mars (période de la récolte) ; d'avril à septembre, la fabrique tourne au ralenti (2-3 jours par semaine). La récolte des feuilles de thé se fait sur place, dans les plantations du domaine, les plus anciennes de l'île. On récolte jusqu'à 40 t de feuilles par jour.

Avant la visite de l'usine, petit détour par le ***musée*** pour tout connaître de l'histoire, de la fabrication et de l'usage du thé. Les différents panneaux, photos anciennes et documents sont présentés de façon fluide, aux côtés d'une poignée d'objets pittoresques comme une locomotive recyclée en chaudière, plusieurs machines à broyer et une maquette du *Cutty Sark,* clipper britannique qui servit au commerce du thé. Il s'agissait du 3-mâts le plus rapide de son époque. Au fait, saviez-vous qu'au début du XXe s, 300 millions de tasses de thé étaient bues chaque année dans le monde et qu'aujourd'hui ce sont plusieurs milliards qui sont consommés chaque jour ? Plus fort que Coca !

– ***Le thé de Bois Chéri :*** principalement consommé sur l'île, les exportations ne dépassant guère 25 %. Cela dit, il connaît un certain succès, notamment en France, où l'on peut se le procurer dans les boutiques chics de Paris (comme *Mariage Frères*). Les thés (cardamome, vanille, noix de coco, fruits rouges...) sont aromatisés grâce à des essences. Celui à la vanille se vend partout dans l'île et se boit dans la plupart des hôtels et restos.

– ***L'usine de Bois Chéri :*** le matin, les sacs, contenant 10 kg de feuilles, arrivent au fur et à mesure de la cueillette pour une manipulation immédiate. Un guide vous entraînera alors dans les entrailles haletantes de l'usine, où d'impressionnantes machines avalent, mâchent et recrachent les feuilles dans un tonnerre de cliquetis métalliques et de sifflements chuintants. Vous serez bientôt incollable sur tout le processus, du flétrissage à l'étiquetage.

Chaque tige porte en moyenne 4 feuilles de taille différente. Les plus petites, les plus jeunes donc, sont aussi les plus tendres. Broyées finement, quasi réduites en poussière *(dust),* elles sont utilisées pour les sachets. Ce sont elles qui possèdent le parfum le plus prononcé, il est donc inutile d'en mettre beaucoup. Pour un même goût, il faudra utiliser plus de grandes feuilles (*pekoe,* « grain » en anglais), qui seront alors conditionnées en vrac, plus pratiques. Contrairement à certaines idées reçues, un même thé n'est donc pas meilleur en vrac qu'en sachet, mais à chaque feuille son conditionnement.

Déshydratées, broyées, les feuilles sont ensuite mises à fermenter (pendant 1h30). De nouveau séchées (elles changent alors de couleur en passant du vert au noir), elles sont découpées puis triées. Avant d'être commercialisé, le thé est entreposé dans des silos pendant un mois pour qu'il prenne son parfum. Le thé vert, contrairement au noir, n'est pas fermenté. Les feuilles sont broyées finement, puis roulées et séchées.

– ***La dégustation*** se déroule au *Chalet,* un salon de thé avec vue panoramique perché au sommet d'une colline à 1 km de l'usine. Il faut s'y rendre avec son propre véhicule. Le beau panorama englobe les collines de l'arrière-pays couvertes de plantations de thé (joli camaïeu de vert), la plaine littorale et, au loin, l'océan Indien. On peut déguster tous les thés produits par la plantation.

Thés et tisanes vendus dans la petite ***boutique*** attenante (certains parfums sont difficiles à trouver ailleurs, mais la plupart s'achètent aussi en supermarché, et à moindre coût).

Le Restaurant de Bois Chéri : *accès à droite de l'usine, par le chemin qui monte au Chalet ; rte littéralement somptueuse.* *5252-18-92. Tlj 9h-17h ; le soir sur résa. À la carte, plats env 400-1 500 Rs.* Sur les hauteurs : d'un côté, le lagon ; de l'autre, le lac ; au milieu, les champs de thé et la magnifique terrasse du restaurant en teck. Un décor de rêve pour une cuisine traditionnelle gentiment novatrice. Mais attention, si le thé n'est pas votre tasse, passez votre chemin. Car celui-ci, en provenance directe du domaine *(of course !),* figure toujours en bonne place dans les préparations. Jugez plutôt : poulet au thé vert de Bois Chéri, chutney de thés, biscuits au thé, etc. De quoi en perdre le sommeil... Salle lumineuse et tables joliment dressées. Carte séduisante.

➤ De Grand Bassin via Bois Chéri, la route se poursuit vers l'A 9 et permet de regagner la côte vers Souillac ou vers l'A 10 pour rejoindre Mahébourg.

RIVIÈRE NOIRE

Au nord de Grande Case Noyale. Cette région, à l'embouchure de la rivière Noire, connaît une urbanisation croissante. Le village, très étendu, s'étire le long de la route côtière entre *Petite Rivière Noire* et *Grande Rivière Noire.* La plupart de nos adresses sont situées sur le secteur de Grande Rivière Noire. Le village est entouré de collines verdoyantes donnant sur la mer et, moins bucolique, ponctué de plusieurs centres commerciaux.

Adresses utiles

■ ***London Way :*** *lieu-dit La Preneuse, à l'entrée de Rivière Noire.* Galerie marchande avec un distributeur ***MCB,*** une ***pharmacie*** *(lun-ven 7h30-19h, sam 8h30-19h30, dim 8h30-12h30)* et un grand ***supermarché*** *(lun-ven 8h30-19h, sam 8h30-19h45, dim 8h30-12h30).* Possibilité de recharger sa ***carte SIM*** face aux caisses.

■ ***Food Lover's Market :*** *au nord du London Way, en direction de Tamarin. Tlj 6h-21h.* Une grosse supérette intéressante pour ses horaires étendus. Distributeur juste à côté.

■ ***Le Ruisseau Créole :*** *lieu-dit La Mivoie, au centre de Rivière Noire. Boutiques ouv tlj sauf dim 9h30 (ou 10h)-17h (ou 17h30).* Galerie commerciale huppée, où l'on trouve des boutiques plutôt chics. Attention toutefois, de nombreux vêtements de marque vendus sur place sont en fait importés.

Également une **banque MCB** avec distributeur, de quoi se restaurer et boire un bon café au **Kiosk,** sur la place centrale *(lun-sam 8h-17h),* ainsi qu'un superbe point presse, **Presse-Book** *(lun-sam 9h-18h)* avec toute la presse internationale et un très large choix de livres pour adultes et enfants. Ils ont même le *Routard,* c'est vous dire s'ils sont bien !

Où dormir ?

Plus chic (5 000-8 000 Rs / 111-177 €)

🏠 ***Shanti Ghar Guesthouse :*** *Black Rock Rd. ☎ 484-18-09. • stay@shantigharmauritius.com • À env 2 km de la plage, au pied de la montagne. Double env 120 €, petit déj compris.* Bonnes vibrations dans cette adresse de charme aux 6 chambres d'hôtes élégantes et spacieuses. Ici, le bois domine, apportant de la chaleur à cette belle maison familiale dont les objets semblent raconter une histoire. On s'y sent un peu comme chez des cousins éloignés... au goût sûr : la piscine est bordée de palmiers et d'un kiosque tout en voilages où il fait bon se poser. D'ailleurs, si l'on ajoute le cadre et le calme à l'accueil (excellent) et à l'ambiance (cool), on tient là un des hébergements les plus séduisants de la région.

Beaucoup plus chic (plus de 8 000 Rs / 177 €)

🏠 ***Villa Acassia :*** *derrière le centre commercial London Way ; appeler avt. 📱 5258-54-08 (WhatsApp). Compter 250 € pour 2 pers.* Sur les hauteurs de Rivière Noire, cette grande villa a été rénovée, offrant de beaux espaces, une déco moderne, 2 chambres avec lits *king size.* Tout est là, il n'y a plus qu'à poser les valises ! Beau jardin verdoyant avec piscine, qui bénéficie d'une superbe vue sur le lagon.

🏠 🍽 ***The Bay :*** *av. des Cocotiers, plage de La Preneuse. ☎ 483-70-42. • thebay.mu • Doubles standard env 120-226 €, excellent petit déj compris. Voir les offres sur leur site. Plus cher pdt les fêtes de fin d'année.* Ce boutique-*guesthouse* ne manque pas d'atouts : une vingtaine de chambres s'ordonnent autour d'un élégant patio. Plus ou moins grandes, elles sont toutes d'excellent confort et joliment meublées, dans des teintes très contemporaines. La moitié (les plus chères) possèdent une vue sur l'eau. Piscine, massage possible sur le *rooftop* et bon resto *The Bay Restaurant* (voir « Où manger ?... ») complètent un tableau presque idyllique. On aime l'atmosphère calme et reposante de ce petit établissement de charme.

🏠 ***La Mariposa :*** *allée des Pêcheurs. ☎ 483-50-48. • lamariposa.mu • Accès par la petite rue parallèle à la rte Royale, côté mer. Doubles 140-185 € vue jardin ou mer, avec petit déj ; familiales. ½ pens proposée.* Sur le littoral, cet hôtel à taille humaine aligne 2 rangées de maisonnettes grises d'un étage accueillant des chambres à la déco moderne, avec terrasse ou balcon. Si la plupart font face au jardin abondamment fleuri et à la piscine, certaines sont plantées pile devant la mer. Inutile de dire qu'on les préfère, et de loin (de près aussi d'ailleurs), malgré le léger surcoût. Spa et massages. Très bon accueil.

Où manger ? Où boire un verre à Rivière Noire et sur la route de Tamarin ?

Sur le pouce

🥖 ***La Kaz à Pain :*** *rte côtière, La Mivoie, côté droit en venant du sud. ☎ 483-17-47. Tlj 7h-18h (13h dim).* Propose un bon choix de sandwichs et de pains. Également des quiches et salades. Coin épicerie avec produits importés (chers, naturellement). Glaces maison. Quelques tables à l'intérieur.

De bon marché à prix moyens (400-600 Rs / 9-13 €)

Ousaporn Thai Restaurant : *derrière le Food Lovers Market, en retrait de la rte principale (entrée discrète). ☎ 483-70-61. Mar-sam 11h30-14h30, 17h30-21h30 ; dim 17h30-21h30. Fermé lun. Sur place ou à emporter. Prix moyens.* Cadre enchanteur, dont le jardin et la terrasse sont littéralement noyés sous la verdure, tandis que l'intérieur en bois, avec ses petites salles, offre un refuge cosy. Carte complète de riz et de nouilles cuisinés de différentes façons, le tout très parfumé. Attention toutefois aux piments, bien se faire préciser la dose selon son seuil de tolérance.

Happy Rajah : *rte Royale, La Mivoie (parking à l'arrière). ☎ 484-49-46 ou 50. Ouv midi et soir. Fermé mer, plus dim soir. Bon marché ; quelques plats à prix moyens.* À la terrasse en bord de route très passante, on préfère la salle pour déguster cette bonne cuisine indienne aux délicieuses options végétariennes. Bon rapport qualité-prix.

Chic (600-1 000 Rs / 13-22 €)

The Bay Restaurant : *resto de The Bay, lieu-dit La Preneuse. Voir plus haut « Où dormir ? ». Résa obligatoire.* Pour sa bonne cuisine joliment présentée, servie les pieds dans l'eau, sur de jolies tables bien dressées. Élégant sans être guindé. Idéal à l'heure du déjeuner pour la vue, plébiscité le soir pour ses plats. On peut aussi y boire un verre sur de petites banquettes face à la mer.

La Bonne Chute : *rte côtière, juste à côté de la station Engen, à gauche en venant du sud, à la sortie de Rivière Noire. ☎ 483-65-52. 📱 5257-79-81. Lun-sam, midi et soir. Fermé dim.* Ouvert en 1969, les chasseurs avaient l'habitude de venir y déguster leurs prises. On y goûte toujours du gibier, mais aussi une cuisine locale, du poisson (à la créole, aux aubergines, etc.) ou des plateaux de fruits de mer pour 2. Bien aussi pour boire un verre. Long comptoir où l'on commande une bonne bière artisanale. Coin salon et écrans géants pour ne rien manquer des rencontres sportives.

S'Arrastu : *rte Royale, La Mivoie. ☎ 484-01-24. Jouxte une épicerie italienne. Tlj sauf dim 18h30-22h. Plats 600-1 500 Rs.* Pour se faire vraiment plaisir (sans compter). Sur cette agréable terrasse couverte et verdoyante, on déguste des *tagliolini* à l'encre de seiche, des côtes d'agneau en croûte de pistaches, ou encore une *porchetta* sautée aux champignons. Mets délicats et savoureux, impeccablement travaillés, doublés d'un très bon service. Accueil discret.

Roots Spirits : *rte Royale, à côté d'Happy Rajah, en contrebas (parking à l'arrière). 📱 5722-43-73. Mar-sam 17h-23h (ou minuit).* Un bar en plein air, simple, autour d'un comptoir en rotonde, sympa pour boire un verre et éventuellement manger un morceau (tapas, brochettes, salades...) ou un plat plus élaboré (prix « Chic »). La déco pourrait gagner un peu en fantaisie.

Vanilla Village : *au sud de Rivière Noire, avt le pont sur la gauche en venant du Morne. Café ouv 8h-17h (15h30 le w-e).* Site touristique atypique, au milieu d'un espace arboré (et humide, apporter sa lotion antimoustiques), où l'on trouve un café, une petite épicerie avec une section de produits locaux et une boutique de vêtements. Loue aussi des chambres.

À voir. À faire

La tour Martello : *chemin de La Preneuse. 📱 5471-01-78. Devant le parking de la plage. Ouv seulement mar et sam 9h30-13h et mer et ven 9h30-17h ;*

fermeture des caisses 30 mn avt. Fermé lun, jeu et dim. Entrée : 100 Rs ; réduc. Ce donjon trapu est le mieux préservé des 5 tours édifiées par les Anglais sur le littoral mauricien entre 1832 et 1834. À l'époque, l'armée britannique voulait abolir l'esclavage, contre l'avis des colons français, et craignait donc une intervention de l'ennemi héréditaire. Conçues pour empêcher tout débarquement, elles se résument à une casemate solide, équipée d'une pièce d'artillerie lourde. Parfaitement restaurée, elle donne une petite idée du quotidien des 20 soldats de la garnison : cellier et réservoirs dans les soubassements, poudrière, pièce à vivre au 1er étage et la fameuse terrasse de tir sur le toit, où sommeille un vieux canon. De l'autre côté de la baie, en direction du Morne, on devine les vestiges d'une autre tour qui permettait d'obtenir un tir croisé efficace. Visite intéressante, étoffée de vitrines (sabres, boutons d'uniforme) et de quelques panneaux.

Randos et balades

■ ***Yanature :*** *5251-40-50. • trekkingmauritius.com • Tlj. Résa obligatoire. Compter env 1 500-2 200 Rs/pers pour une rando guidée de 3-4h.* En plus de l'ascension du Morne (lire plus haut), l'équipe propose des randonnées dans le parc des gorges de la rivière Noire, un coin de nature préservé et méconnu, là encore de toute beauté, et plus largement, dans le Sud sauvage.

Sorties en mer

Réserver au minimum la veille.

■ ***Dream Dolphin :*** *5748-04-30. • dream-dolphin.com • Propose 2 types de sorties dauphins : soit en individuel avec bateau privé, soit en petit groupe (min 10 pers). Départ de la tour Martello, sur la plage publique de* ***La Preneuse.*** *Sortie dauphins et île aux Bénitiers à la journée (exclusif, personne d'autre alentour à la pointe de l'île), en groupe, à partir de 5 000 Rs/pers (selon repas). D'autres excursions proposées en version VIP sur devis par e-mail.* Carine est une passionnée. Elle ou son équipe vous fourniront de vraies explications in situ.

■ ***Nasser :*** *5727-69-61. Infos et rdv à convenir par tél. 2 types de sorties en mer. 1re option : matinée (8h-10h) avec les dauphins et snorkelling à 900 Rs/pers. 2e option : la privatisation du bateau (jusqu'à 8 pers) à la ½ journée, qui combine sortie dauphins, « la Roche Crystal », avec possibilité de snorkelling et marche sur l'île aux Bénitiers, à 10 000 Rs (ne pas hésiter à se grouper). Les prix indiqués sont sur présentation du guide de l'année.* Depuis des années, Nasser et son équipe cherchent avant tout à satisfaire ses passagers, en maintenant des prix très corrects. Le tout bien encadré et dans une ambiance détendue.

■ ***DolSwim :*** *5422-92-81. • dolswim.com • Résa min 2 j. avt. Rdv sur la jetée de Rivière Noire. Compter 2 000 Rs la sortie dauphins ; réduc enfants.* Cette agence, équipée de plusieurs bateaux à moteur pouvant accueillir jusqu'à 10 personnes, organise des sorties pour l'observation et la nage avec les dauphins. Très honnêtement, si nous n'y sommes pas favorables, l'équipe est sérieuse et semble respecter les quelques règles d'éthique et de sécurité des dauphins instaurées par le ministère du Tourisme. Toute sortie commence par l'énonciation de règles de comportement à l'intention des nageurs. Les plongées se font ensuite par groupe de 2, autour du guide-animateur. Organise également des sorties d'observation des baleines de juillet à septembre et des cachalots, au large.

La plage de La Preneuse : *plage publique dont l'accès se situe juste à côté de la tour Martello.* Elle n'est pas bien grande et le sable est plutôt grossier, mais elle reste jolie et familiale. On se baigne sous le regard hautain et lointain du fier Morne Brabant. Un panneau invite à la prudence. Sanitaires.

TAMARIN

Au nord de Rivière Noire, Tamarin, qui compte, on s'en doute, beaucoup de tamariniers, est un petit village tranquille à l'ambiance conviviale, qui entend bien se dynamiser. Il se caractérise par une grande baie ouverte, bordée de mangrove, dans laquelle se jette la rivière du Rempart. Vaste plage incurvée où fourmillent de petits crabes, et qui ne ressemble en rien à celles du nord de l'île. Pas de sable blond et un seul grand hôtel à l'extrémité nord. La baignade y est agréable, avec toujours un peu de vagues du fait de l'absence de barrière de corail. Mais attention, elle peut être également dangereuse en raison de courants forts, en particulier les jours de météo instable et en hiver (austral). Une image différente de celle véhiculée habituellement à Maurice, mais une atmosphère singulière, paisible, authentique. De nombreuses familles mauriciennes s'y retrouvent d'ailleurs le week-end.

Tamarin est aussi l'un des rendez-vous des surfeurs de l'île. C'est l'unique endroit où, en juillet-août, se forment des vagues impressionnantes qui font la joie des glisseurs. C'est également dans cette baie que viennent se reproduire les dauphins souffleurs et à long bec.

Adresse et info utiles

Centre commercial Les Barachois – Cap Tamarin : *rte Royale ; avt Tamarin, en venant de Flic en Flac.* Côté droit, Les Barachois décline quelques boutiques et une ***pharmacie*** *(☎ 483-83-45 ; lun-jeu 7h30-19h30, ven-sam 8h30-20h, dim 8h30-13h)* et une ***supérette bio.*** Juste en face, au 1er étage du grand centre commercial Cap Tamarin, ***Super U*** *(lun-sam 9h-20h, dim 9h-15h)* et une ***pharmacie*** *(lun-sam 9h-19h30, dim 9h-14h30).* Également la ***poste*** et des ***distributeurs.***

– Petit ***marché bio*** au Barachois : *sam 10h-12h.*

Où dormir ?

Prix modérés (1 200-2 000 Rs / 27-44 €)

Kamla Luximon : *av. Public Beach. ☎ 483-84-42. 5910-76-82 (WhatsApp). En venant de Rivière Noire, prendre la rte de la plage à gauche avt l'église ; c'est la maison qui fait l'angle à gauche, près de l'épicerie Étoile de Mer (rouge). Studios env 1 200-1 500 Rs pour 2 pers, selon clim ou pas. CB refusées.* 2 studios accolés donnant l'impression d'une petite maison individuelle plantée sur le toit de la bâtisse des propriétaires. Confort sommaire mais correct : chambre, cuisine, douche, terrasse abritée. Et il y a même un lave-linge ! Quelques efforts côté déco, qui reste simple. Dans le jardinet de cette famille attachante, un petit temple hindou et un snack aménagé donnant sur la rue. Monsieur y vend les spécialités préparées par madame. Accueil aimable et discret. Un bon rapport qualité-prix. Et la plage est à 100 m.

Sweet Beach Bungalow : *av. Public Beach, 20 m après l'épicerie Étoile de Mer. ☎ 483-81-06. 📱 5753-67-21. • sweetbungalow.jimdofree.com • Studio 2 pers env 1 800 Rs ; compter 3 000 Rs pour 4. Petit déj sur demande 300 Rs. Transfert à l'aéroport possible.* Au 1er étage, un appartement se compose d'une chambre avec salle de bains privée et balcon, sur la rue passante, et 2 autres plus calmes (dont une aveugle) avec salle de bains à partager. Le plus agréable est au 2e étage : une chambre à coucher avec cuisine ouverte aménagée sur le toit-terrasse et barbecue. Le tout reste très rudimentaire et la déco minimaliste. En dépannage.

Où manger ? Où prendre un en-cas ?

Sur le pouce

Tabagie Nationale : *sur la droite juste après La Cosa Nostra, devant l'arrêt de bus. Tlj sauf dim 9h-18h. À emporter seulement.* Toutes sortes de snacks à la fraîcheur indiscutable : *faratas, rotis,* croquettes de poisson ou de poulet, pâtés, *samoussas*, gâteaux-piments, cakes, et pour les becs sucrés, quelques gourmandises à la banane, noix de coco, etc. Portions copieuses. Les habitués s'y pressent à la descente du bus.

Petit stand : *face à l'entrée de l'hôtel Véranda Tamarin.* Spécialités mauriciennes : chouchou, boulettes aux légumes ou poulet, quenelles de poisson, *mine frit* et bouillon, de quoi se régaler à tout petit prix face à la mer. Un succès mérité !

Prix moyens (400-600 Rs / 9-13 €)

La Cosa Nostra : *angle Royal Rd et Anthurium Rd. ☎ 483-61-69. Sur la rte de Rivière Noire, côté gauche, juste en arrivant sur Tamarin. Tlj sauf lun 10h-22h30. Fermé le Jour de l'an, en juin et à Noël. Résa souhaitable. Vente à emporter. Café offert sur présentation du guide de l'année.* Ce resto peuplé d'habitués et d'expats est réputé pour sa paisible terrasse arrière avec mobilier en fer forgé et sa vertigineuse carte de pizzas cuites au four à bois ! Proposées en 2 tailles, les pizzas sont bien garnies de produits frais sur une pâte fine et croustillante. À noter, la *Graciosa* qui totalise pas moins de 10 ingrédients ! Un beau choix de salades composées et de pâtes pour compléter.

L'ÎLE MAURICE

À voir. À faire

Les salines de Yémen : *à la sortie de Tamarin en venant du sud, sur la droite dans le virage. ☎ 484-04-30. • salinesdeyemen@gmail.com • Lun-ven 8h-16h, sam 8h-11h30. Fermé dim. Entrée : 150 Rs ; réduc.*
Il s'agit de la dernière saline encore en activité à Maurice sur les 6 que comptait autrefois la région, le pays ayant décidé d'importer du sel, moins cher (et plus salé, en raison d'un ajout d'iode). L'emplacement a son importance : Tamarin bénéficie d'un climat idéal (beaucoup de soleil et de vent, peu de pluie).
On récolte ici du gros sel, tapi dans le fond du bassin (utilisé dans l'agriculture, la teinturerie et les piscines), et de la fleur de sel, une fine couche qui se cristallise en surface (très prisé en cuisine). La visite guidée débute dans l'entrepôt par l'histoire des salines, le procédé et les différents outils pour récolter le sel. On poursuit seul vers le parcours extérieur pour mieux comprendre le processus : l'eau est pompée à 80 m au large de Tamarin pour se déverser dans un grand réservoir puis dans une succession de bassins en légère pente. La récolte a lieu toute l'année, en principe tous les 7 jours (sauf en cas de pluie) et peut atteindre 20 t. Ce sont principalement les femmes qui effectuent ce travail très physique. On les appelle paludières ou saunières. Une tradition qui perdure depuis 1815 et qui fait de la saline assurément un patrimoine à protéger.
Petite boutique pour des cadeaux sympas, 100 % *made in Mauritius.*

Le *dolphin watching* : une activité sous surveillance

Ils évoluent, s'épanouissent et se reproduisent ici depuis des générations. « Ils », ce sont les dauphins souffleurs et à long bec, stars incontestées de la baie de Tamarin. Leur médiatisation débuta en 1998, lorsque Delphine Legay, biologiste française décédée depuis, décida leur observation scientifique, doublée d'un programme touristique et de sensibilisation auprès des Mauriciens eux-mêmes.

Des dauphins aux œufs d'or ! Pensez donc, ils sont là, quasi à coup sûr, le long de la côte ouest entre Flic en Flac et le Morne, tous les matins pour se reposer, se remettre de leur chasse nocturne, s'occuper et jouer avec leurs petits. Qui n'a pas rêvé d'observer un jour cette espèce marine qu'on dit si intelligente ? Qui ne paierait pas une fortune pour nager avec ces mammifères sauvages, si différents et si sociables ?

Seulement voilà, la star souffre de son succès et d'une surmédiatisation. Chaque matin, ce sont des dizaines de bateaux à moteur qui se donnent rendez-vous dans la baie de Tamarin et orchestrent un ballet continu autour des dauphins. On aperçoit un aileron quelque part, et toute cette flottille afflue à leur rencontre. Les dauphins changent de direction, et c'est à nouveau le déchaînement des hélices qui se fait entendre pour les suivre au plus près. Plus encore que le type d'embarcation (bateaux rapides et gros catamarans), ce sont bien le comportement du skipper et la méconnaissance de ces animaux qui posent problème (approche trop rapide, trop proche du dauphin et parfois trop tôt, lui barrant l'accès à la baie au moment de son retour de chasse, l'empêchant de se mettre à l'abri ou cassant son repos alors qu'il commence à dormir). Quant à certains touristes, trop contents sans doute, ils en oublient vite les quelques principes énoncés avant de plonger. On en a vu certains se jeter bruyamment, tels des prédateurs, sur ces dauphins stressés et apeurés par un tel harcèlement.

Les associations ont tiré la sonnette d'alarme, dénonçant cette situation devenue dangereuse à double titre : le dauphin vit un stress, en raison du dérangement sonore et du risque de collision, qui nuit à sa reproduction, à son rythme biologique (le dauphin se repose le matin et ne se réveille généralement qu'en fin de matinée), au nourrissage des petits, et pourrait le pousser à déplacer son habitat principal. Les nageurs, eux, risquent des blessures physiques causées par les dauphins, puissants et imprévisibles, soucieux, lorsqu'ils se sentent menacés, de préserver leurs progénitures. Ils ne sont pas non plus à l'abri des bateaux.

Un choix responsable

Pour pallier ces préoccupations et continuer à profiter durablement de la présence des dauphins dans la baie, ***une loi rappelle les règles*** édictées par la charte de la MMCS *(Mauritius Marine Conservation Society)* : maintenir une distance minimale de 50 m des dauphins, les suivre et non pas chercher à les rencontrer frontalement, ne pas les nourrir, ne pas les toucher et arrêter le moteur des bateaux à leur approche... ce que personne ne fait, de peur de glisser derrière la dizaine d'autres embarcations à l'affût. De plus, il n'existe aucune réglementation ni pour limiter le nombre de bateaux ni pour encadrer l'heure des sorties. Il faut absolument laisser les dauphins trouver refuge dans la baie et se reposer. Or, les dauphins se réveillent vers 10h30-11h, en général.

Seul souci, les garde-côtes sont trop peu nombreux pour surveiller les manœuvres en mer. En l'absence de mesures réellement dissuasives, certains prestataires peu scrupuleux continuent de faire fi de cette loi. Ils ne paraissent pas avoir conscience non plus qu'à trop tirer sur la corde, les mammifères seront moins nombreux (ce qui semble déjà être le cas selon plusieurs observateurs) et/

ou partiront se réfugier ailleurs, et c'est toute cette lucrative activité qui prendra l'eau. Un comportement adapté répond à l'intérêt de tout le monde.
Alors, en attendant, à chacun d'opérer un choix responsable, ***en privilégiant les prestataires les plus respectueux du milieu marin.*** N'hésitez pas à poser des questions précises à celui qui vous embarquera, en exprimant votre intérêt et votre vigilance sur les conditions dans lesquelles va s'effectuer la balade, et faites-nous part de vos expériences. Ou, mieux : choisissez une agence qui propose une ***sortie en kayak*** pour observer tranquillement les dauphins qui nagent, sans chercher à les voir « les yeux dans les yeux », ce qui est en fait impossible, vu le ballet nautique qui se déroule en surface !
Les sorties en mer sont à réserver au minimum la veille.

■ ***Lokal Adventure :*** *5934-88-28 et 5454-40-60. • lokaladventure.com • Sortie dauphins env 2 000 Rs/pers ; rando 2 500 Rs/pers.* Élodie et Anne proposent tout un panel de sorties « actives » pour découvrir le sud de l'île en dehors des sentiers battus et de façon décarbonée : à la rencontre des dauphins en kayak, et à l'aube, dans la baie de Tamarin (magique), pirogue à voile dans le lagon de Mahébourg, randos dans le Sud sauvage, *via ferrata* à Mamzel Zabeth, *paddle* au coucher du soleil, canyoning. Chaque balade est adaptée au niveau des participants. Des sorties exclusives aussi : BBQ sur l'île privée de Vacoas et visite d'une vanilleraie par la passionnante propriétaire. Tout se fait en petit groupe (de 2 à 8 personnes maxi), accompagné par Élodie et/ou Anne qui racontent leur île. Le repas, toujours un moment privilégié, est préparé par des familles de la région à base de produits locaux. Une belle façon d'appréhender Maurice autrement et de façon authentique.

■ ***Yanature :*** *5251-40-50. • trekkingmauritius.com • Tlj. Résa obligatoire. Compter env 2 000 Rs/pers pour la sortie dauphins. Voir aussi plus haut à Rivière Noire.* Organise plusieurs types de sorties en kayak : à la découverte des dauphins pour minimiser l'impact des bateaux à moteur sur les mammifères, sur la rivière de Tamarin et au coucher du soleil. Une approche tout en douceur.

■ Voir aussi ***Dream Dolphin*** et ***DolSwim*** à Rivière Noire.

DANS LES ENVIRONS DE TAMARIN

★★★ ***Tamarin Falls :*** magnifiques chutes au cœur d'un paysage luxuriant qui rappellerait presque La Réunion. Malgré leur nom, on ne peut y accéder que depuis Quatre-Bornes. Se reporter à cette ville.

FLIC EN FLAC

• Plan *p. 185*

L'origine de son nom proviendrait d'un mot hollandais qui, après déformation, aurait donné « Flic en Flac ». Peu importe, c'est original et ça sonne bien. La ville s'étale le long de la route côtière, au bord d'une très longue plage (2 à 3 km) tournée vers l'ouest. Cette plage est superbe et souvent peu fréquentée... sauf le week-end, où les Mauriciens descendent en famille de Curepipe et de Rose Hill, et campent avec tentes, sonos et barbecues. Là, c'est carrément la cohue ! Flic en Flac reste malgré tout un endroit

agréable en demi-saison, recherché par les amateurs de tourisme balnéaire. Les plongeurs pourront observer de nombreuses espèces de poissons.
La région, en pleine expansion, n'échappe malheureusement pas au modèle de développement touristique dont a été frappée Grand Baie. Face à la plage et à sa belle forêt de filaos, les hôtels et les « morcellements » (lotissements) poussent comme des champignons. Pas de style, bien entendu, ni matériaux nobles. Béton et architecture banale. Sur le littoral brille une guirlande de restos touristiques...
La campagne et l'arrière-pays présentent un paysage de champs de canne, étendus sur les versants ouest des hauts plateaux du centre.

Arriver – Quitter

Bus ttes les 15 mn env, à prendre à l'un des fréquents ***arrêts*** le long de la route principale (côté mer) jusqu'à la station *Shell,* à la sortie de Flic en Flac.
➢ Bus direct pour ***Port-Louis, Quatre-Bornes,*** et ***Curepipe.***
➢ Pour ***Mahébourg*** et le Sud, changement obligatoire à Quatre-Bornes.
➢ Également une liaison pour ***Baie du Cap*** par la côte.

Adresses utiles

Services

■ ***Change :*** *dans la galerie marchande Nenuphar, la* ***Shibani Finance*** *(plan B1,* ***1*** *; lun-ven 9h-16h, sam 8h30-16h, dim 8h30-12h), et au centre-ville,* ***Thomas Cook*** *(plan B1,* ***2*** *; lun-ven 9h-16h, sam 8h30-14h).* Taux pas toujours intéressant pour ce dernier, mais négo parfois possible.
■ ***Distributeurs :*** *distributeur* ***SBM,*** *à côté du centre Pasadena (plan A1,* ***3****) ;* ***MCB*** *accolé à l'hôtel Aanari (plan A1,* ***25****) ;* ***Absa*** *derrière le centre Pasadena, av. des Flamingos. Dans le centre commercial Cascavelle (hors plan par B1), distributeurs* ***MCB, SBM*** *et* ***Absa.***
■ ***Police*** *(plan A1,* ***4****) : en face du centre commercial Pasadena. ☎ 453-99-16 ou 17.*

Santé

■ ***Médecin*** *(plan A-B2,* ***5****) :* ***Dr Leuteritz,*** *av. des Flamingos. ☎ 453-89-22. 📱 5758-52-96. Téléphoner avt car ne consulte que sur rdv.* Médecin généraliste, urgentiste français, il est aussi médecin esthétique !
■ ***Clinique de l'Occident*** *(plan B1,* ***6****) : rte Royale. ☎ 453-58-58 ou 59. Même groupe que la Clinique du Nord.* Chic et pimpant, l'établissement assure les urgences 24h/24.
■ ***Pharmacies :*** *dans le centre commercial Pasadena (plan A1,* ***3****), tlj 9h-20h.* ***Flic en Flac Pharmacy*** *(plan B2,* ***7****), av. des Flamingos, tlj sauf dim 8h30-18h30 (17h30 jeu). Une autre au centre commercial Cascavelle (lun-sam 9h-19h, dim 9h-15h).*

Achats

Supermarché Jumbo Express *(ex-Spar ; plan A1,* ***3****) : au sous-sol du centre commercial Pasadena. Tlj 8h-20h (21h sam).* Bien approvisionné.
Centre commercial Cascavelle *(hors plan par B1) : excentré, derrière la station-service, en allant vers la rte qui relie Tamarin à Port-Louis. Tlj 10h-19h (15h dim et j. fériés).* On y trouve, entre autres, une ***station-service,*** une ***pharmacie,*** une superbe librairie ***Bookcourt*** *(lun-sam 10h-18h, dim 10h-15h),* un supermarché ***Winner's*** *(tlj 8h-20h, jusqu'à 21h sam),* un ***Telecom Shop*** pour acheter une carte SIM *My-t* (présenter son passeport).

Divers

■ ***L'Oiseau du Paradis*** *(plan B1,* ***35****) : rte Royale. ☎ 440-45-43. 📱 5792-97-74. Lun-sam 9h-17h (15h sam), dim et*

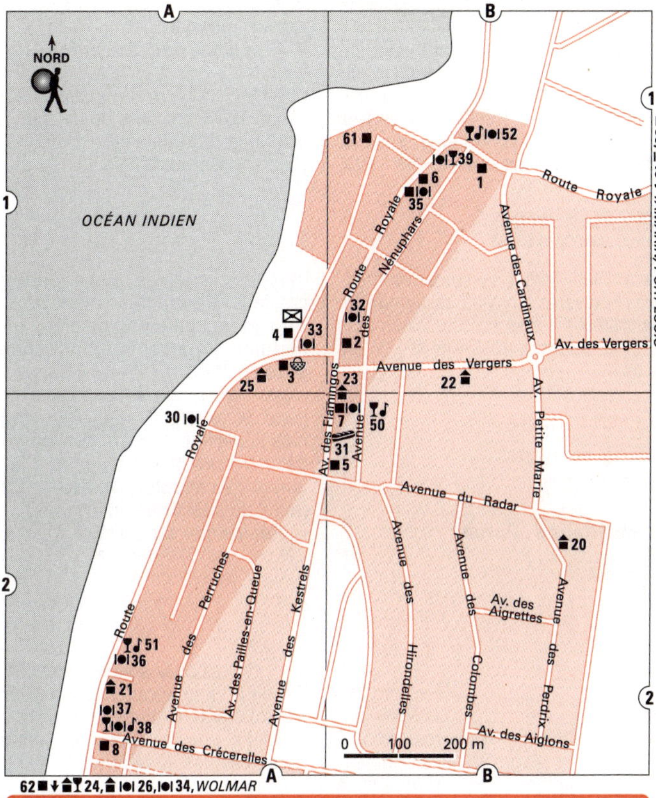

FLIC EN FLAC

Adresses utiles

- 1 Shibani Finance (B1)
- 2 Thomas Cook (B1)
- 3 Distributeur SBM et centre commercial Pasadena (pharmacie, supermarché Jumbo Express ; A1)
- 4 Police (A1)
- 5 Médecin (A-B2)
- 6 Clinique de l'Occident (B1)
- 7 Flic en Flac Pharmacy (B2)
- 8 Jo et Chris Blanchisserie (A2)
- 35 L'Oiseau du Paradis (B1)

Où dormir ?

- 20 Résidence Padma (B2)
- 21 Escale Vacances (A2)
- 22 Résidence Le Dattier (B1)
- 23 Résidence Les Peupliers (B1-2)
- 24 Gold Beach Resort (hors plan par A2)
- 25 Hôtel Aanari (A1)
- 26 Sands Suites Resort & Spa (hors plan par A2)

Où manger ?

- 7 El Pando (B2)
- 26 Restaurants du Sands Suites Resort & Spa (hors plan par A2)
- 30 Chez Christelle et Roti Aka Vinoda (A2)
- 31 La Kaz à Pain (B2)
- 32 Sawasdee (B1)
- 33 Le Récif Bleu (A1)
- 34 Zub Express (hors plan par A2)
- 35 Pakbo (B1)
- 36 Le Bougainville (A2)
- 37 Krish Delights et Ah Youn (A2)
- 38 Twin's Garden (A2)
- 39 La Canne à Sucre (B1)
- 40 Domaine Anna (hors plan par B1)
- 52 Sunset Garden (B1)

Où boire un verre ? Où sortir ?

- 24 Bar du Gold Beach Resort (hors plan par A2)
- 38 Twin's Garden (A2)
- 39 La Canne à Sucre (B1)
- 50 Kenzi Bar (B2)
- 51 Shotz (A2)
- 52 Sunset Garden (B1)

À faire

- 60 Abyss – Chez Christophe Pélicier (hors plan par B1)
- 61 Exploration Sous-Marine (B1)
- 62 Sun Divers, hôtel La Pirogue (hors plan par A2)

j. fériés sur rdv. Pour 50 mn-1h, prévoir env 1 000-1 200 Rs. Séances plus longues possibles. Sur cette portion de route, plusieurs centres de massage se font concurrence. On a bien aimé celui-là, tout simple, mais très pro. Massages ayurvédique, shiatsu, réflexologie... Plus que du bien-être, ils se concentrent sur les points douloureux. Efficace !

■ **Jo et Chris Blanchisserie** (plan A2, **8**) **:** *av. des Crécerelles. ☎ 453-50-08. Lun-ven 9h30-17h.* Travail impeccable. Prévoir plusieurs jours de délai en raison de la forte demande. Bien moins cher que dans les hôtels.

Où dormir ?

Flic en Flac regroupe encore des structures hôtelières aux tarifs raisonnables, contrairement à sa voisine, Wolmar, à 3 km au sud, qui accueille des hôtels de luxe.

De prix modérés à prix moyens (1 200-3 200 Rs / 27-71 €)

■ ***Résidence Padma*** (plan B2, **20**) **:** *av. des Perdrix, morcellement Safeland ; repérer la maison verte avec des palmiers devant. ☎ 453-51-49. 📱 5746-32-46. En France : 📱 06-99-70-89-29. ● residence-padma.com ● Compter env 40 € pour 2 et 70 € pour 2 chambres doubles communicantes par la sdb, petit déj compris.* Petite résidence à 600 m de la plage, dans un secteur calme. Chambres joliment meublées et très propres. Kitchenette équipée juste pour les communicantes. Les doubles peuvent utiliser la cuisine commune et on leur fournit les ingrédients pour le petit déj. Piscine. Une bonne option quand on veut un peu d'indépendance.

■ ***Escale Vacances*** (plan A2, **21**) **:** *rte Royale. Résas via la Flic en Flac Tourist Agency, ☎ 453-93-89. 📱 5250-31-65 (WhatsApp). ● fftourist.com ● Sur la gauche de la rte côtière en allant vers le sud ; bien indiqué. Accueil tlj 9h-17h. Grands studios 40-50 €. Petit déj possible. CB acceptées. Transfert aéroport sur demande.* Petite résidence de tourisme (12 studios seulement) bien conçue : chaque studio se compose d'une pièce à vivre au rez-de-chaussée (cuisine équipée, coin salon, ventilo) et d'une chambre à l'étage, climatisée. Fonctionnel et prestations correctes : ménage, parking privé, gardien, piscine, mais certains logements commencent à dater. Petit déj proposé tous les jours, service de restauration le soir (sauf le jeudi). Pratique, ils organisent, via leur agence, des journées découvertes thématiques de l'île et louent des scooters et des voitures (tarifs dégressifs selon la durée).

■ ***Résidence Le Dattier*** (plan B1, **22**) **:** *av. des Vergers. 📱 5779-00-81 (WhatsApp) ou 5499-46-19 (WhatsApp). Apparts de 2 et 3 chambres 2 200-3 500 Rs selon nombre de pers et saison, ménage compris 3 fois/sem.* On est chez soi dans cette résidence à l'architecture typique, dont les bâtiments entourent un jardin verdoyant et une vaste piscine. Primrose gère quelques appartements de cette copropriété, qu'elle a sélectionnés pour leur bon standing. De style différent, ils sont tous lumineux, vastes, dotés d'un balcon-terrasse avec vue sur la piscine et bien équipés (clim dans les chambres, cuisine, machines...). Atout supplémentaire, les fenêtres sont protégées par des moustiquaires. Très bonne tenue. Beaucoup de retraités y ont élu domicile durant leurs longs mois d'hiver, mais les familles y trouvent aussi leur compte.

■ ***Résidence Les Peupliers*** (plan B1-2, **23**) **:** *av. des Flamingos. 📱 5759-15-73. ● evelyne.apartment@gmail.com ● Studios et apparts 2-6 pers 2 400-3 500 Rs.* À 2 pas de la plage et du centre commercial, une copropriété de 2 immeubles autour d'une petite piscine avec transats. Évelyne et sa famille possèdent une dizaine d'appartements spacieux, très bien tenus, équipés et décorés avec soin. Salon, kitchenette, machine à laver et clim. Parfait en famille ou entre amis.

Chic (3 200-5 000 Rs / 71-111 €)

■ ***Gold Beach Resort*** *(hors plan par A2,* ***24****)* **:** *à* **Wolmar.** *☎ 453-82-35 ou 454-59-45. Depuis le centre-ville, suivre la rte côtière vers le sud ; à la fourche, prendre à droite, l'entrée jouxte le* Pearl Beach Resort. *Double 3 600 Rs, petit déj compris. Résa longtemps à l'avance pour une vue mer.* Dans un environnement de carte postale, voici l'exception qui confirme la règle : une trentaine de chambres sobres, carrelées, réparties en de petits bâtiments tout ronds à l'arrière (seules quelques-unes ont une vue sur la mer), une piscine juste ce qu'il faut pour quelques longueurs et un petit resto face à la mer. La différence ? Une architecture à taille humaine, des tarifs raisonnables et une clientèle pas guindée pour 2 roupies. Quelques bémols : des chambres *standard* pas bien grandes et les familiales mal conçues (lit dans l'entrée-salon). Reste néanmoins un bon rapport qualité-prix-situation pour qui veut s'offrir un séjour farniente. Bon accueil.

De plus chic à beaucoup plus chic (plus de 5 000 Rs / 111 €)

■ ***Hôtel Aanari*** *(plan A1,* ***25****)* **:** *Pasadena Village. ☎ 453-90-00. • aanari.com • Doubles supérieures 180-280 €, petit déj inclus (promos sur Internet). ½ pens intéressante. Min 2 nuits à certaines dates.* Un hôtel hyper central qui réunit tous les ingrédients de l'hôtel de luxe. Une cinquantaine de chambres réparties dans 2 bâtiments : d'un côté, les chambres classiques avec vue sur le parking à l'arrière (pas folichon) ou le patio intérieur ; de l'autre, les chambres luxe et familiales avec vue sur l'arrière ou le lagon. Certaines ont un balcon. Vaste terrasse individuelle pour les familiales. Déco sobre, empreinte de zénitude, et de très bon goût. Piscine, spa, jacuzzi et solarium sur le toit-terrasse, et une salle de sport avec vue panoramique sur la montagne. De quoi vous donner des ailes ! Plage juste de l'autre côté de la rue. Un resto, un bar et quelques tables dans le jardin, bien romantiques le soir venu.

Spécial folie

■ ***Sands Suites Resort & Spa*** *(hors plan par A2,* ***26****)* **:** *à* **Wolmar.** *☎ 403-12-00. • sands.mu • Tt au bout de la plage de Wolmar (là où se termine la rte des grands hôtels !). ♿ Double env 400 € en ½ pens (tarif public ; prix nettement plus avantageux par agence et offres intéressantes sur Internet).* L'île Maurice ne manque pas de belles adresses chics et chères, et celle-ci assurément en fait partie. Dès l'entrée, vue époustouflante sur la baie de Tamarin et le Morne pour un effet carte postale réussi. Chambres toutes hyper spacieuses, à la déco contemporaine, avec terrasse, réparties dans des petits pavillons de 2 étages, face au lagon. Ajoutons le jardin verdoyant, la piscine, les installations loisirs gratuites, la plongée, le spa, les animations agréables sans être envahissantes. Accueil particulièrement attentionné et un service pro.

Où manger ?

Sur le pouce

|●| Sur la plage publique, on trouve quelques kiosques sympa pour pique-niquer sur le sable. Parmi ceux qui ont fait leur preuve : ***Chez Christelle*** *(plan A2,* ***30*** *; ouvert en journée)* est réputé pour sa soupe de boulettes d'agneau et ses nouilles, tandis que ***Roti Aka Vinoda*** *(plan A2,* ***30****)* est connu pour son poisson frais et ses *rotis* (crêpes indiennes garnies de légumes). Tout est fait sur place.

Prix (modiques) affichés. Présent aussi en journée. Sur la route Royale, ***Krish Delights*** *(plan A2, **37**)* propose midi et soir des plats à emporter et des *faratas* à garnir. Prix, là encore, très démocratiques. La plage est juste en face.

La Kaz à Pain *(plan B2, **31**)* **:** *av. des Flamingos. ☎ 5433-02-93. Lun-sam 7h-16h, dim 7h-13h.* Viennoiseries le matin (avant 9h30) et pain.

Bon marché (moins de 400 Rs / 9 €)

Sawasdee *(plan B1, **32**)* **:** *rte Royale. ☎ 453-84-52. Au Spar, tourner à gauche, après Thomas Cook, sur la droite. Les prix flirtent avec la rubrique « Prix moyens ». Tlj 12h-15h, 18h-22h.* Restaurant tenu par des Thaïlandaises. On aime bien la belle cour aménagée avec tables en palette et bancs en bois, paillotes. Toutes les spécialités thaïes s'invitent à la carte pour un voyage culinaire réussi.

Le Récif Bleu *(plan A1, **33**)* **:** *rte Royale, juste devant la poste, en face de l'hôtel Aanari. ☎ 5985-64-70. Tlj sauf dim 11h-15h (dernière commande). Commande 1 j. avt pour les caris. Sur place ou à emporter.* Ce petit resto fait le plein au déjeuner pour ses *mine* et bols renversés à prix plancher. Et, sur commande, des caris de poisson ou poulet. Accueil adorable et service familial comme à la maison.

Zub Express *(hors plan par A2, **34**)* **:** *rte Royale, juste avt Wolmar. ☎ 5757-93-55. Tlj 11h15-15h, 17h30-21h.* Le resto est surtout connu pour son *biryani,* mais ce n'est pas le choix qui manque : la vingtaine de pages du menu décline une large palette de cuisine indienne (essentiellement) et chinoise. Et gros atout : 2 terrasses dans les étages avec vue sur le lagon derrière les filaos. Plus sympa en journée, donc.

El Pando *(plan B2, **7**)* **:** *av. des Flamingos, à côté de la pharmacie. ☎ 5763-04-35. Tlj sauf lun 11h-14h, 18h-21h. Peut fermer plus tôt si les broches sont terminées. Livraison possible.* Pour changer de régime, un vrai kebab à base de poulet frais mariné et de qualité, contenu dans un wrap ou du pain maison, accompagné de bonnes frites et arrosé de toutes les sauces possibles. Les gamins adorent, nous aussi.

Prix moyens (400-600 Rs / 9-13 €)

Pakbo *(plan B1, **35**)* **:** *rte Royale. ☎ 5830-72-58 (WhatsApp). Tlj sauf mar, midi et soir.* Couleurs marines ou tendance indienne dans le coin canapé du fond pour ce *Pakbo* qui navigue entre les différentes influences de la cuisine mauricienne. On aime bien les recettes qui changent un peu, la présentation parfois originale et le choix de plats indiens végétariens.

Le Bougainville *(plan A2, **36**)* **:** *rte Royale. ☎ 453-59-59. Tlj sauf mer, midi et soir.* Tenu par un Mauricien qui a vécu une grande partie de sa vie en France. La carte mauricienne propose quelques plats plus inhabituels (poulet aux 4-épices, curry d'agneau, calamar à l'ail et au gingembre), plus des pizzas. Ensemble bien exécuté et accueil aimable.

Ah Youn *(plan A2, **37**)* **:** *rte Royale. ☎ 453-90-99. Tlj sauf lun, midi et soir. Résa conseillée.* Tout le monde connaît *Ah Youn* pour sa cuisine chinoise, servie dans une grande salle aérée, avec terrasse, face à la plage. Un endroit populaire et souvent plein (l'attente et l'accueil s'en ressentent parfois).

Voir aussi le ***Sunset Garden*** *(plan B1, **52**)*, cité dans « Où boire un verre ?... ».

Chic (600-1 000 Rs / 13-22 €)

Twin's Garden *(plan A2, **38**)* **:** *rte Royale. ☎ 453-52-50. Fermé lun. Les autres j., ouv 10h-14h30 pour un snack et boire un verre, plus mar-jeu 19h-23h pour dîner. Ven soir, buffet à volonté env 1 000 Rs avec soirée séga, puis DJ (résa obligatoire) ; sam, plats à la carte, orchestre et DJ ; dim, repas à la carte.* Les jumeaux de Montpellier ont transposé là leur concept de resto *lounge.* Nicolas, aux fourneaux, élabore une cuisine fusion. Le buffet du vendredi, d'un bon rapport qualité-prix, permet d'en apprécier la diversité. En salle, sous la varangue ou dans le beau jardin, Julien veille au grain et se charge de la carte des vins. Les soirs de fin de semaine, le lieu tient plus de la salle de spectacle huppée que du resto romantique (voir plus loin « Où boire un verre ? Où sortir ? »).

La Canne à Sucre *(plan B1, **39**) : rte Royale. 5917-82-82 (WhatsApp). Dans un petit renfoncement juste en face du club de plongée Ticabo. Lun-sam, dès 19h pour la cuisine. Fermé dim et j. fériés. Résa obligatoire au moins 2 j. avt. Menu dégustation env 1 200 Rs. Pas de plat à la carte. CB refusées.* Bar-resto tenu par l'ancienne commissaire du district de Black River, Mme May Tonta, une figure locale. Aux quelques tables installées dans la cour, on déguste une farandole de spécialités créoles à base de légumes bio (rare). Une adresse confidentielle.

Également les ***restaurants du Sands Suites Resort & Spa*** *(hors plan par A2, **26**) : voir plus haut « Où dormir ? Spécial folie ». Package à la journée avec accès piscine. Résa indispensable.* Déjeuner à la carte au bar pour un snack face à la mer ou au *Pink Pepper Corn* sur la plage (cuisine de la mer), ou sinon dîner au *Spices* (méditerranéenne). Cadre enchanteur au bord de l'eau, mais pas d'accès à la piscine pour les non-résidents !

L'ÎLE MAURICE

Où manger dans les environs ?

De chic à plus chic (plus de 600 Rs / 13 €)

Domaine Anna *(hors plan par B1, **40**) : à 2 km de la sortie nord-est de Flic en Flac (fléché), au niveau du rond-point, bifurquer à gauche ; c'est au bout. ☎ 453-96-50. Ouv midi et soir. Fermé lun. Résa indispensable. Le soir, pensez à demander une table en terrasse. « Tenue correcte exigée ». CB acceptées.* Décor superbe et verdoyant : petits lacs artificiels éclairés par des bougies, autour desquels on peut faire une balade hautement romantique le soir. Une fois installés sur la belle varangue au bord de l'eau ou, mieux, dans l'un des ravissants kiosques sur pilotis, les convives peuvent goûter aux *camarons* à la crème d'ail et au basilic, poulet sauté sauce Szechuan et plaques grésillantes de viande. Le soir, renseignez-vous sur la pêche du jour (l'arrivage a lieu en fin de journée).

Où boire un verre ? Où sortir ?

Kenzi Bar *(plan B2, **50**) : av. des Nénuphars. 5250-90-94 (WhatsApp). • kenzibar.com • Tlj sauf lun 18h-23h (minuit ven-sam). Jam session en principe mer soir. Consulter leurs comptes Facebook et Instagram pour le calendrier des soirées (Games night, Quiz night, etc.).* Au rez-de-chaussée et dans la cour d'une maison qui en a vu d'autres, un bar convivial avec généralement de la musique live le vendredi *(à partir de 21h)* et un concert dans le jardin le dimanche *(vers 19h ; entrée payante).* Tables basses et ambiance décontractée. Dégustation de rhums et de délicieux rhums arrangés (aux fruits de saison). Beau choix de bières locales.

La Canne à Sucre *(plan B1, **39**) : rte Royale. 5917-82-82 (WhatsApp). Voir « Où manger ? ». Tlj sauf dim, dès 17h. CB refusées.* Quelques tables et un comptoir où l'on choisit parmi un large choix de rhums arrangés maison (ananas, litchis, coco, café). Très bon accueil de May Tonta.

Twin's Garden *(plan A2, **38**) : voir coordonnées dans « Où manger ? ». Tlj sauf lun, jusqu'à minuit.* Un des lieux les plus animés du village, surtout en fin de semaine (service d'ordre ces soirs-là).

Tous les vendredis, à partir de 21h environ, en même temps que le buffet, spectacle de séga traditionnel et moderne. Le samedi, soirées live avec orchestre.

Shotz (plan A2, **51**) : Coastal Rd. ☎ 453-56-26. Mar-sam 10h-15h, 17h-22h ; dim 17h30-22h. Boîte (seulement ven-sam) jusqu'à 5-6h du mat. Fermé lun. Entrée boîte gratuite (payante si soirée spéciale). Cadre aéré, bonne ambiance, bonne musique. Piscine. Clientèle jeune et branchée.

Sunset Garden (plan B1, **52**) : Klondike Rd. ☎ 453-86-14. De la rte Royale, continuer tt droit au lieu de tourner à droite vers les arcades. Tlj sauf mar 11h-22h (23h ven-sam). Musique live sam à partir de 20h. Très agréable de venir pour boire un verre dans ce jardin ou autour du bar rond, à 2 pas de la plage. Cuisine sino-mauricienne correcte. Accueil charmant.

Bar du Gold Beach Resort (hors plan par A2, **24**) : à **Wolmar.** Voir plus haut « Où dormir ? ». Tlj 8h-22h. Sympa pour un apéro face au coucher du soleil sur la mer.

À faire

Plages

Plage publique, vaste, en demi-lune inversée. Une longue bande de sable blond protégée côté mer par la barrière de corail et côté route par la barrière de filaos. Ici, il y a de la place pour tout le monde. Fonds sous-marins assez pauvres dans cette zone, mais excellent site de baignade bien que la zone soit réduite. Prudence toutefois avec les bateaux qui longent la côte au nord de la plage. Pas une zone d'ombre dans l'eau, hormis quelques oursins ! Les filles seules seront vigilantes : certains énergumènes sont un peu pénibles... Attention aussi à vos affaires ; ne rien laisser sur la plage sans surveillance. Enfin, éviter de partir en bateau avec des rabatteurs sur la plage, plusieurs cas d'arnaque ont été signalés.

Plus vers le sud, après le *Manisa Hotel,* on atteint une bande de sable blanc toujours quasi déserte en semaine.

Plongée

Abyss – Chez Christophe Pélicier (hors plan par B1, **60**) : av. des Mérous, morcellement Anna. 5722-49-90. • xtofabyss@gmail.com • facebook.com/abysscentredeplongeemaurice • En entrant dans Flic en Flac, tourner à droite derrière la station Total, puis tt de suite à gauche ; dans le bas de la descente, à la fourche, prendre à droite ; c'est la 2e maison à droite. Tlj sauf dim. Résa conseillée assez longtemps à l'avance. Plongée 1 900 Rs, équipement fourni ; forfaits 3, 5 et 10 plongées (et forfait longue durée) ; baptême 2 400 Rs comprenant une séance dans le lagon et une plongée. Christophe, moniteur CMAS, est à la fois sérieux, compétent, professionnel, archi-expérimenté : il connaît parfaitement le milieu marin. Il faut dire qu'il a de qui tenir : son père était l'un des grands spécialistes de la faune sous-marine. Il a découvert plusieurs poissons endémiques de l'île, dont 3 portent son nom. Outre les baptêmes et les passages de niveau (même celui de « plongeur touristique » reconnu par la CMAS, obtenu au bout de 3 plongées), Christophe propose des plongées de nuit, des plongées avec les enfants (à partir de 8 ans) et les handicapés moteur. Grande pédagogie. Le local est aussi tout confort, avec une pièce fermée pour poser ses affaires, et même un coin cuisine ! Attention, le club est limité en nombre de plongeurs. À vos agendas !

Exploration Sous-Marine (plan B1, **61**) : centre CMAS-PADI attenant à la structure hôtelière Villas Caroline mais *indépendant. ☎ 453-84-50. • explorationsousmarine.com • Tlj sauf dim 8h30-16h. Sorties en mer à 8h30 et 10h30. Prévoir env 2 000 Rs le baptême, 1 300 Rs la plongée avec l'équipement fourni (+ 200 Rs pour l'assurance) ; petit supplément pour l'usage du Nitrox.* Sérieux, compétent et gentil. D'ailleurs, la longévité du club prouve la qualité des prestations. Pierre Szalay et Pascal Ava sont des passionnés, comme l'ensemble des moniteurs qui travaillent ici. Plongées sur 5 récifs artificiels, à 15 mn de bateau, notamment le Tian Xiang. Plongées d'exploration de jour et de nuit (une vingtaine de spots proposés), à partir de 10 ans. Et excellentes connaissances en biologie marine.

■ ***Sun Divers, hôtel La Pirogue*** *(hors plan par A2,* ***62****) : sur la plage de l'hôtel. 📱 5972-15-04. • sundiversmauritius.com • Tlj 8h-16h30. À partir de 2 500 Rs la plongée (équipement compris) et 3 800 Rs le baptême (piscine et plongée mer).* Club affilié CMAS, PADI et SSI. Plusieurs plongées par jour, de 30-45 mn chacune. Également des plongées de nuit et au Nitrox. Ils proposent aussi des formules. Gérald étant aussi photographe professionnel, il donne des cours de photographie sous-marine (3 plongées, se renseigner pour la location de matériel photo sur place). Un centre sérieux et une équipe compétente. Beaucoup de monde en saison.

DANS LES ENVIRONS DE FLIC EN FLAC

Casela Nature Parks : *à 5 km env de Flic en Flac, sur la rte de Cascavelle. ☎ 401-65-00. • caselaparks.com • Tlj 9h-17h (jusqu'à 21h le sam pour l'espace enfants Pangia et son resto). Fermé 1er janv et 25 déc. Entrée du parc : env 1 100 Rs (cher !) ; réduc enfants. Achat en ligne possible (coupe-file). Le ticket donne accès à différentes zones : l'*African Safari, *le* Thrill Mountain, Predator Kingdom *et* Pangia, Birds and Rides, *espace dédié aux enfants.* ***Activités payantes en plus de l'entrée du parc*** *(sur résa, certaines ferment le dim) : interaction avec les caracals et servals, guépards, rhinocéros (avoir plus de 15 ans et mesurer plus de 1,50 m ; sauf pour le rhino, âge min 10 ans). Marche avec les lions (1h) ; circuit de tyroliennes (à partir de 6 ans), qui permet d'emprunter un pont suspendu et des tyroliennes ; balade de 1h en Segway (gyropode, sorte de trottinette électrique à grosses roues) au milieu des animaux (12 ans min) ;* Canyon Swing *(saut à l'élastique de 45 m de haut, mais en position debout). Combinaisons possibles sous forme de forfaits. Possibilité également de prendre son petit déj avec les girafes (à 8h, sur résa seulement). Prévoir lotion antimoustiques et crème solaire.*

À l'origine, une centaine de volières (on peut même se promener à l'intérieur de certaines), environ 1 000 oiseaux, 500 mammifères et 200 reptiles. Le tout dans un beau parc de 350 ha, bien entretenu, planté de grands arbres centenaires, dont les frondaisons ombragent de grands bassins où batifolent en liberté canards, cygnes, poules d'eau et flamants roses. Puis de nouvelles espèces comme les rhinocéros, lamas, hyènes et gnous ont fait leur apparition à la suite des girafes. Ajoutez à cela une belle population de tortues géantes d'Aldabra et de paons. Possibilité de nourrir certains animaux moyennant un supplément.

Casela, ce sont aussi de nombreuses activités pour les familles : la luge d'été *Tulawaka Gold Coaster,* 2 toboggans secs avec des bouées *(Avalanches Mines),* l'unique cinéma 4D de l'île, sans oublier le *Pangia Kids Park,* doté de 5 manèges, d'un minigolf, d'une aire de jeux et d'une miniferme, plus d'un restaurant en plein air. Pour les adeptes du grand frisson, la grande attraction du parc consiste à marcher avec les lions *(4 fois/j.),* en présence de guides professionnels. Également le *Drive Thru,* un parcours à bord d'un véhicule sécurisé, à l'intérieur d'un vaste enclos, pour approcher les lions et tigres

adultes en liberté *(400 Rs en plus de l'entrée).* Non moins impressionnant, les tyroliennes de 200 et 300 m de long, et même une de 400 m, soit l'un des plus longs circuits de l'océan Indien, ainsi qu'un pont suspendu (népalais).
Moins spectaculaire, mais un rien vertigineux, ne pas manquer le belvédère, pour découvrir les environs.
Un parc sans cesse en évolution.
Restaurants : *tlj 10h-17h (21h sam pour le Pangia). Prix modérés.* Le principal, le *Blue Bird Bistro,* offre une vue imprenable sur la côte ouest ; le *Pangia* se trouve dans l'espace pour enfants. D'autres points de restauration sont répartis dans le parc. Cuisine locale, internationale et fast-food.

LE CENTRE DE L'ÎLE

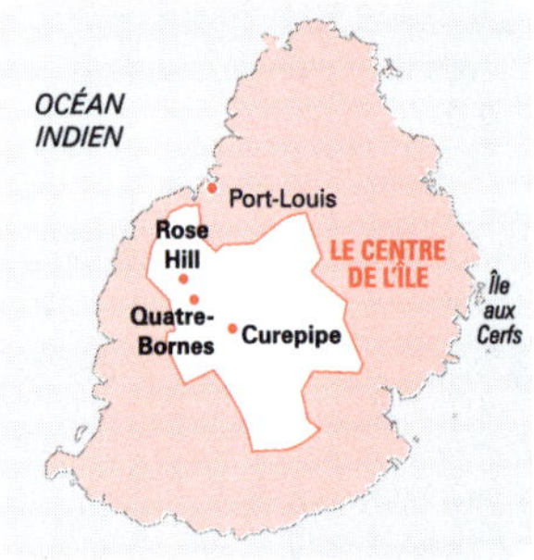

Le centre de l'île est dominé par le cratère de Curepipe à 550 m d'altitude, rappelant l'origine volcanique de Maurice. Au XIXe s, grâce à leur climat plus frais et plus sain, les hauts plateaux servirent de refuge aux habitants les plus riches qui cherchaient à échapper au paludisme et au choléra. Leur installation était d'autant plus facilitée qu'une nouvelle ligne de chemin de fer avait été inaugurée entre Mahébourg et Port-Louis en 1865. On découvre encore ici et là de belles demeures datant de cette époque.
Aujourd'hui, la région, fortement urbanisée entre Rose Hill et Curepipe, n'a plus grand-chose à voir avec le temps d'antan. Elle concentre aujourd'hui les magasins d'usine, des grandes entreprises, des boîtes informatiques et quelques fabriques de maquettes de bateaux. Elle accueille la plus forte densité de population de l'île, les embouteillages y sont d'ailleurs légion, surtout aux heures de pointe (pensez-y lorsque vous traverserez l'île).
Passé cette conurbation, le paysage se fait plus verdoyant : tout de suite au sud de Curepipe où se cache le Domaine des Aubineaux, à l'ouest avec les chutes de Tamarin. Quelques belles haltes pour respirer.

CUREPIPE

La ville des hauts plateaux, à environ 26 km au nord de Mahébourg et une bonne vingtaine au sud de Port-Louis, est une bourgade bien vivante. Elle dut son développement à une épidémie de malaria qui toucha Port-Louis à la fin du XIXe s.
Il y pleut pratiquement tous les jours et la ville a perdu depuis bien longtemps son caractère

SACRÉ NOM D'UNE PIPE !

L'une des explications avancées pour justifier le nom de cette bourgade réside dans le fait que les troupes françaises marchant sur les hauts plateaux s'arrêtaient par ici pour allumer ou nettoyer leurs pipes. Mais pourquoi ici plutôt qu'ailleurs ? Nul ne sait.

colonial. La plupart des anciennes maisons de bois et de tôle ont été balayées par le béton. Si l'on ne fait pas le détour exprès, on peut y faire halte en passant dans le coin.

LES FABRIQUES DE MAQUETTES DE BATEAUX

Curepipe est connue pour ses fabriques de maquettes de bateaux. C'est José Ramar (1938-2002) qui fut le 1er à en fabriquer dans son atelier, suivi par des dizaines d'autres artisans de l'île. Depuis la fin des années 1960, ces maquettes représentent l'un des objets artisanaux les plus représentatifs de Maurice.

Arriver – Quitter

En bus

Attention, il y a 2 terminaux, mais non loin l'un de l'autre. Comme partout, on achète les billets directement dans le bus.

Terminal bus sud, qui dessert :
➢ ***Mahébourg :*** bus ttes les 10 mn env, 5h-20h. Durée : 1h15-1h20.

Terminal bus nord, qui dessert :
➢ ***Port-Louis :*** départs ttes les 10 mn, 7h-18h. Durée : 45 mn env.
➢ ***Vacoas :*** départs ttes les 30 mn. Durée : 15 mn.
➢ ***Flic en Flac :*** attention, bus seulement dim et j. fériés, ttes les 30 à 45 mn, 7h-17h.

En métro aérien

➢ ***Port-Louis / Rose Hill / Quatre-Bornes / Curepipe :*** tlj, en principe 6h-19h, ttes les 10-15 mn env. Une vingtaine d'arrêts en tout. Compter 45 mn pour Port-Louis. Prix d'un aller : 20-55 Rs selon la distance. • *mauritius metroexpress.mu* • On vous l'indique, mais cette ligne concerne surtout les Mauriciens, les touristes l'utilisent peu (aucun site notable sur le parcours).

Adresses utiles

■ ***Mauritius Commercial Bank et Barclay's Bank :*** *rue Royale.* Nombreux distributeurs de billets.
■ ***Change :*** *un bureau de change (Change Express) à gauche de la* Mauritius Commercial Bank, *en face du collège Royal. Lun-jeu 9h-15h, ven 9h-16h. Un autre à la* ***Barclay's Bank.*** *Mêmes horaires.*

Où manger ?

|●| ***Chinese Wok :*** *242, rte Royale ; au 2e étage. ☎ 676-15-48. Tlj sauf dim, midi et soir. Prix moyens.* Très grande salle avec baies vitrées qui donnent sur la rue. Un vrai et bon resto chinois, avec sa carte interminable comme il se doit. Bons poissons à la vapeur (on paie au poids), mais aussi poulet aux noix de cajou, canard aux champignons... Le *mine frit* est pas mal (et pas cher). Accueil sympathique.
|●| ***La Potinière :*** *rue Lees. ☎ 670-26-48. Fermé dim et lun soir, ainsi que début janv. Prix « Chic ».* Une adresse qui tient bien le pavé (de thon) depuis fort longtemps, même si la cuisine n'a rien de particulièrement créative. Déco moderne et raffinée, nappes et serviettes blanches, mais surtout une jolie vue depuis les grandes baies vitrées ou la terrasse sur les plantations de thé. Calme total. Dans l'assiette, des spécialités mauriciennes ou plats européens (le magret de canard côtoie le soufflé de palmiste et crevettes). Le midi, on peut se contenter d'un plat du jour ou d'une salade. Et ça fait plus d'un demi-siècle que ça dure !

Achats

Marchés

Il y en a 2 principaux :
– ***Le marché aux fruits et aux légumes :*** *rue Châteauneuf, près de la gare routière. Lun-sam 6h-18h, dim et j. fériés 6h-12h30.* Sous un chapiteau un peu étrange en forme de silo. Ambiance garantie.
– ***Le grand marché :*** *au sud de la ville, en direction de Forest Side. Mer et sam 7h-17h.* On y trouve également des textiles. Très animé bien sûr.

Maquettes de bateaux

Curepipe est le centre historique de la fabrication des maquettes. Certains ateliers sont visitables. On ne saurait trop vous conseiller de lire la rubrique « Achats » dans « Île Maurice utile », notamment pour le choix de la maquette et les conditions de transport.
Voici 2 adresses, situées à 200 m l'une de l'autre. Si vous venez en taxi, attention à ne pas vous faire conduire ailleurs sous prétexte que ces adresses sont fermées. Les chauffeurs sont commissionnés !

La Pirogue : *rte de la Brasserie. ☎ 674-10-61. 5791-20-77. Lun-sam 9h-18h, dim 8h-13h. Si c'est fermé, sonnez, le proprio habite au-dessus.* Minuscule entreprise familiale. Le choix est restreint mais M. Célestin fait globalement du bon travail à prix corrects. Bien vérifier cependant tous les détails de la maquette avant de vous la faire emballer (certaines sont parfois moins bien finies que d'autres).
Les Voiliers de la France : *rte de la Brasserie, à 2 pas de La Pirogue. 5777-32-65 ou 5777-31-85. • lesvoiliersdelafrance@yahoo.com • Tlj, tte la journée (le patron habite au-dessus).* Jolie boutique avec son atelier attenant. Sa spécialité : les coques en double bordée (c'est-à-dire 2 couches de bois, en teck ou en acajou), c'est plus résistant dans le temps. Les demi-coques sont en revanche très chères. Possibilité de jeter un œil à l'atelier.

À voir. À faire

L'hôtel de ville, qui était en fait une salle de bal (et non la mairie !), menaçait de s'effondrer... Sa belle architecture coloniale a été reconstruite à l'identique. Dans les jardins, remarquez les 3 statues, dont la réplique en bronze de *Paul et Virginie,* l'original, sculpté à Paris en 1884, se trouvant au *Blue Penny Museum* de Port-Louis.

Le Trou aux Cerfs : *seulement si vous disposez d'un véhicule, car c'est à env 1 km à l'ouest du centre de Curepipe, sur les hauteurs. Accessible en permanence. Un chemin permet d'en faire le tour à pied.* À une altitude de 550 m, ce Trou aux Cerfs est en fait un cratère aux formes parfaites, de 80 m de profondeur et de 350 m de circonférence. L'occasion de rappeler que l'île est d'origine volcanique. Belle vue sur cette crevasse où la végétation a repris le dessus depuis fort longtemps. En vous retournant, large panorama sur une bonne partie de l'île, notamment sur la montagne de Pieter Both.

Le jardin botanique (Botanical Garden) **:** *nov-avr, tlj 5h30-19h30 ; mai-oct, tlj 6h-19h. GRATUIT.* Moins riche que celui de Pamplemousses mais bien sympathique quand même et très bien entretenu, avec son vieux kiosque et son petit plan d'eau. C'était l'un des lieux préférés de l'écrivain et poète mauricien Malcolm de Chazal (1902-1981).

DANS LES ENVIRONS DE CUREPIPE

Le Domaine des Aubineaux : *à 1,2 km de Curepipe en suivant la route Royale vers le sud, panneau sur la gauche (visible au dernier moment, rouler* *doucement). ☎ 676-30-89. ● saintaubinloisirs.com ● Tlj (dont fériés) 9h-17h. Visite guidée (ou libre), dégustation comprise de rhum de Saint Aubin ou de thé de Bois Chéri : 370 Rs ; ½ tarif moins de 12 ans. Resto sur place et salon de thé sur la véranda. Billet combiné « La Route du Thé, du Rhum et de la Vanille », comprenant la visite du Domaine de Saint Aubin et de celui de Bois Chéri (voir plus haut) : 2 400 Rs (½ tarif moins de 12 ans), repas compris. Billet valable 1 sem. Durée : 30-45 mn.*

Une magnifique ***allée*** mène à cette vaste propriété sur laquelle se dresse l'une des dernières demeures coloniales de l'île, construite en 1872 par un architecte irlandais et rachetée par un Français en 1884. Très bien conservée et patiemment restaurée avec des matériaux nobles (teck, clous en cuivre, etc.), cette bâtisse, habitée jusqu'en 1999, a su garder le charme suranné et la nostalgie des époques passées. La maison possède une quinzaine de pièces et pas moins de 117 fenêtres et portes !

On flâne dans les salles aux immenses plafonds, décorées de meubles anciens, authentiques et hétéroclites (la déco et le mobilier s'échelonnent du XIXe s aux années... 1970), comme ce piano dans le grand salon, autrefois utilisé par la société philharmonique de Curepipe. Dans l'***ancien hall d'entrée*** de la maison, remarquer les peintures murales italiennes du début du XIXe s, découvertes récemment sous le papier peint. La vaste ***salle à manger*** abrite une table pouvant accueillir jusqu'à 20 personnes. Voir le joli meuble en palissandre qui fait office de bar. À côté, mignon salon de lecture. Le Domaine des Aubineaux fut la 1re maison de l'île à comporter un ***couloir ;*** habituellement, c'est la varangue, à l'extérieur, qui permet de circuler d'une pièce à l'autre. On y voit de nombreux clichés (pris avec l'un des 1ers appareils photo de l'île !) des ancêtres de l'actuel propriétaire, ainsi que d'anciennes demeures coloniales, dont la plupart ont été détruites par des ouragans. Chaque chambre possède sa propre salle de bains. Voir à ce sujet les toilettes des années 1930. Noter encore, dans le bureau, le vieux fauteuil roulant du Major Philippe Guimbeau. N'oubliez pas de monter au ***grenier*** pour voir le fameux appareil photo. Également tout un tas d'objets du XXe s, ayant appartenu à la famille.

La visite se poursuit dans les anciennes ***écuries*** qui abritent régulièrement des expos ou événements divers. À l'arrière, la ***Maison des Essences,*** où sont fabriqués savons et huiles essentielles. À voir aussi, la ***pépinière*** *(9h-15h).*

Superbe ***jardin*** (accessible aux visiteurs) avec d'immenses camphriers, qui ont été plantés pour repousser les moustiques et éradiquer la malaria, ainsi qu'une bambouseraie. En revanche, ne cherchez pas les théiers, ils n'existent plus. Ils ont tous été transférés à Bois Chéri, où le climat est plus adapté. C'est d'ailleurs de là que provient le thé que l'on goûte dans la belle véranda, avant ou après la visite.

IOI 🍷 ***Restaurant du domaine :*** *tlj 12h-16h.* On déjeune sur l'élégante terrasse de cette demeure pleine de charme et romantique à souhait. Cuisine franco-mauricienne réussie, comme ce poulet à la vanille ou ce goûteux curry de légumes. Si vous visitez la maison le matin, c'est une bonne halte pour le déjeuner. Bien aussi pour prendre le thé (du Domaine de Bois Chéri, évidemment).

À la ***boutique,*** vente de rhums, gins, huiles essentielles, savons et thés, produits localement.

L'ÎLE MAURICE

QUATRE-BORNES

« Ville résidentielle-emporium », à côté de Rose Hill. Nombreux commerces et... embouteillages monstres. Son seul intérêt : son marché aux tissus et textiles (face à la gare routière) les jeudi et dimanche, l'un des plus importants de l'île. Tee-shirts et autres cotonnades bien moins chers qu'à Port-Louis et Grand Baie. Au même endroit, marché aux fruits et légumes les mercredi et samedi.

Adresses utiles

■ **Banques :** *rte Saint-Jean, au carrefour du marché.* Nombreuses banques avec distributeur.

■ **Change :** *chez* **Shibani Finance,** *rte Saint-Jean, juste à gauche de l'entrée de l'hôtel* Gold Crest Forest, *en plein centre. Tlj 8h30-16h30 (14h jeu et sam, 12h dim).*

Où manger ?

Au marché, plusieurs stands à l'entrée vendent de quoi caler un petit creux (fruits, *samoussas,* beignets divers...).

Bon marché (moins de 400 Rs / 9 €)

|●| ***Le Dragon Vert :*** *rte Saint-Jean, La Louise.* ☎ *424-45-64. À la sortie sud de Quatre-Bornes. Parking juste en face. Tlj sauf lun, midi et soir.* Cadre cosy et soigné dans ce resto où l'on apprécie les tables le long des baies vitrées à l'étage. La cuisine, essentiellement chinoise, est réputée comme l'une des meilleures de la ville.

DANS LES ENVIRONS DE QUATRE-BORNES

★★★ ***Tamarin Falls*** *(« les 7 cascades »)* **:** malgré leur nom, les 7 cascades sont plus facilement accessibles et mieux indiquées depuis les hauts plateaux que depuis Tamarin.

Comment y aller ?

➢ En bus, depuis Curepipe, prendre direction Henrietta et descendre au terminus ; il reste 10 mn de marche pour atteindre le sentier (demander son chemin à la descente du bus).

➢ En voiture, prévoir suffisamment de temps pour rejoindre le point de départ, car la circulation dans le centre de l'île est très, très dense... À la sortie sud de Quatre-Bornes, prendre à gauche au carrefour en direction de Vacoas, puis continuer tout droit sur 6 km en direction du Pétrin ; sur la route au niveau de Glen Park, bifurquer à droite (pancarte « Henrietta Tamarin Falls ») et parcourir environ 2,5 km jusqu'au terminus du bus d'Henrietta, puis bifurquer à gauche (Henrietta Branch Road) jusqu'au temple tamoul où l'on peut se garer.

Conseils pratiques

Il y a 2 façons de découvrir le site : la randonnée et le canyoning. Dans tous les cas, ***il est indispensable d'être accompagné d'un guide*** (officiel de préférence), car toutes les randonnées sont assez sportives et exigent une bonne condition physique. Par ailleurs, le guide vous fait gagner du temps en montrant les meilleurs points de vue et en proposant un circuit adapté à votre niveau. D'autre part, ce n'est pas facile de s'orienter, tous les chemins n'étant pas bien balisés.

– Pour la version canyoning, la compagnie fournit le matériel et la combinaison pour descendre les cascades en rappel. Pour le canyoning, déjeuner compris après l'activité.

– ***Pour la rando, éviter les jours de pluie, ou jours suivants,*** les terrains peuvent être glissants.

– Prévoir de bonnes chaussures, une lotion antimoustiques et de la crème solaire (bio !).

Les différentes compagnies

■ ***Vertical World Ltd :*** ☎ *697-54-30.* 📱 *5251-11-07 (WhatsApp).* ● *verticalworldltd.com* ● *À la journée ou à la ½ journée. Paiement à l'avance* *(soit par transfert sur leur compte, soit par Paypal). Enfants à partir de 5 ans accompagnés de leurs parents. Pour une rando à la ½ journée, compter env 50 €/pers. Pour le canyoning (8h45-14h, repas au retour compris), compter env 80 €/pers.* Propose des parcours canyoning (avec descente en rappel et tyrolienne), et des randos, le tout encadré par une équipe compétente, sérieuse et sympa. Ils sont tous secouristes de montagne, ça rassure. La plupart des sorties sont accompagnées par 2 professionnels, notamment pour les chutes de Tamarin, question de sécurité !

■ À contacter également : ***Otélair*** *(📱 5251-66-80 ; ● otelair.com ●),* qui propose du canyoning aux chutes de Tamarin. Et ***Yanature*** *(📱 5982-50-03 ; ● trekkingmauritius.com ●),* qui organise des treks sur le site à la demi-journée ou à la journée.

Le site

Magnifique écrin naturel abritant 11 cascades en enfilade, communément appelé « 7 cascades » car, selon les perspectives, on n'en aperçoit que 7 !

Voilà l'occasion de découvrir l'immense richesse de la flore : plantes aromatiques, médicinales... On peut notamment observer les 7 espèces d'orchidées existantes. La randonnée la plus courte dure environ 3h, mais le top est de partir la journée, pour voir de près l'ensemble des cascades (la plus grande fait tout de même 65 m de haut) et s'y baigner.

👁👁 ⋖ ***Points de vue sur les chutes :*** en empruntant (à pied ou en voiture) la petite route qui part sur la droite du temple, on découvre une série de beaux points de vue sur les chutes. Pratique pour ceux qui ne font pas la rando. Pour prendre des photos, la meilleure lumière est le matin. Le 1er promontoire se situe quasi au niveau du temple. Le 2e point de vue se trouve au niveau d'une centrale électrique. Jusque-là, seules les chutes 1 à 4 sont visibles. Du 3e arrêt, on découvre les 3 dernières chutes. Au 4e arrêt, vue sur le cratère entier. Au 5e point de vue, le plus impressionnant, on embrasse tout le paysage, avec Flic en Flac en fond d'écran.

ROSE HILL

C'est l'une des rares villes à posséder un nom anglais. À son origine, les roses et lumineux couchers de soleil sur le « corps de garde », la montagne qui veille sur la ville. Pas étonnant qu'elle ait vu naître Pierre Argo, grand photographe devant l'Éternel. Aujourd'hui, la ville arbore les contradictions des cités qui évoluent trop vite, avec pas mal de béton et quelques maisons anciennes rescapées.

– ***Conseil :*** si vous êtes en voiture, le plus simple est de vous garer gratuitement près de l'église Notre-Dame-de-Lourdes ou près de la mairie.

Adresses utiles

■ ***Banques et bureaux de change :*** *plusieurs banques avec distributeurs et bureaux de change le long de la rte Royale, entre la poste et les gargotes que nous indiquons (voir « Où manger ? »).*

■ ***Institut français de Maurice :*** *30, av. Julius-Nyerere, à l'angle de la rue Sir-Virgil-Naz. ☎ 467-42-22. ● institutfrancais.mu ● Tlj sauf dim 9h-17h (16h sam). Médiathèque fermée lun.* Organise de nombreuses manifestations culturelles sur place, ainsi que des expositions et des débats-conférences. Également un *café-resto (ouv le midi, plus soir ven-sam).* Service à la française et cuisine franco-mauricienne.

Où manger ?

Bon marché (moins de 400 Rs / 9 €)

Central Snack : *rue Inkerman. ☎ 454-78-66. Tlj sauf dim 11h-16h30 (jeu jusqu'à 13h30) ; service en continu.* Un minuscule resto populaire qui ne mise pas sur la déco mais sur sa bonne cuisine chinoise : *chop suey* poulet, *mine frit* spécial, *mine foon* (bouillon très copieux), bol renversé, à consommer sur place ou à emporter.

Le Coin Idéal : *à l'angle de la rte Royale et de la rue Inkerman. Tlj sauf dim 12h-minuit.* Une gargote en tôle, facile à repérer grâce à sa façade rouge et jaune. On y mange des bols renversés et de bonnes nouilles chinoises.

À voir

Le vieux marché : *tlj 6h-18h.* Pas aussi animé que celui de Port-Louis et beaucoup plus petit. Sympa tout de même et quasi aucun touriste.

Arab Town : *dans le centre.* Un vrai bazar, un souk couleur locale, assemblage hétéroclite de baraques, stands et petits commerces, complètement décalés avec la modernité autour. On y trouve de tout : tissus, vêtements, marchands de *dal,* parfums de cardamome, etc. Ne pas rater la boutique d'*alouda,* ce délicieux lait aromatisé à la grenadine, avec des petits grains noirs, très bon pour la santé.

L'église Notre-Dame-de-Lourdes : *rte Royale.* Massive, en pierre noire et sans clocher. Pas la plus belle du genre mais malgré tout très vénérée.

ÎLE MAURICE : HOMMES, CULTURE, ENVIRONNEMENT

BOISSONS

– ***L'eau*** est, en principe, potable, mais on conseille de la boire en bouteilles capsulées. On en trouve partout. Ne jamais boire de l'eau du robinet en période cyclonique.
– ***Le café*** s'avère plutôt bon grâce aux plantations de caféiers de Chamarel, qui produisent des grains de qualité.
– ***Le thé*** est également honorable, assez corsé et souvent vanillé, ce qui lui donne une pointe d'exotisme. Il est produit principalement à Bois Chéri, au sud de l'île.
– ***L'alouda*** se compose de lait aromatisé à la vanille, épaissi d'agar-agar, agrémenté de graines de *tukmaria* (basilic) et servi bien frais. On en trouve sur les marchés, de différentes couleurs selon le sirop ajouté. Dans la catégorie « boisson locale », ne pas manquer non plus de goûter au ***jus de tamarin.***

Les boissons alcoolisées

– Plusieurs ***rhums*** sont distillés dans l'île. Normal, avec toute cette canne... même si le jus a longtemps été réservé à la production de sucre. Le gouvernement a autorisé la fabrication du rhum agricole en 2003 seulement (contrairement aux Antilles où l'on en distille depuis fort longtemps). Le *Green Island* est l'un des plus prisés. Le *White Diamond* est très bon marché. Le *New Grove,* fabriqué par la distillerie qui jouxte L'Aventure du Sucre, a reçu la Canne d'Or à l'occasion des *International Sugarcane Spirits Awards,* édition 2020, pour son flacon *Emotion 1969*. Une de leurs spécialités : le rhum blanc aux sucres spéciaux (en vente au musée seulement). Quant au rhum à la vanille du Domaine de Saint Aubin, il est parfumé et doux comme une belle liqueur. Dans de nombreux bars et restaurants, vous trouverez des rhums arrangés, dans lesquels on a fait macérer différents fruits (bananes, ananas, noix de coco, litchis, etc.). On trouve aussi quelques rhums vieux (jusqu'à 10 ans), de bonne qualité. Ils se conservent très longtemps, de préférence à l'abri de la lumière, au risque, sinon, d'altérer la couleur.
– ***La bière*** est reine chez les touristes. Puisqu'elle est bonne, profitons-en. *Phoenix, Blue Marlin,* douces et agréables, sont produites à la brasserie de Phoenix. La *1664* est produite à Nouvelle France. En petite ou en grande bouteille, on les adopte bien vite. Mais on a un faible pour la *Flying Dodo,* blanche, blonde ou brune-ambrée. Elle est rarement proposée au resto ; il faut l'acheter en supermarché. On aime également *The Thirsty Fox,* en version IPA, ale, blanche, lager ou aromatisée à la framboise, qu'on trouve dans certains bars. Phoenix a sorti une bière artisanale, *Mawana,* pas mal non plus.

IN VINO VERITAS

Une histoire drôle circule sur la qualité du vin à Maurice. Sur son lit de mort, le patriarche d'une famille de négociants réunit ses fils pour leur révéler enfin les secrets de fabrication du nectar... Ils s'approchèrent du visage paternel pour l'entendre murmurer dans un ultime souffle : « Mes enfants, on peut aussi le faire avec du raisin ! » Il faut dire qu'autrefois, la boisson était élaborée à base de banane ou de goyave de Chine. Cette anecdote résume assez bien la réputation du vin issu des fûts mauriciens.

– ***Le vin :*** des raisins d'Afrique du Sud sont vinifiés à Maurice. Essayez-en un verre, juste par curiosité. On en trouve à la carte de certains restos. Sinon, les vins d'importation d'Afrique du Sud constituent le meilleur rapport qualité-prix, même s'ils sont un peu chers. Outre les adresses de charme ou gastronomiques, de plus en plus de restos proposent des vins français, pour faire chic. Mais là, les prix s'envolent.

CUISINE

À Maurice, chaque population a apporté dans sa valise sa couleur culinaire. Résultat, on retrouve sur les cartes de tous les restos des plats indiens, créoles, chinois et souvent européens. Ce qui frappe ici, c'est la diversité. Ainsi, une entrecôte marchand de vin côtoie sans rougir un cari de poisson, un rougaille-saucisses ou un bol renversé. Malgré cet étonnant éventail, il n'y a pas eu à Maurice de syncrétisme culinaire comme au Brésil notamment.
C'est la grande diversité et l'originalité de quelques plats qui font la force de cette cuisine du monde. Les cuisines indienne et créole prennent appui sur des sauces relevées, mijotées durant des heures. Dans beaucoup de plats interviennent le piment (pas trop fort), le gingembre, le curry et parfois des fruits. La tomate, l'oignon et l'ail constituent les bases culinaires. Une incroyable richesse, dont on ne se lasse jamais. Quant au pain, bizarrement peu salé, c'est un souvenir de l'époque française. Mais franchement, il est réalisé avec des farines médiocres et celui servi dans les restos est souvent de piètre qualité.
Notez que si on ne finit pas son assiette, on peut toujours demander à emporter le reste *(doggy bag)*, cela se fait couramment. Ce service est parfois facturé, mais très peu.

Les plats

– ***Le vindaye :*** originaire de l'ouest de l'Inde, le *vindaloo* a été introduit à l'île Maurice sous le nom de *vindaye*. Variante très proche des achards. Se prépare avec des graines de moutarde, vinaigre, oignons, épices... et se sert froid. Il accommode parfaitement les poissons.
– ***Le rougaille :*** spécialité créole venant de La Réunion. À Maurice, il est surtout à base de tomates (pommes d'amour), oignons, ail (d'où son nom), gingembre et épices. Fort en goût, fort en gueule, il accompagne une viande émincée, un poisson, ou il est servi avec des morceaux de saucisse (le rougaille-saucisse !).
– ***Le chutney (ou chatini) :*** originaire de l'Inde mais d'origine anglaise. Mélange d'épices écrasées, ail, gingembre, piment, vinaigre, etc. En fait, il existe de très nombreuses variétés de chutneys puisqu'on peut y incorporer des fruits dans de savantes oppositions de saveurs sucrées-salées. Chacun fait le sien selon son inspiration. Il relève les plats modestes.
– ***Le carry (ou curry) et le cari :*** typiquement indien, le *carry* n'est pas une seule épice mais un ensemble d'épices, composé de piment ou poivre, curcuma, girofle, coriandre, cumin (parfois gingembre et cannelle). Le *cari* est le nom d'une préparation, un plat (cari-poulet, cari-poisson) qui contient du carry (l'ensemble d'épices). On fait des caris de tout : poisson, viande, volaille, abats, tout est « carissable ». On en trouve à toutes les tables.
– ***Les daubes :*** tout ce qui mijote pendant longtemps, constituant une sauce riche accompagnant une viande. On regroupe bon nombre de préparations sous cette appellation.
– ***Le briani (ou biryani) :*** plat musulman traditionnel du nord de l'Inde, qu'on retrouve assez souvent à Maurice. Se prépare à base de riz, avec toutes les viandes (sauf le porc bien entendu). Dans les restos, il est souvent proposé le week-end.

– ***Le cerf :*** quand on vient à Maurice, on ne s'attend pas forcément à manger du cerf ! Historiquement introduit dans l'île par les Hollandais (en provenance de Java), il fait l'objet, encore aujourd'hui, d'élevages très importants, ce qui explique sa présence fréquente sur les tables un peu chics (c'est assez cher). On le prépare la plupart du temps en sauce. Le sanglier, ou cochon marron, est également élevé en semi-liberté et servi dans certains restaurants.

– ***Les poissons :*** grillés, en cari, en *vindaye* ou même fumés. Maurice propose son lot de poissons tropicaux dont la saveur ravit les papilles. Entier et grillé, quand il est bien frais, c'est le meilleur moyen d'en conserver le goût véritable. Essayez le marlin fumé, une excellente idée d'entrée lorsqu'il est servi en fines lamelles. Délicieux. Il est aussi superbe en darne, où sa chair dense se révèle étonnamment tendre et savoureuse. Sinon, on trouve facilement thon, capitaine, daurade, tazar (le barracuda), empereur (une variété de marlin), vivaneau, sacréchien, etc. D'autres, moins fréquents mais aux noms chantants : poisson-beurre (un délice), babonne, maman rouge, carangue, bécune, dame Berry, gueule pavée, bordemare. Et puis toutes les vielles (rouge, voleuse, grise, pintadée, etc.). Le must pour un vrai Mauricien qui se respecte, c'est la sardine (en boîte)-pain-piments confits, un peu comme notre pain-beurre-oignons...

– ***Les fruits de mer :*** d'abord les crabes. Les « p'tits crabes » pour le fameux bouillon de crabes, les carlets, plus gros, à la chair très fine (chers dans les restos), les *faille faille* (crabes des grands fonds), les *carcassailles, cipayes, p'tits poules,* etc. On trouve aussi des crevettes *(chevrettes)* et les crevettes géantes, les célèbres *camarons* (genre gros bouquets ou gambas, en plus fin). Si les camarons proviennent la plupart du temps de Maurice et sont sauvages, il faut savoir que les crevettes sont très souvent importées congelées de Madagascar, d'Inde, de Chine ou de Thaïlande et sont issues d'élevages. Enfin, une des reines de la table : l'*ourite* (poulpe). Celle de Rodrigues est fameuse, servie en plat chaud et en sauce, ou en salade. Puis son petit cousin, le calamar, appelé ici *mourgate,* préparé de la même manière.

– ***Samoussas, dholl puri, rotis, beignets :*** on en trouve dans les restos, mais ces en-cas sont fréquemment proposés par les marchands ambulants qui passent sur les plages à l'heure du déjeuner. Les *dholl puri* sont des sortes de crêpes à base de pois cassés jaunes, extra-fines et à peine cuites, très souples, que l'on remplit de légumes et de sauce. Servis chauds, mangés sur le pouce, c'est délicieux. Le *roti* est préparé à peu près selon le même principe, mais la galette est plus épaisse. Les *samoussas* sont des feuilletés fourrés (pommes de terre ou viande) triangulaires, légèrement épicés, puis frits. C'est délicieux. On vous proposera aussi des beignets classiques, toujours roboratifs. Ne pas oublier le gâteau-piment, fait à base de *dholl* et d'épices, qui se présente sous forme d'exquises boulettes.

– ***Cuisine chinoise :*** chinois ou pas, les restos proposent souvent un ***mine frit*** (nouilles sautées au poulet, aux légumes et parfois crevettes), un ***riz frit*** (même chose avec du riz) ou un ***bol renversé*** (on entasse plusieurs couches de riz, poulet ou autre viande ou crevettes, et légumes dans un bol, puis on démoule le tout dans l'assiette) vraiment pas cher, des soupes chinoises, des poissons panés, des beignets de crevettes, etc. Vous vous en tirerez toujours à bon compte.

GOURMAND ET CROQUANT

Une des spécialités culinaires mauriciennes les plus originales est sans doute le chutney de larves de guêpes. On trouve les nids de guêpes dans les champs de canne et parfois dans les arbres. On les enfume pour chasser les adultes, puis on casse les nids afin de récupérer les larves. Côté préparation, c'est assez simple : faites-les revenir dans de l'huile avec des oignons jusqu'à ce qu'elles soient dorées à point, relevez-les grâce à un jus de citron. Servez le tout chaud, croustillant et accompagné de riz, devant une tablée de convives assurément ravis !

Les légumes

Grande richesse de légumes, curieusement trop peu à l'honneur dans les restaurants.
Voici les plus connus : le *chouchou,* le *giraumon* (citrouille ou potiron), le *pâtisson* (ah, les pâtissons farcis !), le *manioc,* la *patate,* la *bringelle* (l'aubergine) et encore les *embrevades* (ou *embravattes* à La Réunion), *pipengaille, fruit à pain, embérique, margoze, arouille, lalo,* sans oublier la *pomme d'amour* (notre bonne vieille tomate). Les piments les plus forts, ceux que l'on mange crus avec une petite sauce, comme les Mauriciens, sont les piments rodriguais.
– ***Les brèdes :*** c'est la « verdure », tout ce qui ressemble à de grandes feuilles vertes (y compris les feuilles comestibles de certains légumes) ; épinards, oseille, chouchou, cresson, *petsaï* (genre de laitue), songe, etc. Cuits à l'étouffée, à la vapeur, bouillis, ils accompagnent surtout le riz. Cuisinés par les familles, ils ne figurent pas souvent dans les restos car considérés comme un plat de pauvre. Dommage !
– ***Le palmiste :*** c'est le « cœur de palmier ». Nous ne connaissons généralement en Europe que ceux en boîte. Et pour cause, le palmiste est très fragile et ne se conserve pas, à part en conserve justement. L'arbre doit avoir entre 5 et 7 ans pour qu'on puisse le trancher, ce qui évidemment lui confère un prix élevé. On l'appelle aussi « la salade du millionnaire », eu égard à son prix, mais c'est très bon. Il est souvent accompagné de marlin fumé.
– ***Le riz :*** c'est le principal élément de la cuisine mauricienne. On en trouve à gros grains, à petits, du long, du sec, du collant... Le plus prisé est le *basmati* (plus cher). Quelques plats de riz populaires : le ***riz frit*** (avec porc ou saucisses, oignons, tomates, échalotes, ail, cacahuètes), le ***riz cantonais*** (qu'on ne présente plus), le ***riz pilaw*** (ou *pilau* ou *pullao*), appelé aussi *plof* (riz à la viande, safran et épices), le **briani** (voir « Les plats » plus haut) cuit dans le *dekti,* plat en aluminium qui a remplacé la marmite d'antan.

Les fruits

Leurs noms sonnent joliment à l'oreille. Voici les plus savoureux : *mangue* (nombreuses variétés, comme la baissac, presque violette, la maison rouge, Eugénie, Auguste, Aristide, José...), *litchi, papaye, goyave, carambole* (de forme oblongue, avec des arêtes), *atte* (anone, zat ou encore pomme-cannelle), *cœur de bœuf* (ou cachiman), *grenadine* (ou fruit de la passion), *fruit de Cythère* (ou pomme-Cythère), *tamarin, corossol, avocat, jamrosa, bibasse* (nèfle), *longane* (à la pulpe plus parfumée que le litchi), *jamalaque, jack-fruit* (gros fruit de forme ovale), *coco rouge.*
Et tous les classiques : melon, pastèque, banane (goûtez à la « gingeli », hmm !), citron vert et ananas... Goûtez surtout à l'ananas *Victoria,* minuscule et succulent.

Les épices

D'abord, les grands classiques : *muscade, clou de girofle, cardamome* (ou *laïti*), *cumin* (petit anis), *massala* (mélange d'épices, parfait pour les grillades), la graine et la feuille de la *coriandre (cotomili), gingembre, curcuma,* feuilles de *curry, cannelle, poivre vert, piment, caripoulé* (*kaloupilé* à La Réunion), le *vargon* qui entre parfois dans la composition du curry, le « 4-épices », provenant des fruits d'un arbuste où l'on retrouve le goût de 4 épices différentes (muscade, girofle, cannelle et poivre).

Les sucres

L'île Maurice est encore un gros producteur de sucre, même si la filière a engagé une profonde restructuration depuis quelques années. Le pays exporte (plus qu'il ne consomme sur place) une quinzaine de sucres roux spéciaux, qui contiennent plus ou moins de mélasse. Ils apportent des saveurs et des parfums intéressants dans les desserts, thés, et même certains plats ! Ils sont en vente dans les supermarchés de l'île et bien sûr à L'Aventure du Sucre (lire « Dans les environs de Pamplemousses »). Là-bas, uniquement des sucres roux, jamais raffinés ! Bref, que du bon.

CURIEUX, NON ?

– La langue officielle est l'anglais, mais la langue la plus parlée est le créole, puis le français. Du coup, ***les Mauriciens sont au minimum trilingues.*** Ils passent d'une langue à l'autre sans frontière et c'est un délice à entendre.
– L'île Maurice fut le ***5e pays au monde à émettre des timbres.*** C'était en 1847, alors que l'île constituait une étape essentielle dans l'acheminement de colis vers l'Inde depuis l'Europe.
– ***L'hindouisme*** constitue la religion prédominante, avec la moitié de la population. Mais à Maurice, il a été adapté : pas de vaches sacrées, pas de sadhus (ascètes se mortifiant pour un dieu). Enfin, le système de castes importé par les immigrants indiens ne s'est pas véritablement enraciné dans l'île. Tant mieux !
– La loi prévoit un accès libre au littoral tous les 500 m. Mais la réalité est un peu plus compliquée : l'État, propriétaire du littoral, peut le louer à des professionnels et à des particuliers. Par conséquent, ***une plage n'est ni « privée »,*** car elle appartient toujours à l'État, ***ni publique.*** Pas simple ! Dans les faits, tout le monde peut se balader sur la plage... à condition d'en dénicher l'accès et de faire sa pause entre 2 zones privées. Les Mauriciens en sont les 1res victimes, puisqu'ils sont obligés de se concentrer le week-end sur les dernières plages complètement publiques.
– Le Ganga Talao, le ***lac sacré mauricien*** à Grand Bassin, serait en contact secret avec le Gange.
– ***Les jeux*** sont un des passe-temps favoris des Mauriciens : dominos, mah-jong, loterie, poker, courses hippiques et casino pour les plus riches, rien ne va plus !
– ***On pratique très peu l'élevage*** sur l'île. D'ailleurs, on ne croise presque aucun bovin, ovin ou autre caprin dans les champs.
– Souvent, le ***repas dominical*** se déroule ***sur la plage.*** Familial, festif et bon enfant, il fait régner sur le littoral une chouette ambiance, très différente du reste de la semaine. À voir et à vivre...
– La richesse de l'île vient aussi de sa ***population pluriethnique,*** originaire d'Afrique, d'Europe et d'Asie. Ici, les habitants cohabitent bien dans l'ensemble mais vivent au sein de leur propre communauté. On ne se mélange pas (ou très peu)... sauf au casino.
– ***Paul et Virginie,*** le célèbre roman de Bernardin de Saint-Pierre, et surtout sa fin tragique, est tiré d'une histoire vraie, celle du naufrage du *Saint-Géran* au large de Maurice en 1744.
– Certains rites, comme le retournement des morts, originaires d'Afrique et de Madagascar, sont venus enrichir la ***fête de la Toussaint.*** Ainsi, il n'est pas rare de préparer pour le défunt son plat préféré, accompagné d'un p'tit verre de rhum.

ÉCONOMIE

Fondée sur l'agriculture (essentiellement la canne à sucre), l'industrie du textile, le tourisme, l'activité bancaire offshore, les sociétés de services et un port franc, l'économie mauricienne reste l'une des plus compétitives d'Afrique.
Si l'économie mauricienne est globalement saine, la vie politique et administrative reste assez corrompue, les inégalités sociales sont profondes. De plus, l'étroitesse du marché intérieur constitue un frein au développement de l'île qui doit chercher des débouchés à l'international. Maurice est ainsi en train de devenir une plaque tournante du commerce (distribution, réexportation...).

Autre facteur à prendre en considération : le changement climatique et les catastrophes naturelles qu'il engendre et qui ont un coût. Car le bétonnage des sols et la dégradation des milieux naturels (coraux, mangroves) en accentuent les effets. Sans compter les catastrophes moins naturelles, comme la marée noire qui s'est déversée sur les côtes sud-est de l'île en 2020 et, bien sûr, la Covid : des phénomènes qui ont durement touché la population, la nature et l'économie.

État des lieux de l'économie mauricienne

Comme partout, la pandémie a durement affecté l'économie mauricienne. ***Le PIB a chuté de 15,2 % en 2020,*** alors que la roupie mauricienne a perdu de sa valeur face à l'euro, contribuant à une hausse de l'inflation de 2,5 %. Le manque de visibilité a aussi plombé les projets et investissements. Le niveau de vie a fortement baissé : 28 % des personnes en activité (et 34 % des foyers) déclarent avoir subi une perte de revenus pendant cette période, tandis que 8 ménages sur 10 ont éprouvé des difficultés à boucler leurs fins de mois. Si, habituellement, ce sont les femmes et les jeunes qui sont le plus touchés, la pandémie et la marée noire ont privé de nombreuses familles des ressources liées au tourisme et à la pêche artisanale (interdite pendant 6 mois dans la zone du sinistre). À noter, aussi, qu'en temps de crise, les disparités sociales entre Indiens, Créoles, Chagossiens, Rodriguais, Chinois et Africains se font plus durement ressentir, même si la solidarité familiale joue son rôle d'amortisseur social.
En 2022, la situation s'est peu à peu améliorée. La croissance affichait une hausse de 7,8 %, notamment grâce au retour des touristes. Et le ***taux de chômage,*** qui avait atteint 11 % en 2020, est redescendu à 7,5 %.
En revanche, ***la corruption des élites continue de s'aggraver.*** Elle place le pays en 57e position (sur 180 pays) au classement 2022 de *Transparency International,* avec un score de 50/100, contre une 52e place et un score de 53/100 en 2020. Cette corruption, régulièrement dénoncée dans la presse, demeure un ***frein au développement économique.***
Signalons enfin un phénomène relativement récent : la vie à crédit. Les jeunes, grâce aux études, à Internet et à l'ouverture sur le monde, sont entrés à pieds joints dans une société de consommation à outrance : voiture, écran plat, portable dernier cri, fringues de marque... Pour beaucoup, la solution, c'est l'achat à crédit ! Avec, à la clé, la question du ***surendettement.***
Au final, l'île connaît aujourd'hui les problèmes classiques d'une nation moderne, ajoutés à ceux d'un pays récemment indépendant, le tout pris dans une ***tourmente sociale et économique mondiale.***

L'industrie

– ***La canne à sucre :*** elle est partout, on ne voit qu'elle. On en mange (le sucre), on en boit (le rhum), on s'abrite, on s'éclaire et on se chauffe avec le résidu (la bagasse). Impossible d'y échapper.
Introduite à l'île Maurice au XVIIe s par les Hollandais, la canne à sucre couvre encore le tiers de la superficie totale de l'île. Sa culture fut privilégiée autrefois car elle était la seule à se remettre d'un cyclone en moins d'un an. Replantée tous les 7 ans entre janvier et septembre, elle demande 12 mois pour parvenir à maturité après avoir été coupée. Les sous-produits, la mélasse, la bagasse et les fertilisants, servent, pour la 1re, à la fabrication du rhum, pour la 2e à la production d'énergie électrique et la 3e comme apport de potassium.
En 1974, le sucre et son sous-produit représentaient 90 % des exportations, entraînant une grande dépendance de l'économie aux aléas du secteur. ***L'industrie sucrière fut longtemps l'épine dorsale de l'économie du pays,*** avant de subir la forte concurrence de pays comme le Brésil, l'Inde ou encore la Thaïlande,

et les revenus de la filière chutent alors de 36 %. Le sucre est alors exporté « blanc » et non plus « roux », débarrassé de ses qualités nutritives et sans parfum pour satisfaire les marchés du Nord, plus rentable à l'export.
Le contexte international et le faible prix du marché mondial ont eu plusieurs conséquences : le regroupement d'usines (il ne reste désormais plus que 3 grands groupes sucriers dans l'île) et la diminution de la superficie de canne récoltée, les terres agricoles étant transformées en terrain à bâtir avec une prédilection pour l'immobilier de luxe (ce qui constitue un nouveau problème sur le plan environnemental).
L'industrie sucrière a dû se diversifier avec la production de rhum, et comme rien dans la canne ne se perd, elle utilise la vinasse, riche en potassium, un sous-produit de la distillation (processus nécessaire pour fabriquer du rhum et de l'éthanol) pour fertiliser les champs de canne, la bagasse pour produire de l'électricité et la mélasse pour le bioéthanol et le rhum.

L'ÉLECTRICITÉ, UN SIMPLE COUP DE JUS !

Durant 6 à 7 mois, entre juin et décembre, la bagasse, paille de canne à sucre pressée pour extraire le fameux jus, est brûlée. Sa combustion fournit, rapportée à l'année, près de 14 % de l'électricité de toute l'île.

En optimisant ses ressources, en valorisant les coproduits de la canne et les sucres à haute valeur ajoutée, la traditionnelle industrie sucrière a cédé la place à une ***industrie cannière moderne.***
Aujourd'hui, le sucre représente près de 12 % des exportations, mais moins de 1 % du PIB (contre 30 % en 1968). Si l'Europe est moins demandeuse, la Chine se révèle un marché prometteur.
– ***Le textile :*** depuis 1970, c'est la zone franche qui a véritablement permis à l'économie mauricienne de prendre son essor, dépassant l'industrie sucrière en nombre d'emplois, en exportation et en part du PIB. Aujourd'hui, la concurrence de Madagascar et du Mozambique, une baisse de compétitivité (donc des fermetures d'usines), une demande internationale en baisse et le Brexit impactent fortement la filière.

Le tourisme

Il représente autour de 13 % du PIB. Mais il n'avait pas retrouvé en 2022 son niveau d'avant-Covid. En cause, un manque de main-d'œuvre, la relative faible capacité de l'aérien et des ressources en eau limitées.
Compte tenu de ces contraintes et alors que le gouvernement entendait augmenter le nombre d'arrivées en ciblant une clientèle moins élitiste, la construction des nombreux programmes hôteliers de luxe tant sur la côte est que sur la côte ouest pose question. Si Rodrigues a opté pour le tourisme vert, ce n'est pas le cas de Maurice. Là-bas, les autorités locales s'efforcent en effet de limiter le nombre d'hôtels et de promouvoir chambres et tables d'hôtes. À Maurice, même si le patrimoine naturel commence doucement à être mis en valeur, notamment les parcs nationaux (à quand de vrais sentiers balisés et régulièrement entretenus ?), les grands hôtels chics fleurissent, sans véritablement savoir comment l'alimentation en eau potable et l'évacuation des eaux usées vont se mettre en place sans surpolluer les eaux du lagon. Cette question deviendra sans doute cruciale dans les années à venir.
Plus insolite, le tourisme médical se développe : l'île Maurice vante ses cliniques privées où l'on allie, le temps d'un court séjour, l'utile (!) à l'agréable. Toute une panoplie de soins esthétiques est désormais très prisée des Européens fortunés. Le voyage coûte cher, mais les soins restent significativement meilleur marché.

Les services offshore… et les sociétés de services

Maurice est un centre financier important dans l'océan Indien. Suite à un accord avec « la grande sœur », un tiers des investissements vers l'Inde transitent par Maurice, d'où une croissance particulièrement forte, qui représente 12 % du PIB, mais qui traîne aussi derrière elle les inévitables suspicions qui touchent l'ensemble des paradis fiscaux. En 2020, l'Union européenne a inscrit Maurice sur sa liste noire des pays présentant un fort risque financier. En cause, des moyens insuffisants pour lutter contre le blanchiment d'argent et le financement du terrorisme. Elle a fini par en sortir fin 2021.
La *Cybercity,* à Ébène, entre Moka et Rose Hill, abrite de nombreuses sociétés de haute technologie, mais aussi des sociétés de services tels les plateaux d'appels internationaux de qualité.

Le port franc

Unique dans l'océan Indien, il possède également un potentiel non négligeable. L'île Maurice espère bien devenir une plateforme pour les entreprises européennes qui cherchent des débouchés sur les continents africain et asiatique. En projet, un terminal en eaux profondes, pouvant accueillir les super porte-conteneurs, en vue de faire de Maurice un hub de transbordement pour Madagascar et les petits pays voisins. Mais la crise sanitaire a porté un coup d'arrêt à de nombreux investissements.

ENVIRONNEMENT

Une croissance effrénée

Eau turquoise, chaude et transparente, sable blond bordé de filaos, nature luxuriante, niveau de prestations touristiques élevé : vue de l'extérieur, l'île Maurice est bien la perle de l'océan Indien. Mais en ce qui concerne la protection de l'environnement, l'île en est encore à l'âge de pierre (ou plutôt à l'âge de béton…). Le ministère n'a été créé qu'en 1991. Et depuis ? Pas grand-chose. L'île paie depuis quelques années déjà une urbanisation et une industrialisation anarchiques.
Zones humides et forêts endémiques sont remplacées par des complexes touristiques et des programmes immobiliers haut de gamme, ***déchets industriels et domestiques*** sont largués dans la nature, quand ce n'est pas dans la mer, les carcasses d'animaux d'abattage pourrissent sur place et les déchets tapissent les plages à la fin de chaque week-end. Comme le soulignait un journaliste mauricien : « L'environnement n'est pas l'affaire des nettoyeurs, mais des citoyens. » Des citoyens-promoteurs qui bétonnent, des citoyens-directeurs d'entreprise qui menacent de licencier s'ils doivent mettre leurs usines aux normes… Tout cela est affaire d'éducation auprès des jeunes et des moins jeunes, et prendra sans doute encore du temps.
Les conséquences sont lourdes : 57 % de la faune et 15 % de la flore endémiques ont déjà disparu ; le reste continue de se fragiliser. Quant au ***corail,*** déjà sérieusement dégradé, il a blanchi dans des proportions jusqu'alors inconnues ces dernières années. Les raisons sont multiples : il y a le réchauffement des eaux, certes (l'hiver arrive avec quasi 1 mois de retard), mais aussi le déversement des eaux usées (surtout des complexes hôteliers, même si officiellement, depuis 2013, ils ont l'obligation de retraiter leurs déchets) ou des polluants (pesticides, fertilisants et engrais ; selon la Food and Agriculture Organization, ***l'île Maurice fait partie des États dont l'utilisation des pesticides est l'une des plus denses au monde,*** chaque habitant y est exposé, avec les conséquences que cela entraîne pour la santé). Les arbres en bordure de littoral ont été coupés ; après les grosses pluies, ils ne retiennent plus les nitrates. Sans compter l'urbanisation non maîtrisée

qui favorise les coulées de boues dans l'océan, qui se déposent sur le corail. La violence des cyclones n'arrange évidemment rien. Autre raison (peu connue) provoquant la mort des coraux : le déversement de l'eau des ballasts des porte-conteneurs, chargés de larves d'étoiles de mer (venues d'ailleurs) et qui étouffent le corail mauricien dans d'étonnantes proportions. Jusqu'à 30 m de profondeur, 70 % du corail aurait blanchi autour de l'île, en dessous, ils sont intacts. Des plongeurs ont même aperçu des coraux différents, verts ou jaunes fluo, comme si une nouvelle espèce résistante était apparue. Des signes plutôt encourageants, car la mort du corail signifie la disparition de plusieurs espèces de poissons qui en avaient fait leur habitat et entraîne l'érosion du littoral, puisqu'il n'y a plus de barrière pour couper la force de la houle.

Aujourd'hui, plusieurs plages sont réduites à peau de chagrin du fait de cette érosion, mais aussi de l'augmentation du niveau de la mer plus rapide à Maurice qu'ailleurs sur le globe (5 mm par an contre 3,6 en moyenne). Les scientifiques annoncent leur possible disparition d'ici 2070. Les conséquences commencent à être visibles dans certains secteurs de l'île. Les solutions consistent pour l'instant à renforcer les plages de sacs de sable, mais planter des mangroves sur le littoral et des coraux en mer serait plus efficace, selon certains.

Les baigneurs peuvent déjà commencer par se protéger avec de la crème solaire bio, moins toxique pour la faune et la flore ou mieux, ***utiliser des vêtements anti-UV.***

Le ***développement touristique déraisonné*** à Maurice continue de sévir, et même semble redoubler depuis la sortie de la pandémie. Les espaces naturels, et notamment les côtes, sont surexploités par les grands projets immobiliers et hôteliers. Les plages sont privatisées (sur les 120 km de sable fin de l'île, une toute petite partie est accessible aux habitants), la faune et la flore s'effacent au profit du béton. En dépit de l'émergence d'associations engagées et d'un ras-le-bol général des Mauriciens qui voient leur terre leur échapper, les décisions viennent bien du gouvernement, toujours favorable à la multiplication de ces complexes « paradisiaques » néfastes à l'environnement. L'assouplissement de la loi qui permet aux étrangers d'acheter des terrains à Maurice ne fait qu'accroître le phénomène de bétonnisation, et provoque une hausse des prix de l'immobilier.

Une question fondamentale : l'eau

L'île Maurice est classée par les Nations unies parmi les « *water stressed countries* » : les ***pénuries d'eau potable*** deviennent de plus en plus critiques. Les principaux réservoirs de l'île dépassent rarement les 50 % de remplissage, même après la saison des pluies. Les plus grands ne parviennent pas à atteindre les 30 % (sachant que l'on estime que les 15 % du fond des réservoirs ne sont pas utilisables). L'eau est régulièrement coupée chez les particuliers : vétusté du réseau de distribution (occasionnant près de la moitié de perte en eau), raccordements illégaux et gaspillage en sont les principales causes. Le réchauffement climatique n'offre pas de perspectives d'amélioration (15 % de baisse de pluviométrie depuis 60 ans).

LA MER, 7E ÉCONOMIE DU MONDE

Si les océans étaient un pays, ils représenteraient la 7e économie mondiale. D'après une étude du WWF datant de 2015, « la valeur de l'ensemble des biens et services procurés par les environnements côtiers et marins est estimée (dans l'hypothèse la plus basse) à 2 500 milliards de dollars ». Et cela sans compter l'énergie générée par la mer ou son rôle déterminant dans la régulation du climat. Un plaidoyer économique, qui démontre l'importance de préserver le milieu marin et d'en finir avec des pratiques destructrices.

Les ressources halieutiques sont également mises à mal, les pêcheurs locaux devant subir une concurrence déloyale de la part des thoniers senneurs internationaux qui remontent dans leurs filets jusqu'à 200 t de poissons en une seule prise (très peu taxées par le gouvernement). Face à eux, la pêche traditionnelle à l'hameçon ne fait pas le poids, c'est peu de le dire ! Or, les écologistes dénoncent depuis longtemps la technique de ***pêche à la senne*** (gros filets qui traînent sur les fonds). Elle endommage les fonds marins et ne permet pas le tri des poissons selon leur taille. Les concessions vendues aux entreprises d'aquaculture contribuent également à appauvrir le butin des petits pêcheurs (pollution de l'eau), tout comme la surexploitation touristique du littoral.

Marée noire : la plus grande catastrophe écologique de l'île

Le 25 juillet 2020, le *Wakashio,* long vraquier japonais spécialisé dans le transport du minerai de fer, n'est pas chargé lorsqu'il s'approche des côtes mauriciennes. Trop près. Il s'échoue sur le récif face à la pointe d'Esny, au sud-est de l'île, puis se brise, laissant échapper 1 000 t de fioul. Certes, on est loin des 223 000 t de pétrole lourd de l'*Amoco Cadix,* déversé en Bretagne en 1978. Reste que sur une petite île, ***même des quantités plus modestes peuvent causer des dégâts considérables.*** D'autant que ***2 sites protégés*** se trouvent à proximité : le parc marin de Blue Bay et la réserve naturelle de l'île aux Aigrettes.
Grâce à ***la population qui s'est rapidement mobilisée,*** 80 % de l'huile ont pu être récupérés. « Seulement » 20 % ont échoué sur environ 23 km de côte. À l'île aux Aigrettes, à quelques encablures de la pointe d'Esny, la *Mauritian Wildlife Foundation* a effectué un travail formidable en déplaçant les espèces en danger. Et plusieurs ONG ont lancé des programmes de réhabilitation des mangroves, des herbiers et des coraux. L'épave a également été assainie et une partie coulée au large, l'autre a été démantelée. L'interdiction de la pêche a tout de même duré 6 mois, ce qui a considérablement impacté les ressources de nombreuses familles. Si toutes les conséquences sur l'environnement ne sont sans doute pas encore visibles, les habitants ont déjà constaté, après la marée noire, l'apparition d'algues envahissantes et fluorescentes qui ont tendance à étouffer coraux et anémones. Le milieu devra rester sous haute surveillance.

Quelques avancées... bien timides

Que ce soit lors de la marée noire ou dans la gestion quotidienne des milieux naturels, le ministère de l'Environnement peine à trouver des solutions. Conscient de son retard et pour redorer son image, le gouvernement a lancé, fin 2020, la campagne *Mauritius Now,* pour prouver au monde entier (et surtout aux futurs touristes) combien le pays se préoccupe de son environnement ! Il n'en prend pas vraiment le chemin.
En attendant, la jeune génération, consciente de l'urgence, se mobilise, et des ONG lancent des ***programmes de réhabilitation,*** notamment ***sur des sites marins*** abîmés ou détruits, où le bouturage manuel permet aux coraux de se reproduire. D'autres projets voient aussi le jour pour ***lutter contre la déforestation.*** L'île Maurice a tous les atouts pour devenir un modèle insulaire de protection et de réhabilitation de l'environnement.
Aujourd'hui, une société privée ***recycle le plastique*** et ses dérivés en achetant les bouteilles vides. Cela permet un nettoyage succinct des endroits publics. Les sacs en plastique sont interdits depuis 2016 dans les commerces, comme à Rodrigues. Enfin, l'ambitieux programme ***« Maurice île durable »*** vise à améliorer l'autonomie énergétique de l'île, en s'appuyant notamment sur la biomasse, le biogaz, l'éolien, dont le 1er parc a ouvert début 2016. Le but est de parvenir à ***60 % d'électricité produite à partir d'énergies renouvelables d'ici 2030, contre 22 % actuellement.*** La bagasse intervient déjà pour 14 % de la production d'électricité. La

piste du biodiesel est aussi explorée, ce qui permettrait aux cultivateurs de canne à sucre de trouver un débouché à leur production aujourd'hui bien moins rentable. Bref, les ambitions affichées par le gouvernement sont grandes, les faits sont moins éloquents puisque des permis de forage en haute mer ont récemment été signés avec des sociétés pétrolières.
Enfin, quelques agriculteurs ont opté pour le ***commerce équitable,*** un mode de production plus juste, qui favorise la qualité des produits tout en assurant des conditions de travail honorables et un revenu décent aux fermiers. Encore trop peu développé, c'est pourtant le meilleur moyen de ménager économie et écologie.

FAUNE ET FLORE

La faune

L'animal fétiche de Maurice n'existe plus. C'était le ***dodo*** ! Un oiseau énorme (près de 25 kg), aussi appelé *dronte,* au bec recourbé et crochu. En fait, le dodo était une espèce de pigeon qui avait grossi au cours des siècles. Un peu balourd, il était incapable de voler à cause de son poids et de ses ailes atrophiées. Non seulement il fut facilement chassé, mais les chiens et autres animaux débarqués sur l'île avec les Portugais dévoraient ses œufs, provoquant la disparition de l'espèce au XVIIe s. Vous en trouverez de nombreuses représentations ainsi que des squelettes reconstitués dans plusieurs musées de l'île, notamment au *Mauritius Institute* à Port-Louis ou au musée Naval de Mahébourg. À consulter notamment, le site • *dodosite.com* • (en anglais), pas soporifique pour un sou, pour partir sur les traces de l'animal mythique de Maurice et de Rodrigues. Toutefois, le dodo n'est malheureusement pas le seul à avoir connu ce destin tragique, et certaines espèces encore présentes sont en voie d'extinction, soit plus de 30 000 espèces animales et végétales sur les plus de 110 000 répertoriées, la plupart directement à cause du changement climatique.
La colonisation de l'île est loin d'avoir été profitable pour la faune : sur la bonne cinquantaine d'espèces qui existaient avant l'arrivée de l'homme, il n'en reste qu'une poignée. Ainsi, la ***tortue géante*** de Maurice et les ***râles*** (oiseaux aquatiques) ont également disparu. Et si l'on vous cite le pigeon des mares, l'oiseau babane, l'oiseau manioc, le coq des bois, l'oiseau cardinal et le beau paille-en-queue (emblème d'Air Mauritius), vous n'en verrez guère dans la nature. La ***perruche verte à collier*** de Maurice *(Psittacula eques)* a bien failli connaître le sort du malheureux dodo. Défendue bec et ongles par la communauté scientifique internationale, elle revient de loin, et ce genre d'événement est extrêmement rare : grâce à des mesures de protection des zones de nidification et à la réintroduction de 140 spécimens élevés en captivité, cet oiseau endémique ressemblant à un perroquet a vu sa population augmenter, et on en compte aujourd'hui plus de 750 à l'état sauvage. Malgré cela, la perruche, qui a bien compris sa leçon, reste très discrète !
En revanche, différentes espèces de souche étrangère à l'île et importées par l'homme prospèrent à son voisinage : le foudi de Madagascar (baptisé ici « cardinal »), de la taille et d'une silhouette proches de notre moineau, à ceci près que le mâle porte une livrée vermillon ; le bulbul orphée (le « condé » des Mauriciens), sympathique passereau à huppe noire et aux sourcils rouges, originaire de l'Inde et du Pakistan, etc.
Il n'y avait qu'un seul mammifère à Maurice avant l'arrivée des hommes, la ***chauve-souris mauricienne,*** ou « renard volant », espèce indigène toujours présente dont on pourra voir de nombreux spécimens au parc de La Vanille, dans le sud de l'île. Ce sont les Hollandais qui introduisirent le ***cerf*** au XVIIe s, en provenance de Java. Il y est resté et est élevé en semi-liberté dans les grands domaines. Les chasseurs en tuent chaque année un certain quota,

qu'on retrouve à la carte des restos. Également introduit et chassé, le ***cochon sauvage (sanglier),*** appelé cochon marron.
Les tortues énormes qu'on voit dans les parcs proviennent de Madagascar ou des Seychelles. Introduits il y a bien longtemps également, le lièvre et la mangouste, qu'on voit fréquemment en bordure des routes. La ***mangouste,*** petit prédateur redoutable, sert notamment à la dératisation des champs de canne. À noter encore que l'île Ronde abrite 2 sortes de boas.
Quant aux singes, ce sont des ***macaques*** que les colons portugais importèrent dans les soutes de leurs vaisseaux. Ils habitent les forêts et on ne les voit guère que vers la Plaine Champagne, dans le Sud. Aujourd'hui, 10 000 singes sont élevés chaque année dans des centres de production et conditionnés avant d'être revendus à des laboratoires européens et américains. Si bien que Maurice est devenu le 2e exportateur mondial de singes destinés à la recherche biomédicale, après la Chine. Un commerce qui, en plus de soulever la question de la condition animale, entre en conflit avec la religion hindoue. Ses fidèles (soit 52 % de la population de l'île) vénèrent le dieu-singe Hanuman et considèrent l'animal comme sacré.
Le règne animal marin est certainement plus riche et plus représentatif de l'île Maurice, véritable aquarium tropical sur toute sa côte ou presque. Le milieu recense quelque 1 700 espèces, dont 800 de poissons, 17 de mammifères et 2 de tortues. Un masque, des palmes et un tuba, et vous voici plongé dans un monde où opèrent les ***poissons-chirurgiens,*** où les ***poissons-perroquets*** font du mime (à défaut de parler), où des ***capitaines*** tiennent bon la barre en suivant la brillance des étoiles de mer. Et encore de belles ***murènes*** à la peau soyeuse, des ***mérous*** à l'air naïf, des ***chinchards argentés...*** Aucun danger dans cette symphonie de couleurs, à l'exception du ***poisson-pierre*** au parfait mimétisme. Particulièrement statique, quand on a marché dessus (ce qui arrive rarement), il est déjà trop tard. Sa piqûre provoque de fortes fièvres et peut être mortelle dans certains cas (syncope, noyade...). Consulter d'urgence un médecin. Les hôtels possèdent, en principe, un sérum antivenimeux. Pour ne pas le rencontrer, ***ne jamais marcher sur les récifs de corail.*** De manière générale, portez des chaussures en plastique, ne serait-ce que pour les oursins.
Les pêcheurs qui s'aventurent hors du lagon, dans le grand bleu, pourront évidemment attraper des ***thons,*** des ***wahoos,*** des ***coryphènes*** (improprement baptisées « daurades », alors que les véritables daurades sont ici rassemblées sous le vocable de « gueules pavées »), des ***sail-fish,*** mais surtout des ***marlins,*** variété d'espadon qui atteint plusieurs centaines de kilos. L'île Maurice est un lieu de pêche au gros très fameux, et les centres de pêche reçoivent les spécialistes du monde entier.
– ***Conseils :*** n'achetez pas d'objets en écaille de tortue de mer. C'est interdit et l'espèce est protégée. Idem pour les coraux et coquillages, même si l'on en trouve dans les boutiques de souvenirs (soi-disant importés).
– ***Et les dauphins ?*** Tout le monde veut les voir, les approcher, nager avec eux. Seulement voilà, ce qui était au départ une magnifique balade à la rencontre de ces adorables mammifères s'est aujourd'hui transformé en un business affligeant. Chaque jour, dans le secteur du Morne Brabant et de Tamarin, une petite colonie de dauphins qui y a élu domicile est traquée et encerclée par des grappes de bateaux de tous gabarits. À quand une réglementation stricte sur cette activité ? (Voir aussi le texte sur le *dolphin watching* à Tamarin.)
Le même phénomène commence à se reproduire avec les ***cachalots*** qui s'accouplent au large de Maurice, seule période où l'on croise des mâles. Le reste du temps, on aperçoit les femelles flanquées de leur progéniture. Mais là encore, les bateaux venus les observer ne respectent pas toujours les distances réglementaires. Quant à une éventuelle mise à l'eau, ***une loi interdit de nager avec les baleines et cachalots,*** en dehors d'un cadre scientifique, soumis à autorisation. Actuellement, ces mammifères sont harcelés par des opérateurs peu scrupuleux,

perturbant leurs cycles. Les conséquences sont dramatiques. Il est en revanche ***possible de les observer*** à au moins 100 m de distance, à une vitesse réduite, entre 6h et 12h.
Enfin, le ***requin nourrice*** à queue courte, originaire de l'ouest de l'océan Indien, a vu sa population diminuer d'environ 80 % en quelques décennies en raison de la dégradation des récifs coralliens victimes du réchauffement climatique. Pour finir sur une note optimiste, l'Union internationale pour la conservation de la nature (UICN) a sorti, en 2019, une dizaine d'espèces d'oiseaux et de poissons de la liste rouge des espèces menacées d'extinction, signe que la nature peut reprendre ses droits si on lui laisse une chance.

La flore

Comme pour la faune, la flore fut énormément modifiée par l'arrivée de l'homme. Autrefois, une épaisse forêt recouvrait l'île de toutes parts ; il en reste aujourd'hui moins de 5 %, concentrée dans les réserves naturelles du Sud-Ouest comme la réserve de Bras d'Eau, au sud de Roches Noires, ou celle de Ferney, au nord de Mahébourg. Elle se composait de savane en bord de mer, puis de forêts d'ébéniers et, sur les hauteurs, de superbes tambalacoques. Les Hollandais furent les 1ers, au XVIIe s, à « nettoyer » Maurice pour y introduire la canne à sucre, mais aussi les pamplemoussiers ; ils en avaient embarqué de Java, de façon à éviter le scorbut aux marins. Pour eux, l'île n'était qu'un point de passage entre l'Europe et l'actuelle Indonésie. Plus tard, les colons qui s'installèrent pour de bon apportèrent dans leurs bagages toutes sortes de plantes robustes pour décorer les jardins. De celles qui essaiment vite et chassent petit à petit les essences indigènes en les empêchant de s'épanouir. C'est le cas du célèbre arbre du voyageur, si beau mais tellement prolifique... Plus tard encore, le développement continu de la canne favorisa la déforestation.
Aujourd'hui, c'est grâce aux soins attentifs et passionnés des membres de la MWF *(Mauritian Wildlife Foundation)* que la forêt originelle retrouve par endroits son aspect d'antan comme l'Ebony Forest à Chamarel. De jeunes pousses sont élevées en pépinières, puis replantées sur des terrains propices débarrassés des plantes exotiques. Un travail de longue haleine...
Les touristes qui séjournent au bord des plages se familiarisent rapidement avec 2 arbres particuliers : le flamboyant et le filao.
- ***Le flamboyant :*** l'une des plus belles espèces qu'on connaisse. Divisé dès la base en plusieurs troncs se ramifiant généreusement à une dizaine de mètres pour s'ouvrir un peu comme un parasol. Planté au bord des routes, il offre de novembre à janvier une floraison incroyable de fleurs rouges ou orange absolument radieuses.
- ***Le filao :*** son nom exact est ***casuarina*** (*filao* étant le nom portugais). Ressemblant au pin, fin et longiligne, on le trouve le long de quasiment toutes les plages. Introduit dès la fin du XVIIIe s, il sert à fixer le sable mais aussi à ombrager le pique-nique familial et dominical des Mauriciens sur les plages publiques. À la même époque, on introduisit le *badamier* et le *cocotier.*
- ***Le paysage d'antan :*** la meilleure idée que l'on peut se faire de ce qu'était Maurice autrefois est de traverser la ***Plaine Champagne*** et d'embrasser la vue à partir des gorges de la ***rivière Noire.*** Dans cette partie de l'île, ce sont essentiellement des plantations de thé et de café. Dans les régions touristiques comme le Nord, on verra surtout des champs de canne à perte de vue, juste rehaussés par les flamboyants. Le ***latanier*** et certaines sortes de ***palmiers*** ne se trouvent plus que sur l'île Ronde au nord de Maurice, sur l'île aux Aigrettes près de Mahébourg, et également sur quelques hauteurs de l'île Maurice. Notons encore les beaux ***vacoas,*** les dizaines de sortes d'***hibiscus*** et les ***anthuriums*** qu'aiment rapporter les touristes.
- ***Les cultures fruitières :*** cette liste ne serait pas complète si on oubliait tous les merveilleux fruits, cadeaux d'une nature généreuse – mangue, banane, ananas, papaye, corossol, avocat, jack-fruit, carambole, litchi, coco, grenadine, fruit de la passion, goyave...

FÊTES ET JOURS FÉRIÉS

Compte tenu de la diversité religieuse de l'île, il y a 17 jours fériés officiels, 9 jours à des dates fixes et 8 autres dépendant du calendrier lunaire. Ce qui fait de l'île Maurice un des pays bénéficiant du plus grand nombre de jours fériés au monde.

Dates fixes

- ***1er et 2 janvier :*** Nouvel An.
- ***1er février :*** abolition de l'esclavage.
- ***12 mars :*** anniversaire de l'indépendance (déclarée en 1968).
- ***1er mai :*** fête du Travail.
- ***15 août :*** Assomption.
- ***1er novembre :*** Toussaint.
- ***2 novembre :*** anniversaire de l'arrivée des engagés indiens.
- ***25 décembre :*** Noël.

Dates variables

- ***En janvier-février :*** fête du Printemps (Nouvel An chinois), *Thaipoosam Cavadee.*
- ***En février ou mars :*** *Maha Shivaratree.*
- ***En mars-avril :*** *Holi* et *Ougadi.*
- ***En mai :*** *Aïd-el-Fitr (en avril, à partir de 2023).*
- ***En août :*** *Ganesh Chaturthi.*
- ***En octobre-novembre :*** *Divali* et *Ganga Asnan.*

Quelques mots sur certaines fêtes traditionnelles

La grande majorité des fêtes ***à dates variables*** ont été introduites par les Indiens, et plus particulièrement par les Tamouls. Mais il y a aussi des rites chinois et chrétiens. Tous ceux décrits ici ne font pas forcément l'objet d'un jour de congé, mais ils sont tous importants.

– ***Thaipoosam Cavadee :*** originaire du sud de l'Inde. C'est sans doute la fête la plus impressionnante. Son origine hindouiste rappelle l'époque où Idoumban parvint à se délivrer du démon grâce à l'intervention du fils de Shiva. C'est une cérémonie de purification du mal. Durant la fête, les participants portent sur leurs épaules le *cavadee,* structure de bois symbolisant les montagnes sacrées, abondamment décorée de choses multiples et multicolores, l'essentiel étant que ça brille. Ils s'adonnent à de spectaculaires scènes de ferveur. Une fête pas comme les autres, à laquelle il faut assister si vous êtes à Maurice au bon moment, mais avec pudeur et respect.

ENTREZ DANS LA TRANSE

Lors de la cérémonie hindoue du Thaipoosam Cavadee, les participants entrent dans d'impressionnantes transes. La musique, l'état de fatigue, les prières répétitives permettent d'accéder à cet état où l'on se rapproche de Dieu. On se transperce les joues avec des aiguilles, la langue avec des épingles, le dos avec des crochets... afin de purifier le corps. On se dirige ainsi vers le temple, où l'on fera des offrandes. Ferveur, délire, cris, pleurs, malaises... et joie intense constituent les ingrédients particuliers de cette fête hors du commun.

– ***Fête du Printemps :*** Nouvel An chinois. Dragons décorés, danses, offrandes aux pagodes, repas somptueux en famille, prières. La présence de pétards (et donc de beaucoup de bruit) permet d'éloigner les mauvais esprits. Le quartier chinois s'anime alors de spectacles de rue, avec des danses du loup, du lion, du cheval, permettant de quitter le foyer pour le voyage céleste... Mais attention au dragon qui lance le feu !

– ***Maha Shivaratree :*** cette fête est longuement développée à « Grand Bassin », dans le chapitre « Du Morne Brabant à Flic en Flac. Excursions vers l'intérieur », où elle se déroule. Également l'une des plus importantes de l'île.

– ***Ganga Asnan :*** cette fête est aussi populaire que le *Maha Shivaratree.* Elle remémore les racines indiennes et le culte gangétique, quand le fleuve céleste se répandit sur terre en se subdivisant en 7 branches, les 7 rivières sacrées de l'Inde. Depuis, les dévots se purifient dans la *Ganga Mai,* la mère de tous les cours d'eau. À Maurice, les fidèles vont se purifier dans l'océan Indien, où le Gange jette ses eaux. Certains pensent que le Ganga Talao, le lac sacré mauricien à Grand Bassin, serait en contact secret avec le Gange, et préfèrent s'y baigner.

– ***Holi :*** la fête des couleurs et des moissons. Elle rappelle que Holika, la sœur d'un roi, voulut brûler son neveu qui, finalement, sortit indemne des flammes. Résultat, aujourd'hui, pour punir Holika, on brûle son effigie et on se lance de l'eau colorée en rouge, bleu, vert, violacé... au visage ou sur les vêtements. Si vous mettez le nez dehors ce jour-là, vous vous retrouvez déguisé en arc-en-ciel en quelques minutes !

– ***Divali :*** on fête la libération de Sita (retenue prisonnière par le démon Rawana) et le retour de son mari Rama, le 7e avatar de Vishnu. La fête se caractérise par la décoration des maisons de mille petites lumières pour éclairer le chemin de Rama et Sita lors de leur retour dans leur ville natale d'Ayodhia. Considérée par les hindous comme la victoire du Bien sur le Mal. À l'occasion de *Divali,* on prie également Laksmi, déesse des Richesses. Tous les foyers hindous préparent pour ce jour-là des gâteaux, distribués ensuite aux amis et parents.

– ***Ghoons :*** la fête a lieu le 1er mois de l'année islamique et commémore le décès de Hussein, martyr et petit-fils du prophète. Elle est célébrée par les musulmans chiites, qui, pendant 40 jours, s'habillent de noir. Les hommes se réunissent à la tombée de la nuit pour écouter les récits héroïques de Hussein. Le clou du spectacle est le *ghoon,* structure en bambou décorée, qui symbolise la ville sainte de Karbala (en Irak) et le tombeau de Hussein. On le transporte en procession, en se transperçant le corps, dans les rues de Port-Louis, puis vers le quartier de la Plaine Verte, où il est détruit dans la rivière.

– ***Pèlerinage du père Désiré Laval :*** les 8 et 9 septembre. Un hommage à « l'apôtre des Noirs ». Ce n'est pas un jour férié, mais c'est une date très importante. Pour les détails, lire « Dans les environs de Port-Louis ».

– ***Toussaint et fête des Morts :*** le 2 novembre, on rend hommage à tous les morts lors de cette fête chrétienne. Ici, la fête revêt un aspect moins funèbre que sur le continent européen. La messe est colorée, et au cimetière, les prières s'accompagnent de l'arrosage des tombes. À cette occasion, on pratique le retournement des morts, un rite originaire d'Afrique et de Madagascar. On prépare pour le défunt son plat préféré, accompagné d'un p'tit verre de rhum. Imaginez en France : un pot-au-feu posé sur les tombes avec un ballon de rouge ! Pour les Mauriciens, c'est le témoignage irréfutable d'une certaine forme de vie après la mort.

GÉOGRAPHIE

Là, ça va aller très vite. L'île est petite : 1 865 km^2, circonscrits dans un ovale presque régulier d'environ 48 km d'est en ouest sur 65 km du nord au sud, avec 330 km de côtes. Située dans l'océan Indien, dans l'hémisphère sud, légèrement

au nord du tropique du Capricorne, à 1 000 km au sud-est de Madagascar et 200 km de La Réunion, l'île Maurice appartient à l'archipel des Mascareignes (avec La Réunion et l'île Rodrigues).
C'est une île d'origine volcanique bien plus ancienne que La Réunion. Sur cette dernière, le volcan est toujours en activité, tandis qu'à Maurice, il est éteint depuis belle lurette. Formé il y a environ 8 millions d'années, le volcan est stationnaire depuis 20 000 ans.
Sur les côtes, les plages superbes sont protégées par une barrière de corail qui ceinture l'île presque uniformément. Faisant office de bouclier, elle crée un lagon aux eaux particulièrement lumineuses, chaudes et sûres.
À l'intérieur, un grand plateau central situé entre 400 et 600 m d'altitude, avec le piton de la Rivière Noire, point culminant à 828 m d'altitude. Il fait plus frais sur les hauteurs (3 à 5 °C de moins) et les pluies y sont assez fréquentes. Des crêtes acérées, donnant du rythme à un relief globalement modeste, entourent ce haut plateau. Dominant Port-Louis, on trouve le massif du Pouce (812 m) et celui de Pieter Both (823 m), plus élégant et plus abrupt, ainsi que la chaîne de Moka.
Un peu plus au sud, non loin de la côte ouest, le Rempart (545 m) et les Trois Mamelles, moins remarquables par leur altitude que par la grâce de leurs découpes. Et puis au sud, la chaîne de la Savanne, la Plaine Champagne et les gorges de la rivière Noire. L'Est et le Nord se révèlent parfaitement plats, ce qui laisse libre cours à la culture de la canne à sucre.

« 20 000 LIEUX SOUS LES MERS »

Une étude britannique l'affirme : un bout de continent, détaché de Madagascar il y a 60 millions d'années, a été enseveli par la lave et se trouve désormais sous l'île Maurice et La Réunion. Un continent caché : de quoi faire fantasmer les nouveaux Jules Verne... Les continents se sont formés par fractures des plaques tectoniques. C'est ainsi que les îles se sont constituées et ont dérivé tout en égrenant, en cours de route, « des fragments de continents ».

UNE ÎLE SI CONVOITÉE

L'île française de Tromelin, perdue en plein océan Indien à environ 500 km au nord de Maurice, n'est pas bien grande (1 km² de désert à tout casser). Elle appartient au cercle fermé des Terres australes et antarctiques françaises (TAAF). Mais sa souveraineté est réclamée par l'île Maurice depuis 1976. Un accord de cogestion a été signé en 2010. L'Assemblée nationale, qui devait le ratifier en janvier 2017, a été soulevée par un tel vent de protestations que le vote a été retiré de l'ordre du jour. Tant de passion pour si peu de terre, mais un domaine maritime riche en poissons et potentiellement en hydrocarbures, ceci expliquant cela.

HISTOIRE

La création de Maurice est un conte marin : ***un volcan jailli des eaux,*** des oiseaux transportant les graines qui explosent en verdure, des bois flottants qui, échoués, plantent leurs racines sur des plages. Un jour, ces bois se transforment en navires. Les commerçants arabes, qui cabotent le long de l'Afrique de l'Est, lui offrent un nom : *Dina Arobin.* C'était au VIIIe s. En 1502, on la retrouve sous la dénomination *Dina Meshriq* : Machrek désigne l'Est, par opposition au Maghreb, l'Ouest. Mais cette « île d'Orient », malgré des ports naturels engageants, ne retient pas les fils du Prophète : le vent du grand commerce emporte leurs boutres vers les îles fabuleuses de l'Orient extrême.

Les Portugais : les découvreurs

Des Portugais, elle reçoit la même offense. Ils sont bien trop avides d'Inde, et, au-delà, des merveilleux Cathay (la Chine) et Cipango (le Japon) pour prendre racine en cette île. Pourtant, on l'estime assez bonne pour servir d'étape. On ne sait d'ailleurs pas exactement quel ***navigateur portugais*** découvrit l'île au début du XVIe s, entre 1502 et 1512 – Diego Días, Pedro Mascarenhas (qui donnera son nom à l'archipel des Mascareignes, comprenant Maurice, Rodrigues et La Réunion) ou encore Domingo Fernandez.

NOM D'OISEAU

Domingo Fernandez jeta l'ancre sur l'île en 1511 et la baptisa Cirne, « l'île du Cygne », sans doute à cause de cet étrange oiseau qui, assez curieusement, lui rappelle un cygne : « Sans plumes par le corps qui est couvert d'un duvet noir, il a le cul tout rond, le croupion orné de plumes crépues, le bec gros, les jambes hautes. » Il s'agit du célèbre dodo, oiseau disparu. Comme le kiwi en Nouvelle-Zélande, il est devenu emblème national.

Les Hollandais (1598-1710) : les pionniers

À la fin du XVIe s, les *descubridores* portugais cèdent rapidement l'océan aux ***marchands de Hollande.*** Ceux qui débarquent en 1598 à l'intérieur du lagon, près de Vieux Grand Port, viennent de la colonie du Cap. Pour décourager la concurrence étrangère, on donne à l'île un nouveau nom : *Mauritius* ou Maurice. Pourquoi pas Roger ou Marcel ? Parce que Maurice est le prénom de leur prince, Maurice de Nassau.
40 ans après, pour plus de sûreté, on s'installe avec armes et bagages. Les bagages comprennent des esclaves d'Afrique ou de Madagascar. Quant aux colons, il s'agit de forçats expédiés des îles à épices (Java, Sumatra...). Livré à lui-même, tout ce monde se dissipe. Les esclaves – qui l'eût cru ? – se font la belle. Les colons détruisent les forêts d'ébène et les derniers dodos (voir la rubrique « Faune et flore », plus haut). Alors, l'île se venge : aux cyclones succèdent les disettes, les naufrages (dont l'un causa la mort de l'amiral Pieter Both, dans la baie du Tombeau), les raids de pirates... ***En 1710, les Hollandais rembarquent.*** Non sans laisser quelques cadeaux : un troupeau de cerfs, qu'on élève et qu'on chasse encore, du tabac et de la canne à sucre. Et le titre de « Mère de la Tasmanie » : c'est de Maurice que son futur découvreur, Abel Tasman, appareilla en 1642.
Les Hollandais partis, Maurice redevient un trou. Une escale où remplir ses tonneaux d'eau et réparer ses voiles. C'est de sa voisine, l'île Bourbon (La Réunion), que viendra, 5 ans plus tard, M. Dufresne d'Arsel. Ce Malouin commande le *Chasseur,* un vaisseau que la Compagnie des Indes orientales a chargé d'apporter, du port yéménite de Moka, les 1ers plants de caféiers destinés à faire de Bourbon le fournisseur des goûters de la Cour. Maurice est déserte ? Ce brave la rebaptise ***« Isle de France »*** et l'offre à sa compagnie. Celle-ci attendra 6 ans (1721) pour y installer ses hommes. Un comptoir est ouvert. Mais question réussite, chou blanc !

Mahé de La Bourdonnais, le Malouin aventurier

Son 1er héros, cette île malchanceuse le trouve en 1735. Encore un capitaine de la Compagnie des Indes. Il est lui aussi originaire de Saint-Malo (Bretagne) et navigue depuis l'âge de 10 ans : ***Bertrand François Mahé de La Bourdonnais*** (voir son portrait dans la rubrique « Personnages »). Pour le récompenser des bons et loyaux services rendus sous la bannière de la Compagnie des Indes dans l'océan Indien, ***le roi Louis XV le nomme « gouverneur des Isles Bourbon et de France ».*** Il débarque un 4 juillet 1735 dans ce port qui deviendra Port-Louis. Son objectif : orienter l'Isle de France vers l'activité maritime, en faire une sorte de « Saint-Malo des Indes », autrement dit un entrepôt en temps de paix,

une base corsaire en temps de guerre. L'île Bourbon, de son côté, deviendrait le grenier à blé et s'épanouirait dans l'agriculture.
La Bourdonnais ne veut pas que les Mascareignes deviennent les Antilles de l'océan Indien. Malgré le comportement cruel persistant de nombreux colons, lui souhaite qu'on traite les esclaves correctement. Il les fait entrer dans la maréchaussée et leur donne même la possibilité de devenir marins. Que fait encore Mahé ? Pour éviter la famine, il impose l'obligation de planter du blé et demande aux colons de produire leur propre viande, d'élever des volailles. Son obsession : pouvoir à tout moment ***assurer la survie de l'île et le ravitaillement des équipages qui y font escale.***
Port-Louis est mal fichue ? Mahé établit les plans d'une ville coloniale et il fait aménager le port pour pouvoir accueillir une flotte importante. On bâtit un hôpital, on exploite les forêts, on fonde la 1re sucrerie dans le quartier de Pamplemousses... On fait venir des ardoises de Bretagne pour couvrir les bâtiments publics. ***L'Isle de France devient prospère en quelques décennies.*** Mahé pense aussi à ***Rodrigues.*** Il en fait un ***poste de ravitaillement et de surveillance à l'est.*** Stratège, il lance depuis l'Isle de France des missions exploratoires vers le nord. Des gentilshommes bretons explorent les Seychelles à bord des vaisseaux du roi. L'île d'Abondance est découverte, elle est renommée Mahé, en l'honneur du gouverneur.

Le naufrage du *Saint-Géran* : le drame de 1744

Un fait divers propulse l'Isle de France dans la légende. Dans la nuit du 17 août 1744, le vaisseau ***Saint-Géran,*** parti le 24 mars de Lorient, arrive à destination à la tombée de la nuit. Le temps est clément. Le ciel étoilé. Faut-il, dès le soir, aborder au port ? Tel est l'avis du capitaine Delamarre, mais ses adjoints l'en dissuadent : il n'y a pas de danger à courir des bordées et à louvoyer au large des côtes avant l'aube. Vers minuit, 2 marins viennent prévenir l'officier de quart que le vaisseau est trop près des côtes. Il se trouve alors non loin de l'île d'Ambre, au nord-est de l'île. L'officier les éconduit. À 2h du matin retentit un cri sinistre : « Brisant à l'avant ! » La cloche d'alarme tinte. Les passagers affolés montent sur le pont. Pour alléger le navire, le capitaine fait couper le mât d'artimon qui, dans sa chute, entraîne le mât de misaine ; les 2 mâts heurtent les flancs du navire qui s'enfonce. La coque se brise, la quille se rompt par le milieu, la poupe et la proue se soulèvent. Un radeau construit en toute hâte emporte 60 personnes, mais il est aussitôt englouti.
Le *Saint-Géran* avait embarqué près de 200 passagers et membres d'équipage (dont une trentaine d'esclaves africains montés le 15 juin à Gorée). Mais le navire transportait aussi de précieuses pièces de machines pour les moulins à canne à sucre. Et aussi quantité de piastres. Il fallut créer du papier-monnaie : la disette de bon et bel argent avait tourné à la crise monétaire ! ***Ce naufrage d'août 1744 fut un véritable drame, humain et économique.***

LE PONT DES DERNIERS SOUPIRS

Parmi les émouvantes histoires qui entourent le naufrage du Saint-Géran, en voici une authentifiée par plusieurs survivants : M. de Peramon tombe à genoux devant sa fiancée, la suppliant de se dévêtir pour qu'il puisse plus facilement la sauver. Mais la pudique créole refuse de quitter ses vêtements alourdis par l'eau, et son fiancé préfère se laisser mourir près d'elle.

Pierre Poivre, un homme d'épices

Après la chute de Mahé de La Bourdonnais (1746), la Compagnie des Indes patronne encore pour quelques années le destin de l'île. En 1764, pressé de renforcer sa base navale et son pouvoir dans l'océan Indien, ***le roi de France rachète les Isles Mascareignes à la Compagnie des Indes*** et décide d'en faire à nouveau une colonie. Cette reprise du pouvoir par le ministère de la Marine se concrétise le

14 juillet 1767 par le débarquement à Port-Louis des 1ers administrateurs royaux. Les successeurs de La Bourdonnais font de leur mieux pour promouvoir Maurice. Le 1er gouverneur royal, Daniel Dumas, sera épaulé par son éternel rival, Pierre Poivre, intendant des Isles de France et de Bourbon de 1767 à 1772.
Ce dernier est un Lyonnais avisé qui a beaucoup voyagé en Extrême-Orient (voir la rubrique « Personnages »), qui s'oppose à son supérieur sur tous les points. Malgré cela, tous 2 font du bon travail. Poivre développe la culture des épices et implante les 1ers muscadiers et girofliers qui ont enrichi la Hollande en Insulinde. Son idée est de faire de l'Isle de France « une nouvelle Moluques ». Il ne délaisse pas pour autant les cultures vivrières. ***À la fin du XVIIIe s, les épices sont un échec, et la canne à sucre est un succès.*** Quoi qu'il en soit, il reste qu'« on ne peut faire ici du bien qu'en suivant les routes tracées par Mahé de La Bourdonnais et Pierre Poivre », comme on disait à l'époque.

« La Calypso des mers du Sud »

Suffren avait surnommé l'Isle de France « la Calypso des mers du Sud ». Par ses charmes océaniques et sa douceur tropicale, elle retient les marins en escale. Sur la route des Indes, c'est une étape nécessaire pour les navires, ne serait-ce que pour le ravitaillement des équipages.
- ***Bougainville*** fait le tour du monde de 1766 à 1768. Le 16 octobre 1768, il quitte Batavia (actuelle Jakarta) à bord de *La Boudeuse.* Le 8 novembre, il arrive à Port-Louis et rencontre Pierre Poivre, l'intendant. Il lui remet sa fameuse « bougainvillée » ainsi qu'une cucurbite, sorte d'alambic destiné à dessaler l'eau de mer.
- ***Yves de Kerguelen*** y fait escale en août 1771. Il y équipe 2 flûtes, la *Fortune,* qu'il commande lui-même, et le *Gros-Ventre,* commandé par Saint-Allouarn, un autre gentilhomme breton. En décembre 1771, les 2 vaisseaux quittent Port-Louis en direction du sud austral. Ils découvriront les îles de la Fortune, prenant possession de la Grande Terre des îles Kerguelen (appelée la France australe). Kerguelen repart en mars 1773 avec l'*Oiseau* et le *Roland,* qui font escale le 29 août 1773 à Port-Louis.
- ***Lapérouse*** séjourne sur l'Isle de France pendant 6 années, de 1772 à 1778. Il épouse une femme de l'île.

Guerres navales entre la France et l'Angleterre

Les déboires militaires et maritimes français aux Indes ont fait de l'océan Indien une mer anglaise. La guerre d'Indépendance américaine (1778-1783) oblige la France à épauler les indépendantistes en Amérique et à s'engager ***contre les Anglais*** dans l'océan Indien. Pour commander les forces navales, le roi envoie un marin de génie : ***Suffren.*** Outrés, les Anglais se vengent sur les possessions indiennes françaises.
L'île devient une place hautement stratégique dans cette lutte pour la suprématie militaire dans l'océan Indien. Elle accueille 15 000 soldats, les marins de Suffren et les grands corsaires malouins, comme Robert Surcouf, qui y débarque en 1789. Jusqu'en 1794, il navigue dans l'océan Indien et pourchasse les Anglais. Le plus hardi et le

CONTRE MAUVAISE FORTUNE BON CŒUR !

Originaire de Saint-Malo, le jeune Surcouf, amoureux, fut éconduit car jugé trop pauvre. Dépité, il embarqua sur un bateau en partance vers l'île Maurice et devint corsaire. À 28 ans, enrichi du butin de quelque 50 navires anglais, de retour des Indes, il retourna à Saint-Malo solliciter la main de sa bien-aimée. Il semblerait que le père ait fait peu de cas de l'origine des biens mal acquis. Après tout, l'avenir de sa fille était assuré ! Les jeunes gens convolèrent. À sa mort, en 1827, Surcouf était l'un des hommes les plus fortunés de France.

plus chevaleresque des corsaires sous la Révolution et l'Empire poursuit la traite d'esclaves, alors que celle-ci est déjà interdite. Ses prises sur les Anglais affluent à Port-Louis. Surnommée « Étoile et clé de la mer des Indes », la ville abonde de richesses. Sur fond de villas créoles, les élégantes se promènent au bras des aventuriers. Les rhumeries tournent à plein pour désaltérer les gosiers militaires.
À la veille de la Révolution française, on dénombre sur l'Isle de France 7 850 Blancs, 950 « libres » et 37 000 esclaves, soit au total une population de 45 800 âmes.

L'île à l'heure de la Révolution française

Le drapeau à fleurs de lys fait place aux 3 couleurs de la République. Les habitants sont ravis : la disparition des gouverneurs royaux a comme un goût d'indépendance. Mais voilà que la Convention se mêle d'abolir l'esclavage ! Comme la Martinique, l'Isle de France résiste. Influencé par Joséphine, Bonaparte ne tarde d'ailleurs pas à abroger la mesure. Les esclavagistes respirent ; ***les esclaves représentent en effet 80 % des habitants.*** Puis la guerre reprend contre l'Anglais. Surcourf (47 prises) et ses hommes multiplient les hold-up juteux, à tel point que les Américains accourent emplir leurs cales de produits indiens : les Isles de France et Bourbon assurent près de la moitié des exportations françaises aux États-Unis. Mieux encore : ***en 1810, la marine impériale offre à Napoléon la seule victoire navale de son règne*** (gravée sur l'Arc de Triomphe) en ratatinant la flotte anglaise à Grand Port.
Mais l'Isle Bourbon capitule. 6 mois plus tard, c'est au tour de l'Isle de France. En un tournemain, quelque 10 000 Anglais et Indiens débarqués au Cap investissent la totalité du territoire. « Tant que les Français tiendront l'Isle de France, clamait Pitt en 1761, les Anglais ne seront pas maîtres de l'Inde. »

Mauritius l'Anglaise (1810-1968) et le développement de l'engagisme

Ici se séparent les routes des 2 sœurs. Napoléon exilé à Sainte-Hélène, ***les Anglais ont accepté de rendre l'Isle Bourbon à Louis XVIII, pour mieux se garder l'ex-Isle de France, rebaptisée Mauritius.***
Maurice, devenue anglaise, gagne en importance maritime et prospérité commerciale. ***On plante la canne.*** En un quart de siècle, la production de sucre décuple, pour atteindre les 100 000 t. Malgré l'interdiction de la traite, on s'arrange pour importer de ***nouveaux esclaves d'Afrique et de Madagascar.*** Ces habitudes ne disparaissent qu'***en 1835,*** lorsque ***l'Angleterre décide d'abolir l'esclavage*** et consent à indemniser (grassement) les maîtres. Mais qui va s'échiner, maintenant, sur les champs de canne ?
Le système de l'engagisme est mis au point. Maurice en sera le lieu-test, avant que cette méthode soit élargie aux autres colonies. Il s'agit d'un contrat de travail passé entre les Anglais et des travailleurs issus d'un autre pays (futurs ex-esclaves). Ainsi, des dizaines de milliers d'ouvriers agricoles venant pour la plupart d'Inde du Sud (essentiellement des Tamouls) signent un contrat de 1 à 5 ans et s'embarquent pour Maurice. Même si ces contrats sont souvent peu lisibles pour une population analphabète et les conditions de travail dures, la très grande majorité des émigrants fera souche sur l'île.
C'est cette population massivement « importée » qui constitue aujourd'hui plus des deux tiers des habitants de l'île ! Ce sang neuf dope la prospérité. C'est l'heure des grandes fortunes des « barons du sucre », qui se constituèrent surtout au XIXe s. Pour en savoir plus sur cette période méconnue de l'engagisme, il faut vraiment visiter l'*Aapravasi Ghat* à « Port-Louis » (entrée gratuite).
En 1869, le percement du canal de Suez permet aux navires venus d'Europe d'atteindre l'Inde et l'Asie plus rapidement. Conséquence tragique : l'étape incontournable à l'île Maurice n'est plus nécessaire. Quelques visiteurs illustres

– Darwin, Conrad, Gandhi... – y font escale. Et puis l'île connaît une série de catastrophes : cyclones, incendies, épidémies (l'une d'elles décimera la moitié des habitants de Port-Louis)... le tout sur fond de surpopulation galopante.

L'indépendance

En 1901, le mahatma Gandhi, de passage sur l'île, parle de justice et de démocratie. Il a quelques longueurs d'avance, mais avec la fondation du parti travailliste en 1936, largement appuyé par la population indienne, commence la course à l'indépendance. ***En 1959, le droit de vote accordé aux habitants*** de plus de 21 ans sachant écrire leur nom conforte encore ce parti populaire.

En 1965, une ***conférence constitutionnelle*** se tient à Londres, où le parti travailliste demande l'indépendance immédiate, qui sera rejetée. Le docteur ***Seewoosagur Ramgoolam*** (SSR pour les intimes) devient en 1968 le ***1er chef du nouvel État mauricien. La Constitution du 12 mars 1968*** ne donne pourtant pas encore le statut de république à Maurice, qui ***reste sous la souveraineté de l'Angleterre.***

En 1969, une coalition regroupant le parti travailliste, le comité d'action musulman et le PMSD (Parti mauricien social-démocrate) voit le jour, inaugurant les grandes combinaisons politiques qui vont se succéder par la suite. Un nouveau parti politique émerge, le Mouvement militant mauricien (MMM) de Paul Bérenger, un Franco-Mauricien.

Diverses scissions des partis politiques et d'ineffables coalitions se succèdent au pouvoir : Paul Bérenger, Gaétan Duval et Anerood Jugnauth. En 1992, le statut de monarchie anglaise est aboli, et ***Maurice accède enfin au statut indépendant de République (12 mars 1992).***

UN PAYS DÉSARMANT

Comme 28 autres pays du monde (Islande, Monaco ou Costa Rica, pour ne citer qu'eux), l'île Maurice ne possède pas d'armée, mais une force spéciale de 1 500 hommes, ainsi qu'une police de 10 000 agents. Un choix dicté notamment par la taille du pays, mais qui lui a aussi permis de réaliser des économies budgétaires non négligeables et de recentrer les investissements sur l'éducation et la formation (une des clés du succès économique de l'île). Et puis, pas de risque d'éventuels coups d'État militaires !

Une émeute qui en dit long

En février 1999, la mort en prison dans d'obscures circonstances du chanteur créole Kaya, véritable idole populaire, provoque un soulèvement unique dans les annales. Exaspérés par une politique communautariste privilégiant les hindous, les créoles (chrétiens) s'en prennent aux institutions nationales, mais ils sont vite réprimés par le gouvernement.

Nouvelles alliances, nouveaux droits

En 2003, Sir Anerood Jugnauth devient président de la République. En 2005, c'est la période des ***coupes budgétaires sous l'égide du Premier ministre Navin Ramgoolam*** : taxes nouvelles, abrogation des subventions sur les denrées de base, inflation record, développement du tourisme de luxe (pour faire rentrer des devises), disparités grandissantes... autant de sujets d'inquiétude et de colère. ***Navin Ramgoolam sera malgré tout réélu en 2010.***

Sur le plan sociétal, l'île Maurice signe en 2011 une résolution de l'ONU sur le droit des homosexuels (même si la dépénalisation n'est pas encore effective). L'année suivante, les parlementaires se prononcent à une grande majorité en faveur de la légalisation de l'avortement (sous certaines conditions), interdit depuis 1838. Cette décision vise à lutter contre les avortements clandestins.

2014-2015 : changements politiques

2014 est l'année de toutes les crises politiques. Le président dissout l'Assemblée, et à la fin de la même année, face à la coalition Ramgoolam-Bérenger, c'est une autre alliance, formée autour d'Anerood Jugnauth, qui crée la surprise et remporte les élections législatives.
Les Mauriciens ont déboulonné avec fracas une figure historique, signant la ***fin du « ramgoolisme »*** issu de l'indépendance à la fin des années 1960.

On prend les mêmes et on recommence

Suite aux scandales et aux « affaires » qui occupent le terrain politique, l'Assemblée nationale nomme Ameenah Gurib-Fakim au poste de ***présidente de la République en juin 2015.*** Même si cette fonction est essentiellement honorifique, c'est un vrai signe d'ouverture. 1re femme professeure d'université de l'île, spécialisée dans les plantes médicinales, c'est une chimiste de renom. Si elle fait figure de novice en politique, ce n'est pas le cas de son Premier ministre : Sir Anerood Jugnauth alors âgé de 85 ans. En 2016, après la démission de plusieurs ministres, Anerood Jugnauth rend son tablier... au profit de son fils Pravind, président du parti majoritaire et déjà ministre des Finances. Une succession dynastique dénoncée par les opposants.
Fin 2017, nouveau scandale : la présidente est accusée d'avoir confondu comptes publics et compte personnel. Elle démissionne en mars 2018, remplacée par Barlen Vyapoory, un proche du pouvoir.
Fin 2019, le Premier ministre sortant, ***Pravind Jugnauth, obtient la majorité absolue aux élections législatives.*** Ce dernier a profité d'une popularité plutôt bonne grâce à des mesures phares telles que le relèvement du salaire minimum (à 9 000 Rs, soit 225 €), la ***victoire face à Londres*** à la Cour internationale de Justice ***au sujet des Chagos*** (archipel d'où les habitants ont été chassés abusivement ; lire plus loin la rubrique « Population »), la revalorisation de la pension vieillesse, et la modernisation des infrastructures publiques, symbolisée par la construction du métro aérien de Port-Louis.
Problème récurrent de la politique mauricienne : une classe politique qui peine à se renouveler. Depuis l'indépendance, en 1968 (hormis un intermède de 2 ans dans les années 2000), ***seules 2 familles se sont alternativement partagé le pouvoir : Ramgoolam et Jugnauth !***

2020 : une année noire

En 2020, le pays a dû faire face à 2 catastrophes majeures : la ***crise sanitaire,*** plus les conséquences socioéconomiques qui en découlent, et la ***marée noire.***
Les lois strictes concernant la lutte anti-Covid ont été considérées parfois injustes, souvent contestées et mal vécues par une partie des Mauriciens (comme dans presque tous les pays !). L'île a dénombré relativement peu de décès dus à la pandémie.
Cette année-là, les Mauriciens ont dû faire face à un autre fléau : le 25 juillet, le *Wakashio,* un navire japonais long de 300 m, heurte le récif au large de la pointe d'Esny et déverse plus de 1 000 t de fioul dans les eaux cristallines du Sud-Est. Il s'agit du ***plus grand désastre écologique de Maurice*** ! 23 km de côtes touchés, pêche interdite dans le secteur pendant 6 mois. Face à l'inaction de l'État, ***les habitants se mobilisent en masse.*** Ils confectionnent des boudins flottants remplis, entre autres, de bagasse (fibre de la canne) et même de cheveux, de tout ce qui avait une capacité d'absorption. Ces opérations ont été déterminantes pour la sauvegarde de l'environnement (lire aussi, plus haut, la rubrique

« Environnement »). L'armateur, qui naviguait sous pavillon de complaisance panaméen, s'est engagé à payer pour la dépollution de la zone.

Au cœur de ces crises sanitaire, sociale et écologique, les Mauriciens, exaspérés, réagissent. Fin août 2020, ***près de 75 000 manifestants se rassemblent à Port-Louis,*** suivis par une autre manifestation à Mahébourg réunissant 25 000 personnes, face au navire échoué. Fait rarissime sur l'île, dont la population cultive généralement l'aquoibonisme plus que la contestation de rue. Les récriminations portent sur la mauvaise gestion de la catastrophe, la corruption et la dérive autoritaire du pouvoir. 2 ans et demi plus tard, l'enquête n'avait toujours pas donné de résultat. Au cours de cette période, le pays a aussi été entaché par plusieurs affaires.

Évasion et crise politique

Le Consortium international de journalistes d'investigation, dont fait partie *Le Monde,* a enquêté sur la finance offshore. En 2019, les 200 000 documents en leur possession, connus sous le nom de ***Mauritius Leaks,*** révélaient que, dans un dédale de transactions et opérations financières, les fonds de plusieurs multinationales transitaient par Maurice. Avec des avantages fiscaux garantis. Cette évasion fiscale s'effectue au détriment d'autres États africains. Mais... rien d'illégal. Toutefois, en 2020, l'Union européenne a placé l'île sur la liste noire des pays ne luttant pas assez contre le blanchiment d'argent.

Alors que le gouvernement tente de sortir de cette liste, l'année 2021 est marquée par une crise politique. La démission du ministre des Affaires étrangères, puis celle du ministre du Commerce (mis en cause dans le financement de sa campagne) créent les conditions d'un chaos politique. De ***nouvelles manifestations*** d'ampleur réclament, début 2021, la démission du Premier ministre. Dans le même temps, l'institut V-Dem, indépendant, basé à l'université de Göteborg en Suède, pointe la ***dérive autocratique*** du gouvernement mauricien dans son rapport sur l'état des démocraties dans le monde, publié en 2021. En cause, une liberté de la presse menacée, un recours massif aux forces de l'ordre, des opposants incarcérés, les soupçons de fraude lors des élections de novembre 2019.

En août 2022, Sherry Singh, l'ancien directeur général de Maurice Telecom, proche de Pravind Jugnauth, dénonce l'espionnage des communications sur Internet orchestré par le gouvernement. Ces mises au ban successives finissent par écorner l'image de « la perle de l'océan Indien ».

Tout au long de l'année 2022, les Mauriciens manifestent de nouveau contre la hausse des prix de l'énergie et des produits de base. Bruneau Laurette fait partie des leaders qui ont su mobiliser une partie des habitants en s'attaquant plus largement à la ***corruption de la classe politique.*** Mais avec une opposition qui continue à être réprimée par le pouvoir, le militant est arrêté pour détention de drogue en novembre 2022. Beaucoup dénoncent le coup monté. Il est remis en liberté conditionnelle en février 2023 et rejoint Sherry Singh, fondateur du mouvement ***One Moris*** qui ***se pose en alternative au gouvernement actuel. Les prochaines élections législatives auront lieu en 2024.***

MÉDIAS

Votre TV en français : TV5MONDE la 1re chaîne culturelle francophone mondiale

Avec ses 8 chaînes généralistes, ses 2 chaînes thématiques et sa plateforme numérique TV5MONDEplus, TV5MONDE est disponible dans 211 États et offre le meilleur de la production francophone, sous-titré en 13 langues : information internationale, cinéma et séries, sport, documentaires et magazines découvertes, programmes jeunesse...

Préparez votre séjour et trouvez l'inspiration grâce à son site Voyage ● *voyage.tv5monde.com* ● et restez connecté avec ses applications et le site ● *tv5monde.com* ●

Presse, télévision, radio

La langue de la presse est le français. C'est le cas des 4 principaux quotidiens, *Le Mauricien* (● *lemauricien.com* ●), *L'Express* (● *lexpress.mu* ●), *Le Matinal* et *Le Défi Plus,* dits indépendants, et des hebdomadaires *5 Plus Dimanche, Business Mag* et *Le Week-End,* hebdo à fort tirage, qui paraît le dimanche. Mais chaque communauté religieuse possède aussi son propre journal, représentant les hindous, les catholiques, les musulmans. Les Sino-Mauriciens se réfèrent à 2 quotidiens publiés en mandarin.
Il existe 3 chaînes de TV qui émettent des programmes en 3 langues (français, anglais et hindi). Mais il n'est pas rare de tomber aussi sur des programmes en tamoul, marathi, gujarati, telugu et mandarin. Rien que ça ! Un moyen de conserver son identité culturelle. D'autres chaînes sont accessibles avec un décodeur.
Pluriethnie également en radio, puisque *Radio Maurice* et *Kool FM* diffusent en créole et en langues européennes, tandis que *One World FM* retransmet des émissions, notamment, de France Inter et Voice of America.

PERSONNAGES

Les figures historiques

– ***Bertrand François Mahé de La Bourdonnais*** *(1699-1753)* **:** gouverneur des Isles de France et Bourbon de 1735 à 1746. Né à Saint-Malo, il fait à 10 ans son 1er voyage dans les mers du Sud (1709). En 1719, engagé au service de la Compagnie des Indes, il s'illustre par son courage et son ingéniosité dans l'océan Indien. Il se forge dès 35 ans une solide réputation de voyageur et accumule une colossale fortune. Revenu en France en 1733, il est nommé gouverneur des îles Mascareignes. Avec lui, l'Isle de France prend son véritable essor (voir la rubrique « Histoire »). Une statue à Port-Louis, offerte par l'Angleterre, rend hommage à ce grand personnage au destin glorieux et tourmenté.
– ***Pierre Poivre*** *(1719-1786)* **:** naturaliste, aventurier, voyageur philosophe dans l'esprit du siècle des Lumières, il fut nommé intendant des Isles de France et Bourbon de 1767 à 1772, après le départ de Mahé de La Bourdonnais. Né près de Lyon, il se destine d'abord à la vocation religieuse mais, d'un naturel aventurier, il décide d'exercer son sacerdoce en Chine. Lors d'un voyage, son bateau est attaqué par les Anglais et il perd son bras droit. Il séjourne en Annam (Vietnam actuel) et observe les possessions hollandaises aux Indes néerlandaises (Indonésie actuelle), riches en épices qui, à l'époque, valent de l'or. À Pondichéry, il fait la connaissance de Mahé de La Bourdonnais. Ils arrivent ensemble à l'Isle de France. Il développe la culture des épices (cannelle, noix de muscade, girofle), au détriment des cultures vivrières nécessaires à l'autosuffisance de Maurice. L'une de ses réussites reste la création du plus grand jardin tropical du monde : le jardin de Pamplemousses. Poivre vécut à Mon Plaisir. L'un de ses descendants n'est autre que le journaliste Patrick Poivre d'Arvor.
– ***Louise-Hélène Autard de Bragard*** *(1848-1909)* **:** née aux Plaines Wilhems, dans une famille de planteurs du quartier de Terre Rouge (près de Pamplemousses). La mère de Louise-Hélène Autard de Bragard n'était autre qu'Émeline, la ravissante Mauricienne de 23 ans qui inspira à Charles Baudelaire son 1er poème *À une Dame créole,* suite à son passage sur l'île en septembre 1841. Ce fut le 1er poème publié par Baudelaire, en 1845, à Paris. Disparue en mer très jeune, Émeline, « la brune enchanteresse », repose au cimetière de Pamplemousses. Sa fille, Louise-Hélène, inspira le célébrissime entrepreneur Ferdinand de Lesseps,

qu'elle épousa en 1869. Elle n'avait que 21 ans et lui 64 ans ! Il inaugura la même année le canal qui le rendra célèbre. En 15 ans, ils eurent 12 enfants !

Les personnalités politiques

– ***Sir Seewosagur Ramgoolam*** *(1900-1985)* **:** il est le « père de la nation mauricienne ». Né à Belle Rive, près de Bel Air (district de Flacq), il est le fils d'un laboureur indien. Étudiant en Grande-Bretagne, il fréquente les milieux nationalistes indiens, rencontre Gandhi, Nehru, Tagore. Après 14 ans de vie anglaise, il revient à Maurice et exerce la médecine. Lancé tôt en politique (dès 1935), ce gentleman accompli prend la tête du parti travailliste qu'il a créé (le MLP) et devient maire de Port-Louis en 1958. SSR, comme il est surnommé depuis son anoblissement par la reine d'Angleterre, devient le 1er chef du nouvel État en 1968. Il est enterré dans une sépulture d'État au jardin de Pamplemousses. Le poète mauricien Malcolm de Chazal, qui le soutenait, a dit de lui : « Il est l'architecte du mauricianisme intégral... C'est le plus grand homme d'État que nous ayons eu et qui soit à la mesure internationale. »

– ***Gaétan Duval*** *(1930-1996)* **:** avocat (criminaliste), politicien, maire de Curepipe et de Port-Louis, il se fait remarquer dans les années 1970-1980 comme ministre des Affaires étrangères de la jeune république de Maurice. C'est lui qui a lancé l'île dans le grand tourisme international. Membre du Parti mauricien social-démocrate, ce créole de souche tamoule était surnommé « King Créole ». Les Mauriciens apprécient le résultat de son action : l'ouverture à l'Europe et à ses marchés, ainsi que le développement du tourisme.

– ***Anerood Jugnauth*** *(1930-2021)* **:** considéré comme le « père du miracle économique », il reste au pouvoir de 1982 à 1995. Compagnon de route de Paul Bérenger au sein du MMM. Puis, en 1983, il le quitte, estimant que les idées de gauche de ce parti découragent les investisseurs. Il fonde son propre parti, le Mouvement socialiste militant (MSM) et devient chef de l'État entre 2003 et 2012. Il revient comme Premier ministre fin 2014, suite à la victoire écrasante de son parti face à Navin Ramgoolam, avant de céder sa place à son fils Pravind Jugnauth en 2017.

– ***Paul Bérenger*** *(né en 1945)* **:** après des études en France et au pays de Galles, ce Franco-Mauricien revient à l'île Maurice où il fonde le Mouvement militant mauricien (MMM). Ses idées d'extrême gauche (c'est l'après-1968) lui valent le soutien des jeunes travailleurs mauriciens. Suite à l'état d'urgence déclaré en 1971, les responsables de son parti sont emprisonnés pendant un an. Belle revanche, il prend la tête du gouvernement de 2003 à 2005, et reste le chef de l'opposition jusqu'en 2013. Plusieurs fois candidat aux élections législatives suivantes, il ne parvient pas à regagner le pouvoir.

– ***Navin Ramgoolam*** *(né en 1947)* **:** fils de Seewosagur Ramgoolam, le « père de la nation mauricienne », ce médecin et avocat de formation est élu Premier ministre en 1995. Le leader du parti travailliste occupe de nouveau ce poste suite à ses victoires de 2005 et 2010. Sa défaite aux élections anticipées de décembre 2014 est cuisante. Dans la foulée, il est inculpé pour complot et blanchiment d'argent, puis disculpé dans 10 des 11 procès intentés contre lui.

Les écrivains

– ***Malcolm de Chazal*** *(1902-1981)* **:** né à Vacoas dans une famille française de lointaine origine auvergnate, installée à Maurice depuis le XVIIIe s. Ingénieur sucrier avant de se métamorphoser en poète, écrivain (voir plus haut « Livres de route » dans « Île Maurice utile ») et peintre, Malcolm de Chazal n'a cessé de se recréer tout au long de son œuvre. Auteur inclassable, souvent détaché des contingences terrestres, cet « aristocrate de l'esprit » fut incompris par la majorité de ses compatriotes et admiré des surréalistes, notamment d'André Breton. Il tente de combiner les traditions poétiques, ésotériques avec la quête du soi et du cosmos. Inspiré par l'île Maurice, où il passe pourtant pour un excentrique, il écrit entre autres

Petrusmok et *Le Rocher de Sisyphe.* Célibataire, sans famille ni maison, il vit en solitaire, gentleman mal aimé de la communauté blanche qui ne supporte pas son anticonformisme et ses idées politiques. Malcolm soutient les travaillistes et les indépendantistes. Suivent des livres d'inspiration biblique et philosophique. À la question : « Êtes-vous un génie ? », il répond : « Je suis un cœur nu circoncis. » À la fin de sa vie, il se sentait très proche spirituellement de l'hindouisme, sans jamais y avoir été initié ou converti. « Je reste occidental par mes hérédités, par ma langue, par ma manière de manger et de m'exprimer. Mais mon âme est sur le Gange et à Bénarès. Je respire l'Inde. » Il repose au cimetière de Phoenix.

– ***Marcel Cabon*** *(1912-1972)* **:** né à Curepipe dans une famille créole mauricienne. Autodidacte, journaliste, il est un élément important de la vie culturelle mauricienne. Il écrit des poèmes et des livres en prose : *Diptyque* en 1935, *Printemps* en 1941, puis *Le Rendez-vous de Lucknow* en 1966, récit de son voyage en Inde. Mais son texte le plus connu est *Namasté.* Dans ce roman, l'auteur décrit en l'exaltant la pluralité ethnique et culturelle de Maurice.

– ***Loys Masson*** *(1915-1969)* **:** né dans une famille modeste et « déclassée ». Toute son œuvre est inspirée par le thème de la dette envers ses parents et celui de la recherche d'un monde plus libre, plus juste, plus tolérant. En 1962, il obtient un prix littéraire avec son roman *Le Notaire des Noirs,* considéré comme son meilleur livre. Sa poésie dérange moins que ses romans rebelles, écrits au vitriol, où il dénonce les préjugés racistes, les violences coloniales, l'exclusion ethnique et communautaire.

– ***Abhimanyu Unnuth*** *(1937-2018)* **:** né à Triolet, romancier, dramaturge et critique. Unnuth a publié plus d'une cinquantaine d'ouvrages, tous écrits en hindi, puis traduits en anglais et en français pour certains. Cela explique pourquoi Unnuth est plus connu en Inde qu'en France. Considéré comme la mémoire de l'île, son roman *Sueurs de sang* est, selon Jean-Marie Le Clézio, « un magnifique chant d'amour à la pensée et à la religion indiennes ».

– ***Jean-Marie Gustave Le Clézio*** *(né en 1940)* **:** né en France de père breton et de mère mauricienne. Écrivain pudique, mystérieux même, il est l'auteur notamment du *Procès-Verbal,* qui a lancé sa carrière littéraire dans les années 1960, de *L'Africain* ou encore de *Désert,* en hommage aux origines de sa femme. Romans, contes, nouvelles, traductions, articles : l'œuvre de Le Clézio est riche, éclectique et porte l'empreinte de sa culture plurielle. Certains ouvrages, dont *Voyage à Rodrigues, Sirandanes, La Quarantaine* et, plus récemment, *Alma,* sonnent comme une quête des origines mauriciennes. Consécration suprême, il a obtenu le prix Nobel de littérature en 2008. En 2010, il cofonde la Fondation pour l'interculturel et la paix, basée à Port-Louis.

– ***Ananda Devi*** *(née en 1957)* **:** femme et Indienne, elle a banni la langue de bois de ses textes forts et sensibles. Quand elle publie son 1er recueil de nouvelles en 1977, elle n'a que 20 ans. Puis les titres se suivent, avec notamment *Rue de la Poudrière* (1989), *La Fin des pierres et des âges* (1992), *Moi l'interdite* (2000) et *Pagli* (2001). Dans ce récit à la prose poétique, elle brise quelques tabous hérités de la vieille Inde des castes, en racontant, entre autres, les amours interdites d'une femme hindoue mariée par vengeance à un homme qu'elle n'aime pas et qui devient l'amante passionnée d'un pêcheur créole. Plus récemment : *Ève de ses décombres* et *Le Sari vert* (Gallimard, 2006 et 2009), ainsi que *L'Illusion poétique* (2017), *Manger l'autre* (Grasset, 2018), *Danser sur tes braises* (2020), *Sylvia P.* (2022). En 2014, l'Académie française lui décerne le Prix du Rayonnement de la langue et de la littérature françaises pour l'ensemble de son œuvre. *Le Rire des Déesses* (Grasset, 2021) reçoit le prix Femina des lycéens.

– ***Shenaz Patel*** *(née en 1966)* **:** journaliste-écrivain née à Rose Hill et qui incarne la nouvelle génération. Son genre de prédilection : des nouvelles, en français ou en créole. Elle est aussi l'auteur de quelques romans, dont *Le Portrait Chamarel,* son 1er roman, qui a remporté le prix Radio France du livre de l'océan Indien en 2002. En 2005 est sorti *Le Silence des Chagos* (voir la rubrique « Livres de route » dans « Île Maurice utile »).

Les artistes

– ***Alphonse Ravaton*** *(1900-1992)* **:** considéré comme l'âme et la mémoire du séga, la musique du monde créole. Descendant de familles africaine et malgache, il a été le chantre de Maurice pendant des décennies. Quelques-unes de ses chansons, *Anita* et *Roseda,* sont toujours écoutées dans l'archipel des Mascareignes, où il était connu sous le nom de Ti'Frère. Chez les Ravaton, la musique se transmet de père en fils. Ses petits-enfants perpétuent la tradition.
– ***José Ramar*** *(1938-2002)* **:** il fut le 1er sur l'île à fabriquer des maquettes de bateaux et à les vendre aux touristes. Fondateur de la Comajora (son atelier-fabrique à Curepipe), José Ramar a été copié par de nombreux autres artisans qui n'ont cependant jamais atteint sa qualité.
– ***Vaco*** *(1940-2023)* **:** un artiste-peintre incontournable à Maurice puisque, en plus de réaliser de belles toiles, lumineuses et colorées, il a refait une beauté à certains abribus, camions-poubelles, etc. On rencontre son œuvre dès l'arrivée à l'aéroport.

PLAGES

N'est-ce pas une évidence de le dire : les plages de l'île Maurice sont belles. Oui, le sable est presque partout fin, clair et soyeux. Les eaux limpides ont une couleur bleu turquoise unique sous le ciel de l'océan Indien, et leur température très agréable oscille entre 20 et 25 °C. Les baigneurs, les nageurs, les plongeurs et les poissons sont à leur aise dans cet aquarium tropical, comme au matin du 1er jour du monde (ou presque).
Rares sont les plages mauriciennes sans ombre, très rares les plages souillées ou sales (les mégots de cigarettes échappent toutefois aux dents des râteaux des balayeurs). Des rangées de palmiers au feuillage ébouriffé, des ribambelles de cocotiers et de filaos bordent les plages, formant de petits bois maritimes très recherchés aux heures chaudes. À la différence de l'île de La Réunion, les plages bordent la côte sur presque la totalité du littoral mauricien, excepté le Sud sauvage entre Souillac et la pointe Vacoas (près de Blue Bay) ; là, ce sont les abruptes falaises de roches volcaniques noires qui règnent en maîtresses. Malheureusement, une partie de celles-ci sont privatisées par les hôtels de luxe (d'où l'intérêt de la rubrique suivante !).
– Avant de vous jeter à l'eau, un petit ***conseil*** tout de même : mieux vaut se baigner avec des sandales en plastique, même si ce n'est pas très glamour... car, hormis au niveau des plages artificielles des grands complexes hôteliers, il y a très souvent des oursins.

POURQUOI LES COCOTIERS PENCHENT-ILS VERS LA MER ?

Tous les végétaux recherchent la lumière pour favoriser leur croissance (photosynthèse). Le soleil se reflétant dans l'eau, les plantes et les arbres ont donc tendance à s'incliner vers la mer. De plus, le sable humide (donc meuble) accentue ce mouvement.

Notre sélection des meilleures plages publiques

– ***Blue Bay et la pointe d'Esny* :** sur la côte sud-est, proche de Mahébourg, Blue Bay porte bien son nom, c'est bel et bien une « baie bleue ». La plage publique est bordée de filaos et très bien abritée. Quant à la plage publique de la pointe d'Esny, essentiellement bordée de maisons particulières et de petites structures hôtelières, c'est l'une des plus charmantes de l'île. Plusieurs passages publics entre les grandes maisons de bord de mer.

– ***Trou aux Biches et Mont-Choisy :*** côte nord-ouest. À partir de Trou aux Biches, c'est une longue bande de sable blanc qui s'offre au regard sur près de 3 km (avec de nombreux complexes hôteliers, tout de même). Elle se prolonge au nord par la plage de Mont-Choisy, qui forme un très bel arc de cercle, presque sans hôtels (2 établissements seulement au nord de la plage). À l'ombre des filaos, plusieurs gargotes proposent boissons fraîches et en-cas.
– ***Grand Baie :*** côte nord. Une série de plages publiques agréables et abritées dans une baie en forme de fer à cheval. Peu de pluies, pas de courants dangereux ni de vagues, mais on ne peut pas vraiment y nager, étant donné le nombre de bateaux amarrés un peu partout.
– ***Pereybère :*** côte nord. Entre Grand Baie et Cap Malheureux, une remarquable petite crique sécurisée et aux eaux bleu clair. L'un des meilleurs endroits pour se baigner, mais très fréquenté le week-end.
– ***Cap Malheureux :*** côte nord. Ce secteur du littoral, plus sauvage et peu urbanisé, offre de belles plages publiques regardant l'île Ronde et l'île Plate. La plage de Bain Bœuf est belle, mais pas idéale pour se baigner à cause des rochers.
– ***Roches Noires :*** sur la côte est, elle se prolonge jusqu'à Poste Lafayette. Ici, l'air est chaud mais vif, les couleurs éclatent, et c'est ce qui rend sympathique cette plage bercée par les alizés du large. Mais elle est bordée de rochers à de nombreux endroits ; on ne peut donc pas se baigner partout.
– ***Belle Mare et Palmar :*** sur la côte est, ensoleillée mais moins sèche et plus venteuse que la côte ouest. Notre côte préférée. Une très longue étendue de sable blanc et fin, qui va de Palmar à Trou d'Eau Douce. Pas de problème d'accès public et, aussi incroyable que cela puisse paraître, c'est un coin encore assez peu fréquenté, même si les grands hôtels poussent à une vitesse grand V.
– ***L'île aux Cerfs :*** sur la côte est, à 15 mn en bateau de Trou d'Eau Douce. Superbe lagon et plages qui font souvent la 1re de couverture des catalogues vantant les beautés de l'île. Mais, à moins d'y aller aux 1res heures, vous ne serez pas seul et on est loin d'une ambiance à la *Paul et Virginie.* Bien lire le texte qu'on lui consacre pour éviter les pièges.
– ***Flic en Flac :*** sur la côte ouest, la plus sèche et la plus chaude. Pas de « flics » dans des « flaques » d'eau saumâtre... mais une très longue plage publique, charmante et ombragée sur plusieurs kilomètres par des bois de filaos. Une plage vraiment agréable où tout le monde peut se baigner, les petits comme les grands. À partir du quartier de Wolmar, invasion du littoral par les hôtels de luxe.
– ***Le Morne :*** au pied du Morne, classé au Patrimoine mondial de l'Unesco, la plage publique du Morne constitue l'un des fleurons de l'île. Malgré l'invasion des grands hôtels de luxe qui avalent des portions entières de littoral pour leur bien-être, au grand dam des Mauriciens eux-mêmes, le visiteur n'aura pas de souci particulier pour trouver les tronçons encore accessibles. Une véritable carte postale !
– ***Bel Ombre :*** sur la côte sud, autrefois hostile du fait de son exposition. Le littoral, après avoir été débarrassé des rejets polluants de la culture de la canne à sucre dans l'eau, est désormais assaini et offre là encore une belle étendue de sable blanc, face à une eau turquoise. Seules réserves, la baignade y est dangereuse en raison des courants, et l'accès ne s'y fait quasiment plus qu'entre les hôtels de luxe (encore eux !) qui squattent ce bout de littoral.

L'accès aux plages publiques

Le littoral est la propriété de l'État mauricien (d'ailleurs, on l'appelle *State Land*) jusqu'au niveau atteint par les plus hautes marées (grosso modo, une grande partie de la langue de sable). La loi prévoit un accès libre au littoral tous les 500 m... mais dans les faits, ça n'est pas toujours très simple. L'État est propriétaire du littoral, qui relève donc du domaine public, mais il a parfaitement le droit de le céder en location à des professionnels et à des particuliers. Ainsi, une plage n'est pas « privée » dans le sens où elle appartient toujours à l'État, mais elle n'est pas

considérée comme publique. Si l'accès au littoral est donc absolument libre en deçà de la trace laissée par la marée haute *(High Water Mark),* il n'est pas forcément permis de s'y attarder. Pour faire simple, n'importe quel quidam a parfaitement le droit de se balader sur la plage, mais à condition d'en trouver l'accès et de faire sa pause entre 2 zones privées. Comme de nombreux propriétaires et hôtels « pied dans l'eau » se sont octroyé des parcelles entières de littoral, les plages publiques se réduisent comme peau de chagrin.
Si on ne trouve pas l'accès (nous les indiquons autant que possible dans le guide), il faut alors passer par l'hôtel, qui demande parfois un droit d'entrée. Ce ***phénomène d'accaparement du littoral*** par l'industrie hôtelière de luxe ou par les villas et autres lotissements (ici, on appelle ça des *morcellements*) est de plus en plus fréquent et s'accélère depuis l'après-Covid. C'est une source d'inquiétude pour les Mauriciens qui sont obligés de se regrouper le week-end sur les dernières plages publiques. Par ailleurs, ces constructions ne sont pas sans conséquence pour l'écologie. Les lois de protection de l'environnement ne font pas encore le poids face à celle du profit...

PLONGÉE SOUS-MARINE

Jetez-vous à l'eau !

Pourquoi ne pas profiter de ces régions où la mer est souvent calme, chaude, accueillante et les fonds riches, pour vous initier à la plongée sous-marine ? La plongée est désormais plus considérée comme un loisir grand public qu'un sport, et c'est une activité fantastique. Entrez dans un autre élément et virevoltez au milieu des poissons, les animaux les plus chatoyants de notre planète ! Des règles de sécurité, que l'on vous expliquera au fur et à mesure, sont bien sûr à respecter, tout comme le monde sous-marin, aussi fragile qu'exceptionnel. N'oubliez pas que la chasse sous-marine est formellement interdite.

Si, c'est facile !

Pour réussir vos 1res bulles, pas besoin d'être sportif ni bon nageur. Il suffit d'avoir plus de 8 ans et d'être en bonne santé : ne pas souffrir d'asthme, d'hypertension ou suivre un traitement médical. Évoquez tout problème au club. Pour un baptême, un certificat médical vous sera peut-être demandé et c'est dans votre intérêt. Il est en tout cas de rigueur pour les mineurs et les plus de 60 ans, ou encore pour toute personne désirant passer un niveau de plongée. Certains moniteurs l'exigent systématiquement ; d'autres se contenteront de vous faire signer une décharge médicale.
Non, la plongée ne fait pas mal aux oreilles : il suffit de souffler en se bouchant le nez. Non, il ne faut pas forcer pour inspirer dans cet étrange « détendeur » qu'on met dans la bouche, au contraire.
Et le fait d'avoir une expiration active est décontractant, puisque c'est la base de toute relaxation ; être dans l'eau modifie l'état de conscience, car les paramètres du temps et de l'espace sont changés : on se sent, à juste titre, ailleurs. En vacances, c'est le moment ou jamais de vous jeter à l'eau. Et n'hésitez pas à goûter aux plongées de nuit, qui révèlent un monde et des sensations différents. Nous vous indiquons dans le texte des adresses de clubs de plongée.
Attention, vous devez respecter un intervalle de 12h avant de monter en altitude et de 24h avant de prendre l'avion, afin de ne pas modifier le déroulement de la désaturation et d'éviter ainsi les accidents de décompression.

Les clubs de plongée

Tous les clubs sont affiliés, selon leur zone d'influence, à un ou plusieurs organismes internationaux. Les 2 plus importants sont la CMAS, Confédération mondiale

des activités subaquatiques (initié par le commandant Cousteau en 1959), et PADI, *Professional Association of Diving Instructors* (d'origine américaine).
Chacun délivre ses formations et ses diplômes, valables dans le monde entier, et, depuis 1996, une convention a été signée entre CMAS et PADI, établissant la reconnaissance des brevets (mais non l'équivalence), sauf en métropole où le brevet PADI n'est pas reconnu. Pour vous aider à choisir votre formation, sachez que le brevet CMAS exige plus de plongées (6 pour le niveau I contre 4 avec PADI). Il enseigne donc une meilleure maîtrise et un comportement aquatique responsable. Les cours sont personnalisés et l'évaluation est à la charge du moniteur (d'où l'intérêt de trouver un prof sérieux et compétent). La pédagogie PADI est performante (cours sur vidéo), mais la pratique en plongée reste plus limitée. Elle n'intègre pas les paliers. Du coup, pas de plongée en dessous de 40 m et des temps de plongée assez courts pour être conformes à leurs courbes de sécurité.
Dans les régions « influencées », la majorité des clubs plongent à l'américaine, tendant à une certaine standardisation : la durée et la profondeur des plongées sont très calibrées.
Si le club ne reconnaît pas votre brevet, il vous demandera une plongée-test pour vérifier votre niveau. En cas de demande d'un certificat médical, le club pourra vous conseiller un médecin dans le coin. Tous les clubs délivrent un « carnet de plongée » qui, d'une part, retracera votre expérience et, d'autre part, réveillera vos bons souvenirs. Gardez-le et pensez à toujours emporter ce « passeport » en voyage. Un bon centre de plongée est un centre qui respecte toutes les règles de sécurité sans négliger le plaisir.

Comment choisir un centre de plongée ?

– ***Renseignez-vous :*** vous payez pour plonger ; en échange, vous devez obtenir les meilleures prestations, dans les meilleures conditions. À vous de voir si vous préférez un club genre « usine bien huilée » ou une petite structure souple. Le mieux est de traîner au retour des plongées et de demander l'avis des plongeurs.
– ***Méfiez-vous*** d'un club qui vous embarque sans aucune question préalable sur votre niveau de plongée, vos antécédents et votre situation médicale ; il n'est pas « sympa » mais dangereux.
– ***Vérifiez*** que le club est bien ***affilié à la MSDA*** (la fédération mauricienne de plongée, qui contrôle, intervient et reste l'interlocuteur entre les centres et les autorités, qui n'ont toujours pas fixé de loi-cadre sur la plongée). Vérifiez également les diplômes des moniteurs et assistants (pas toujours évidents). Le permis bateau avec son autorisation de navigation hors du lagon (« OL », *Outside Lagoon*) doit également être clairement affiché.
– ***Regardez*** si le centre est apparemment bien entretenu (rouille, propreté, etc.), si le matériel de sécurité (oxygène, trousse de secours, radio, etc.) est à bord, si le bateau est équipé d'une protection contre le soleil, si vous n'avez pas trop à transporter l'équipement (encore que le portage de bouteilles est là aussi une question de culture : dans l'école française, on porte davantage soi-même ses bouteilles, tandis qu'à l'américaine, on vous les portera systématiquement), s'il n'y a pas trop de plongeurs par palanquée (6 maximum, est-ce un rêve ?), si les gilets de sauvetage (obligatoires) sont en nombre suffisant, si les numéros d'urgence sont bien affichés dans le centre (c'est obligatoire).
– ***Les équipements*** sont-ils bien adaptés et en quantité suffisante ? Vous verrez que pour apprécier une plongée, il vaut mieux ne pas être stressé, par exemple par des palmes inadaptées ou un masque qui fuit.
– ***Est-ce que le moniteur plonge*** ou est-ce un de ses amis ? S'il plonge, quel niveau a-t-il ? On constate parfois que certaines structures ne sont pas sérieuses et que les moniteurs ne plongent pas, déléguant le cours à un plongeur dont on ne sait rien. D'autant que les clubs font signer une décharge avant d'aller plonger.
– ***Comment se déroulent les baptêmes ?*** Y a-t-il un moniteur par plongeur ou un pour 4 ? Dans le 2d cas, c'est une initiation.

– ***Combien de temps dure une plongée ?*** En principe, entre 30 et 45 mn, mais tout dépend du niveau.
– Pour les confirmés, ***à combien sont gonflées les bouteilles ?*** Entre 180 et 220 bars, c'est bon.
– ***Et pour les enfants ?*** La plupart des clubs acceptent les enfants dès l'âge de 8 ans, voire 10 ans. Mais attention, les règles sont strictes : entre 8 et 10 ans, ils ne peuvent pas descendre à moins de 2 m, entre 10 et 12 ans, à moins de 4 m. Ne pas passer outre, les conséquences peuvent être graves.

C'est la 1re fois ?

Alors l'histoire commence par un baptême, une petite demi-heure généralement, pendant laquelle le moniteur s'occupe de tout et vous tient par la main. Laissez-vous aller au plaisir. Même si vous vous sentez harnaché comme un sapin de Noël déraciné hors saison, sachez que tout cet équipement s'oublie complètement une fois dans l'eau. Vous ne devriez pas descendre au-delà de 6 m. Si vous choisissez une formule avec initiation en piscine ou en lagon, vous pourrez descendre jusqu'à 12 m lors de votre 1re plongée. On compte généralement un moniteur pour 4 initiés maximum ; bien souvent, c'est plutôt un pour 2.
Puis l'aventure se poursuit par un apprentissage progressif.

À l'île Maurice

Maurice reste une destination alléchante pour la clarté de ses eaux, son lagon peu profond, ses poissons coralliens, ses coquillages. Ces dernières années, l'intérieur du lagon a indéniablement souffert de l'industrie, du tourisme, de la pollution et de la pêche. Cependant, il est à noter que les coraux de Maurice n'ont pas été affectés par le phénomène climatique *El Niño,* en 1996, 1998 et 2016, qui a détruit beaucoup de coraux de l'Indo-Pacifique. À l'extérieur de la barrière, vous trouverez tombants, langoustes, raies, dauphins, épaves et requins dans les îles du Nord... Certains endroits sont de vrais aquariums en liberté.
On peut plonger toute l'année, la saison idéale étant d'octobre à mars (sachant que de janvier à mars, c'est la période cyclonique, les eaux peuvent être troubles). Et la température de l'eau oscille gentiment entre 23 et 28 °C, selon le mois. Beaucoup de plongées intéressantes sur la côte ouest (de Flic en Flac à Grand Baie). La côte sud se montre plus sauvage et plus rocheuse, mais bien sûr, elle subit davantage les aléas météorologiques. Les plongées y sont plus difficiles entre mai et septembre, du fait des alizés qui génèrent une forte houle.
Plusieurs clubs dans l'île. Souvent, les grands hôtels ont un club attenant à leur structure. Plus l'hôtel est chic, plus les prix sont élevés. On a fait une sélection de clubs qui proposent baptêmes, plongées d'exploration, cours et passages de diplômes pour la plupart. Pour les baptêmes, qui ont lieu dans les 6 m, l'expérience est extra et c'est l'occasion de s'initier à ce sport dans de très bonnes conditions : température et limpidité de l'eau idéales, plaisir des yeux infini... Et pour les confirmés, une plongée sur épave (l'île possède plusieurs épaves volontairement coulées pour créer des récifs artificiels) ou dans le bassin aux requins n'est pas pour déplaire.
– Attention toutefois aux clubs qui ont tendance à embarquer trop de plongeurs. Votre sécurité est alors en jeu. Un moyen simple de vérification consiste à repérer les 2 derniers chiffres de l'immatriculation des bateaux. Ils correspondent au nombre maximum de passagers qui peuvent être embarqués, moniteur compris. Si vous êtes 14 à bord et que le bateau autorise seulement 8 passagers, posez-vous des questions. Depuis peu, les numéros d'immatriculation sont complétés de 2 lettres : « OL » pour *Outside Lagoon,* mention valable si le bateau possède 2 moteurs. Attention, certains bateaux possèdent l'immatriculation « IL » *(Inside Lagoon)* et conduisent régulièrement des touristes en dehors de la barrière alors que leur bateau n'est homologué que pour évoluer à l'intérieur du lagon.

– Soyez aussi vigilant quant au comportement de l'équipe qui vous encadre. Outre les principes de sécurité, elle doit respecter l'environnement. Par exemple si, pendant la plongée, un membre du club chasse devant vous, sachez que cette pratique est formellement interdite. Le moniteur va chasser des petits poissons pour amuser le touriste ou casser un oursin afin d'attirer les prédateurs (murènes ou autres...) qui viennent ensuite les manger dans sa main. Il n'est pas besoin de tuer la faune sous-marine pour attirer les murènes : les poubelles de n'importe quel restaurant regorgent de restes suffisamment appétissants pour ces poissons. Refusez également les moniteurs qui plongent avec des bâtons en fibre de verre pour titiller les poissons et les faire sortir de leur abri.
– Certains sites de plongée sont dépourvus de mouillages fixes permettant aux bateaux de s'y accrocher, bateaux qui sont alors contraints, pour des raisons de sécurité (courants ou vagues), de jeter l'ancre. Pas de problème à cela dans la mesure où les précautions sont prises pour préserver les fonds coralliens.
– Le monde sous-marin est un monde de silence, rejetez ces pratiques idiotes qui consistent à utiliser à tort et à travers les *shakers* et autres klaxons sous-marins destinés uniquement à avertir d'un danger.
– Les clubs affiliés à la fédération mauricienne (la MSDA) vous demandent d'acheter une ***fiche fédérale*** (bleue), valable 2 mois, qui coûte 200 Rs. Elle vous assure en responsabilité civile et en dégâts corporels ou matériels sur un tiers, le temps de sa validité. Vous n'êtes donc pas tenu d'en racheter une à chaque plongée. Évitez les clubs qui ne vous font pas signer cette fiche et ***refusez impérativement un club qui vous ferait signer une décharge,*** le dégageant de toute responsabilité en cas d'incident.
– Pour toutes les urgences relatives à la plongée (médecins spécialisés, caisson de décompression), appeler le ☎ 114 pour le SAMU. Se reporter également à la fin du chapitre « Île Maurice utile », rubrique « Urgences ». Et pour tout problème, contacter la ***MSDA,*** fédération de l'île *(209, rte Royale,* ***Beau Bassin ;*** *☎ 454-00-11 ; ● msda.mu ●).*

Nos meilleurs spots de plongée

Remarque : ces spots sont positionnés sur la carte générale de l'île Maurice en début de guide, sur la carte détaillée des îles du Nord et, le cas échéant, sur les cartes détaillées aux chapitres correspondants.

Le Nord-Ouest

Sur cette côte, la plus touristique de l'île, les spots sont nombreux, généralement riches et spectaculaires. De Trou aux Biches à Grand Baie, la mer est habituellement calme, les courants faibles, parfois plus importants du côté de la pointe aux Canonniers.

L'Aquarium *(aussi appelé West Reef ou Brisants Ouest ; carte Île Maurice)* **:** *à* ***Grand Baie.*** *Ts niveaux.* Il s'agit du site le plus fréquenté de Maurice (les clubs de l'Est traversent l'île en voiture pour y plonger). C'est aussi l'un des endroits les plus prisés des photographes sous-marins, y compris des professionnels, qui shootent ici une faune abondante, en partie venimeuse, et de nombreuses espèces de poissons rares ou endémiques.
Lost Anchor *(carte Île Maurice)* **:** *face au Club Med de la* ***pointe aux Canonniers.*** *Niveau II. Profondeur : de 25 à 35 m. Anchor,* parce qu'on y voit une ancre, énorme ; *Lost,* parce qu'on ne sait pas de quel vaisseau elle provient, mais elle daterait du XVIIe s. Beau décor de corail noir, gorgones et autres. Petites grottes abritant des bancs de poissons-soldats et autres petits poissons, et passage de gros.
Stenopus Reef *(carte Île Maurice)* **:** *au sud de la* ***pointe aux Canonniers.*** *Niveau II, voire niveau III. Profondeur : de 25 à 38 m.* L'un des meilleurs spots du Nord-Ouest, remarquable pour son relief et sa flore : canyons et vallées d'où jaillissent des gorgones géantes et superbes alcyonaires. C'est là que l'on peut voir les

plus majestueuses *tubastrea* (faux corail noir), dépassant les 3 m de haut. Faune également présente : nasons, raies, thonidés, tortues et, les jours de chance, marlins. Attention toutefois aux courants !

Holt Rocks *(carte Île Maurice)* **:** *toujours au sud de la* ***pointe aux Canonniers.*** *Ts niveaux (mais attention au courant !). Profondeur : de 10 à 20 m.* D'énormes masses basaltiques recouvertes de coraux, où l'on rencontre des balistes titans, des murènes joueuses, des poissons-clowns et des perches dorées ; c'est une merveille, notamment en plongée de nuit.

Corsair Wall *(carte Île Maurice)* **:** *au large de* ***Trou aux Biches.*** *Niveau II confirmé, voire niveau III. Profondeur : de 34 à 60 m.* Un superbe site qui correspond au plateau supérieur d'un tombant où l'on voit évoluer de nombreux poissons prédateurs (thons, carangues, etc.). Il n'est pas rare de pouvoir admirer des bancs de raies. Majestueuse ancre avec sa chaîne concrétionnée dans les coraux.

Caravelle *(carte Île Maurice)* **:** *au large de* ***Trou aux Biches.*** *À partir du niveau II. Profondeur : de 19 à 35 m.* Gros blocs de basalte recouverts de grandes tables de corail et un petit pinacle en forme de dos de chameau envahi de corail de feu. Au programme : bancs de platax à longues nageoires, raies aigles, carangues gros yeux, belles murènes, etc.

Les épaves : on compte de nombreuses épaves au nord-ouest de l'île. Signalons le *Djabeda* au Coin de Mire (- 35 m de profondeur), le *Silver Star* à Grand Baie (jusqu'à - 39 m) pour lesquelles les clubs demandent le niveau II confirmé, et pas moins de 8 bateaux dans la région de Trou aux Biches, dont le *KT Mawar* (voir le texte ci-après). Les plongeurs passionnés par les épaves peuvent faire un séjour complet à Maurice sur ce thème.

KT Mawar *(carte Île Maurice)* **:** *au large de* ***Trou aux Biches.*** *Niveau I confirmé. Profondeur : 22 m.* Cette épave, coulée en 2018, a rapidement été colonisée par des coraux mous et des algues, des carangues, des poulpes et des langoustes. Un environnement très vivant.

À noter également, le ***Kingfish Kingdom*** *(carte Île Maurice)* et le ***Whale Rock*** *(carte Île Maurice)* : *niveaux II et III.*

Les îles du Nord

Dans les îles du Nord, la plupart des plongées sont accessibles à tous. Là encore, sites très spectaculaires. Mais sachez qu'on est en pleine mer et que l'accès aux spots est souvent difficile, voire impossible, à cause des conditions météo. La plupart des clubs de la région, jusqu'à Trou aux Biches au sud, proposent des sorties vers ces îles.

Le Banc Rouge *(carte Îles au nord de Cap Malheureux)* **:** *entre l'****île Ronde*** *et l'****île aux Serpents.*** *Ts niveaux. Profondeur imposée : de 15 à 30 m.* Site connu mais peu fréquenté, à cause de son éloignement. Pic abrupt remontant de 77 m à la surface de la mer, où vivent de nombreux poissons le long de la paroi. Visibilité toujours parfaite, mais attention aux courants !

L'Est et le Sud-Est

De Grand Gaube à Mahébourg, la côte est n'est pas la plus riche en spots. Les conditions naturelles rendent parfois la plongée malaisée (vent, mer agitée). Quelques beaux spots malgré tout.

Passe de Belle Mare *(carte Île Maurice)* **:** *à 500 m de l'hôtel* Belle Mare. *À partir du niveau I très aguerri, car les conditions sont difficiles. Profondeur : de 20 à 35 m.* La passe comprend 5 sites différents, accessibles à tous. Chaque site a son intérêt. Ensemble très complet qu'on peut pratiquer en une plongée dérivante. Dauphins et raies sont souvent de la revue.

Blue Bay *(carte Île Maurice)* **:** *à* ***Blue Bay,*** *à 200 m du rivage. Ts niveaux. Profondeur : de 5 à 10 m.* Excellente visibilité, pas de courant. Les plongeurs espèrent voir les coraux se régénérer pour attirer de nouveau une faune riche et colorée. Car le parc marin a sérieusement été affecté par l'activité humaine.

Colorado (carte Île Maurice) **:** *du côté de* ***Mahébourg,*** *à 500 m du récif. Niveau II confirmé. Profondeur : de 33 à 40 m.* Tombant, canyon sinueux et arche majestueuse. Chef-d'œuvre d'architecture, le site accueille une faune des plus intéressante : carangues, barracudas, langoustes, parfois des tortues et des requins. Parfois du courant.

Intéressantes aussi, dans la baie de Mahébourg *(carte Île Maurice),* la ***Roche Zozo*** *(niveau II confirmé)* et l'épave du ***Sirius*** *(ts niveaux).*

L'Ouest et le Sud-Ouest

Du Morne Brabant à Flic en Flac, on trouve une trentaine de sites de plongée très pratiqués. Sur le fond sablonneux, on observe quantité de coraux diurnes (ouvrant leurs polypes à la lumière du jour). Ce secteur intéressera surtout l'observateur patient et attentif, qui y découvrira une faune délicate et variée. Courant généralement faible.
Vers Flic en Flac, secteur constellé de cavernes, grottes et tunnels, avec faune abondante. Attention aux courants, qui peuvent être très forts en été.

Needle Hole *(carte Île Maurice)* **:** *au large de l'****île aux Bénitiers.*** *Ts niveaux. Profondeur : de 4 à 16 m.* Multitude de petits poissons, fusiliers et sergents-majors notamment. Spot recommandé pour la photographie, même à la lumière naturelle.

Castle *(carte Île Maurice)* **:** *au large de l'****île aux Bénitiers.*** *Ts niveaux. Profondeur moyenne : 15 m.* Courant faible. Site remarquable en plongée nocturne. Tortues, danseuses espagnoles et superbes coraux multicolores. En revanche, de jour, l'endroit perd de son intérêt.

Cathedral *(carte Île Maurice)* **:** *face au* Pearl Beach Hotel, *à* ***Flic en Flac.*** *Niveau I jusqu'à 20 m, puis niveaux II ou III. Profondeur : de 15 à 28 m.* On descend le long du tombant jusqu'à une vaste caverne aux hautes voûtes, surnommée « cathédrale ». Ambiance mystérieuse et faune intéressante : murènes, poissons-scorpions, poissons-lions, carangues, etc.

Rempart Serpent *(carte Île Maurice)* **:** *face au* Klondike Hotel, *à* ***Flic en Flac.*** *Pour plongeurs expérimentés seulement. Profondeur : 25 m.* Éboulis corallien qui doit son nom à sa forme sinueuse : énorme serpent donc, long d'une centaine de mètres, couvert d'algues, et dont la particularité est d'abriter une faune riche, variée et très abondante (murènes, poissons-pierre, rascasses, soles...).

POPULATION

On dit La Réunion surpeuplée. Mais que dire de l'île Maurice ? On compte 1,3 million de Mauriciens (sans compter la diaspora en France et en Angleterre). La densité y atteint 640 hab./km² (106 hab./km² en France métropolitaine). Dans les rues de Port-Louis comme dans les bourgs de la côte, c'est un maelström humain qui mélange les couleurs de 3 continents : l'Europe, l'Afrique et l'Asie.
Dans les champs, dans les rues, la densité de saris écarlates est un signe qui ne trompe pas : 68 % des Mauriciens sont d'origine indienne, la moitié de la population est de confession ***hindoue.*** La plupart des coolies au teint très sombre, arrivés (de force) au XIXᵉ s du Tamil Nadu (sud-ouest de l'Inde), de la côte de Malabar, de Calcutta ou d'ailleurs, n'ont jamais pris leur ticket de retour. Ils ont fait souche. Et ils ont prospéré. De nombreuses terres qu'ils étaient venus travailler ont été acquises par leurs descendants. La quasi-totalité des avocats et médecins, ce sont eux. Ils sont la clé de chaque élection, et détiennent le pouvoir politique et administratif (la plupart des fonctionnaires sont hindous, sauf à Rodrigues, où le gouvernement a jugé bon de privilégier les locaux pour combattre la pauvreté de l'île). Côté religion, certains ont mêlé leur hindouisme au catholicisme, quand ils ne l'ont pas pimenté de coutumes africaines. Mais la plupart continuent de prier

pour la triade Brahma, Vishnu et Shiva : le tout était de transposer dans le paysage mauricien les lieux sacrés (lacs, bassins, etc.) qu'ils vénéraient aux Indes...
Il ne faut pas confondre ces hindous avec d'anciens voisins à eux : les ***musulmans de l'Inde*** (17 % de la population). La plupart de ceux-ci proviennent du Bihar et travaillent beaucoup dans le petit commerce. Les ***Sino-Mauriciens*** s'impliquent moins dans la politique que dans le commerce. Venus souvent sur l'île de leur propre chef, ces Fils du Ciel sont peu nombreux (3 %), mais on les retrouve dans toute l'île. Devenus mauriciens sous le gouvernement anglais, Indiens et Chinois auraient dû rester ouverts aux valeurs de la vieille Albion. Mais les nécessités de l'insertion les ont conduits à adopter la langue et les coutumes ordinaires de l'île, si bien que tout le monde parle créole ou français.
La ***« population générale »*** (28 % de la population) de l'île garantit cette permanence. C'est ainsi que la Constitution nomme les ***créoles,*** ainsi que les ***Mauriciens d'origine africaine et française.*** Une appellation critiquée. Ces derniers, héritiers des 1ers colons, bien que très peu nombreux (1 ou 2 % de la population), détiennent une bonne part du pouvoir économique et les deux tiers des richesses de l'île. La plupart des plantations, des sucreries et du gros commerce de l'île sont entre leurs mains. La population créole et d'origine africaine est moins bien lotie. C'est eux que tente de fédérer le militant Bruneau Laurette pour que leur voix se fasse enfin entendre.
À propos des ***Rodriguais,*** se reporter en fin de guide à la rubrique « Population » de Rodrigues.
Les ***expatriés*** : une donnée autrefois anecdotique, qui l'est de moins en moins, le nombre de Français installés dans l'île ne cesse d'augmenter, pour atteindre aujourd'hui environ 15 000 personnes.
Notons enfin que presque ***chaque communauté possède un surnom,*** sans connotation péjorative. Les musulmans ? Des « lascars », du nom des anciens navigateurs arabes. Les Tamouls ? Des « madras ». Trop discrets sans doute, les Chinois n'ont pas eu droit à un sobriquet...

Les Chagossiens : des habitants dans la tourmente

L'archipel des ***Chagos*** se trouve au cœur de l'océan Indien, dans le prolongement des Maldives. En 1966, les Britanniques, souverains coloniaux du petit archipel, louèrent à l'armée américaine l'îlot de Diego Garcia. La guerre froide s'attiédissant, il fut question de fermer la base. Mais les Îlois, chassés de leurs foyers, sont toujours à Maurice, où leur pauvre statut de réfugiés leur vaut plus de pitié que d'estime...
À ce sujet, ne pas manquer de lire *Le Silence des Chagos* de Shenaz Patel (voir la rubrique « Livres de route » dans « Île Maurice utile »).

LA DERNIÈRE DÉPORTATION

Les Britanniques possèdent les îles Chagos, à l'est des Seychelles. En 1966, ils signèrent un traité avec les Américains, prévoyant d'y établir une base militaire. Dans les années 1970, tous les habitants de l'île furent déportés ! Les 2 000 Chagossiens peuplent désormais les bidonvilles de la baie du Tombeau, près de Port-Louis. Et alors que le bail des États-Unis arrivait à échéance fin 2016, les Britanniques l'ont reconduit pour 20 ans supplémentaires, déniant aux Chagossiens tout droit de retour. Un scandale d'État largement passé sous les radars.

Fin 2016, après discussion entre les gouvernements mauricien et britannique, ce dernier refuse le retour des Chagossiens sur leur île pour des raisons juridiques (le bail des Américains prolongé en pleines négociations avec Maurice !) et des raisons financières. Le choix d'indemniser les exilés dans leurs actuels pays de résidence reviendrait moins cher que de financer l'établissement d'un réel service public. En juin 2017, l'île Maurice

a obtenu l'accord de l'ONU afin de saisir la Cour internationale de justice (CIJ) à propos de sa souveraineté sur les Chagos. En février 2019, ***la CIJ conclut à l'illégalité de l'administration britannique sur les Chagos*** et fait adopter par l'assemblée générale de l'ONU une résolution commandant au Royaume-Uni de quitter l'archipel dans les 6 mois, ce qui permettrait aux Chagossiens de retrouver leurs terres. La date butoir atteinte fin 2019, sans évolution, le Premier ministre mauricien déclare, lors d'un sommet à Londres sur les investissements de la Grande-Bretagne en Afrique, qu'il compte entamer des poursuites contre des responsables britanniques devant la Cour pénale internationale pour « crime contre l'humanité ».
Sur sa carte du monde publiée en 2020, l'ONU inscrivait « Maurice » sous le nom de l'archipel des Chagos. Une officialisation qui a laissé le gouvernement britannique de marbre, celui-ci arguant que l'archipel sera rendu à Maurice quand il n'aura plus d'utilité sur le plan de la défense et de la sécurité ! Le Groupe Réfugiés Chagos a, quant à lui, lancé un 3e recours devant la Cour suprême britannique en décembre 2020. Alors que la bataille juridique continue, ***la Grande-Bretagne a enfin accepté d'entamer des négociations avec le gouvernement mauricien début 2023... sans représentant de la communauté chagossienne !***

Le malaise identitaire

L'identité mauricienne n'est une réalité que pour une minorité des habitants de l'île. La plupart se considèrent comme membres d'une communauté avant d'être mauriciens. Mais l'indépendance est somme toute récente. L'île doit gérer la diversité dans les valeurs républicaines, mais aussi communautaires. La génération née en 1968, avec l'indépendance, doit aussi combattre les barrières entre communautés et faire accepter l'autre au sein de sa famille. Le métissage n'est pas une valeur cotée et la femme doit trouver sa place ailleurs qu'au foyer. La communauté indienne, majoritaire en nombre, détient le pouvoir politique. Déjà, en 1993, le père Cerveaux lançait le fameux concept de « malaise créole ».
Maurice a été soudée dans les années de boom économique et chacun y a trouvé son compte, certains plus que d'autres. Une classe moyenne a émergé en même temps que la société de consommation remplaçait la société traditionnelle avec les comportements individualistes qu'elle engendre. La petite délinquance augmente ; chaque propriétaire vous le dira, ne laissez rien traîner et fermez les portes quand vous sortez... La prostitution se développe dans les endroits touristiques, ***les drogues dures font des ravages*** chez des consommateurs de plus en plus jeunes. Et ce pays qui pouvait se targuer de ne pas connaître le mot « chômeur » les compte par milliers (environ 7,5 % de la population active), avec les fermetures de plus en plus nombreuses de raffineries sucrières et d'usines de textile.
Bon, on n'était pas obligés de faire un tableau aussi noir de la société mauricienne, mais si nous, on ne le fait pas, ce ne sont pas les agences touristiques et les slogans publicitaires qui le feront pour montrer l'envers du décor paradisiaque...

RELIGIONS ET CROYANCES

Il n'existe pas de religion officielle, bien au contraire : de par la diversité des origines de la population, plusieurs croyances sont représentées et fortement pratiquées par les Mauriciens. Ce qui donne à l'île un panorama religieux aussi unique que passionnant, compte tenu de la taille du pays.
La spécificité de l'île est d'avoir su conjuguer une implication importante des fidèles et une tolérance religieuse plutôt meilleure qu'ailleurs. De fait, mosquées, églises et temples sont souvent construits à peu de distance les uns des autres. Les événements de 1999, au cours desquels les hindous, détenteurs du pouvoir politique, ont été la cible de mécontentements populaires, doivent sans doute être interprétés sous l'angle social plus que religieux.

– La moitié de la population est hindoue. Mais il s'agit plutôt d'un ***hindouisme*** « allégé » : moins de croyances irrationnelles, pas de vaches sacrées, pas de sadhus (ascètes se mortifiant pour Dieu), une idolâtrie simplifiée. Le système de castes, peu ancré à Maurice, exerce tout au plus une influence sur les mariages. En revanche, l'attachement à la terre des ancêtres est profond : même le Ganga Talao (Grand Bassin), une retenue d'eau naturelle, entretiendrait des liens secrets avec le Gange. Les hindous y célèbrent le *Maha Shivaratree,* une des fêtes indiennes les plus populaires.
– ***Le christianisme :*** les chrétiens atteignent environ un tiers de la population, avec une part infime de protestants (anglicans). Ce sont des immigrants européens ou créoles venant d'Afrique pour l'essentiel, ainsi que la majorité des Sino-Mauriciens. L'Église catholique a vécu au XIXe s un grand renouveau avec le ***père Laval,*** qui, aujourd'hui encore, rassemble autour de sa tombe à Port-Louis de nombreux fidèles, toutes confessions confondues.
– ***L'islam*** provient pour l'essentiel du sous-continent indien, mais aussi d'Afrique. Les musulmans représentent 1/6e de la population environ. Parmi les nombreux lieux de culte dispersés dans les villages, le plus important est la mosquée Jummah, située à Port-Louis.
– ***Le bouddhisme*** est, quant à lui, pratiqué par une très faible minorité de Chinois.

SAVOIR-VIVRE ET COUTUMES

Les Mauriciens sont tellement doux et tolérants qu'on a du mal à les choquer. Toutefois :
– ***Tenues de plage :*** sur les plages publiques, éviter le monokini et les strings. Ce n'est pas dans les mœurs locales. Sur les bandes de plage directement en face des hôtels, pas de problème, le monokini est toléré.
– ***Respect des temples, églises et mosquées :*** n'oubliez pas d'ôter vos tongs, évitez les shorts et les minijupes quand vous pénétrez dans une enceinte religieuse musulmane ou hindouiste.
– ***Garder le sourire et communiquer :*** de manière générale, les Mauriciens sont d'un contact facile, très agréable. Le petit vendeur de plage, même si vous ne lui achetez rien, engagera souvent le dialogue avec vous sur sa vie, les coutumes de Maurice. Certains vous inviteront peut-être même à dîner. Malheureusement, bien souvent, on constate que certains touristes se comportent comme des coquilles Saint-Jacques, toujours prêts à se refermer dès qu'un autochtone les approche. À vous de vous montrer ouvert.
– ***Il est interdit de fumer dans les lieux publics,*** dans certains parcs à thème en plein air, dans les jardins publics, et même dans sa propre voiture si l'on est accompagné d'un ou plusieurs passagers.

DES VILLAGES PAR-FAITS !

À l'entrée des villages de l'île, un panneau aussi naïf que sympathique met en avant une qualité supposée du patelin en question, complétée par une phrase gentiment moralisatrice : « Trou aux Biches, village de la positivité (positiver est le meilleur moyen d'avancer) » ; « Piton, village de la simplicité (la simplicité est le gage de la réussite) » ; « Mapou, village de l'enthousiasme » ; « Amitié, village de la vérité », etc.

SÉGA

Caractéristique du folklore typiquement mauricien, le séga est inscrit sur la liste du Patrimoine culturel immatériel de l'Unesco. Danse et musique d'origine africaine, le séga fut importé par les esclaves ; son rythme effréné, son caractère répétitif, ses mélodies simples, presque entêtantes, sont chargés de sensualité. Les femmes portent une large jupe à volants colorés et les hommes une sorte de pantalon de corsaire, large et court. Si l'on respecte la règle, le couple face à face ne doit jamais se toucher. Malheureusement, aujourd'hui, on ne trouve plus beaucoup de séga improvisé sur la plage comme c'était le cas autrefois, car le séga véritable se veut spontané. Il faut se contenter des soirées hebdomadaires des hôtels et des clubs (les fameux *nite clubs* !), plus ou moins authentiques, plus ou moins de qualité. Mais c'est le seul moyen pour les formations professionnelles de s'assurer un revenu régulier. Il est toujours amusant de voir les Blancs, raides comme des piquets, se joindre aux groupes de danseurs locaux. Le roi du séga reste Ti'Frère, référence absolue, décédé il y a quelques années.

L'instrument principal est la *ravane,* grosse caisse assez plate qu'on porte sur soi et qu'on frappe avec les doigts. Ajouter des noix de coco remplies de graines et un triangle (voire 2 morceaux de métal qu'on martèle), voilà tout ce qu'il faut pour faire la fête. Voici une petite discographie. N'hésitez pas à acheter les CD de séga mauricien, vraiment bon marché. ***Denis Azor*** avec son tube *Alalila.* ***Linzi*** et son album *Sofé linzi,* frais et dansant. ***Cassiya,*** *Na rié pa efacé,* l'autre groupe à la mode dans la catégorie séga-jeune avec ***Windblows. Ras Natty Baby,*** d'origine rodriguaise, certainement le meilleur dans la catégorie *seggae* (un mélange de séga et de reggae). Il chante maintenant seul dans un bon album, *Nuvel vision* ; écouter également ses 1ers albums avec les ***Natty Rebels.*** Et aussi un bon album de ***Racine Tatane,*** *Seggae nu lamizik.* Le chanteur de ce groupe n'était autre que Kaya, tué en février 1999 et fondateur de ce genre musical. De ***Kaya*** en solo, belles reprises de Bob Marley. Il existe aussi une compilation des plus belles chansons de l'île Maurice avec l'incontournable *Ambalaba,* si joliment reprise par Maxime Le Forestier.

SITES INSCRITS AU PATRIMOINE MONDIAL DE L'UNESCO

Organisation des Nations Unies pour l'éducation, la science et la culture — En coopération avec le Centre du patrimoine mondial

Pour figurer sur la liste du Patrimoine mondial, les sites doivent avoir une valeur universelle exceptionnelle et satisfaire à au moins un des 10 critères de sélection. La protection, la gestion, l'authenticité et l'intégrité des biens sont également des considérations importantes.

Le patrimoine est l'héritage du passé dont nous profitons aujourd'hui et que nous transmettons aux générations à venir. Nos patrimoines culturel et naturel sont 2 sources irremplaçables de vie et d'inspiration. Ces sites appartiennent à tous les peuples du monde, sans tenir compte du territoire sur lequel ils sont situés. Pour plus d'informations : ● *whc.unesco.org* ●

En 2006, un 1er site mauricien a été classé au Patrimoine mondial de l'Unesco. Il s'agit de l'***Aapravasi Ghat,*** à Port-Louis. Ce quai, où débarquèrent des centaines de milliers de travailleurs indiens à partir de 1835, symbolise le début des grandes migrations économiques, le passage d'une main-d'œuvre d'esclaves à celle de citoyens libres et rémunérés.

En 2008, le ***Morne Brabant,*** au sud-ouest de l'île, obtient le classement. C'est surtout la dimension symbolique qui est retenue, le Morne étant considéré comme un lieu de résistance de l'esclavagisme à Maurice.

SPORTS ET LOISIRS

À Maurice, ce sont évidemment les sports nautiques que l'on pratique avant tout. Apportez donc votre masque et votre tuba, ça vous évitera d'acheter ou de louer du matériel de mauvaise qualité sur place. Vous ne le regretterez pas, le snorkelling suffit pour découvrir une belle variété de superbes poissons tout en restant en surface. Il y a de nombreux spots faciles d'accès, d'autres où il est préférable de se faire conduire par un gars du coin. Et puis c'est le moment de s'initier à la plongée sous-marine. C'est facile et assez enivrant. Les confirmés trouveront aussi leur bonheur (voir plus haut la rubrique « Plongée sous-marine »).

- ***Voile, planche à voile, kitesurf... :*** ce sont les grands hôtels, la plupart du temps, qui louent des petits dériveurs, catamarans, planches à voile ou kitesurfs. On en trouve surtout vers les hôtels de Trou aux Biches et de Grand Baie. Les confirmés s'essaieront au spot de surf renommé du Morne, *One Eye.* Tous les ans, fin juillet-début août, se déroule un festival du kite, le *Kiteival.* Il s'agit d'une randonnée autour de l'île, permettant aux kiters de découvrir les plus beaux plans d'eau de Maurice, souvent inaccessibles. Il n'est pas rare que des pros participent à l'événement.
- ***Pêche au gros :*** parcourez l'océan à bord d'un bateau qui vous déposera au coucher du soleil sur une plage de corail blanc... Mais ce qui n'est pas dit, c'est que les prises sont propriété des bateaux. Vous avez juste le droit de vous faire photographier avec le marlin bleu et de payer pour l'avoir dans votre assiette. Pendant plus de 15 ans, Maurice a détenu le record du monde de pêche pour le marlin bleu du Pacifique.
- ***Croisière en voilier :*** dans le nord de l'île, nous recommandons aux voileux *La Sorellina* à Trou aux Biches, qui organise des sorties à la journée (se reporter à ce chapitre).
- ***Randonnées et activités terrestres :*** il y a largement de quoi faire, et on ne regrette pas d'avoir quitté sa serviette quelques heures. Alors oui, bien sûr, les sommets de Maurice dépassent péniblement les 800 m d'altitude (le Pouce, Pieter Both et, le plus haut, le piton de la Rivière Noire avec 828 m) et ressemblent plutôt à de gaillards monticules face aux imposants massifs réunionnais. Mais inutile de faire 1 000 m de dénivelée par jour pour découvrir des ***paysages somptueux,*** une nature luxuriante, des cascades qui scintillent, une faune et une flore protégées. Il existe des circuits pour tous niveaux, de la petite balade de 1h en parcours plat à celle d'une journée pour partie en cordée, voire plusieurs jours pour les mordus. Tout est possible, mais il est vivement recommandé d'être accompagné d'un guide car les sentiers sont rarement bien balisés, sauf à certains endroits (lire ci-dessous).

Le ***parc naturel de Rivière Noire*** a été (plus ou moins efficacement) balisé pour les randonneurs. Plus de 50 km de sentiers répartis en 6 balades composent l'essentiel des randonnées du parc. Chaque rando dure entre 2 et 3h, et on peut facilement combiner 2 parcours, d'autant qu'ils ont chacun leurs spécificités : l'un sinue le long des gorges, un autre permet d'observer de nombreux oiseaux, un 3e offre plusieurs points de vue, etc. On vous conseille vivement de passer au centre d'info (se reporter à la partie « Du Morne Brabant à Flic en Flac. Excursions vers l'intérieur. Le Pétrin ») pour obtenir le maximum d'infos, même si vous choisissez l'une des randonnées qui démarrent plus loin, en direction du Pétrin.

D'autres balades sont organisées dans les grands domaines privés ou prennent une tournure plus spectaculaire à la ***montagne du Pouce*** et plus encore aux ***Tamarin Falls,*** que nous détaillons plus haut « Dans les environs de Quatre-Bornes ».

Matériel à prévoir : une bonne paire de chaussures de marche, un chapeau, un vêtement imperméable, une lotion antimoustiques, une crème solaire. Demander si la nourriture et l'eau sont prévues par l'organisateur.

Parmi les différentes compagnies : ***Yanature*** (*☎ 5251-40-50 ou 5982-50-03 ; • trekkingmauritius.com •*), dont l'une des spécialités est le trail running (la course en montagne), mais qui propose aussi des randonnées et l'observation des oiseaux dans le parc naturel de Rivière Noire ; ***Lokal Adventure*** (*☎ 5934-88-28 et 5454-40-60 ; • lokaladventure.com •*) organise des sorties sportives et familiales dans le sud de l'île (kayak, canyoning, randos, *via ferrata...*) ; ***Yemaya Adventures***

(📱 5254-32-05 ; • yemayaadventures.com •), pour ses sorties à pied, à VTT et en kayak ; ***Vertical World*** *(☎ 697-54-30 ; • verticalworldltd.com •),* connu pour ses belles randos, mais aussi pour ses activités d'escalade et de canyoning, tout comme ***Otélair*** *(📱 5251-66-80 ; • otelair.com •)* ; ***Blue Reef Ecotours*** *(📱 5771-29-28 ; • bluereefecotours.com •)* propose plongées, treks : sur terre ou sous l'eau, Lilian organise une visite de l'île sur mesure. Plus d'infos dans la rubrique « À faire » de La Gaulette.

Le jeu

Les Mauriciens sont de grands joueurs. L'hippodrome du Champ-de-Mars de Port-Louis est plein pendant la saison estivale, et les bandits manchots des casinos tournent sans fin.

– ***Boka :*** un jeu de cartes qui se joue dans un endroit caché des femmes, qui, on ne sait pas pourquoi, empêchent toujours les maris de jouer leur paie. Se joue avec 5 cartes : la 1re n'est pas retournée, on ne la regarde qu'à la fin ; les 4 autres sont distribuées une par une, avec à chaque fois des mises et des joueurs qui renoncent. Cela se joue vite : un carré d'as ramasse la mise, puis c'est la suite à pique *(war so thaï son)* et ainsi de suite. Mais le boka semble passer de mode auprès des jeunes, qui lui préfèrent les frissons du ***poker.***

– ***Romi :*** encore des cartes, mais on joue avec 2 paquets de 54 cartes, et il faut au moins 6 personnes. On a chacun 10 cartes. Nous n'avions plus de monnaie pour essayer de comprendre les règles, et nous tenions à notre short !

ÎLE RODRIGUES UTILE

AVANT LE DÉPART

– Les ***formalités d'accès*** et de douane, ainsi que les adresses utiles sont identiques à celles de l'île Maurice.
– ***Attention,*** les boissons achetées en *duty free* au départ de la France peuvent être confisquées à Maurice, sauf si vous récupérez vos bagages à l'aéroport avant de les réenregistrer pour Rodrigues (tout dépend des compagnies). Dans ce cas, mettez vos achats dans votre valise avant de poursuivre vers Rodrigues, mais gare au poids (pas plus de 15 kg !).

ARGENT, BANQUES, CHANGE

Les banques se trouvent à Port Mathurin et à l'aéroport. Elles ouvrent du lundi au jeudi de 9h à 15h, le vendredi jusqu'à 16h et ferment le week-end. Toutes disposent de distributeurs automatiques pour cartes internationales. Seuls les grands hôtels et quelques restaurants acceptent ce moyen de paiement.

ACHATS

Vous ne vous ruinerez pas. Si vous êtes amateur, achetez des ***piments*** et autres ***achards,*** préparés avec du *limon.* Ne manquez pas non plus le ***miel.*** Il est excellent et c'est une vraie spécialité locale. La ***vannerie*** est également remarquable, en particulier les chapeaux, réalisés avec les feuilles de vacoa ou de vétiver. Légers et très bon marché, ils adoptent toutes sortes de formes. Également de charmants paniers en aloès. On peut s'en procurer au marché du samedi à Port Mathurin ou aller directement à l'atelier des célèbres *Frères Léopold* (voir « Au cœur de l'île. Achats »).

BUDGET

Le plus cher est évidemment le transport de Maurice à Rodrigues, car une fois sur place, la vie est relativement bon marché. Le plus économique étant bien sûr de loger chez l'habitant, en chambres d'hôtes ou en gîtes. Dans les adresses bon marché, on vous facturera parfois un supplément pour la clim. Attention, de nombreux hôtels rendent la demi-pension obligatoire.
À noter qu'en fonction de la fluctuation de la roupie mauricienne (pourtant minime), plusieurs hôteliers préfèrent communiquer leurs prix en euros.
Hébergement, sur une base de 2 personnes, avec le petit déjeuner :
– ***Bon marché :*** moins de 1 000 Rs (22 €).
– ***Prix modérés :*** 1 000-2 000 Rs (22-44 €).
– ***Prix moyens :*** 2 000-3 500 Rs (44-78 €).
– ***Chic :*** 3 500-5 000 Rs (78-111 €).
– ***Plus chic :*** plus de 5 000 Rs (111 €).
Les ***restaurants,*** sur la base d'un plat :
– ***Bon marché :*** moins de 300 Rs (6,50 €).
– ***Prix moyens :*** 300-600 Rs (6,50-13 €).
– ***Chic :*** 600-900 Rs (13-20 €).
Si les fruits de mer font grimper l'addition, les *mine* et *riz frits* la rendent très abordable.

CLIMAT

Comme pour Maurice, les saisons sont inversées par rapport à notre hémisphère. De novembre à avril, la température oscille entre 29 et 32 °C. De mai à octobre, de 15 à 29 °C. Quant à l'eau, sa température ne descend jamais en dessous de 23 °C. Le climat est nettement plus sec qu'à Maurice, surtout de septembre à novembre. Les cyclones, entre novembre et avril, sont plus fréquents qu'à Maurice et parfois très violents. Les Rodriguais n'ont pas oublié le cyclone Kalundé qui, en mars 2003, avec des vents soufflant jusqu'à 215 km/h, avait totalement sinistré l'île. En février 2019, Gelena a sévèrement frappé Rodrigues, suivi 1 mois plus tard par Joaninha. Un début d'année difficile pour les habitants dont les cultures avaient été quasi anéanties, le réseau électrique très endommagé et quelques maisons détruites.

HÉBERGEMENT

Si les complexes hôteliers vous rebutent, bienvenue à Rodrigues où ce type d'hébergements se compte sur les doigts d'une main ! Plus nombreux sont les chambres d'hôtes, les gîtes et maisons à louer. N'hésitez pas à demander le maximum de détails avant d'effectuer vos réservations.
Attention, ***il n'y a pas d'eau courante à Rodrigues.*** Chaque logement doit remplir sa citerne. Il est donc important de rationaliser sa consommation.
Pour vous aider à choisir, voici quelques points de repère.
– ***Les hôtels,*** toujours de faible capacité comme on l'a vu, imposent parfois la demi-pension.
– ***Les maisons à louer*** se composent en général de 2 ou 3 chambres et offrent un bon rapport qualité-prix. Idéal pour ceux qui recherchent plus d'indépendance, les proprios n'habitant pas sur place. Attention toutefois à certains proprios qui voient dans ce concept une bien belle aubaine et proposent tout et n'importe quoi. Peu de confort, éventuellement une vue sur la mer (attention, elle peut n'être que partielle) et côté charme, on repassera. C'est pourquoi les instances touristiques de l'île ont décidé d'y mettre de l'ordre en instaurant des contrôles et agréments stricts en vue d'une labellisation officielle. Alors, en attendant, le prix et/ou la situation ne suffisent pas toujours. De même que la clim, par grosse chaleur, n'est pas un luxe superflu.
– ***Les chambres d'hôtes*** permettent une relation directe avec les propriétaires, qui logent au même endroit. Le petit déj est toujours compris, le dîner est souvent proposé. Mais s'il n'est pas à la hauteur de vos attentes, dans ce cas, vous seriez coincé pour le reste de votre séjour. Mieux vaut le réserver ponctuellement, quitte à renouveler l'expérience si elle est concluante et tester les petits restos alentour.
– ***Les gîtes*** offrent un compromis : ils procurent à la fois une certaine indépendance (cuisine et salle à manger) et un contact avec les loueurs, qui habitent en général une partie de la maison ou à proximité. Ils proposent souvent la table d'hôtes.
– Notez que le ***camping,*** sans être formellement interdit, ne se pratique pas sur l'île.

HORAIRES

D'après un dicton local : « À Rodrigues, on y va doucement le matin, pas trop vite l'après-midi et tranquillement le soir. » Voilà qui donne une idée de l'étendue des horaires d'ouverture et de leur respect. Enfin, n'exagérons rien : en principe, bureaux et *boutiks* ouvrent du lundi au vendredi entre 8h et 9h jusqu'à 16h (parfois 17h), le samedi jusqu'à 14h, et sont fermés le dimanche. Horaires souples dans les

petites épiceries de villages, qui peuvent fermer à 19h et même ouvrir le dimanche matin. Si vous avez des courses à faire, un conseil : adoptez le rythme de la population et faites-les tôt, car après 15h, c'est sieste pour tout le monde !
Par ailleurs, les repas se prennent tôt. Il n'est pas rare que les Rodriguais déjeunent avant midi ; dans les restos, les horaires de service sont entre les nôtres et ceux de la Grande-Bretagne.

LANGUE

Le créole. Encore le créole. Et toujours le créole. Cela dit, la plupart des Rodriguais communiqueront volontiers avec vous en français. Voir la rubrique « Langues » dans « Île Maurice utile ».

TÉLÉPHONE

- ***France → Rodrigues :*** composez le 00-230, suivi du numéro de votre correspondant.
- ***Rodrigues → France :*** composez le 020-33, suivi du numéro de votre correspondant sans le 0 initial.

Le réseau des portables est couvert par *Mauritius Telecom* et *Emtel.* Il peut être intéressant d'acheter une carte SIM locale et de l'insérer dans son téléphone préalablement débloqué. Lire à ce sujet les infos dans la rubrique homologue de la partie consacrée à Maurice. Attention, parfois les SMS ne passent pas vers les opérateurs français ; mieux vaut faire un test au préalable.
Les numéros de portables commencent par le « 5 ».

TRANSPORTS INTÉRIEURS

Le réseau routier est globalement très bon, mais compte tenu du relief, prévoyez du temps sur certains trajets. Pour vous donner une idée, la vitesse est limitée à 50 km/h sur l'île, à 35 km/h à Port Mathurin et dans les villages. Quoi qu'il en soit, partout, la prudence est de rigueur, car la route, souvent étroite, n'appartient pas qu'aux automobilistes : jeunes enfants, marcheurs (nombreux), cyclistes et animaux peuvent surgir sans crier gare. On est à la campagne !

- ***En taxi,*** le trajet le plus long, entre l'aéroport et Pointe Coton, coûte environ 800 Rs de jour (1 000 Rs de nuit). Mais tout dépend du prix de l'essence !
- Peu de passages piétons à Port Mathurin, ils sont inexistants ailleurs : ***piétons, prudence !*** Bien regarder avant de traverser. Pourtant, les Rodriguais marchent énormément, utilisent les bus (fréquence relative selon les destinations) et font du stop. Ça fonctionne très bien sur les grands axes. Attention, il est interdit de monter sur la plage arrière d'un pick-up, même si tout le monde le fait.
- ***En bus :*** la gare routière se situe à l'entrée de Port Mathurin en venant d'Anse aux Anglais *(plan Port Mathurin, B1).* Tickets environ 25-35 Rs. Les bus appartiennent à des propriétaires, non à une compagnie, et portent des noms inversement proportionnels à leur rapidité : « Concorde », « Super Force », « Super Copter Tours », « Aigle de route », « King of the Road »... Parfois plus tendres : « Soleil de l'Est », « Prince of Love » !

Ils circulent en principe entre 6h et 18h (dernier départ des différents villages officiellement vers 18h, mais dans les faits, aléatoires après 16h30), toutes les 20 à 30 mn et desservent les principaux points de l'île. Attention, le dimanche, les bus sont moins nombreux.
Notez que les panneaux en tissu à l'avant et à l'arrière indiquent le terminus. Ceux qui mentionnent « School », « Garage » ou « Special Route » ne prennent pas de passagers.

– ***Location de voitures :*** plusieurs agences, mais les hôtels et même certaines chambres d'hôtes s'en chargent également. Il faut avoir 23 ans minimum. Un seul mot d'ordre : choisissez une voiture confortable, du style Isuzu, Ford Ranger, Nissan ou Toyota qui passent partout sans problème (certaines pistes sont en mauvais état). Compter à partir de 1 300 Rs la location à la journée d'une petite voiture (plus cher en principe dans les hôtels). Une voiture avec chauffeur revient à environ 3 200 Rs/j.

– ***Location de motos et scooters :*** plusieurs agences en louent (les mêmes que celles qui louent des voitures). Elles demandent un permis A+ pour un scooter et une moto 125 cc (inclus sur le permis français selon l'année de passage). Pas de souci particulier, hormis la conduite à gauche qu'il faut apprivoiser. Attention, toutefois, en saison, à la bonne averse aussi tropicale que soudaine qui peut mettre à mal votre petite virée. Soyez prudent. Le port du casque est obligatoire.

L'ÎLE RODRIGUES

• Cartes *p. 8-9, p. 250-251*

« Il y a ici une impression de lenteur, d'éloignement, d'étrangeté au monde des hommes ordinaires […] et qui fait penser à l'éternité, à l'infini. »

J.-M. G. Le Clézio

Arrivée à l'aéroport

✈ ***L'aéroport Plaine Corail :*** *situé à…* ***Plaine Corail,*** *au sud-ouest de l'île, loin de tt.* Petit mais bien équipé : *duty free,* distributeur de billets, banque *SBM* – ouverte à chaque départ ou arrivée de vol – où vous pourrez faire du change (même taux qu'en ville). Attention, pas de loueurs de voitures sur place. Louez avant d'arriver et on vous livrera le véhicule à l'aéroport.

➢ Un ***bus*** effectue la navette avec la gare routière de Port Mathurin, mais attention, le dernier part vers 16h30, à 100 m du parking après la sortie, à côté de la station de police. Il y a officiellement 2 autres bus (vers 17h et 17h30), mais liaisons aléatoires. Compter env 1h. Ceux qui ne séjournent pas à Port Mathurin doivent descendre à Mont Lubin, au cœur de l'île ; de là, correspondance pour tous les villages de l'île.

➢ Également quelques ***taxis*** parfois stationnés à droite en sortant de l'aéroport. Mais il est préférable d'avoir réservé à l'avance, soit via son hébergement, soit via une agence (voir les adresses à Port Mathurin). Compter environ 800-1 000 Rs de jour entre l'aéroport et Port Mathurin, Pointe Coton ou Anse Mourouk, 1 000-1 200 Rs de nuit. Attention aux faux taxis (surtout présents le soir), qui n'hésitent pas à demander le double du tarif normal. On les reconnaît à leur emplacement : ils ne stationnent pas sur les places des taxis officiels.

➢ Sinon, certains hébergements peuvent aussi s'occuper du ***transfert.*** Se renseigner au moment de la résa.

|●| À noter : 2 ***snacks*** (l'un au niveau des arrivées et l'autre aux départs), pratiques et bon marché.

AU NORD DE L'ÎLE

De la baie du Nord à Rivière Banane, la route se fraie un chemin sinueux le long de la côte, au bord de la mangrove, jusqu'à Baie aux Huîtres et Port Mathurin, la nonchalante capitale aux allures de bourg animé. Juste après, c'est du côté d'Anse aux Anglais, de Caverne Provert et de Jeantac que l'on trouve la plupart des hébergements. Des villages tout simples qui se succèdent jusqu'au delta aride de Grand Baie, dans un paysage d'une âpreté énigmatique. N'est-ce pas sur ces terres à la beauté minérale que le corsaire Le Vasseur, alias « la Buse », avait caché son fameux trésor ?

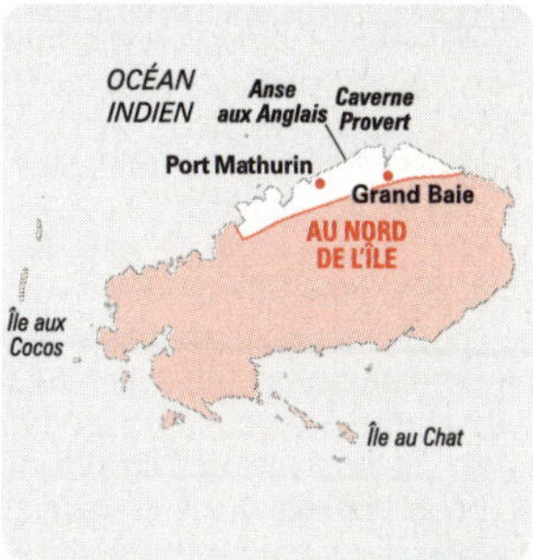

PORT MATHURIN

• Plan p. 245

Située au nord, il s'agit de la capitale et du seul port de l'île. Son nom vient d'un colon français, Mathurin Bréhinier, 1er habitant de la région. Oh, rien de fracassant ici, mais c'est incontestablement l'endroit le plus animé de Rodrigues. C'est là que se trouvent tous les services administratifs, les banques, le grand marché du samedi matin (et réduit le mercredi), la plus forte concentration de restos (au moins 6 !) et un nombre incalculable de *boutiks*-quincailleries-épiceries qui s'égrènent le long des quelques rues coupées à angle droit. En un mot, la capitale représente le summum de l'animation rodriguaise. Évitez, en revanche, d'y venir le dimanche, quasiment tout est fermé. Une halte sympathique, qui constitue un bon point de départ pour découvrir l'île.

Adresses et infos utiles

Services

Office de tourisme *(plan B1)* **:** *rue de la Solidarité. ☎ 832-08-66 et 67. • info@rodriguestourismoffice.org • Lun-ven 8h-16h, sam 8h-12h. Fermé dim.* Dans une jolie maison traditionnelle avec varangue. Petite expo sur la faune et la flore, quelques brochures sur les activités de l'île et vente d'une carte de Rodrigues.
– ***Zone wifi*** devant l'office de tourisme.
– ***Application à télécharger :*** *Discover Rodrigues*, une application officielle qui liste les hébergements, les manifestations et les infos pratiques (banques, transports...), tout pour faciliter le séjour sur l'île.

■ ***Alliance française*** *(hors plan par B1)* **:** ***Pointe Canon.*** *☎ 831-12-52. • af_rodrigues@yahoo.fr • facebook.com/alliancefrancaiserodrigues • Au-dessus de la gare routière de Port Mathurin. Le bâtiment ressemble à une église. Lun-ven 9h-12h, 13h-16h ; sam (sauf vac scol) 9h-13h.* L'Alliance offre aux artistes locaux un lieu d'expression et propose de nombreuses activités : projection de films, expositions permanente et temporaire... Et plusieurs activités destinées aux écoliers rodriguais. Dynamique et sympa.

Argent

■ ***Banques et change :*** ***State Bank*** *(lun-jeu 9h-15h, ven 9h-16h) et* ***Mauritius Commercial Bank*** *(MCB ; lun-jeu 9h-15h15, ven 9h-17h), se trouvent rue Max-Lucchesi (plan A2,* ***1****).* ***Absa*** *(plan B1,* ***2****), à l'angle de la rue Paul-Élysée et de la rue de la Solidarité. Lun-jeu 9h-15h30, ven 9h-16h.* Distributeurs automatiques à l'extérieur de chaque banque. À noter que le montant maximum du retrait à la *MCB* s'élève à 10 000 Rs/j., à l'*Absa* à 40 000 Rs. Taux de change à peu près identique partout.

Santé

Hôpital Queen Elizabeth *(hors plan par B1)* **:** *à* ***Crève-Cœur.*** *☎ 832-15-00.* Le seul véritable hôpital de l'île. En cas de problème sérieux, préférez un rapatriement vers Maurice ou La Réunion.

■ ***Pharmacies :*** ***pharmacie de Port Mathurin*** *(plan B1,* ***3****), rue Johnston. ☎ 831-22-79. Tlj 7h30-16h30 (15h sam, 12h dim). Également la* ***pharmacie D'Arcy*** *(plan A1,* ***4****), rue Mamzelle-Julia, entre les rues de la Solidarité et François-Leguat. ☎ 832-14-28. Lun-sam 7h30-16h15, dim 7h30-12h.*

PORT MATHURIN

Adresses utiles

- Office de tourisme (B1)
- **1** State Bank et Mauritius Commercial Bank (A2)
- **2** Absa (B1)
- **3** Pharmacie (B1)
- **4** Pharmacie D'Arcy (A1)
- **5** Patriko et Gariko (B1)
- **6** Rodrigues Friendly (A2)
- **7** Glover Coiffure (B1)

Où dormir ?

- **10** Mr Garrick (B2)
- **12** Escale Vacances (hors plan par B2)

Où manger ? Où déguster de bons gâteaux ?

- **6** Rodrigues Friendly Café (A2)
- **7** Manzé Lakaz (B1)
- **20** Chez Bradley (hors plan par B1)
- **21** Jameelah Snack (Chez Nabil ; A2)
- **22** Boulangerie Loul & Co (B2)
- **23** Kristie's (B1)
- **24** Le Gourmet (A2)
- **25** Kafe Rose (hors plan par B2)
- **26** Chez Philippe et Atelier Gourmand (B1)
- **27** Chez Berno (A2)
- **28** Ti Rozo (A-B2)
- **29** Le Pêcheur du Nord (B1)

Achats

- **40** Coco Zone (B1)
- **42** Joli Store (A1)
- **43** La Compagnie des Artisans (B1)

Transports

■ ***Location de voitures :*** ***2000 Tours*** *(5765-21-00 ; ● rodrigues-2000tours.com ●) ;* ***MFR Co Ltd*** *(5875-72-78 ; ● mfrcoltd23@gmail.com ●), ainsi qu'auprès des agences de voyages citées plus loin,* ***Patriko et Gariko*** *et* ***Ludovic Tours.*** Tous ces loueurs peuvent mettre votre véhicule à disposition à l'aéroport. Le plus souvent, il s'agit d'un pick-up (ou d'un SUV), plus adapté au réseau routier secondaire constitué de pistes.

Stations-service (plan A2) : *il n'y a que 3 pompes sur l'île, ouv tlj 6h-19h (15h dim et j. fériés). Une* ***à Port Mathurin*** *(plan A2), presque face au poste de police, à droite avt le pont. Une autre* ***à Mont Lubin,*** *dans le cœur de l'île. Et une 3e* ***à Grand La Fourche Corail,*** *village à proximité de l'aéroport.*

Taxis : assez nombreux (mais pas toujours disponibles !), il y a une station au terminal de bus.

Agences de voyages

Si votre hôtel ou votre proprio n'organise pas lui-même les excursions (ce qui est rare !), vous n'aurez aucun mal à trouver une agence. En voici une petite sélection.

■ ***Ludovic Tours :*** *☎ 832-06-30. • ludovictours@intnet.mu •* Cette petite agence, qui n'a pas pignon sur rue, organise avec sérieux transferts, sorties à l'île aux Cocos, à l'île au Chat ou à l'île Hermitage, ainsi que des excursions à la carte à travers Rodrigues. Loue voitures et scooters.

■ ***Patriko et Gariko*** *(plan B1,* ***5****) : rue François-Leguat, au rdc du resto Atelier Gourmand. 5875-25-75. • gitepatriko.wordpress.com • Tlj sauf dim 8h-16h (12h sam).* Petite agence qui organise des tours de l'île en minibus, des sorties à l'île aux Cocos et des excursions à la journée pour individuels, en voiture avec chauffeur. Sérieux et sympathique. Loue également des voitures.

■ ***Rodrigues Friendly*** *(plan A2,* ***6****) : rens au café situé à l'angle des rues Père-Gandy et François-Leguat (voir plus loin « Où manger ? »). 5498-00-10. • rodriguesfriendly.com •* L'agence propose des sorties rando, en mer, de la pêche traditionnelle, ainsi que des excursions thématiques autour de la géologie (incluant une visite de Port Mathurin), du terroir ou des savoir-faire rodriguais en participant à plusieurs activités. Des tours originaux, à la rencontre des habitants.

Divers

■ ***Glover Coiffure*** *(plan B1,* ***7****) : au fond de la gare routière, au rdc d'un bâtiment vert anis. Tlj sauf dim 8h30-16h. Prix locaux.* Le samedi (surtout à la fin du mois), les femmes font la queue devant le salon. Les hommes viennent se faire rafraîchir la coupe et se faire raser. Un incontournable de la vie rodriguaise.

Où dormir à Port-Mathurin et dans les environs ?

De prix modérés à prix moyens (1 000-3 500 Rs / 22-78 €)

Mr Garrick *(plan B2,* ***10****) : dans une impasse donnant sur la rue Johnston. 5875-25-75. Double 1 000 Rs avec kitchenette (mais sans petit déj). Résa conseillée.* Bien situé, à 2 pas du centre et au calme. Prix plancher pour ces chambres indépendantes ou dans un appartement, simples, ventilées naturellement (pas de clim). Loue aussi à Saint-François (Anse Ally) un excellent gîte avec vue extra (voir plus loin « À l'est et au sud de l'île »).

La Cabane d'Été *(carte Île Rodrigues,* ***11****) : à* ***Baie Malgache,*** *à env 7 km à l'ouest de Port Mathurin, sur la rte côtière. 5875-67-77. • lacabane@intnet.mu • Compter 3 000 Rs, petit déj compris.* Voici une adresse intime pour amoureux de tranquillité. Dans le joli jardin des sympathiques propriétaires, à côté de leur maison, une petite bâtisse récente de 2 chambres l'une au-dessus de l'autre, chacune dotée d'une terrasse avec vue superbe sur la mangrove, le lagon et l'île aux Cocos, idyllique au coucher du soleil, surtout pour celle de l'étage. Elles peuvent accueillir 3-4 personnes. Déco simple et fraîche, bon confort et accueil aussi soigné que le reste.

Possibilité de se faire livrer ses repas, ou de faire sa popote dans la cuisine commune. Sinon, resto à 300 m. Kayaks à dispo. Un seul bémol à ce petit nid douillet : pas de baignade devant (mangrove), mais plage à quelques minutes.

Plus chic (plus de 5 000 Rs / 111 €)

Escale Vacances *(hors plan par B2, **12**) : Fond la Digue, Port Mathurin. ☎ 831-25-55. • escalevacances.com • À 5 mn à pied du centre. Double env 140 €, petit déj inclus. ½ pens possible.* Petit hôtel de charme à l'architecture semi-créole, en plein quartier résidentiel, au calme et noyé dans la végétation. Hall élégant, belles chambres spacieuses, lumineuses et confortables (clim, frigo). Jolie piscine au pied d'une colline. Évidemment, pas de plage à proximité. Accueil vraiment aux petits oignons, tout comme la cuisine, fraîche et savoureuse. Une halte bien agréable pour ceux qui veulent être en ville.

Où manger ? Où déguster de bons gâteaux ?

À Port Mathurin, on ne trouve plus qu'un seul vieux troquet à matelots typique, chez *Mme Marcel,* sur la rue Harmensen face au débarcadère. Les Rodriguais viennent boire un verre au comptoir tout en grignotant des *gadjacks* (amuse-gueules du style poisson), poulet ou foie frits aux oignons, saucisses chinoises et porc au miel. Pittoresque. ***Rappel, quasi tout est fermé le dimanche.***

Sur le pouce

Chez Bradley *(hors plan par B1, **20**) : à **Pointe Canon.** 5704-04-74. Au-dessus de la gare routière de Port Mathurin, direction Mont Lubin, côté gauche en montant (parking en face avec beau point de vue sur le lagon). Tlj 9h-19h30 (16h dim). À emporter.* On y mange parmi les meilleures saucisses grillées de l'île, faites maison et à base de porc acheté chez les éleveurs du coin. On peut aussi tenter les saucisses chinoises, légèrement sucrées.

Jameelah Snack *(Chez Nabil ; plan A2, **21**) : tlj sauf dim, seulement le midi. À emporter.* Une petite gargote réputée cette fois pour son *biryani* (poulet, bœuf ou poisson).

Boulangerie Loul & Co *(plan B2, **22**) : rue Fatehmamode. Lun-jeu 4h30-16h30 ; ven 4h-12h20, 13h20-16h30 ; sam 4h30-14h ; dim 4h-11h.* On y trouve des sablés, tartes aux bananes et autres délices aux noms évocateurs : biscuits trois-doigts (au beurre), puits d'amour, *boudoutes* (au caramel) et autres choux à la crème.

Kristie's *(plan B1, **23**) : à l'angle des rues Barclay et François-Leguat. Tlj sauf dim 9h-14h30.* Juste un comptoir en hauteur donnant sur la rue où l'on commande brioches tressées, tartelettes, croissants et cheese-cakes.

Bon marché (moins de 300 Rs / 6,50 €)

Le Gourmet *(plan A2, **24**) : rue François-Leguat. 5980-37-16. Tlj sauf dim 10h-16h30.* Porc au miel, calamar croustillant, cari d'ourite... La petite ardoise annonce les plats du jour, toujours bien frais. Très populaire.

Manzé Lakaz *(plan B1, **7**) : tt au bout du terminal des bus, à gauche de Glover Coiffure. Tlj, jusqu'à 15h. Si la porte est fermée, ne pas hésiter à frapper ou à faire le tour.* Un petit resto traditionnel bien propre sur lui, où l'on est sûr de goûter de bons plats typiques à base de produits locaux, tels que *le coq la cour* (élevé en liberté, pardi !) ou le cari d'agneau, quasi introuvable ailleurs. Quelques plats végétariens aussi. Tout n'est pas affiché, ne pas hésiter à demander ce qu'il y a.

Kafe Rose *(hors plan par B2,* ***25****) : à côté de l'hôtel Escale Vacances, à 5 mn à pied du centre. 5875-05-34. Tlj sauf dim 8h30-16h30 (15h30 sam).* On aime bien cette petite adresse différente des autres, avec sa mignonne petite salle pimpante, où l'on s'installe autour de la grande table à partager. Également une terrasse de poche ou un petit bout de jardin. Un lieu paisible pour avaler une salade, un sandwich, des rouleaux de printemps, un plat du jour, ou simplement un bon café italien ou un jus de fruits de saison accompagné d'une pâtisserie. Tout est fait sur place. Accueil jeune et dynamique.

Chez Philippe *(plan B1,* ***26****) : pl. François-Leguat, à côté de Patriko et de l'Atelier Gourmand. Tlj sauf dim, le midi seulement.* Un kiosque qui vend du porc et du poulet rôtis que l'on peut manger sans chichis sur la petite terrasse recouverte d'une bâche.

Rodrigues Friendly Café *(plan A2,* ***6****) : à l'angle des rues Père-Gandy et François-Leguat. 5498-00-10. Lun et mer-ven 9h-16h, mar 9h-13h30, sam 8h30-13h30. Fermé dim.* Un havre de paix et pour cause, il s'agit de l'ancien presbytère de Port Mathurin. On s'installe dans l'agréable jardin, sous la varangue, ou dans la jolie petite salle avec coin canapé. Au menu, quiches, plats (qui changent tous les jours) et gâteaux. Impeccable aussi le temps d'une pause café (prix parisiens), crêpes ou glaces. C'est aussi une agence de voyages (lire plus haut).

Chez Berno *(plan A2,* ***27****) : rue Max-Lucchesi, à l'étage ; accès par des escaliers entre 2 bâtiments (panneau discret). 5775-07-10. Tlj sauf lun 10h30-14h, 18h30-21h.* Une adresse prisée des Rodriguais, notamment en famille, qui y trouvent aussi bien une cuisine traditionnelle que des plats internationaux, type steak-frites. Service dans une salle impersonnelle ou sur le balcon. Simple et pas cher.

Prix moyens (300-600 Rs / 6,50-13 €)

Atelier Gourmand *(plan B1,* ***26****) : pl. François-Leguat, au-dessus de Patriko. ☎ 831-05-41. 5496-07-14. Midi et soir, tlj sauf mer et dim.* En salle ou sur le balcon-terrasse (bien agréable), on s'attable devant une cuisine de bistrot métissée, inventive et à base de produits locaux. Belle carte des vins.

Ti Rozo *(plan A-B2,* ***28****) : rue Victoria (angle Père-Gandy). ☎ 832-15-86. Tlj sauf jeu soir et dim, 10h-15h, 18h-22h.* Bonne cuisine locale, servie dans une petite case créole toute jaune et joliment aménagée, ou dans le jardin. Large choix, mais la spécialité est le porc sauce rouge, accompagné de riz rouge et d'algues, une recette sino-créole excellente... servie avec le sourire. Très bon rapport qualité-prix-accueil.

Le Pêcheur du Nord *(plan B1,* ***29****) : rue François-Leguat, à l'entrée de Port Mathurin, au niveau du petit pont. 5822-21-27. Tlj 10h30-14h15, 18h-21h15. Pas (encore) de licence d'alcool, mais on peut apporter sa bouteille.* Belle terrasse couverte à l'étage pour ce resto spécialisé dans les fruits de mer. Les salades sont originales, servies dans des coquillages, le poisson et le gratin de fruits de mer délicieux. Le menu change tous les jours, en fonction du marché et de la pêche. Service pro.

Où danser ?

Le Cocotier *: à Camp du Roi. 5875-92-93.* Le dimanche, il y en a pour tous les goûts : de 13h à 17h, les danses traditionnelles au rythme de l'accordéon se retrouvent à l'honneur ; de 17h à 19h, place à la musique des années 1960-1970, puis c'est au tour d'un son plus actuel jusqu'à 22h. Joyeux, intergénérationnel et dépaysant à souhait.

Achats

Marché *(plan B1)* **:** *à l'entrée de la ville, sur la droite après le pont. Tlj 5h-15h, mais le grand marché a lieu sam 5h-14h. Sous la halle, vente de fruits et légumes.* Au coude à coude, les « jardinières » viennent des 4 coins de l'île vendre 3 seaux de tomates et un cageot de *limons.* Également vente de pots de piments et d'achards, de tourtes. Privilégier les fruits locaux type caramboles, papayes, bananes, pastèques... produits sans pesticides, ce qui n'est pas forcément le cas des pommes, oranges, raisins et prunes, importés d'Afrique du Sud. Le fameux miel de Rodrigues (notamment à l'eucalyptus) est bien souvent du sirop de sucre. Également de la vannerie en vacoa, parfois décorée de tissus. En revanche, la vannerie de couleur avec les anses en cuir est la plupart du temps importée de Maurice ou de Madagascar.

Coco Zone *(plan B1,* ***40****)* **:** *rue Johnston. 5752-47-12. Tlj sauf dim 8h-16h (12h sam).* Comme à la boutique de l'atelier *Careco* (se reporter à la rubrique « À voir. À faire »), on y trouve de jolis petits souvenirs en noix de coco (colliers, bracelets, bougeoirs, etc.). Et bien sûr leur fameux miel *Lacaz,* le seul miel de Rodrigues à avoir été primé. Malheureusement, il est récolté en bien moindre quantité ces derniers temps, en partie du fait de la sécheresse.

Joli Store *(plan A1,* ***42****)* **:** *rue Mamzelle-Julia. Lun-ven 8h30-16h, jusqu'à 13h sam et 12h dim.* Outre des CD de séga d'artistes rodriguais et mauriciens, on y déniche tout et n'importe quoi dans un bric-à-brac monumental. Une curiosité !

La Compagnie des Artisans *(plan B1,* ***43****)* **:** *rue François-Leguat. ☎ 832-12-92. Tlj sauf dim 9h-15h (12h sam).* Pochettes et sacs en jute, aloès ou vacoa, chapeaux en vétiver, des doudous pour les petits, ainsi que du miel *Victoria.* Tout est fabriqué sur l'île.

À voir. À faire

Le moment privilégié pour visiter la « capitale » : le ***samedi matin,*** pour le marché (voir « Achats »). Les autres jours, on flânera avec plaisir au gré des 4 rues de ce gros village. Mais après 16h, la ville sombre dans une douce léthargie. Quant au samedi après-midi et au dimanche, les rues sont quasi désertes !

Voir en particulier le ***carrefour rue François-Leguat et rue Mamzelle-Julia,*** avec une charmante église de village et quelques vieux magasins en bois qui regorgent de marchandises hétéroclites.

La Résidence *(plan B1)* **:** *rue de la Solidarité, en face de l'office de tourisme ; repérer le vieux canon devant. Jardins accessibles tlj sauf ven 7h-17h.* Belle bâtisse en bois de 1873 et ancienne demeure des gouverneurs de l'île, où sont organisées des réceptions officielles.

Careco *(plan A2)* **:** *à Camp du Roi, quartier à l'ouest de Port Mathurin. ☎ 831-17-66. Lun-ven 8h-16h, mais venir plutôt le mat (le sam, boutique ouv 8h-12h).* Cette association forme chaque année une trentaine d'enfants handicapés, rémunérés pour leur travail. Ils choisissent entre différents secteurs, dont le plus important est consacré à l'apiculture. On y produit un superbe miel, dont la production a aujourd'hui beaucoup diminué, notamment en raison du changement climatique. Petit département menuiserie (chargé de confectionner les ruches) et de l'artisanat en noix de coco, fin et délicat, comme des pendentifs et de petits bibelots pittoresques. Tous ces objets sont vendus dans la petite boutique de l'atelier ou dans celle de la rue Johnston, en centre-ville (voir ci-avant *Coco Zone* dans « Achats »).

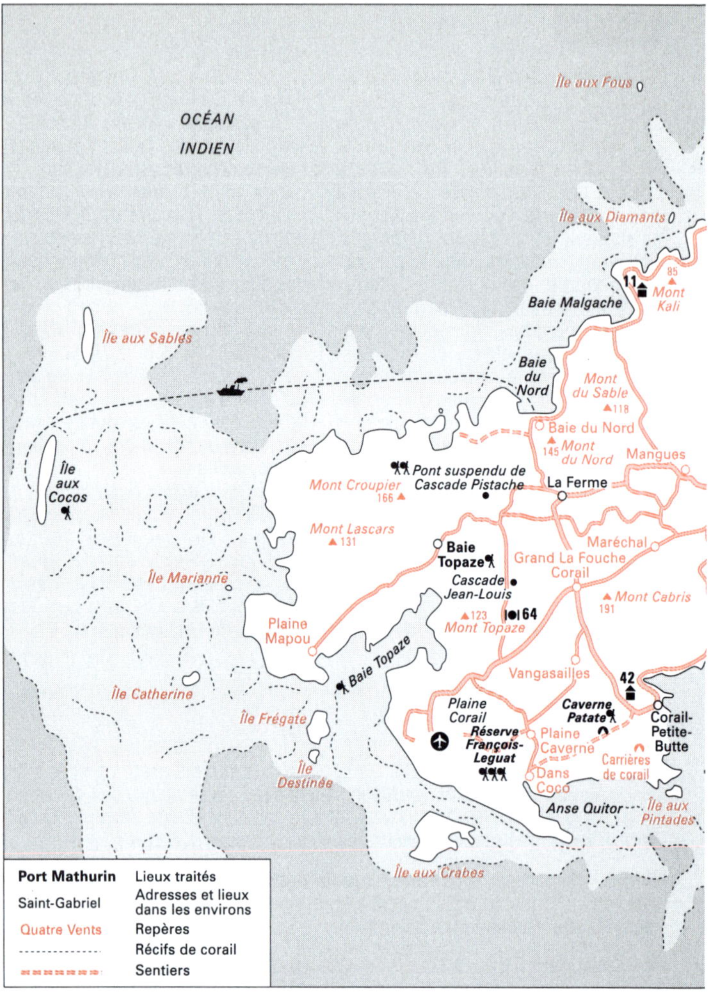

Où dormir ? Où manger ?

- **11** La Cabane d'Été
- **13** Auberge Anse aux Anglais, Villa Mon Trésor et Ti Pavillon
- **14** Le Limonier
- **16** Résidence Kono Kono
- **17** Auberge du Lagon Bleu
- **18** Chez Claude et Benet Augustin et Le Domaine de la Paix
- **19** Le Dahlia
- **20** Le Bénitier
- **21** Chez Monette et Gérard Édouard, Gîte Bellevue
- **22** Le Ravenal
- **23** Résidence Foulsafat, chez Antoinette et Benoît Jolicœur
- **24** La Collinière
- **25** Entre Terre et Montagne et Au Temps d'Antan
- **26** Gîtes Patriko
- **27** Le Macoua, chambres d'hôtes
- **28** Gîte Ronald et Piment Guesthouse, chez Marie-Ange et Tonio Collet
- **30** Case Corail
- **31** Chez Robert et Solange et Auberge Saint-François
- **32** Ti Graviers

L'ÎLE RODRIGUES

33 Kafé Marron, maison d'hôtes
34 Chez Diocèse et Ken
36 La Belle Rodriguaise
37 Résidence Pim-Pin
38 Bakwa Lodge
39 Hôtel Tekoma
40 Play Mourouk
41 Cotton Bay
42 Gîtes La Caverne, chez M. et Mme Prudence

Où manger ? Où déguster une pâtisserie ? Où boire un verre ?

13 Amelie's Patisserie
50 Sunset Beach Café et Le Marlin Bleu
51 Anse Totor Pizzeria
52 JR Snack
53 Billy Snack
54 Mengoz Snack
55 Caze Mama Paulina
56 Origin
57 Près de Mer
58 Chez Robert et Solange
59 Ho Aloha
60 Chez Mme La Rose
61 Chez Fibie
62 Basanio
63 Chez Dana
64 Chez Claudette

Achats

70 Les Frères Léopold
71 Miellerie Victoria
72 Havre Gourmand

ANSE AUX ANGLAIS

Ce village en bord de mer, à 1 km à l'est de Port Mathurin, concentre aujourd'hui une grande partie des ressources touristiques. En soirée, les snacks du front de mer apportent un peu d'animation. Et puis, s'installer sous les filaos au coucher du soleil, en compagnie des Rodriguais qui jouent aux cartes et aux dominos, reste un moment magique. Quant à son nom, l'anse le doit aux troupes anglaises débarquées en 1809.

LE BUTIN DE LA BUSE

Au XVIIIe s, le célèbre pirate Olivier Le Vasseur, dit La Buse, s'empara des incroyables richesses d'un vaisseau portugais. Arrêté en 1730, il lança depuis l'échafaud un étrange parchemin dans la foule, doté d'un cryptogramme, en s'écriant : « Mes trésors à qui saura comprendre ! » De quoi aiguiser l'appétit et l'imagination de nombre d'aventuriers, car jamais ce fabuleux trésor n'a été retrouvé. Parmi les lieux de cache possible, on a parlé d'Anse aux Anglais. C'est en tout cas ce que pensait le grand-père de Jean-Marie Le Clézio, qui consacra 30 ans de sa vie à cette inlassable quête, que l'écrivain raconte dans Le Chercheur d'or.

Où dormir ?

À 15 mn à pied de Port Mathurin, un endroit agréable en bord de mer, essentiellement résidentiel, donc très calme. La plupart des adresses se trouvent dans l'allée Laurestine-Augustin, perpendiculaire à la route principale, qui part du resto *La Plage.*

Prix moyens (2 000-3 500 Rs / 44-78 €)

Auberge Anse aux Anglais (carte Île Rodrigues, **13**) **:** *allée Laurestine-Augustin. ☎ 831-21-79. • rodriguesvacances-group.com • Double avec sdb et clim 3 200 Rs en ½ pens ; familiales.* Petite résidence familiale à l'ancienne mode, dont les chambres se répartissent autour d'une cour intérieure fleurie et d'une piscine grande comme un mouchoir de poche. Petite terrasse pour chacune. Sans chichis, une adresse fonctionnelle à l'atmosphère empreinte de décontraction, très fréquentée par les Mauriciens et les Réunionnais.

Villa Mon Trésor (carte Île Rodrigues, **13**) **:** *au bout de l'allée Laurestine-Augustin, prendre à gauche à la fourche, la maison est au début de la rue sur la droite. 📱 5875-69-10 (WhatsApp). • villamontresor@gmail.com • Double avec sdb et ventilo 3 200 Rs en ½ pens.* De vraies chambres d'hôtes, les proprios habitant sur place. Les invités se partagent des petites chambres simples (à l'étage ou au rez-de-chaussée), avec ventilo, frigo dans certaines, un salon de poche où trône un piano, une véranda pour l'apéro et les repas (très bons !), puis un jardin ombragé. Pas beaucoup d'intimité, mais une vraie convivialité due à un accueil sincère et chaleureux de Marie-Louise.

Ti Pavillon (carte Île Rodrigues, **13**) **:** *juste après Villa Mon Trésor. 📱 5875-07-07. • tipavillon@intnet.mu • Double 2 000 Rs ; studios et apparts pour 2 env 2 800-3 300 Rs. Pas de petit déj.* Dans un secteur résidentiel et calme, un ensemble de petites maisons imbriquées les unes dans les autres, aux chambres décorées sobrement et avec goût. Sol en béton ciré, bonne literie, équipement moderne, cuisine séparée. Grand balcon commun à l'étage, séparé par de petites cloisons, et terrasse au rez-de-chaussée. Également 2 chambres qui se partagent une cuisine extérieure et 2 petits studios un peu plus sombres, plus un appartement pour 3 personnes avec 2 chambres. Bon accueil des proprios qui habitent sur place.

MAISON À LOUER

Prix modérés (1 000-2 000 Rs / 22-44 €)

Le Limonier (carte Île Rodrigues, **14**) : *repérer la grande maison blanche sur la rte côtière face à l'hôtel* Les Cocotiers *(en bas de la côte). ☎ 831-16-53. 5877-39-35. Bungalow pour 2 env 1 000 Rs ; appart pour 2-6 pers env 1 800 Rs.* Jean-Louis loue une maison dans un style paquebot, composée de 2 appartements simples mais correctement équipés de 3 chambres chacun. Celui du rez-de-chaussée possède une cuisine et une terrasse ouverte sur le jardin (BBQ). Celui de l'étage, plus aéré (pas de clim), profite d'une vue sur la mer. Enfin, sur le terrain familial d'à côté, 2 bungalows mitoyens se composent d'une chambre double (ventilée), d'une cuisine et d'une terrasse. À 2 pas de la mer, voici une adresse dégageant un certain charme, à prix particulièrement intéressants, qu'on soit à 2 ou en petit groupe.

Où manger ? Où déguster une pâtisserie ?

Prix moyens (300-600 Rs / 6,50-13 €)

Sunset Beach Café (carte Île Rodrigues, **50**) : *gargote sur la plage. 5875-09-50. Tlj sauf lun.* Harry propose du poisson grillé, une salade d'ourite... sur place ou à emporter. Bonne ambiance avec les joueurs de dominos assis juste à côté. On peut même accompagner le patron à la pêche.

Anse Totor Pizzeria (carte Île Rodrigues, **51**) : *au tt début de la rte de Crève-Cœur, sur la droite. 5876-46-66. Tlj sauf lun 10h-15h, 17h-22h.* 2 tables dehors, un petit comptoir et une quarantaine de pizzas à la carte, proposées en 2 tailles, à consommer sur place ou à emporter. Les habitués apprécient la qualité constante. À tester également, le *grand paté* : demi-poisson salé, demi-ourite salé, un délice (mais prévoir la bouteille d'eau !).

Le Marlin Bleu (carte Île Rodrigues, **50**) : *en face de la plage et en bord de rte (passante). Tlj sauf mar, jusqu'à 22h.* Ce petit resto est plébiscité par les habitués qui s'attablent devant de bons petits plats locaux. Quelques tables en terrasse en bord de route. Toujours un peu de monde, ce qui fait du *Marlin Bleu* un petit pôle d'animation.

Amelie's Patisserie (carte Île Rodrigues, **13**) : *à l'*Auberge Les Filaos*, en face de l'*Auberge Anse aux Anglais *(lire plus haut). 5811-64-00. Tlj sauf mar 10h-17h.* Un petit comptoir pour commander un bon café, des gâteaux divins, une part de quiche ou carrément un plat type poisson ou poulet grillé avec frites et salade. Quelques tables à l'intérieur ou en terrasse. Parfait pour une pause goûter ou déjeuner.

Où dormir ? Où manger dans les environs ?

HÔTEL

Prix moyens (2 000-3 500 Rs / 44-78 €)

Résidence Kono Kono (carte Île Rodrigues, **16**) : *à* **Jeantac.** *☎ 831-07-59. • lekonokono.com • Double avec petit déj 2 600 Rs, clim incluse ; familiales. Compter 3 200 Rs pour 2 en ½ pens. Dîner (sur résa) 450-700 Rs (buffet ou menu). Piscine réservée aux résidents et clients du resto.* Voici un emplacement rêvé, presque pieds dans l'eau (plage de Grand Baie à 5 mn). Ces bungalows abritent une quinzaine de chambres spacieuses et bien équipées (clim, ventilo et frigo), toutes avec terrasse face à la mer. Préférez celles de l'étage qui ont la plus belle vue. Accueil gentil comme tout. Resto en terrasse au bord de la piscine.

GÎTES ET CHAMBRES D'HÔTES

Prix modérés (1 000-2 000 Rs / 22-44 €)

Auberge du Lagon Bleu *(carte Île Rodrigues,* ***17****)* ***:*** *à* ***Caverne Provert.*** *☎ 831-00-75. 📱 5499-44-42. Doubles env 1 250-1 400 Rs avec sdb et ventilo, petit déj compris. ½ pens possible.* Dans cette sympathique maison perchée au-dessus d'Anse aux Anglais, agrémentée d'une petite bande de pelouse sur le devant, Christophe propose 3 chambres (2 doubles et 1 triple) simples et un peu exiguës (idem pour les salles de bains). Mais elles profitent d'une vue enchanteresse sur l'océan. Christophe est artiste-peintre ; il expose ses toiles et ses paniers peints dans sa galerie à l'entrée de Port Mathurin (face au marché). Il peut aussi conseiller des prestataires pour les excursions et sorties en bateau.

Prix moyens (2 000-3 500 Rs / 44-78 €)

Chez Claude et Benet Augustin *(carte Île Rodrigues,* ***18****)* ***:*** *à* ***Terre Rouge.*** *☎ 831-00-33. 📱 5875-75-70. • chezclaudebenet@gmail.com • facebook.com/claude.augustin.14 • Double env 2 000 Rs, avec petit déj ; familiale. Table d'hôtes sur résa 850 Rs (ouv aux non-résidents). Min 3 nuits.* Cet adorable couple franco-rodriguais n'a rien laissé au hasard. Sur les hauteurs d'Anse aux Anglais, il propose à l'étage de sa maison 3 chambres coquettes (sol coloré typique, meubles cérusés, abat-jour en vacoa...), ceinturées par un balcon offrant une vue magnifique sur le village et la mer. Salles de bains privées (dont 2 sur le palier), moustiquaires (pas de clim). De quoi faire de beaux rêves, surtout après avoir goûté aux petits plats de Benet, lors d'un dîner sous la varangue. Car cet esthète de la gastronomie locale prend son temps pour mitonner ses spécialités avec la manière, ou plutôt avec amour et toujours avec le sourire. Bref, ils assurent le gîte, le couvert, mais aussi les activités : Benet propose des sorties en mer (pêche hors lagon, plongée en apnée sur son propre bateau) et Claude en connaît un rayon sur les randos. Elle pourra notamment vous conseiller les services de Milaineda, une guide très compétente *(📱 5877-44-64).* Comme des coqs en pâte !

Le Bénitier *(carte Île Rodrigues,* ***20****)* ***:*** *à* ***Grand Baie.*** *☎ 832-07-13. 📱 5875-57-00. • lebenitier@gmail.com • Doubles avec clim 3 600-4 000 Rs en ½ pens (obligatoire nov-janv).* Dans une région de l'île peu urbanisée, qu'on aime bien, à 5 mn à pied de la plage. Pas en bord de mer, mais qu'importe, cette vaste maison moderne possède un beau jardin clos avec fauteuils et canapés extérieurs pour lézarder, agrémenté d'une piscinette. Seulement 4 chambres avec terrasse, aux couleurs pimpantes, d'un très bon niveau de confort et parfaitement entretenues. Celles du rez-de-chaussée possèdent une kitchenette, celles de l'étage 2 grands lits, par exemple pour une famille. Accueil particulièrement chaleureux de Sonia et de Patrice. Si c'est complet, la cousine et la sœur de Sonia louent aussi des gîtes juste à côté.

Chez Monette et Gérard Édouard, Gîte Bellevue *(carte Île Rodrigues,* ***21****)* ***:*** *à* ***Crève-Cœur,*** *à 700 m au-dessus d'Anse aux Anglais. 📱 5875-45-14. • gitebellevue-rodrigues.com • À l'entrée de Crève-Cœur, sur la droite. Studio (pour 2-4 pers) 1 200 Rs/pers avec petit déj, ou 1 500 Rs en ½ pens ; clim en sus (250 Rs/pers).* Monette et Gérard vous accueillent dans leur maison aménagée de studios simples mais impeccablement tenus. Ils sont équipés d'un coin cuisine, et chaque balcon donne sur la mer, Port Mathurin et Anse aux Anglais. Préférez ceux du haut pour la vue. Également un appartement composé de 2 chambres (pour 6 personnes), louées séparément ou ensemble. Pour les repas, madame mitonne à la demande de bons plats typiques. Vue également sur le lagon depuis le jardin commun et la piscine.

Le Ravenal *(carte Île Rodrigues, **22**) : à **Jeantac,** en haut de la côte bien raide pour aller vers Grand Baie (panneau). ☎ 831-06-44. 📱 5875-06-06. • ravenal.e-monsite.com • Doubles avec clim 3 300-3 500 Rs en ½ pens.* Cette charmante propriété, composée de petits bâtiments posés sur un grand terrain soigné et doté d'une belle piscine, bénéficie d'une vue superbe surplombant Caverne Provert et le lagon. Vous y croiserez forcément Diego, la tortue qui évolue à son rythme dans le jardin. Chambres simplement décorées mais impeccables, plaisantes et claires, toutes avec terrasse, une cuisine à partager pour celles du rez-de-chaussée (qui peut d'ailleurs être transformé en appartement pour 6 personnes) ou une kitchenette pour le studio. Bonne table. Ça tombe bien, on est un peu loin du 1er resto venu ! Une belle adresse, un accueil charmant et le calme absolu. Juste à côté, même style de chambres ***chez Margarette,*** avec là aussi une piscine pour une détente assurée.

Résidence Foulsafat, chez Antoinette et Benoît Jolicœur *(carte Île Rodrigues, **23**) : à **Jeantac,** au-dessus de la rte côtière, sur les hauteurs. ☎ 831-17-60. 📱 5875-07-70 (WhatsApp). • residencefoulsafat.com • Gîtes (1-3 chambres) avec clim ou ventilo 1 500-1 800 Rs/pers, petit déj inclus. Possibilité d'y dîner lun-mar et jeu-ven (600 Rs) ; ouv aux non-résidents sur résa.* Un ensemble assez charmant et de qualité sur un grand terrain en pente, avec vue dominante sur la mer. Plusieurs types d'hébergements, mais partout une déco plaisante dans sa simplicité : un grand gîte (3 chambres) à l'arrière de la maison des proprios, une copie conforme d'une *Case créole* traditionnelle avec sa varangue (2 chambres), le gîte *Lune de miel* (pour 2), climatisé, en pierre volcanique, avec sa passerelle le reliant à un kiosque, l'*Eucalyptus,* plus moderne, avec 2 chambres et la clim. Ils se partagent une piscine face au lagon. À table, des produits de la ferme et du potager pour une cuisine au feu de bois. Sans oublier l'apéro avec rhums arrangés de l'île.

Le Dahlia *(carte Île Rodrigues, **19**) : à **Caverne Provert.** ☎ 831-23-30. 📱 5875-13-80. • sheila.limock@gmail.com • Apparts 3-5 pers (1-2 chambres) 1 900-2 100 Rs/pers en ½ pens.* Une dizaine de studios et appartements plus ou moins spacieux mais impeccables, avec cuisinette et terrasse, ventilo et clim (en sus), dans et autour d'une grande maison tranquille. Petite piscine.

Plus chic (plus de 5 000 Rs / 111 €)

Le Domaine de la Paix *(carte Île Rodrigues, **18**) : à **Terre Rouge.** 📱 5875-38-07. • domaine@vacances-rodrigues.com • vacances-rodrigues.com • En haut de Terre Rouge, prendre le chemin de terre après l'abribus et faire env 1 km (c'est exactement au pied du faux palmier-antenne relais) ; accès pas évident de nuit, mieux vaut prévoir une arrivée de jour... Doubles 110-205 €, petit déj inclus ; plus cher en fin d'année. Dîner sur demande.* Situé sur les hauteurs d'Anse aux Anglais, ce vaste domaine offre une vue panoramique exceptionnelle sur le lagon. À l'écart de la maison des propriétaires, des chambres distribuées dans plusieurs constructions contemporaines (dont 3 rondes, style yourtes en dur), plus ou moins spacieuses, l'une avec kitchenette, toutes avec terrasse. Également un bungalow de 2 chambres. Partout, une déco contemporaine et des aménagements modernes de qualité. Belle piscine avec vue sur la mer. Un lieu chic et empreint de sérénité, avec possibilité de se faire masser dans une pièce délicieusement zen elle aussi.

L'ÎLE RODRIGUES

À faire

Balade : d'Anse aux Anglais, la route côtière se prolonge sur 1 km jusqu'à la gentille ***plage de Caverne Provert*** et sa belle pelouse. La route se poursuit jusqu'à Anse Grand Baie, ample, harmonieuse avec son grand delta, puis la belle plage de ***Baladirou,*** avant de remonter jusqu'à Mont Lubin.

AU CŒUR DE L'ÎLE

De Port Mathurin, une belle route sinue à flanc de colline jusqu'à *Mont Lubin,* gros bourg du centre de l'île qui domine la région du haut de ses 400 m d'altitude. Il surplombe cultures en terrasses, vallées profondes et végétation luxuriante saignée par une multitude de chemins et de routes qui dégringolent vers le lagon. D'où les nombreuses possibilités de randonnées.

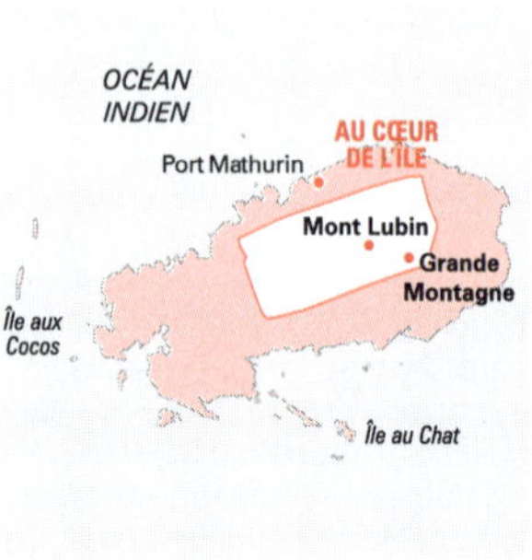

Infos utiles

– ***Station d'essence :*** *à* ***Mont Lubin.*** *Tlj 6h-19h (15h dim).*
– ***Distributeurs :*** *à* ***Mont Lubin*** *et un autre à* ***La Ferme*** *(au centre-ouest de l'île).*
– ***Marché couvert :*** *près de la station d'essence de* ***Mont Lubin.*** *Tlj sauf dim 5h-env 15h.*

L'ÎLE RODRIGUES

Où dormir ?

De prix moyens à plus chic (plus de 2 000 Rs / 44 €)

☗ **La Collinière** (carte Île Rodrigues, **24**) **:** *à* ***Brûlé,*** *au nord de Grande Montagne, sur la rte de Rivière Banane, à 400 m de l'intersection avec Pointe Coton. ☎ 831-82-08. 📱 5875-68-24. • fificolliniere@gmail.com • Demandez au bus de vous arrêter devant. Double env 65 €, petit déj inclus. Maison 1 seule chambre 100 € ou en entier (2 chambres) 150 € ; petit déj 15 € pour 2. Dîner (les lun, mer et ven) 800 Rs.* Un vrai nid d'aigle ! Les 2 villas agrippées à flanc de colline profitent d'une vue formidable sur les vallées environnantes et l'océan. À l'étage de la maison principale, une grande chambre colorée prolongée d'un balcon face à la mer, plus une terrasse, accessible à tous, aménagée avec bouquins, jeux de société et un coin repas (frigo, micro-ondes). Juste à côté, une maison abrite 2 chambres se partageant une cuisine, une vaste terrasse (avec hamac) et une vue sur l'océan. Sans oublier le coin BBQ et le terrain de pétanque. Tout est bien pensé et fonctionnel. 3 soirs par semaine, Fifi mitonne des repas de cuisine créole, européenne et même thaïe, à base de légumes et de plantes aromatiques de son potager, pendant que sa fille prépare un ti-punch diaboliquement parfumé. Accueil exemplaire pour ces hôtes gentilles comme tout. Loue des scooters, motos et voitures, organise des excursions...

☗ |●| ***Entre Mer et Montagne*** (carte Île Rodrigues, **25**) **:** *à* ***Coromandel.*** *📱 5875-40-40. • entremeretmontagnerod@gmail.com • Double avec sdb 3 600 Rs avec petit déj, ou 4 800 Rs en ½ pens (conseillée car les repas sont excellents et il n'y a pas grand-chose dans le secteur le soir) ; une triple. Repas (ouv aux non-résidents sur résa) 800 Rs.* Le nom dit tout de la vue : la mer que l'on voit de chaque côté et la montagne qui surplombe cette grande maison du cœur de l'île. Jean-Paul et sa famille, qui habitent sur place, proposent 3 chambres simples et bien équipées (frigo) avec entrée indépendante. Un gros plébiscite pour l'accueil et les repas : le petit déjeuner gourmand change tous les jours (jus à base de fruits du jardin, gâteaux typiques, confitures maison) et le dîner, absolument délicieux, est préparé avec les légumes du potager et autres produits locaux et fermiers. Le tout concocté avec passion par Jean-Paul. Et puis, cet ancien guide connaît l'île comme sa poche, il saura vous conseiller dans votre exploration de Rodrigues. Une sympathique adresse à la campagne où l'on n'est jamais loin de rien.

Au Temps d'Antan *(carte Île Rodrigues,* ***25****)* **:** *à* ***Coromandel,*** *juste en dessous d'*Entre Mer et Montagne. *5914-23-77 (résa sur WhatsApp).* • *autempsdantan.mu* • *Double env 220 €, petit déj compris. ½ pens possible. Résa à l'avance conseillée.* À l'arrivée, on se plie volontiers au rituel du gong pour franchir le seuil de cette adresse intimiste et pleine de charme : seulement 5 chambres à la déco fraîche et stylisée, autour d'une piscine surplombant la campagne et la mer au loin. Lits à baldaquin, beau parquet, objets vintage. La pièce commune, dans le même esprit, donne tout autant l'impression de feuilleter les pages d'un magazine de déco. Confort optimum et accueil prévenant.

Où manger ?

Peu d'adresses dans le cœur de l'île, encore moins ouvertes le soir pour ceux qui résident dans le secteur.

De bon marché à prix moyens (jusqu'à 600 Rs / 13 €)

JR Snack *(carte Île Rodrigues,* ***52****)* **:** *à* ***Petit Gabriel,*** *au carrefour principal, en contrebas. 5722-85-99. Tlj sauf lun soir, 10h-16h, 18h-21h. Bon marché ; pizzas à prix moyens. Sur place ou à emporter.* L'ancien cuistot de l'*Atelier Gourmand* a ouvert sa petite adresse. Avec savoir-faire, il mitonne de délicieux plats locaux (poisson au gingembre, porc rouge, *mine bouillie*), et plus internationaux, comme les burgers maison ou les pizzas, qui méritent à elles seules le déplacement. Sans oublier les glaces. Prix très raisonnables. Des atouts qui font oublier la situation en bord de route, assez bruyante.

Billy Snack *(carte Île Rodrigues,* ***53****)* **:** *à* ***Malabar,*** *au carrefour principal. 5987-59-60. Tlj sauf lun, jusqu'à 21h. Bon marché ; viandes à prix moyens. Sur place ou à emporter.* Un petit resto de quartier, qui propose une cuisine essentiellement chinoise (bouillon *mine foon,* bol renversé, *mine frit*), mais aussi de la soupe de maïs, du steak et du poulet grillé. Très correct et le tout à prix plancher.

Mengoz Snack *(carte Île Rodrigues,* ***54****)* **:** *à* ***Mont Lubin.*** ☎ *832-58-68. Tlj sauf dim 8h-16h30. Bon marché.* Les habitués se retrouvent volontiers dans cette petite salle proprette pour la qualité régulière de la cuisine créole : cari, haricots, grains... Un des rendez-vous du centre de l'île.

Caze Mama Paulina *(carte Île Rodrigues,* ***55****)* **:** *à* ***Montagne Malgache,*** *à 200 m de la tyrolienne. 5875-92-01. Tlj sauf mer soir. Prix moyens.* Avant d'ouvrir son propre restaurant, Paulina a œuvré comme chef de cuisine à l'hôtel *Play Mourouk* (ex-*Mourouk Ebony*). C'est dire si elle connaît les fourneaux. Outre les plats traditionnels, elle propose des produits plus inhabituels comme les côtelettes d'agneau. Paulina cuisine avec générosité pour ses fidèles clients qui viennent parfois de loin. Rançon du succès, l'attente parfois s'éternise. Heureusement, le rhum arrangé, excellent, permet de patienter un peu !

Chic (plus de 600 Rs / 13 €)

Origin *(carte Île Rodrigues,* ***56****)* **:** *à* ***Vainqueur.*** ☎ *832-49-59. Ouv le midi aux non-résidents. Rubrique « Chic ».* Un lieu bourré de charme, en pleine nature où tout a été conçu pour s'adapter à l'environnement avec le minimum d'impact possible : récupération des eaux de pluie, utilisation des bois locaux, irrigation grâce aux eaux usées, poisson pêché par le patron, légumes du potager, volailles élevées sur place... La partie resto, avec ses coins et recoins à l'extérieur, nous a conquis. La cuisine créole est délicieuse et l'accueil attentionné. Quant aux chalets en bois, construits sur le même modèle écoresponsable, les prix s'envolent un peu trop.

Achats

Les Frères Léopold *(carte Île Rodrigues,* ***70****)* ***:*** *à* ***Palissade Ternel,*** *sur la rte entre le mont Limon et Pointe Coton, côté gauche. 5827-48-65. Tlj 8h30-17h ; parfois fermé le dim, mieux vaut téléphonez avt.* Petite entreprise familiale spécialisée dans la vannerie. On y travaille les feuilles de vacoa, de vétiver ou d'aloès à l'arrière de la boutique. Ils réalisent aussi sur commande paniers, plateaux et de nombreux petits objets qui font de jolis cadeaux.
– D'autres magasins de vannerie se sont ouverts à Port Mathurin.

Miellerie Victoria *(carte Île Rodrigues,* ***71****)* ***:*** *à* ***Bigarade.*** *☎ 833-74-12. Fléchage depuis la rte principale ; puis 10 mn à pied de rte bétonnée en descente dans les très beaux sous-bois (accès possible en voiture). Lun-ven 9h-15h, sam 10h-14h. Visite des ruches jusqu'à 11h.* Au cœur de la forêt, les colonies assurent une production saisonnière (l'hiver reste une morte-saison) Démonstration intéressante, sous un petit enclos protégé de filets. Délicieux miel, essentiellement d'eucalyptus, vendu à la boutique, ainsi que des produits dérivés naturels à base de propolis, mais aussi des bonbons, savon, crème hydratante...

Havre Gourmand *(carte Île Rodrigues,* ***72****)* ***:*** *à la sortie de* ***Citronnelle,*** *sur la rte de Port Mathurin, côté droit dans la descente. 5984-11-95. Tlj sauf jeu et dim, 9h-16h (jusqu'à 12h sam).* Les excellentes confitures bio de pamplemousses, *limons,* caramboles ou combavas constituent de chouettes cadeaux à rapporter. Mais on se fait aussi plaisir sur place en prenant gâteaux et jus, installé sur la petite terrasse. Valérie, qui est malvoyante, convie habitués et gens de passage à une pause généreuse et carrément gourmande.

À voir. À faire

La réserve naturelle de Grande Montagne *(Mauritian Wildlife Foundation)* ***:*** *à* ***Grande Montagne,*** *en bordure de rte, à env 500 m du carrefour Pointe Coton/Rivière Banane en allant vers Port Mathurin. ☎ 831-48-62. • mauritian-wildlife.org/grandemontagnenaturereserve • Visites guidées uniquement (compter 1h30-2h), lun-ven à 9h30 et 13h15, sam à 9h30. Visites possibles en dehors de ces heures, sur résa. Entrée : 300 Rs ; réduc. Prévoir de bonnes chaussures, un chapeau, un vêtement de pluie, de l'eau et une lotion antimoustiques.* La visite commence par le musée, très instructif pour comprendre la suite du parcours. Après une volée de marches un peu raides, on pénètre dans cette belle réserve de 25 ha, où un formidable travail de la *Mauritian Wildlife Foundation* a permis de reconstituer la forêt telle que François Leguat l'a découverte en 1691. Guides passionnants et à l'écoute des visiteurs, mettant l'accent sur leurs centres d'intérêt (insectes, oiseaux, botanique, photographie...). Vous verrez le fameux café marron, sûrement des tortues, des oiseaux endémiques et d'énormes araignées qui font peur mais gentilles comme tout. Et avec un peu de chance, des baleines à bosse qui s'ébattent au loin, visibles de mai à juillet à partir du superbe point de vue qui s'ouvre sur la mer.

Le Jardin des Cinq Sens ***:*** *à* ***Mont Bois Noir.*** *5722-56-65. Visites guidées uniquement, tlj à 9h, 10h, 11h, 13h, 14h et 15h. Entrée : env 300 Rs ; réduc. Compter 1h de visite. Prévoir une lotion antimoustiques.* Dans un jardin de 4 000 m²,

une présentation guidée de la flore endémique à travers un circuit thématique sur le thème des 5 sens, suivie d'une dégustation de 2 infusions de plantes du jardin. Peut occuper un moment, mais pas incontournable. Du « parking », vue plongeante sur le lagon.
Sur la même propriété, Jeannette fait aussi table d'hôtes, ***Le Tropical.*** Cuisine créole à prix moyens.

La tyrolienne de Montagne Malgache : *5499-69-70 et 5422-31-28. • worldcanopy@yahoo.fr • et sur Facebook. En bus, terminus « Montagne Malgache », puis c'est à 200 m (panneau). En voiture, se garer sur le bord de la rte, juste avt l'arrêt de bus. Tlj sauf dim 9h-17h. Compter 1 000 Rs/pers quel que soit le parcours. Prévoir 1h.* L'activité sensation de Rodrigues ! En guise d'aventure, un ensemble de 6 tyroliennes, de 110 m à 420 m de long, organisé en 2 parcours au choix (3 ou 4 tyroliennes, incluant ou pas la plus grande), avec quelques minutes de marche entre chacune d'elles. On surplombe une ravine à plusieurs dizaines de mètres au-dessus d'une végétation dense en profitant d'un panorama époustouflant sur Mourouk, le lagon et Montagne Chérie. Il faut quand même avoir le cœur bien accroché avant de se prendre pour un « paille-en-queue ». Parcours sensationnel et excellent encadrement. L'équipe a également développé le pont suspendu de Cascade Pistache, dans l'ouest de l'île, et la *via ferrata* à Montagne Tonnerre (lire plus loin).

Le mont Limon : *de Mont Lubin, prendre la direction de Pointe Coton. Arrêt de bus « Mont Limon », juste devant la boutique* Le Flamboyant. *L'escalier qui y mène se situe sur la droite.* On emprunte d'abord quelques marches qui s'enfoncent dans la forêt, puis on rattrape un petit sentier, qui mène en quelques minutes au sommet de l'île (398 m). On découvre alors une bonne partie de Rodrigues, puis, en suivant sur quelques pas le petit sentier, on embrasse l'autre versant, qui dévoile sous la végétation la forme d'un ancien cratère.

La cathédrale de Saint-Gabriel : édifiée entre 1936 et 1939 par les paroissiens eux-mêmes, qui consacraient le plus souvent leurs dimanches (jour du Seigneur !) aux travaux. Faite en blocs de pierre volcanique, c'est la plus vaste construction de l'île. Elle peut accueillir 2 000 personnes. Les Rodriguais, sur leur 31, viennent nombreux assister à la messe du dimanche, à 7h et à 9h.

Via ferrata : *à **Montagne Tonnerre.** 5499-69-70 et 5422-31-18 (WhatsApp). • aerialcabletrack@yahoo.fr • facebook.com/RodrigAventure • Tlj à 9h et 13h. À partir de 6 ans. Entrée : 1 200 Rs. Durée : 2h env.* 500 m de parcours sur une formation basaltique de toute beauté. Quelques passages un peu plus techniques. Ceux qui préfèrent marcher peuvent suivre un sentier plus bas. Autre activité : la descente en rappel sur 55 m. Dans tous les cas, sensations garanties !

À L'EST ET AU SUD DE L'ÎLE

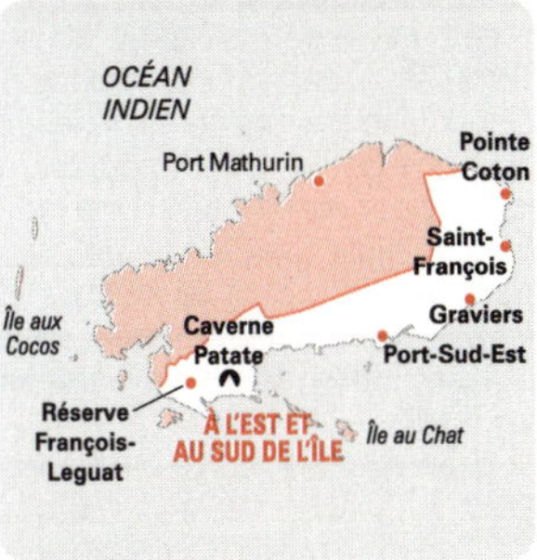

En allant vers Pointe Coton, à l'est, le paysage se fait plus dur, plus sec et l'habitat plus épars. Dans l'échancrure des anses, le regard est aimanté par le bleu dense et profond de la mer. C'est à l'est qu'on trouve les plus belles plages de l'île : *Anse Fumier, Trou d'Argent, Anse Bouteille,* puis *Anse Fémi.* Elles sont la plupart du temps désertes.
Dans le Sud, le relief devient plus escarpé, la nature plus verdoyante. L'arrivée à *Port-Sud-Est* vaut le détour. La route en lacet domine l'immensité du lagon (c'est à cet

endroit qu'il est le plus vaste) aux nuances émeraude, bleues et turquoise extraordinaires. Au niveau d'un panneau annonçant des virages, on peut observer au loin la passe du lagon (l'eau est plus foncée à cet endroit), qui sinue à l'unisson.

Où dormir ?

CHAMBRES D'HÔTES ET GÎTES

Prix moyens (2 000-3 500 Rs / 44-78 €)

Gîtes Patriko *(carte Île Rodrigues, **26**) : juste au-dessus de l'Hôtel Tekoma, plage d'**Anse Ally.** 5875-25-75. • gitepatrikowordpress.com • Gîtes 2 pers 2 000-2 500 Rs. ½ pens possible (bonne cuisine).* Plantés sur un terrain où la végétation peine à pousser (beaucoup de vent), isolés mais disposant d'une vue remarquable, les grands studios sont impeccables, bien équipés, colorés et prolongés par une terrasse. Également une grande maison de 3 chambres, elle aussi avec terrasse. Calme garanti tout en étant à 5 mn de la plage, de « l'épicerie » et des restos. Location de scooters, motos et voitures.

Le Macoua, chambres d'hôtes *(carte Île Rodrigues, **27**) : à **Pointe Coton.** ☎ 831-80-16. 5490-25-03. • lemacoua@gmail.com • Sur la gauche avt d'arriver à la plage de Pointe Coton. Double 2 500 Rs avec petit déj, ou 3 700 Rs pour 2 pers en ½ pens.* Dans sa maison jaune joliment fleurie sur le devant, Guilmette vous accueille avec son grand sourire. 3 chambres à l'étage distribuées autour d'un salon commun, avec sanitaires et ventilo. Terrasse à partager et coin repas à dispo. Une fois par semaine, elle organise une petite soirée, souvent musicale, pour ses hôtes. Une adresse toute simple mais chaleureuse, pour partager la vie et la culture d'une famille rodriguaise. Et puis, la plage d'Anse Fumier se trouve juste derrière les filaos.

Gîte Ronald *(carte Île Rodrigues, **28**) : à l'entrée de **Saint-François.** 5738-97-41. • lvcollet@gmail.com • ♿ Compter 3 000 Rs pour 2 en ½ pens ; familiales. CB refusées.* Dans une maison colorée et simple, quelques chambres impeccables et climatisées (sans déco), à l'étage ou en rez-de-chaussée. Accueil gentil comme tout.

Piment Guesthouse, chez Marie-Ange et Tonio Collet *(carte Île Rodrigues, **28**) : à **Saint-François,** en face du Gîte Ronald. ☎ 831-82-60. 5486-84-17. • a.collet@servihoo.com • Dans le village (à peine quelques maisons), sur la rte qui mène à la plage. Compter 1 400 Rs/pers en ½ pens ; clim en sus (200 Rs). Studio 600 Rs/pers ; petit déj en plus. Dîner env 400 Rs.* Pas d'accès direct à la plage, bien qu'elle n'en soit qu'à quelques portées de tongs, mais dans un petit jardin arboré et fleuri. M. et Mme Collet, d'une gentillesse et d'une discrétion très appréciables, disposent d'une poignée de chambres avec moustiquaire et de studios équipés d'une kitchenette, simplement meublés mais assez spacieux. Pas le grand luxe, mais on ne peut plus correct pour le prix, qui reste très raisonnable. Petit déj avec miel maison (les ruches sont à côté) et délicieux repas. Loue également des scooters.

Case Corail *(carte Île Rodrigues, **30**) : à **Graviers.** 5923-98-65. • casecorail.com • Accès par la piste sur la droite avt d'arriver à la plage, puis prendre la 1re piste à droite. Double env 3 000 Rs, petit déj inclus ; familiales. ½ pens possible.* Cette maison propose 3 chambres doubles avec vue plongeante sur le lagon, très simplement aménagées, avec salle de bains et terrasse. Également 2 familiales qui accueillent jusqu'à 4 personnes et disposent d'une belle terrasse orientée vers l'océan. Adresse un peu bohème, qui vaut surtout pour sa situation sur les hauteurs de Graviers.

Chez Robert et Solange *(carte Île Rodrigues, **31**) : à **Saint-François,** face à la plage. ☎ 831-88-21. 5733-19-68. Double 2 400 Rs sans repas, ou 3 000 Rs* *pour 2 en ½ pens. Min 2 nuits.* Non loin de leur paillote (lire plus loin « Où manger ? »), Robert et Solange proposent 2 chambres colorées face à l'océan, aux lits protégés par des moustiquaires (appréciable !). Cuisine extérieure à dispo. Côté table d'hôtes, leur réputation n'est plus à faire. Très bon accueil.

🏠 ***Ti Graviers*** *(carte Île Rodrigues,* ***32****) : à* ***Graviers.*** *📱 5877-00-07 (résa) et 5752-15-89 (sur place). En descendant vers la plage, prendre à gauche le chemin avt les boutiques ; c'est un peu plus loin sur la droite (panneau). Doubles 2 600-2 800 Rs, petit déj inclus. Dîner env 500 Rs.* À une portée de tongs de la plage, les chambres au-dessus de la maison familiale sont joliment décorées et impeccables. Elles se partagent une terrasse commune donnant sur la végétation. 2 autres, de plain-pied, sont en projet. Petit déj varié et bon repas le soir. Accueil charmant.

🏠 🍴 ***Kafé Marron, maison d'hôtes*** *(carte Île Rodrigues,* ***33****) : à* ***Pointe Coton.*** *📱 5873-71-10. • kafemarron.com • À 100 m du Cotton Bay. Doubles avec sdb et clim 2 600-2 800 Rs, petit déj inclus. ½ pens possible. Dîner 540 Rs (accessible aux non-résidents sur résa). Min 3 nuits pdt les vac scol mauriciennes. Transfert aéroport sur demande.* Une jolie maison traditionnelle aux couleurs d'une glace pistache-fraise, quasi devant la plage (pas de vue sur la mer). Les chambres sont spacieuses pour la plupart et colorées. Elles donnent sur le flamboyant à l'avant de la maison ou sur les collines, à l'arrière. Quant aux pièces de vie, le salon-bibliothèque, la varangue, ils invitent aux séjours prolongés. Pour info, le *kafé marron* n'est pas un breuvage (quoiqu'on en fasse de la tisane !) mais un petit arbuste local protégé, qui produit de magnifiques fleurs blanches.

🏠 🍴 ***Chez Diocèse et Ken*** *(carte Île Rodrigues,* ***34****) : à* ***Anse Mourouk.*** *📱 5429-16-95. • kennedyagathe@gmail.com • Compter 1 900 Rs/pers en ½ pens (obligatoire). Repas accessible aux non-résidents, sur résa, midi et soir ; menu fixe avec poisson grillé (langouste possible).* Vous ne risquez pas de la manquer, c'est la maison colorée en face du parking de la plage (à ne pas confondre toutefois avec une autre maison aux couleurs similaires, non loin). En bord de route (mais peu de passage), des chambres bleu azur, meublées sans façon, bien équipées (ventilo, clim et frigo) et très propres, dotées d'une petite terrasse face à la mer. Diocèse mitonne une bonne cuisine rodriguaise, à déguster dans une ambiance joyeuse et conviviale (le ti-punch de l'apéro aidant !). Une adresse chaleureuse, pleine de gentillesse et bonne humeur.

🏠 ***Auberge Saint-François*** *(carte Île Rodrigues,* ***31****) : à env 100 m de la plage de* ***Saint-François.*** *☎ 831-87-52. • auberge-rodrigues.com • Studios env 3 000-3 400 Rs selon vue, petit déj inclus. Maison env 3 600 Rs pour 4 pers, ménage inclus, mais petit déj en sus. ½ pens possible. Pas de CB.* L'auberge aux toits bleu turquoise est idéalement située. Une partie des studios, prévus pour 2 personnes, profite d'un balcon et d'une vue sur la mer (déco d'un artiste local...). La maison créole à l'arrière (sans vue), simple, abrite 2 chambres. Quelle que soit l'option, rien de superflu, mais tout est bien propre et fonctionnel.

Plus chic (min 5 000 Rs / 111 €)

🏠 🍴 ***La Belle Rodriguaise*** *(carte Île Rodrigues,* ***36****) : à* ***Graviers.*** *📱 5875-05-56. • labellerodriguaise.com • Accès par une piste d'env 1,8 km à droite quand on regarde la mer, avt la plage de Graviers. Accès plus ou moins difficile selon la saison ; dans ce cas, 4x4 indispensable et mieux vaut arriver de jour ! Double 5 500 Rs en ½ pens ; familiales. CB acceptées. Au resto, ouv aux non-résidents (sur résa), menu env 1 000 Rs. Réduc de 10 % sur l'hébergement en juin et sept, et apéritif maison offert au resto sur présentation du guide de l'année.* À mi-chemin entre la maison d'hôtes et l'hôtellerie, cet hébergement bénéficie d'un panorama exceptionnel face à la mer. Une douzaine de chambres plaisantes et confortables, toutes avec terrasse qui regarde l'océan, réparties dans des bungalows au toit turquoise comme le lagon. L'ensemble est planté au cœur d'un beau jardin qui file en pente douce vers la plage. Énergie solaire pour l'eau chaude, la clim et l'électricité (bravo !). Piscine. Auteure des *Délices de Rodrigues,* livre de recettes traditionnelles, la propriétaire mitonne de bons petits plats. Activités proposées : minigolf, cours de cuisine, randonnées et pêche...

MAISON À LOUER

Prix moyens (2 000-3 500 Rs / 44-78 €)

Résidence Pim-Pin *(carte Île Rodrigues,* ***37****) : à* ***Graviers.*** *☎ 832-06-30. 5877-00-83 (WhatsApp). • ludovictours@intnet.mu • Sur les hauteurs de Graviers, sur la gauche en descendant la rte ; à 300 m de la plage. Compter 2 000-4 000 Rs selon nombre de pers (1-6). ½ pens possible (600 Rs/pers). Réduc de 10 % sur le prix de la chambre sur présentation du guide de l'année.* Un appartement dans une maison toute simple, avec vue sur la mer. Il comprend 3 chambres (2 climatisées, l'autre avec ventilo), une kitchenette, un petit salon avec canapé-lit et terrasse.

HÔTELS

Le secteur est/sud-est de l'île, avec ses plages paradisiaques, est sans doute celui qui a connu le plus fort développement touristique. Pas fous, les promoteurs y ont fait pousser les plus beaux hôtels ! Tous ces nouveaux établissements cherchent plus ou moins à s'inscrire dans une démarche environnementale (recyclage des déchets et eaux usagées, désalinisation de l'eau de mer, panneaux solaires...).

Coup de folie

Bakwa Lodge *(carte Île Rodrigues,* ***38****) : Var Brûlé, près de l'****Anse Mourouk.*** *☎ 832-33-07. • bakwalodge.com • Doubles 10 030-11 200 Rs en ½ pens. Également une villa 4-8 pers. Déj accessible aux non-résidents 11h-14h (résa conseillée) ; plat env 450 Rs.* Voici l'un des plus séduisants hôtels de Rodrigues, un ensemble élégant de bâtiments éparpillés sur un joli terrain qui descend en pente vers la plage. En haut, la réception et le restaurant avec ses tables dressées sous la véranda et sa vue sur la mer, où l'on sert une cuisine de marché créole, puis les chambres (une dizaine seulement). Partout, confort irréprochable et une déco bien dans l'air du temps, assurée par des objets conçus à partir d'éléments de récup' : vieux volets en bois en guise de tables basses, ou carcasse de bateau accrochée telle une œuvre sur un mur. Un hôtel de charme, beau comme les pages d'un magazine de déco. Coin spa et bien-être. Accueil pro et attentionné.

Hôtel Tekoma *(carte Île Rodrigues,* ***39****) : à* ***Anse Ally.*** *☎ 831-88-10. • tekoma-hotel.com • Pour 2 pers, 310-370 € en ½ pens pour les chambres vue océan (plus on se rapproche de l'eau, plus les prix grimpent). Déj à la carte (plat 500 Rs min) ; au dîner, menu env 1 300 Rs/pers.* Les chambres sont réparties dans des maisonnettes individuelles aux toits de tôle, avec terrasse et vue sur la mer... depuis le lit. Divin ! Douches ou baignoires design extérieures, literie luxueuse et confortable... Tout y est. Les jardins, encore jeunes, sont plantés d'espèces endémiques et irrigués par un système de récupération d'eaux usagées. Sur la plage en contrebas, quelques transats pour paresser devant les eaux opalines d'Anse Ally. Jolie vue également de la terrasse du resto. Piscine. Une bien belle adresse où l'ambiance est si calme qu'elle pourrait presque sembler tristoune... À noter, pas mal de vent aussi sur ce coin de côte.

Play Mourouk *(carte Île Rodrigues,* ***40****) : à* ***Anse Mourouk.*** *☎ 832-33-51. • playmourouk.com • Doubles 180-240 € en ½ pens (les prix seront revus au moment de la réouverture) ; également des chambres communicantes. Fermé pour rénovation et agrandissement ;* ***réouverture prévue fin 2023.*** Ce vaste hôtel occupe un site privilégié en surplomb de l'océan. Grand resto face à la piscine et au lagon, un autre sur la plage, les pieds dans le sable. Nombreuses activités : club de plongée, pêche, volley et toutes sortes d'activités nautiques, notamment le kitesurf.

Cotton Bay *(carte Île Rodrigues, 41) : à* ***Pointe Coton.*** *☎ 831-80-01. • cottonbayresortandspa.com • Compter 280-310 € pour 2 en ½ pens ; réduc moins de 12 ans. En rénovation,* ***devrait rouvrir courant 2024.*** Les bungalows s'étirent tout le long d'une des plus belles plages de l'île. Terrasse privative et accès direct à la mer, déco contemporaine chaleureuse. Du grand confort. Également 2 suites familiales (mais situées sur l'arrière). Une station de désalinisation approvisionne en eau tout l'hôtel. Resto de plage et nombreuses activités : tennis, snorkelling, canoë, excursions, mini-club, spa, etc. À la mer, pour éviter de se piquer les orteils sur les coraux et les oursins, mieux vaut se baigner devant le bar plutôt que devant les chambres.

Où manger ?

Bon marché (moins de 300 Rs / 6,50 €)

Près de Mer *(carte Île Rodrigues, 57) : à* ***Graviers.*** *5877-94-63. À Graviers, prendre la piste sur la droite quand on regarde la mer ; la maison (jaune acidulé) se trouve à env 1 km, sur la droite. Tlj sauf lun, midi et soir (sur résa le soir).* En toute simplicité, l'adorable Judise accueille ses hôtes sur sa terrasse, face aux filaos qui filent vers la plage ou en salle. Sur des nappes en toile cirée, on se régale avec un simple *mine frit,* ou des produits de la mer fraîchement pêchés, préparés frits ou en daube. Tout est simple mais délicieux, servi dans la bonne humeur et à prix doux. On comprend les kitesurfeurs qui en ont fait leur cantine préférée dans le coin !

Prix moyens (300-600 Rs / 6,50-13 €)

Chez Robert et Solange *(carte Île Rodrigues, 58) : à 50 m de la plage de* ***Saint-François.*** *5733-19-68. Tlj sauf lun 11h30-14h30. Résa le mat pour le midi, sinon ne pas venir trop tard.* Installé sous sa paillote à l'ombre des filaos, Robert pêche le matin et son épouse tient le grill. Attention, pour les langoustes, demander impérativement un poids de minimum 2 livres (soit environ 1 kg), en deçà, il s'agit de jeunes adultes qui n'ont pas eu le temps de se reproduire.

Ho Aloha *(carte Île Rodrigues, 59) : à l'entrée de* ***Saint-François,*** *sur la droite. 5499-44-03. Tlj sauf mar, midi et soir.* On vient en journée pour profiter du cadre : agréable terrasse ombragée ou petite plage reconstituée avec tables sous les parasols, les pieds dans le sable. On prend le temps de savourer une délicieuse cuisine : de la salade d'ourite au poisson grillé, en passant par les burgers, les pâtes et le poulet... En dessert, délicat *sagoo* aux amandes. Une carte courte, mais pour tous les goûts. Accueil enjoué. Pour digérer, vous pourrez ramper jusqu'à la plage, elle est à 100 m.

Chez Mme La Rose *(carte Île Rodrigues, 60) : à* ***Pointe Coton,*** *300 m avt l'entrée du* Cotton Bay. *5876-13-50. Tlj 12h-15h.* Une poignée de tables sur une minuscule terrasse posée le long de la route (peu fréquentée). Cuisine créole familiale (cari d'ourite, grillades, rougaille-saucisses). À noter aussi que Marcel, le père de Mme La Rose, tient la petite cahute au terminus de bus de Pointe Coton. On y mange du poisson fraîchement pêché et grillé sur place.

Chez Fibie *(carte Île Rodrigues, 61) : à* ***Anse Mourouk,*** *à la sortie du village sur la gauche. 5827-32-72. Le midi seulement.* Rendez-vous des kitesurfeurs et autres sportifs (ou non) du coin, qui viennent se requinquer avec une salade de marlin fumé, un *chop suey* de calamar ou tout simplement un riz frit. Une bonne cuisine plébiscitée par les locaux.

Basanio *(carte Île Rodrigues,* ***62****) : à* ***Pointe Coton,*** *à env 1 km au-dessus de la plage, sur la gauche en descendant.* ☎ *831-88-35. Tlj sauf lun 8h30-15h.* Ne pas se fier au bâtiment jaune pâle qui ressemble plus à un réfectoire de cantine scolaire qu'à un resto. Le lieu bénéficie d'une bonne petite réputation, surtout pour ses fruits de mer : cari d'ourite, poisson entier, calamar grillé... Mais aussi cari d'agneau, sauté de bœuf, accompagné de grains (lentilles ou haricots). Malgré la situation, une seule table profite d'une vue sur la mer.

Chez Dana *(carte Île Rodrigues,* ***63****) : à* ***Saint-François.*** *Au bout de la rte, continuer sur la piste, c'est tt en haut, sur la gauche. Le midi seulement.* De ce petit resto à la terrasse ombragée, vue plongeante sur la baie de Saint-François. Point de chute idéal, notamment après la balade côtière depuis Graviers. On y déguste une cuisine familiale : cari de poisson, croustillant, *mine frit.* Excellent accueil de Dana, aux fourneaux.

À voir. À faire

À L'EST DE L'ÎLE

De la plage de Graviers à Saint-François

Chouette rando par un sentier balisé pour poser sa serviette sur les plus belles plages de l'île. C'est LA carte postale de Rodrigues ! Un moment extra en perspective. Compter 1h30-2h. Si vous voulez toutes les égrener et ne pas rencontrer trop de monde, partez dès le matin, prévoyez de l'eau en quantité suffisante et emportez le pique-nique. On conseille de faire la balade dans le sens sud-nord, car le vent souffle en principe dans le dos et ça grimpe moins. Et puis, on peut faire une pause déjeuner à Saint-François avant de poursuivre jusqu'à Pointe Coton.
– Sur le plan pratique, possibilité de rejoindre Graviers en bus depuis Port Mathurin (environ toutes les heures), via Mont Lubin et Grande Montagne (ou de laisser sa voiture à Grande Montagne). Au retour, un bus quitte Pointe Coton vers 17h, et fait un crochet par Saint-François 10 mn plus tard.

La plage de Graviers : depuis le centre de l'île, descente étroite et sinueuse qui offre de beaux points de vue sur la côte. Graviers n'est pas vraiment un village, juste quelques maisons, une buvette-épicerie et un terrain de foot qui anime le lieu le dimanche. Devant, une plage en demi-lune très jolie, abritée par un petit bois de filaos (baignade essentiellement à marée haute).

Une alternative : partir ***de Montagne Cabris*** (bus de Port Mathurin ou Grande Montagne), en suivant un balisage de trail et descendre ***vers Anse Bouteille*** en profitant d'une vue plongeante sublime sur la mer. Rejoindre ensuite le chemin côtier, tel que décrit ci-dessous. Même temps de parcours qu'au départ de Graviers.

Anse Fémi et Anse Bouteille : *après Graviers.* Anse Fémi vous tend ses flots. Sur le plan esthétique, elle n'a rien à envier à ses copines. Juste au nord, Anse Bouteille est une superbe petite plage d'à peine 30 m de long, encastrée entre les roches. C'est un autre emblème de l'île, dont la sortie vers le large forme un étranglement, d'où son nom. Atout non négligeable, tout près du rivage, la profusion de coraux et de poissons sublimes en fait un spot de snorkelling particulièrement intéressant, surtout à marée haute. Attention au courant tout de même, parfois puissant car on est en lisière de la barrière de corail !

Trou d'Argent et Anse Philibert : la balade, toujours balisée, se poursuit vers le nord et mène à différentes criques de sable bordées de falaises. Trou d'Argent, superbe, est reconnaissable à son bloc de corail posé dans le lagon. Attention aux courants si vous vous baignez ! 10 mn plus loin, apparaît Anse Philibert, remarquable elle aussi. Le sentier continue ensuite jusqu'à Saint-François à travers une superbe forêt de filaos, accompagné par le bruit sourd de l'océan qui se fracasse contre le récif.
– Pour une balade plus courte, on peut se contenter de ces 2 plages au départ de Saint-François. Au bout de la route (au niveau du muret), une petite guérite (souvent vide) marque l'entrée (gratuite) de la réserve. Compter 20 mn pour Anse Philibert, 10 mn de plus pour Trou d'Argent.
– À Saint-François, on peut reprendre un bus pour Grande Montagne (et Port Mathurin) ou poursuivre jusqu'à Pointe Coton.

De Saint-François à Pointe Coton

Le trajet demande environ 45 mn à pied par la plage et la forêt (en évitant la pointe Coton elle-même) ; au niveau d'***Anse Ally,*** des bungalows de l'*Hôtel Tekoma* empiètent sur le sentier, on les contourne sans problème à marée basse ; à marée haute, il faut se mouiller les pieds. Compter un peu plus par la route.

La plage d'Anse Fumier : l'une des plus belles et des plus sauvages. De toute beauté à dire vrai, avec ses barques au repos dans l'eau et, sur le rivage, dans la forêt de filaos, le chant des cigales qui rythme les siestes.

La plage de Pointe Coton : *au bout de la rte de... Pointe Coton (terminus du bus). Parking.* Celle-ci a sa place sur le podium des plus belles plages de l'île. Superbe anse tranquille qui s'anime un peu (seulement un peu) en fin de semaine.

AU SUD DE L'ÎLE

Port-Sud-Est et les piqueuses d'ourites *(poulpes)* **:** si vous ne logez pas dans un hôtel qui organise ces promenades, demandez aux pêcheurs de vous emmener dans le lagon. Avec un peu de chance (car elles se font plus rares), vous découvrirez dès l'aube des femmes (et de plus en plus d'hommes), coiffées de superbes chapeaux, dans l'eau jusqu'aux genoux et le corps recourbé, d'immenses fouines à la main, prêtes à piquer les ourites cachées dans des cavités qu'elles seules savent repérer. Elles les enfilent ensuite sur un long fil en nylon. Commencée à marée basse, l'opération se poursuit jusqu'à marée haute. C'est à l'origine un métier de femme, très respecté dans l'île, dur physiquement et qui rapporte pourtant peu d'argent. Un métier qui est aussi menacé en raison de l'appauvrissement du lagon. Surexploitation d'une part, érosion des sols d'autre part (les terres glissent peu à peu vers la mer et bouchent les cavités servant de refuge aux ourites). De plus, en marchant sur le corail, les piqueuses contribuent à sa détérioration et fragilisent tout l'écosystème. C'est pourquoi, depuis 2012, la saison de pêche est officiellement interrompue 2 fois par an pendant 3 mois à chaque fois, afin de laisser « respirer » le lagon. Des indemnités sont alors versées aux piqueuses d'ourites.

L'île au Chat : excursion d'une journée organisée généralement depuis Anse Mourouk avec, en principe, arrêt snorkelling à Couzoupa, un spot réputé, puis repas à l'île au Chat et balade sur l'île Hermitage. Les écoles de sports nautiques proposent souvent cette excursion (lire plus loin la rubrique « Sports et loisirs » dans « Île Rodrigues : Hommes, culture et environnement »). Se renseigner notamment auprès de Youl *(📱 5724-17-73),* Bobo *(📱 5494-09-49)* ou Hedley *(📱 5760-74-82).*

À L'OUEST DE L'ÎLE

C'est la partie la plus désertique et isolée de l'île. Elle s'étend sur une vaste plaine de corail, auparavant exploitée par endroits pour la construction des maisons. C'est à *La Ferme,* l'un des bourgs les plus importants de la région, que le pape célébra une messe en 1989.

– Si vous quittez Rodrigues par un vol dans l'après-midi, on vous conseille de visiter la caverne Patate et la réserve François-Leguat avant. C'est sur la route de l'aéroport !

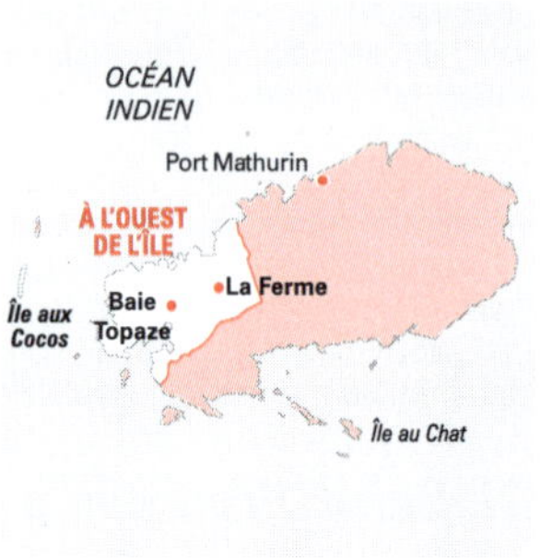

Où dormir ? Où manger ?

Prix modérés (1 000-2 000 Rs / 22-44 €)

Gîte La Caverne, chez M. et Mme Prudence (carte Île Rodrigues, **42**) **:** *à* ***Corail-Petite-Butte,*** *juste en face de l'accès à la caverne Patate. ☎ 5946-73-02 (WhatsApp). • gitelacaverne.com • Double avec sdb privée 1 600 Rs, petit déj inclus. ½ pens 1 200 Rs/pers.* Dans un coin où les touristes passent en général rapidement, cette maison, située derrière celle des proprios, abrite des chambres et un studio parfaitement entretenus. L'exposition et l'aération permettent de se passer de clim. De la chambre du haut, on voit la mer ! Cuisine à disposition. Sinon, très bons repas créoles (il vaut mieux car on est très isolé) et accueil charmant. Un chemin mène en 30 mn à la réserve François-Leguat.

Chez Claudette *(carte Île Rodrigues,* ***64****)* **:** *à* ***Cascade Jean-Louis,*** *à env 4,5 km de la réserve François-Leguat. 5948-29-67. Dans une rue perpendiculaire à la rte principale, une maison rose en hauteur ; pas de panneaux : demander, tt le monde connaît. Midi et soir, sur résa uniquement. Repas env 600 Rs.* Dans un minuscule village entouré de pâturages et petits bois, Claudette reçoit sur la petite terrasse de sa maison, face au mont Topaze et la superbe baie au loin. On en prend plein les mirettes en attendant le repas, authentiquement rodriguais et savoureux. Puis Claudette est un personnage, toujours de bonne humeur et investie dans toutes sortes d'associations. En plus d'un bon repas confectionné avec les produits du potager ou locaux, vous ferez ici une belle rencontre !

À voir. À faire

La caverne Patate : *venant de Port Mathurin, rte des Crêtes par Quatre Vents et Grand La Fouche Corail, puis à gauche, vers la mer. Accès discret par une piste de 500 m env, en très mauvais état ; faisable en 4x4, mais mieux vaut laisser sa voiture de tourisme sur le bas-côté de la rte principale. Visites guidées à 9h, 11h, 13h et 15h. Ticket : env 100 Rs ; réduc. Lampe de poche et casque fournis. Porter des chaussures qui tiennent aux pieds (avec des tongs, ça glisse quand même un peu !).* On chemine à travers les 600 m de cette large caverne dont l'intérêt visuel, même si elle a conservé son côté mystérieux, reste malgré tout limité... Surtout si on a vu juste avant la Grande Caverne de la réserve des tortues François-Leguat ! En effet, avant l'exploitation touristique, n'importe qui y avait accès, de nombreuses concrétions furent brisées et les parois brûlées par les lampes à pétrole.

➢ *Le chemin de la caverne Patate à la réserve François-Leguat :* poursuivre le chemin après la caverne Patate en direction de la mer et continuer avant d'emprunter un autre chemin à droite, qui arrive presque à l'entrée du chemin menant à la réserve (40 mn au total). Belles vues sur le lagon et la nature plus ou moins cultivée.

La réserve François-Leguat : *☎ 832-81-41. ● francoisleguatreserve.com ● Venant de Port Mathurin, rte des Crêtes jusqu'à Cascade Jean-Louis (peu avt l'aéroport), puis à gauche vers l'Anse Quitor ; le site est indiqué sur la droite (piste sur 600 m en mauvais état) ; 2 bus/j. de Port Mathurin. Tlj 9h-17h. Visites à 9h30 (conseillée vu la chaleur dans la journée...), 10h30, 13h30 et 14h30. Visite combinée de la réserve des tortues (guidée), du musée (libre) et de la Grande Caverne (guidée) : 570 Rs ; réduc enfants. Compter env 2h.*

ATTENTION, POIDS LOURDS !

Les tortues géantes des Seychelles (Aldabra) peuvent peser jusqu'à 300 kg ! La doyenne, qui a plus d'un siècle, est encore dans la fleur de l'âge puisqu'elle pourra atteindre 250 ans et donc connaître le XXIIe s ! Sa cousine de Madagascar (Radiata), qui peut vivre centenaire, est un poids plume avec ses 30 kg.

En arrivant un peu plus tôt, vous pourrez commencer par le ***musée*** François-Leguat qui relate l'histoire de l'île (Leguat est un protestant qui a fui la France après la révocation de l'édit de Nantes), sa géologie, l'évolution de sa faune et sa flore au contact des hommes et même l'histoire postale de Rodrigues. On y découvre le squelette d'un solitaire, le cousin méconnu du dodo, avant d'aller à la rencontre des ***tortues,*** elles aussi disparues des terres rodriguaises. Mais en 2006, ces étonnants reptiles à carapace étaient de retour à Rodrigues. Un véritable événement ! À l'origine de ce petit miracle, un beau projet d'écotourisme soutenu par la MWF *(Mauritian Wildlife Foundation)* et l'Assemblée régionale de Rodrigues, visant à recréer la physionomie de l'île avant l'arrivée des colons. Sur une vingtaine d'hectares, les spécialistes s'emploient à replanter les essences endémiques et à réintroduire les tortues. Mais les géantes tortues originelles de Rodrigues ont totalement disparu, capturées jusqu'à la dernière par les marins en quête de viande fraîche. Autrefois, elles étaient pourtant si nombreuses qu'on pouvait parcourir cent pas sur des carapaces sans jamais poser le pied à terre ! Du moins, d'après François Leguat.

La visite de la réserve, passionnante, notamment grâce aux commentaires du guide qui vous accompagnera, permet de rencontrer des ***tortues Aldabra*** (seychelloises), ***Radiata*** (malgaches) et ***à soc,*** l'espèce de tortue terrestre la plus rare au monde (originaire, elle aussi, de Madagascar). Elles se déplacent dans 2 vallons encaissés, plantés d'une quarantaine d'essences dont 25 sont endémiques. La réserve compte aujourd'hui plus de 6 500 tortues, la plus vieille dépasse le siècle, la plus lourde les 170 kg ! Une visite vraiment intéressante.

Si vous craquez pour ces étonnants animaux à sang froid qui tendent d'eux-mêmes le cou pour qu'on les caresse, sachez que vous pouvez parrainer un des spécimens moyennant 45 € par an !

On salue aussi les chauves-souris (roussettes dorées), dont la population est estimée entre 15 000 et 20 000 individus. Dans les airs, la population des pailles-en-queue a bien progressé depuis que leur habitat est protégé.

LA SEXOLOGIE DES TORTUES POUR LES NULS

Si la différence entre le mâle et la femelle n'est visible que tardivement (vers 5-7 ans et même 9-15 ans pour la tortue de Madagascar), elle est ensuite évidente : le mâle a le ventre concave (en creux) pour mieux se hisser sur sa donzelle... Et de ce côté-là, les tortues ne s'ennuient pas. Leur activité est proportionnelle à leur âge. Le doyen, centenaire, est sexuellement le plus actif du groupe !

On part ensuite à la découverte d'une magnifique grotte, la ***Grande Caverne,*** très préservée. C'est l'une des 9 grottes de la réserve. Casque obligatoire avant de suivre, sur 500 m, des passerelles qui en font le tour. Éclairage réussi, qui met bien en valeur colonnes, drapés, cathédrales, ainsi que les différentes couleurs de la roche.

The Crowded Solitaire : *à l'entrée du site, derrière la boutique. Tlj 11h-16h (17h pour le bar). Snacks et plats 250-750 Rs.* Un bon point de chute avant ou après la visite, surtout qu'on est loin de tout. Restauration rapide (croque-monsieur, burgers maison), quelques plats chinois (bols renversés), classiques rodriguais et propositions pour végétariens.

Dans un tout autre style, possibilité de manger ***Chez Claudette,*** à Cascade Jean-Louis, à 4,5 km environ de la réserve (voir plus haut « Où manger ? »), à condition d'avoir réservé la veille.

Le pont suspendu de Cascade Pistache : *près de La Ferme ; accès en bus possible. 5499-69-70 et 5422-31-18. Facebook. Tlj sauf dim 9h-17h. Compter 100 Rs/pers pour la traversée du pont ; 1 200 Rs/pers pour le saut.* L'équipe de la *tyrolienne de Montagne Malgache* (lire plus haut) propose la traversée d'un pont de 128 m de long suspendu à 40 m de hauteur au-dessus de la ravine Pistache. Les plus téméraires partent d'une plateforme aménagée au milieu du pont pour un saut pendulaire de 30 m de haut. Allez, courage ! Extension du parcours en projet.

L'île aux Cocos : *c'est l'excursion à la journée la plus prisée de Rodrigues. Droit d'accès env 125 Rs, inclus dans le prix de l'agence qui propose l'excursion (à partir de 1 200 Rs depuis Baie du Nord ; le prix augmente selon le point d'embarquement). Le forfait inclut le transport en bateau, la visite guidée de l'île, l'assurance, le repas, les boissons, mais le transfert depuis votre hôtel n'est pas forcément compris (bien se le faire préciser).*

Pour participer à cette excursion que tout le monde propose, la solution la plus simple est de vous joindre aux agences, d'autant qu'elles fournissent une prestation complète. Demandez conseil à votre propriétaire ou à votre hôtel. S'ils n'entreprennent pas eux-mêmes cette excursion, ils connaissent une agence qui le fait. Évidemment, les pêcheurs proposent aussi de vous accompagner, mais on déconseille cette formule : ils n'ont pas d'autorisation (risque d'amende sévère pour eux), pas d'assurances et pas de gilets de sauvetage...

Pendant la longue traversée du lagon (près de 1h30 en mer), attention aux coups de soleil. L'île, devenue réserve naturelle, se visite avec un guide qui fournit des explications sur la faune et la flore. L'unique sentier traversant l'île passe si près des nids qu'on a droit à tous les coups aux vols en rase-mottes d'oiseaux mécontents. Noter par ailleurs les *bib,* ces énormes araignées (inoffensives) qui tendent leurs toiles entre les branches d'arbre. Après la balade, le pique-nique, au coude à coude avec les équipages et les touristes des nombreux autres bateaux, puis baignade digestive. Attention, si l'on part trop tard et que la marée commence à descendre, on passe alors autant de temps dehors à pousser le bateau que dedans. Sur une grande partie du parcours, en effet, le lagon fait moins de 1 m de profondeur.

Baie Topaze : après La Ferme, la route descend vers Baie Topaze. Sur la droite, profondes vallées avec affleurements rocheux. Habitat très dispersé. Relief de plus en plus escarpé. Paysans travaillant dur à arracher les pierres des champs. Quelques cultures en terrasses. Les paysages sauvages se terminent par la magnifique baie Topaze.

➢ De La Ferme, on peut rejoindre Port Mathurin par la côte (via Baie du Nord).

ÎLE RODRIGUES : HOMMES, CULTURE, ENVIRONNEMENT

CUISINE

Assez peu influencée par l'île Maurice, même si de nombreux plats comme le ***cari*** figurent à la carte, la vraie cuisine rodriguaise se démarque par l'emploi systématique de produits locaux. D'une manière générale, la cuisine n'est pas épicée car quasi sans influence indienne (les Indiens sont très peu nombreux dans l'île). Un repas comprend souvent du ***maïs,*** mais s'il a longtemps constitué la base de l'alimentation, il est peu à peu remplacé par le ***riz*** en raison des périodes de sécheresse. On sert le maïs en purée avec un ***rougaille d'ourite*** (poulpe), un ***bouillon de poisson*** et des ***haricots rouges.*** Le tout accompagné de redoutables mais succulents ***piments limon, piments zourites*** ou ***piments mangue,*** toujours servis séparément.

L'autre grande spécialité est due à la longue occupation non pas des Français, mais des Britanniques. Ceux-ci, privés de leur sacro-saint bacon pendant la guerre, apprirent aux Rodriguais à préparer le ***cochon boucané.*** Le porc en général et le jambon en particulier sont excellents, tout comme le ***poulet*** qui a ici un goût incomparable.

Comme tous les crustacés, le ***kono-kono*** est protégé et théoriquement interdit à la vente. Mais face à la demande, on en trouve souvent à la carte des restos. Nous, on n'en mange plus et on vous incite à faire de même pour préserver ce mollusque. Préférez l'***ourite*** préparée froide en salade ou chaude en cari.

Goûtez les petits ***limons*** (citrons), très parfumés et qui ont fait la réputation de l'île, ainsi que la ***salade de papaye verte*** râpée souvent servie en entrée. Côté desserts, ils sont souvent préparés avec de la ***patate douce,*** comme le ***mapinha,*** une sorte de galette de maïs, manioc et patate douce. Sans oublier la ***tourte rodriguaise,*** une préparation sucrée à base de cannelle, de coco ou de papaye confite. Un peu étouffe-chrétien mais tellement bon. On en trouve en principe au marché de Port Mathurin le samedi, mais malheureusement, pratiquement jamais dans les menus. Vous aurez aussi peut-être la chance d'y goûter dans les tables d'hôtes (à condition de le demander bien à l'avance). Quant au ***miel d'eucalyptus,*** il est très réputé.

La table d'hôtes est un bon moyen de découvrir la gentillesse des Rodriguais. Réserver au moins la veille en précisant ce que vous souhaitez ; sinon, c'est la surprise. Elle est proposée dans la plupart des chambres d'hôtes et ouverte souvent aux clients extérieurs. Si vous logez quelque part, rien ne vous empêche d'aller dîner ailleurs. Pensez-y avant d'opter directement pour la demi-pension pour toute la durée de votre séjour ; vous le regretteriez si la cuisine est moyenne et/ou peu diversifiée.

ÉCONOMIE

Rodrigues, longtemps oubliée par sa grande sœur, est loin du développement de Maurice. Ici, ni zone franche ni grosses industries. L'économie tourne grâce à de petites entreprises (artisanat, tourisme...) et à un ***secteur public omniprésent.***

Celui-ci occupe d'ailleurs près du tiers des actifs. Lorsque la crise sanitaire a sévi dans le monde, l'effondrement du secteur touristique a touché Rodrigues de plein fouet. Avec un ravitaillement au compte-gouttes, les prix ont flambé. Le FMI et l'Inde ont alloué une aide financière à Rodrigues, qui a été redistribuée aux habitants sous forme d'allocation. Le gouvernement a aussi créé des missions temporaires à visée environnementale pour occuper les employés du secteur touristique. Le taux de chômage, qui atteignait déjà un chiffre inquiétant, a encore grimpé au cours de cette période.

Les principales ressources

Agriculture, élevage et pêche constituent les 3 autres principales ressources de l'île mais sans véritable distinction, puisqu'un pêcheur est presque toujours éleveur et agriculteur... et inversement. L'État, encore lui, possède 90 % des terres qu'il loue aux agriculteurs pour y planter maïs, patates douces et autres légumes. La culture du maïs (gros consommateur d'eau) est encore bien présente, mais on observe un déclin généralisé des cultures traditionnelles. En cause, une dégradation des sols liée à des phénomènes d'érosion, des techniques agricoles irrespectueuses abaissant la fertilité des sols et un exode massif de la population vers Maurice.
Vaches, cochons et chèvres constituent à ce jour la principale exportation de l'île, sans pour autant enrayer le déficit chronique de la balance commerciale.
La ***pêche*** demeure artisanale et suffit à peine à nourrir les familles (et les touristes !). ***Elle se limite au lagon, déjà surexploité.*** Vous verrez, tout autour de l'île, quelques-unes des 1 000 pirogues recensées, mais surtout les piqueurs et piqueuses d'ourites qui assurent plus de la moitié des prises. Pour faire face à cette surexploitation hautement dommageable à l'équilibre de l'écosystème du lagon, l'Assemblée régionale de l'île a instauré, depuis 2012, une fermeture de la pêche à l'ourite 1 à 2 fois par an pendant quelques mois... moyennant des indemnités et un programme de reconversion professionnelle temporaire des pêcheurs et pêcheuses, engagés notamment dans des travaux de protection de l'environnement. Une activité au large permettrait de meilleurs débouchés, mais la plupart des pêcheurs rodriguais ne savent pas nager et, faute de moyens (moteurs plus puissants), leurs embarcations actuelles ne le permettent pas.
Quant au ***tourisme,*** il se développe de façon raisonnée. Les responsables rodriguais souhaitent, officiellement, privilégier un tourisme vert de chambres et tables d'hôtes, et non un tourisme d'hôtels « à la mauricienne ». Les amoureux de l'île et partisans d'un développement touristique maîtrisé se battent contre l'implantation de plusieurs hôtels sur la côte est. Les motivations de ce rejet sont simples et visent essentiellement à protéger l'île : outre un ***manque d'eau chronique,*** du strict point de vue de ses infrastructures tant routières que sanitaires, Rodrigues n'est pas vraiment prête à accueillir un afflux trop important de nouveaux touristes. Le nombre de visiteurs reste de facto limité par les liaisons avec l'île Maurice, encore peu nombreuses. Mais le projet d'agrandissement de la petite piste d'atterrissage permettant à terme de recevoir de plus gros porteurs est de nouveau à l'ordre du jour. Cela signifie-t-il que le tourisme vert et de proximité a fait long feu ? La prise en compte de ce patrimoine fragile et de ce mode de vie si particulier reste pourtant un enjeu pour l'avenir de l'île.

ENVIRONNEMENT

La biodiversité mise à mal

La faune et la flore rodriguaises se sont peu à peu appauvries, et la forêt primaire a disparu. Mais de plus en plus de Rodriguais, soutenus par des ONG et encouragés par le gouvernement, tentent de reboiser, sauver les espèces endémiques

et conserver la biodiversité sur l'île. Une des causes de la ***déforestation*** remonte à la Seconde Guerre mondiale, lorsqu'il était alloué à chaque soldat quelques arpents de terre fertile. Une mesure mal encadrée, qui a provoqué l'assèchement des puits et l'érosion des sols. En l'absence de politique environnementale cohérente, Rodrigues continue à payer lourdement ses erreurs historiques. Et depuis, les efforts demeurent insuffisants.
L'autre fléau à l'origine de l'appauvrissement de la flore rodriguaise (voir également ci-après la rubrique « Faune et flore »), c'est l'***invasion d'essences exotiques*** apportées par les colons. Ainsi, les espèces endémiques sont menacées par le développement anarchique de végétaux comme le lantana ou l'arbre du voyageur, grands consommateurs d'eau, qui non seulement empêchent les autres plantes de se développer, mais contribuent à l'assèchement général de l'île.

L'eau : une gestion délicate

Le manque d'eau s'est accru au fil du temps. ***Il n'y a pas d'eau courante.*** Elle est distribuée gratuitement, mais à un rythme irrégulier et très différent selon où l'on se trouve (distribution tous les 15 jours en moyenne dans le secteur agricole du Nord, seulement 2 fois par an dans le Centre). Elle est issue de forages (plusieurs sont à sec) ou de la désalinisation (une partie des usines est à l'arrêt, faute de maintenance appropriée).
Face à la situation, ***les habitants s'adaptent comme ils peuvent*** : en récupérant les eaux de pluie (l'installation est financée par le gouvernement sous certaines conditions), mais les citernes sont rarement enterrées, accentuant l'évaporation. Et encore faut-il qu'il pleuve ! Car l'île souffre de sécheresse.
Autre possibilité : se fournir en eau de source, soit en allant la chercher à l'un des 4 points de captation, ce qui est gratuit, soit en commandant une citerne d'eau auprès d'un transporteur, dont le prix a considérablement augmenté dernièrement. L'agriculture et – dans une moindre mesure – le tourisme constituent 2 secteurs gourmands en eau. Des subventions sont accordées aux structures touristiques pour encourager la récupération des eaux de pluie, ainsi que la désalinisation de l'eau de mer, à condition que la saumure ne soit pas rejetée dans le lagon ! Mais cela ne concerne que des complexes en capacité de payer ce type d'équipements. Dans les hôtels ou chez l'habitant, des affiches vous rappellent d'ailleurs de ***ne pas gaspiller l'eau,*** recommandation que nous vous encourageons à respecter.

Zones maritimes protégées

Côté mer, la ***création d'un parc marin*** *(South East Marine Protected Area Project)* constitue un immense espoir pour la sauvegarde de la faune et de la flore sous-marines. Cette zone protégée de 47 km^2 est située au sud de l'île, de Pointe Corail jusqu'à Roche Noire. L'ouverture à la pêche y est réglementée. Le soutien des Nations unies a été apporté afin d'encourager un système national d'aires marines protégées. 4 réserves marines complètent le dispositif : de l'île aux Cocos et à l'île aux Sables à l'ouest ; de Baie du Nord à Grand Bassin au nord-ouest ; à Anse aux Anglais au nord ; et enfin à Rivière Banane au nord-est.
Parallèlement, afin de limiter la pression sur les ressources marines, l'ONG *Shoals Rodrigues* forme des pêcheurs à l'élevage pour diversifier leurs revenus. Un projet là encore financé par les Nations unies.
Notez qu'à Rodrigues, contrairement à Maurice, ***les plages ne sont pas privatisées.*** Tout le monde y a accès librement.

Quelques actions

La courageuse décision d'***interdire totalement les sacs plastique*** sur l'île (depuis 2015) est à saluer. Sa grande sœur (Maurice) a fait de même début 2016.

Par ailleurs, lors de la pandémie, le gouvernement a lancé des projets de travail rémunéré orientés vers l'environnement pour les acteurs du tourisme au chômage technique : nettoyage des sentiers de l'île, des plages, de l'île aux Cocos et des îlots du Sud avec plantation d'arbres endémiques, plantation également à la réserve de Grande Montagne et, en mer, bouturage du corail. Les missions se sont terminées en décembre 2021, mais plusieurs volontaires ont poursuivi la démarche, comme Jérôme Branellec du ***Club Osmosis*** (lire plus loin, dans la rubrique « Sports »), qui a continué à ***transplanter du corail par bouturage,*** jusqu'à monter un projet sur le long terme avec des amis plongeurs et biologistes marins. Sur ce sujet passionnant, vous pouvez consulter sa page YouTube et le contacter à : *• jerome@bluerocean project.org •* ou sur Instagram. Dons bienvenus.
Et puis, des associations comme ***Shoals Rodrigues*** s'attachent à protéger la nature, mais aussi les communautés locales. Pour financer ses actions et sensibiliser à la fragilité de l'écosystème, elle organise des sorties en bateau à fond de verre dans le nord de l'île (départs de Pointe Monnier, à l'ouest de Port Mathurin, et de Rivière Banane, dans le Nord-Est). *Prix : 500 Rs/pers. Durée : env 45 mn.* N'hésitez pas à les contacter à *• admin@shoals.intnet.mu • shoals.rodrigues@ gmail.com •*

FAUNE ET FLORE

La faune

« Ils ne volent point. Ils sont extraordinairement gras et le goût en est excellent. On trouve des mâles qui pèsent jusqu'à 45 livres. La femelle est d'une beauté admirable ; il y en a des blondes et des brunes. Sitôt qu'ils sont arrêtés, ils jettent des larmes sans crier et refusent opiniâtrement toute sorte de nourriture, jusqu'à ce qu'ils meurent. » Goûteux et incapable de voler, le ***solitaire*** si bien décrit par François Leguat a connu le même sort que le dodo à Maurice : exterminé. Massacrées également, les 3 espèces de tortues qui peuplaient l'île. La bonne nouvelle vient de la *Mauritian Wildlife Foundation* qui fait un travail formidable pour réintroduire les tortues, comme à la réserve François-Leguat ou celle de Grande Montagne.
Parmi les rares espèces endémiques rescapées, on pourra observer la ***chauve-souris*** rodriguaise. Ses grands ennemis sont les cyclones, qui peuvent tuer la moitié de la population. En l'absence de cyclone, elles se retrouvent en surnombre et sont les bêtes noires (c'est le cas de le dire !) des habitants qui voient les fruits de leurs jardins disparaître à toute vitesse. Plusieurs oiseaux endémiques peuplent toujours l'île : le ***cardinal jaune*** de Rodrigues (ou *zwazo zonn*), le ***foudi*** ou encore la ***fauvette*** de Rodrigues *(zwazo lonbek),* que l'on peut surprendre à la réserve de Grande Montagne. Vous verrez aussi des ***foudis rouges,*** surtout sur l'île de Gombrani et l'île au Chat, des ***goélettes blanches,*** des ***noddis bruns*** *(makwak)* et des ***sternes fuligineuses*** *(yeyes)* sur l'île aux Cocos, où l'on peut parfois aussi admirer la fort rare ***goélette blanche*** *(zwazo la vierz),* un oiseau blanc aux pattes bleues.
Des espèces beaucoup plus communes, vaches, moutons, chèvres et porcs, circulent en quasi-liberté. Vous en rencontrerez souvent au bord de la route. Seul problème : l'élevage accélère l'érosion des sols et contribue à une sérieuse dégradation de l'environnement en général et du lagon en particulier.
Enfin, il n'est pas rare de voir des ***baleines à bosse*** batifoler derrière la barrière de corail, en juillet notamment, mais parfois dès le mois de mai et jusqu'à mi-septembre. Magique !

La flore

Quand on vous parle de ***vieilles filles*** (excellentes en infusion), ne regardez pas la petite dame qui passe, mais penchez-vous sur un arbuste dont les fleurs roses sont les plus communes de l'île. Quant à l'écorce et aux feuilles de ***bois d'oiseaux,*** elles se boivent aussi en infusion, appelée « fraîcheur » ou « rafraîchie ». Une tisane très appréciée des Rodriguais, qui en boivent régulièrement.

Parmi les espèces rares ou endogènes qui ont survécu à la déforestation, le ***café marron*** revient de loin. L'arbuste est qualifié de « marron » non pour sa couleur, mais du fait qu'il pousse à l'état sauvage. On a longtemps cru cette espèce disparue, avant d'en retrouver un spécimen au cœur de l'île, dans les années 1980.

BON PLANT

Lointain cousin du caféier, le café marron est aujourd'hui une espèce protégée. Et pour cause, cette plante a la réputation de soigner la gueule de bois, les « maladies d'amour » et servait jadis pour la sorcellerie. Est-ce qu'elle fait le café ?

Signalons également les rarissimes bois pipe, bois de fer, bois cabri, bois puant, bois gandine et un hibiscus aux fleurs orange foncé.

Le reboisement est aujourd'hui une priorité, tout comme l'implantation de mangroves dans les lagons, qui permettent la reproduction de poissons, freinent l'érosion du littoral et donnent du bois à brûler. On peut en voir notamment du côté de Baie du Nord.

Les arbres les plus répandus sont le ***latanier,*** le ***vacoa*** *(pandanus),* le ***filao*** et l'***eucalyptus.***

Comme pour la réintroduction des tortues (voir plus haut), saluons encore l'énergie de la *Mauritian Wildlife Foundation* qui œuvre avec détermination pour réimplanter des essences endémiques, comme elle le fait, par exemple, dans la réserve de Grande Montagne.

FÊTES ET JOURS FÉRIÉS

– ***La Banané :*** *du 1er au 8 janvier.* C'est la fête la plus importante de l'île. Traditionnellement, les familles mangent du cochon sous toutes ses formes ou presque : grillades, boudins, gratons, etc. À cette période, tout fonctionne encore plus au ralenti que d'habitude. Peu de bus, pas de taxis, certains magasins ferment, moins de services d'une manière générale. Les écoliers sont en vacances, et la plupart des Rodriguais en profitent pour prendre leurs congés.

– ***Fête du Poisson :*** *le 1er mars.* Ouverture de la pêche à la senne.

– ***Fête de l'Accordéon :*** *le 15 août.*

– ***Fête de l'Autonomie :*** *le 12 octobre.* Chaque année, pour célébrer l'accession de Rodrigues à son autonomie politique, le gouvernement régional organise des concerts, des fêtes de village ou des concours d'invention !

– ***Festival créole :*** *début décembre.* Il rassemble des manifestations artistiques et culturelles sur le thème de la « kreolité ». Au programme : soirées de séga tambour, foire artisanale, dégustation de plats régionaux, *bal ran zaricot,* etc. Un concert de musique de l'océan Indien clôture le festival.

GÉOGRAPHIE

À 569 km au nord-est de Maurice, la plus petite des îles Mascareignes (avec Maurice et La Réunion) mesure à peine 18 km de long sur environ 8 km de large. Mais regardez-la photographiée par un satellite : ce petit bijou ressemble à une perle bordée d'un lagon turquoise 2 fois plus grand qu'elle ! Avec ses montagnes ridées, ponctuées de cultures en terrasses, cette île aride possède un relief assez tourmenté, dont le mont Limon constitue le point culminant avec 398 m. 18 îlots entourent ses côtes, parfois rocheuses, parfois bordées de plages de sable fin. Ils se trouvent tous à l'intérieur du lagon. Parmi les plus connus, citons l'île aux Cocos, réserve naturelle protégée qui accueille la majorité des visiteurs en excursion. Mais les autres îles ne doivent pas être dédaignées, notamment l'île Hermitage, l'île Gombrani (la plus longue), l'île au Chat et l'île aux Crabes.

HISTOIRE

Une île inhospitalière

Bordée de redoutables récifs, Rodrigues doit son nom à un Portugais, ***Diego Rodriguez,*** qui la découvrit en 1528 mais n'y fit sans doute même pas relâche. Les Hollandais s'y arrêtèrent ensuite à plusieurs reprises, au cours du XVIIe s, pour emplir leurs cales de tortues, avant de la laisser à sa solitude. Il fallait une âme de Robinson pour s'y installer. C'est ce que ***François Leguat,*** déçu par les hommes, fit avec 7 compagnons.
Ce protestant français, ruiné par la révocation de l'édit de Nantes, trouva refuge en Hollande. Là, il rencontra le marquis Duquesne, fils du grand amiral, qui aidait ses coreligionnaires à s'établir sous des cieux plus cléments. François Leguat et ses compagnons voguèrent vers l'île Bourbon (La Réunion), où ils auraient dû se rendre. Mais leur capitaine en décida autrement, et, le 1er mai 1691, ils débarquèrent sur Rodrigues. Ils allaient y rester 2 ans pendant lesquels notre Robinson eut tout le loisir d'écrire un formidable récit (publié aux éditions Phébus sous le titre *Les Naufragés de Dieu*). Il y décrit aussi bien le solitaire que les tortues et la flore alors exubérante. Terrassés par les cyclones et la solitude, ils regagnèrent Maurice en 1693.

NOCES MARINES

Ce n'est pas une légende, les boucles d'oreilles, accessoires indispensables des pirates, revêtaient de nombreuses significations. Ces anneaux avaient la réputation d'éviter la noyade et d'améliorer la vue. Ils ne symbolisaient rien de moins que le mariage du marin et de la mer. De plus, si les matelots mouraient loin de chez eux, ces boucles en or étaient destinées au prêtre, afin de payer leurs funérailles.

... mais nourricière

Après leur départ – en radeau –, l'île demeura de nouveau inoccupée, à l'exception de quelques pirates de passage et de marins « oubliés » par leurs commandants. L'île servit alors de garde-manger aux vaisseaux qui se rendaient aux Indes. Ils y relâchaient pour embarquer des centaines de tortues qui avaient déjà disparu des autres îles des Mascareignes.
En 1735, ***Mahé de La Bourdonnais,*** fraîchement nommé ***gouverneur général des Isles de France et Bourbon,*** décide d'envoyer à Rodrigues un détachement permanent pour assurer l'approvisionnement en tortues de ces 2 îles et des vaisseaux de passage. Selon Alfred North-Coombes, à qui l'on doit un passionnant ouvrage sur l'histoire des tortues de terre de Rodrigues, 2 navires effectuent alors 2 voyages par an entre Rodrigues et l'Isle de France, emportant à chaque fois entre 4 000 et 6 000 tortues de terre, sans compter quelques centaines de tortues de mer ! Ce pillage assure la survie des habitants de Maurice, qui souffrent de disette chronique. À cette époque, une trentaine de personnes vivent en permanence sur l'île Rodrigues, dont 4 Français accompagnés de malabars et d'esclaves. Les tortues furent complètement exterminées vers la fin du XVIIIe s. Elles avaient joué, comme le souligne Albert North-Coombes, « un rôle capital pour le maintien de la présence française dans l'océan Indien ».

Rodrigues sous domination britannique

Les 1ers colons s'installèrent vers 1795. Ils introduisirent un peu de bétail et plantèrent du manioc, du café, du riz et surtout du maïs. Certains de leurs noms – Marragon, Guatier, Meunier, Albert, Édouard, Gontier – ont survécu à travers les âges. ***L'armée anglaise s'empara de Rodrigues en 1809*** et près de 16 000 soldats y séjournèrent avant de partir à l'assaut de Maurice. Nos amis britanniques, une fois encore, allaient emporter la victoire. Maurice et Rodrigues passaient sous leur contrôle. Dès lors, l'île se peupla assez rapidement, passant de 200 habitants en 1825 à près de 3 000 à la fin du XIXe s. Sa vocation agricole s'affirma et Rodrigues devint le « grenier » de Maurice. L'augmentation de sa population y mit fin, l'île étant considérée comme surpeuplée dès 1930, alors qu'elle ne comptait que 8 000 habitants.
La plupart n'avaient jamais quitté Rodrigues, faute de moyens. Voilà pourquoi près d'un millier de Rodriguais s'enrôlèrent volontairement auprès des Britanniques lors de la Seconde Guerre mondiale. Ils servirent en Afrique, en Italie et rentrèrent au pays en 1953. Ces militaires, avec leur solde 4 fois supérieure au revenu moyen de l'île (plus quand ils étaient mariés), firent beaucoup de bien à l'économie rodriguaise.

De l'indépendance de Maurice à l'autonomie rodriguaise

Au début des années 1960, les Rodriguais commencèrent à demander la prise en compte de leur spécificité, l'île étant jusque-là considérée comme une simple dépendance de Maurice, alors qu'ils se sentaient plus proches des habitants des Seychelles ou de La Réunion que des Mauriciens. ***En 1967, les Mauriciens votent « oui » à l'indépendance*** à près de 54 %. Rodrigues, qui préfère rester anglaise plutôt que de passer sous la coupe mauricienne, vote « non » à plus de 90 %. L'île fut néanmoins intégrée au territoire mauricien. Il fallut attendre les élections mauriciennes de septembre 2000 pour que le gouvernement central considère que Rodrigues nécessitait une gestion locale. La loi lui accorda donc une ***autonomie,*** qui modifia le paysage sociopolitique de l'île.
Les élections pour la 1re Assemblée régionale ont eu lieu en septembre 2002, lui conférant une totale autonomie administrative, à l'exception de la police qui reste sous tutelle du gouvernement mauricien. Reste que les revenus fiscaux sont directement envoyés à Maurice qui, en retour, alloue un budget spécifique à l'île, plus ou moins en lien avec les besoins réels des habitants. Un exemple parmi d'autres : l'eau courante n'a toujours pas été installée. L'Assemblée compte entre 17 et 21 membres (selon les règles électorales) et comprend un comité exécutif dirigé par un *chief commissioner* (chef commissaire) et une opposition dirigée par un *minority leader* (chef de file de l'opposition). Aujourd'hui gouvernée par ***Johnson Roussety,*** chef de file du Front patriotique rodriguais *(FPR),* élu en février 2022.

L'île coupée du monde

Le confinement a été décrété le 20 mars 2020. Le dernier avion a atterri le 22 mars, puis plus rien. Pas de bateau non plus. Donc pas de ravitaillement. Les Rodriguais ont vécu sur leurs réserves pendant 1 mois, démontrant la nécessité absolue pour chaque famille de créer son propre potager.
Mi-avril, le confinement a peu à peu été levé. En dehors de 2 bateaux par mois venus ensuite apporter des provisions, l'île est restée coupée du monde jusqu'au 1er juillet 2020, date à laquelle les liaisons aériennes avec Maurice ont pu reprendre. Quelques touristes mauriciens se sont donc aventurés jusqu'à l'île voisine, mais pas plus de 3 jours. Les restaurants ont rouvert, certains hôtels également, mais pas les chambres d'hôtes.

Puis les liaisons aériennes ont de nouveau été suspendues en mars 2021 pendant plus d'un an, hormis quelques vols sanitaires et rapatriements. Rodrigues, qui n'avait connu aucun cas positif jusqu'à présent, a fortement été touchée par le variant Omicron début 2022.
Aujourd'hui, l'île accueille de nouveau les touristes qui viennent en nombre renouer avec ses habitants.

MÉDIAS

Parmi la presse locale, signalons *Koze Rodriguais,* un hebdo généraliste et apolitique. La presse internationale n'arrive pas jusqu'à Rodrigues. En revanche, vous pouvez vous procurer les 3 grands quotidiens mauriciens que sont *L'Express, Le Mauricien* et *Le Matinal* chez M. Kong *(Jenner Store),* dans la rue de la Solidarité à Port Mathurin.
Rodrigues possède sa propre station de radio *(MBC),* qui émet sur 97,3 FM.

MUSIQUE

Si vous connaissez une île où l'on chante la romance dans la langue de Crébillon, où l'on danse le *kotis* (scottish), le *mazok* (mazurka), la polka, le *laval* (valse), le séga accordéon et le séga tambour, vous êtes certainement déjà venu à Rodrigues.

Un pays de tradition orale

Sans véritable tradition écrite, l'oralité est à Rodrigues un moyen d'expression libérateur : contes, légendes, sirandanes (devinettes créoles), proverbes et bien sûr chansons, tout est bon pour animer la vie sociale. Avec le ***séga tambour, inscrit au Patrimoine culturel immatériel de l'Unesco depuis 2017,*** on attaque gentiment son voisin sur quelques mélopées bien senties (en étant bien sûr qu'il entendra cette création musicale, à laquelle il répondra sur le même ton), comme cette chanson qui évoque la virginité perdue d'une fille qui va se marier : « *Nelda, Nelda, to dir moi to pou marier, kot to couronne mariage en bad dilo vert Grand Baie* » (« Tu me dis Nelda que tu veux te marier, mais où est ta couronne, elle est à Grand Baie »). Le séga moderne adopte des textes plus engagés. C'est le cas, par exemple, de Gonzague Pierre-Louis, un merveilleux chanteur aveugle.
Sur ce petit bout de terre, on compte plus d'une quarantaine de groupes, aux noms évocateurs comme Réveille Plaine Coco, créé pour animer le village de Plaine Coco, Bois sirop du bois dur (Dibwa Dire) ou Ambiance tropicale. L'île aime la musique. D'ailleurs, ici, tout le monde chante, joue ou danse... après ses heures de bureau.
L'un des hommes qui a le plus fait pour redonner vie au folklore rodriguais fut incontestablement Ben Gontran. C'est sous son impulsion que le groupe Racines a vu le jour. Véritable patriarche musical de l'île, il a réussi à transmettre à la jeune génération son goût pour la musique traditionnelle rodriguaise. Il a d'ailleurs écrit un livre, *Sir Ben... raconte Rodrigues,* publié en 2007.

Un riche métissage

Les navigateurs européens qui se sont arrêtés à Rodrigues ont laissé à l'île un riche héritage musical. La mazurka, la valse, le quadrille ou la scottish sont ainsi devenus des danses locales.
Mais la plus populaire d'entre elles reste sans conteste le séga. Importé par des esclaves mozambicains, les Rodriguais se le sont approprié en créant le séga

tambour. Utilisé dans les cérémonies vaudoues africaines, le tambour était considéré par le clergé comme l'instrument du démon. C'est à cause de son interdiction que s'est développé le séga accordéon (le séga kordéon). Introduit dans l'île au XIXe s, il fut adopté aussi bien par les Rodriguais que par l'Église, qui vit dans l'occidentalisation de la musique de l'île un signe de rédemption.
Aujourd'hui, un orchestre typique se compose d'un tambour en peau de chèvre (que l'on chauffe régulièrement durant une représentation afin de lui donner de la résonance), d'un accordéon diatonique, mais aussi d'un *bobre* (percussion en bois), d'un triangle, de mailloches (2 bouts de bois qu'on frappe l'un sur l'autre) et de boîtes de conserve vides pour *raper.*

LA DANSE DE L'EXIL

Le séga puise ses origines en Afrique, nourri par les influences musicales européennes. Dansé d'abord par les esclaves, le soir, à la lueur de chandelles, il s'est très vite généralisé. Danse sensuelle caractérisée par des roulements de bassin et le soulèvement de la jupe, elle se caractérise par des petits pas saccadés et le port de chaussures, contrairement à Maurice.

Vers un renouveau musical

Après la Seconde Guerre mondiale, les soldats rentrèrent au pays avec des gramophones, mais peu d'accordéons. La mode évolua vers le fox-trot, le one-step et la rumba. La musique traditionnelle avait pratiquement disparu.
Puis, les groupes ont commencé à se reformer. Des bals d'anciens, comme le bal accordéon, commencèrent à être organisés le dimanche après-midi. Ces bals diurnes voyaient souvent la participation de jeunes filles qui accompagnaient leurs parents ou leurs grands-parents. Souvent bridées à la maison, celles-ci voyaient là une bonne occasion de sortir. Du coup, les garçons, pour ne pas être en reste, se sont mis aussi à danser.
Au début des années 1990, les grands hôtels tels que le *Cotton Bay* ou le *Mourouk Ebony* ont également joué un rôle primordial dans le renouveau musical : concours et spectacles pour touristes ont permis à des groupes émergents d'y faire leurs armes et aux autres de continuer à se produire.
Aujourd'hui, l'accordéon fait toujours partie des groupes formés par les jeunes tels que Sydney Alfred. Les textes, comme ceux de Prince C, peuvent aussi être critiques sur la société rodriguaise. Ce qui ne l'empêche pas de jouer de la musique traditionnelle. D'autres n'hésitent pas à élargir leur répertoire au reggae et au slam. Dans les kermesses locales, mais aussi au *Cocotier,* à Camp du Roi (rubrique « Où danser ? », à Port Mathurin), vous aurez l'occasion d'entendre ces musiques, de la plus moderne à la plus traditionnelle. Une bonne occasion pour apprendre à danser le *kotis,* la mazurka ou la polka, histoire d'épater grand-mère !

POPULATION

L'île abrite 44 400 habitants, soit 3,4 % de la population mauricienne. Ce chiffre, assez stable, est dû à une forte émigration, principalement vers Maurice et l'Australie. À côté de rares commerçants chinois et de quelques fonctionnaires indiens venus de Maurice, l'écrasante majorité de la population est créole. Cette communauté est bien plus importante qu'à Maurice et on parle ici plus français qu'anglais. La population rodriguaise est issue d'un mélange entre les Noirs, descendants des esclaves, et les Rouges (à cause des coups de soleil !), ultra-minoritaires, descendants des Français qui s'installèrent à Rodrigues au début de la colonisation. Les descendants des Rouges, principalement basés à Baie aux Huîtres

et Allée Tamarin, dans le nord de l'île, ont parfois gardé les yeux bleus ou verts. Les Rodriguais ont une solide identité culturelle, qui a encore été renforcée par l'autonomie acquise en 2002.
En outre, Rodrigues possède un profil religieux très différent de celui de Maurice. Pour honorer cette population à 98 % catholique, Jean-Paul II a même célébré une messe au stade de La Ferme en 1989, devant plus de 17 000 personnes ! À noter que Serge Clair, l'ex-chef commissaire de l'île, est un ancien prêtre et que Benoît Jolicœur, ex-ministre de l'île, a suivi des études de théologie à Angers et à Nantes.

SPORTS ET LOISIRS

Multisports

■ ***Club Osmosis :*** *sur la plage d'**Anse Mourouk** (au niveau du parking).* *5875-49-61.* • *osmosis@intnet.mu* • *kitesurf-rodrigues.com* • *Facebook. Pour ttes les activités, résa par e-mail fortement conseillée.* Un club de kitesurf animé par Jérôme (stages, cours tous niveaux, *downwind,* vague de reef, banc de sable, etc.). Cours de wing foil. Location de *paddles* et de windsurf-funboards. N'hésitez pas non plus à lui poser des questions sur son projet de bouturage du corail (voir plus haut, à la fin de la rubrique « Environnement »).

■ ***Etik Kitesurf :*** *au-dessus de la plage d'**Anse Mourouk,** petite cabane sur la droite en montant.* *5875-84-57.* • *etik-kitesurf.com* • Andy, prof de kite passionné, propose des cours de kite et de foil, des descentes sous le vent *(downwind)* et aussi des excursions à l'île au Chat (bivouac possible) et l'île aux Cocos, du snorkelling ou une balade en barque dans le lagon.

■ ***Youl-The Nest Kitesurfing School :*** *sur la plage d'**Anse Mourouk.*** *5724-17-73.* • *youl04@yahoo.co.uk* • Propose, en plus des cours classiques de kitesurf, des cours de wing foil, des descentes sous le vent *(downwind)* avec bivouac et des sorties d'une journée avec snorkelling dans les îlots du sud. Location de matériel (*paddle,* wing foil).

■ ***Bobo Freeriding School :*** *sur la plage d'**Anse Mourouk** (devant l'hôtel Ebony).* • *bobokiterod@gmail.com* • Cours de kitesurf pour débutants et confirmés, initiation au surf strapless et foil, cours dérivants avec bateau de sécurité, organisation de *downwinds* en kitesurf dans le lagon. Location de kayaks, *paddles* et petits bateaux à voile. Propose aussi de la pêche à la ligne. Également du snorkelling à l'aquarium naturel de Couzoupa, BBQ sur les îlots, visite de l'île au Chat et de l'îlot Hermitage. Location de matériel complet.

■ ***Douf :*** *sur la plage de **Graviers.*** *5756-71-14 (WhatsApp).* Cours de kite, pour débutants essentiellement. Il s'élance de la plage de Graviers ou de Mourouk.

Randonnées

Le moyen idéal, bien sûr, pour découvrir l'île et rencontrer ses habitants. Comme les Rodriguais, peu motorisés, marchent beaucoup, l'île est parcourue de sentiers, soit creusés au fil du temps par les habitants, soit balisés par l'association « Entreprendre au féminin ». Il est difficile de se perdre, car où que l'on soit, on aperçoit la mer. On vous indique plusieurs balades, mais des dizaines sont possibles. La plupart longent la côte ou descendent du centre de l'île vers l'océan. On rejoint un point en bus et on continue à pied ; ou inversement. N'hésitez pas à demander des idées de balades dans les hôtels ou les pensions de famille où vous logez.

■ ***Eco Balade :*** *rue Johnson, à **Port Mathurin.*** *5787-60-96 (WhatsApp).* Marie Paule et son équipe (entièrement féminine !) organisent des randonnées pédestres tous niveaux, mais aussi des sorties en mer sur une pirogue à voile traditionnelle.

■ ***Association des guides de randonnées de Rodrigues :*** *contact par e-mail seulement.* ● *guiderodrigues18@gmail.com* ● Cette association regroupe tous les guides professionnels (ou sur le point de l'être) et propose de nombreuses randonnées intéressantes. L'idéal pour découvrir les sentiers inédits et l'histoire de l'île.

■ ***Mauritian Wildlife Foundation :*** *à* ***Grande Montagne.*** ☎ *831-48-62.* ● *mauritian-wildlife.org/grandemontagnenaturereserve* ● *Lun-ven à 9h30 et 13h15, sam à 9h30. D'autres heures possibles sur résa.* Organise des sorties nature dans la réserve naturelle de Grande Montagne. Voir « Au cœur de l'île. À voir. À faire ».

Pour les plus sportifs, l'île organise chaque année, début novembre, un ***trail*** avec plusieurs courses au choix, de 10 à 73 km, ponctué d'animations de séga tambour. Plus d'infos sur ● *trailrodrigues.com/fr* ●

Plongée

Destination plongée par excellence, Rodrigues possède un atout majeur : une faune et une flore pratiquement vierges, que seuls quelques clubs de plongée se partagent. On privilégie la convivialité et la découverte intimiste d'un milieu exceptionnel.
Toutefois, comme partout, en raison du réchauffement climatique, la quantité de corail diminue. La violence des cyclones lui est aussi dommageable. Mais on a pu constater un début de repousse, soit naturelle soit par bouturage.
Le relief sous-marin, avec ses tunnels, grottes, canyons, cheminées et chambres sculptés au fil des siècles, continue quant à lui à offrir des terrains d'exploration hors du commun aussi bien dans le lagon qu'en pleine mer. On y découvre une infinie variété de poissons, des espèces parfois très rares et non répertoriées : poissons-fantômes, poissons-feuilles, poissons-clowns, poissons-trompettes, poissons-dragons, carangues gros yeux, thons à dents de chien, licornes, etc. L'essentiel dans le lagon et de l'autre côté de la barrière grâce au plateau corallien, qui s'étend sur 8 km. Mais Rodrigues attire de plus en plus de plongeurs confirmés.
La meilleure saison pour plonger s'étend d'octobre à avril. La température de l'eau flirte alors avec les 25-28 °C. Durant la saison hivernale (de mai à septembre), la mer est plus agitée à cause du vent, mais les plongées sont plus riches en termes de biodiversité.

Les clubs

Assurance obligatoire (200 Rs, valable 2 mois) à souscrire sur place. Possibilité de forfaits. Pensez à emporter votre carnet de plongée et attendez bien 24h avant de prendre l'avion. Certificat médical conseillé (obligatoire à partir du niveau II).

■ ***Eco Evasion :*** *env 200 m après le pont de la station-service à* ***Port Mathurin,*** *dans un container, sur la droite de la route.* ☎ *831-23-68.* 📱 *5902-37-06 (WhatsApp).* ● *ecoevasiondiver@gmail.com* ● *Compter env 2 000 Rs le baptême et 1 700 Rs la plongée, matériel inclus.* Hory propose des cours pour débutants et différentes plongées sur les plus beaux spots de l'île. Sérieux et convivial.

■ ***Bouba Diving Center :*** *à* ***Anse Mourouk.*** ☎ *832-30-63.* 📱 *5875-05-73.* ● *boubadiving@intnet.mu* ● *Plongées 2 200-2 400 Rs avec équipement complet (assurance en plus) ; forfaits 6 et 10 plongées (possibilité pour un couple de partager le forfait). Supplément essence sur certains sites éloignés. Apporter son carnet de plongée pour les confirmés.* Benoît, agréé MSDA, CMAS et NAUI, propose des baptêmes de plongée pour enfants (à partir de 8 ans) et adultes, des formations niveaux I et II (minimum 7 jours) et des plongées sur 3 types de spots : le lagon, les tombants extérieurs et les hauts fonds du large. Sympa et très pro.

Les meilleurs spots

L'aquarium : *à l'est, à* ***Anse Ally,*** *dans le lagon. Ts niveaux.* Une véritable piscine naturelle à la richesse incroyable, où des espèces endémiques évoluent entre 2 et 7 m de profondeur. À vous les poissons-trompettes, poissons-perroquets, poissons-ballons et autres saupes grises tropicales. Les confirmés peuvent poursuivre la balade vers des grottes et des chambres où s'abritent des bancs de chirurgiens et des petites carangues étoilées. Le demi-tour s'effectue à contre-courant grâce à un solide cordage.

Le canyon : *à l'est, face à l'hôtel* Tekoma. *Niveaux I et II.* Une plongée atypique qui débute dans le lagon et se poursuit par un canyon qui passe sous la barrière de corail, avec des grottes, des cheminées, des chambres... Rencontre avec mérous, murènes, mais surtout avec les *carangues ignobilis* (1,70 m ; environ 70 kg !). On termine dans un magnifique jardin de corail. Les plongeurs expérimentés se régaleront.

Couzoupa : *à l'est, face à l'hôtel* Play Mourouk, *dans le lagon. Ts niveaux.* Il s'agit d'une des plus grandes passes de l'océan Indien, qui abrite au moins 7 sites. Les 1ers commencent à - 3 m. La visibilité dépasse rarement 12 m, mais c'est un vrai vivier : bancs de carangues gros yeux, de licornes, grande diversité de nudibranches, poissons-pierre, poissons-feuilles, thons à dents de chien, etc.

La balade des demoiselles : *sur la côte est, dans le lagon. Ts niveaux.* Un spot plein de poésie où les plongeurs évoluent sur des champs d'anémones à - 5 m, territoire des demoiselles, mais aussi des rougets, soles et chirurgiens.

La passe Saint-François : *à l'est, au sud de Pointe Coton, dans le lagon. Niveau I.* À - 31 m. Ici, on est pratiquement sûr de croiser des bancs de carangues gros yeux composés de 50 à 200 individus. Impressionnant ! Plus encore lorsque, allongé sur le sable, on voit les carangues s'approcher parfois très près. Également des raies aigles, tortues et petits requins.

Karlanne : *à l'est, en face du* Cotton Bay, *à env 800 m. Niveau I.* À - 17 m, on croise mérous, fusillés, thons, carangues ou gaterins.

Le sec aux tortues : *sur la côte est, en pleine mer. Niveau I.* À - 30 m, dans un sec de corail composé de grottes et tunnels, on rencontre notamment des tortues vertes. Également d'énormes poissons-perroquets et des petits bancs de carangues étoilées. ***Le trou des pirates :*** *à l'ouest, face à l'île aux Cocos. Ts niveaux.* Pas de courant. Un tombant de 12 à 32 m abrite un jardin de gorgones assez unique à Rodrigues. On y croise de nombreux thons à dents de chien.

La basilique : *sur la côte est. Niveau II.* Au pied du tombant de la barrière de corail, une grotte donne accès à l'intérieur du récif où les plongeurs évoluent entre - 12 m et - 29 m dans un véritable édifice corallien composé de multiples galeries, salles et cheminées traversées de magnifiques jeux de lumière. Assez unique ! Parmi les fidèles, thons, raies pastenagues et carangues géantes se recueillent.

La passe Neptune : *en face de Port-Sud-Est. Niveau II.* Immersion jusqu'à - 19 m, avec 4 plongeurs expérimentés maximum. Superbe balade « architecturale » au milieu de coraux aussi majestueux que colorés.

Et le snorkelling ?

Pour observer de belles choses, on peut parfaitement se contenter de la formule masque et tuba. Sur certains spots, il suffit de se laisser dériver pour assister au ballet formidable des poissons évoluant parmi les coraux. Ne jamais s'y aventurer seuls et toujours se faire accompagner par des professionnels. Les agences et les hôtels proposent souvent des sorties comprenant différents sites de plongée et un pique-nique sur la plage. Matériel fourni.

Nous recommandons aux moins expérimentés, et/ou à ceux qui sont accompagnés d'enfants, les 3 sites suivants :

- ***Aquarium du Sud :*** *près d'Anse Mourouk.* Merveilleux ! Il s'agit d'un petit canyon développé perpendiculairement à la grande passe, près d'Anse Enfer. Un banc de barracudas est souvent présent à hauteur de la bouée sur laquelle est amarrée l'embarcation.
- ***L'aquarium :*** *à Rivière Banane, au nord-est de l'île.* Autre site de qualité, que l'on rejoint en bateau. Assez proche du rivage, peu profond (2 à 3 m), calme, il correspond tout à fait à l'image idyllique du snorkelling dans un lagon de l'océan Indien : poissons et coraux de toutes espèces et multicolores. Idéal avec de jeunes plongeurs.
- ***Le rocher Totor :*** *en face d'Anse aux Anglais. Bateau nécessaire.* Un dédale de petits canyons, entre 2 et 5 m de profondeur, parsemés de coraux, où l'on peut observer des ballets de poissons : licornes, rougets, capitaines, poissons-perroquets, demoiselles, entre autres...

les ROUTARDS sur la FRANCE 2024-2025

(dates de parution sur • routard.com •)

Découpage de la FRANCE par le ROUTARD

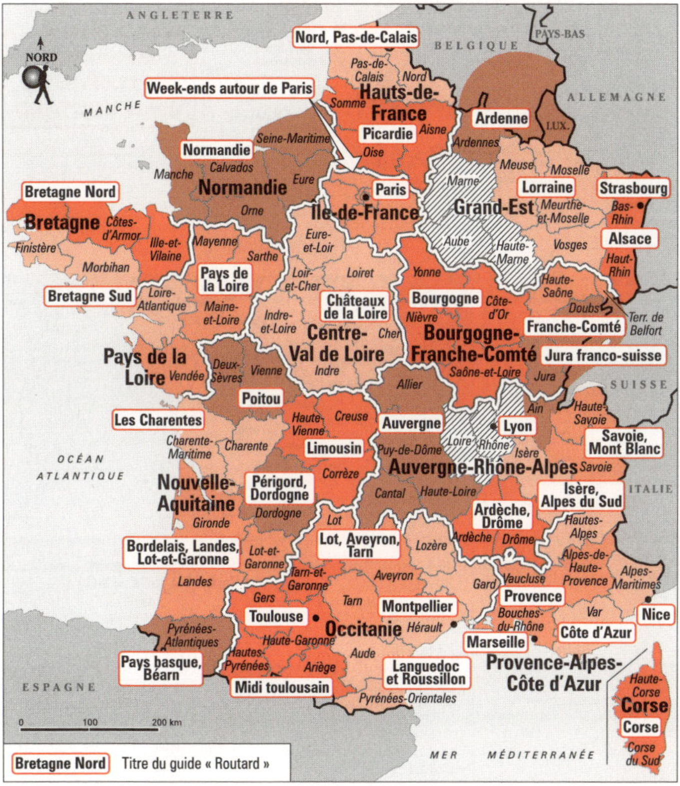

Autres guides sur la France

- Nos meilleurs campings en France
- Nos meilleures chambres d'hôtes en France

Autres guides sur Paris

- Paris
- Paris balades
- Restos et bistrots de Paris
- Le Routard des amoureux à Paris
- Week-ends autour de Paris

Le Routard à vélo

- EuroVelo6
- La Bourgogne du Sud à vélo
- La Flow Vélo
- La Loire à Vélo
- La Vélo Francette
- La Vélodyssée (Roscoff-Hendaye)
- Le Canal des 2 mers à vélo
- Paris Île-de-France à vélo
- ViaRhôna
- Les plus belles escapades à vélo en France

les ROUTARDS sur l'ÉTRANGER 2024-2025

(dates de parution sur • *routard.com* •)

Découpage de l'ESPAGNE par le ROUTARD

Découpage de l'ITALIE par le ROUTARD

Autres pays européens

- Allemagne
- Angleterre, Pays de Galles
- Autriche
- Belgique
- Bulgarie
- Crète
- Croatie
- Danemark, Suède
- Écosse
- Finlande
- Grèce continentale
- Hongrie
- Îles grecques et Athènes
- Irlande
- Islande
- Madère
- Malte
- Norvège
- Pays baltes : Tallinn, Riga, Vilnius
- Pologne
- Portugal
- République tchèque, Slovaquie
- Roumanie
- Suisse

Villes européennes

- Amsterdam
- Berlin
- Bruxelles
- Budapest
- Copenhague
- Dublin
- Lisbonne
- Londres
- Moscou
- Naples
- Porto
- Prague
- Saint-Pétersbourg
- Stockholm
- Vienne

les ROUTARDS sur l'ÉTRANGER 2024-2025

(dates de parution sur • *routard.com* •)

Découpage des ÉTATS-UNIS par le ROUTARD

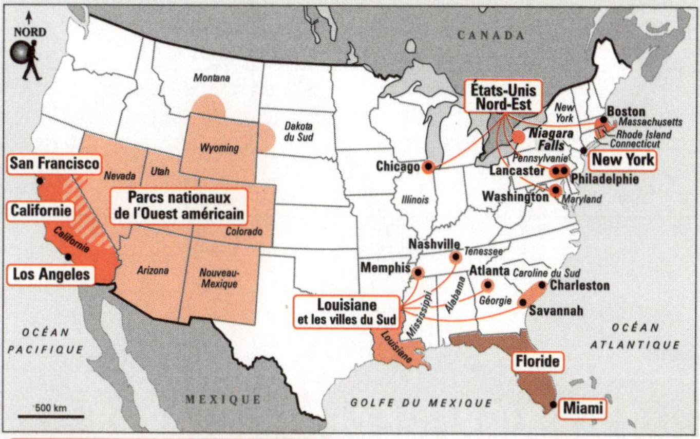

Autres pays d'Amérique

- Argentine
- Brésil
- Canada Ouest
- Chili et île de Pâques
- Colombie
- Costa Rica
- Équateur et les îles Galápagos
- Guatemala, Belize
- Mexique
- Montréal
- Pérou, Bolivie
- Québec et Ontario

Asie et Océanie

- Australie côtes est et nord + Red Centre
- Bali, Lombok
- Bangkok
- Birmanie (Myanmar)
- Cambodge, Laos
- Chine
- Hong Kong, Macao, Canton
- Inde du Nord
- Inde du Sud
- Israël et Palestine
- Istanbul
- Jordanie
- Malaisie, Singapour
- Népal
- Shanghai
- Sri Lanka (Ceylan)
- Thaïlande
- Tokyo, Kyoto et environs
- Turquie
- Vietnam

Afrique

- Afrique du Sud
- Égypte
- Kenya, Tanzanie et Zanzibar
- Maroc
- Marrakech
- Sénégal
- Tunisie

Îles Caraïbes et océan Indien

- Cuba
- Guadeloupe, Saint-Martin, Saint-Barth
- Île Maurice, Rodrigues
- Madagascar
- Martinique
- République dominicaine (Saint-Domingue)
- Réunion

Guides de conversation

- Allemand
- Anglais
- Arabe du Maghreb
- Arabe du Proche-Orient
- Chinois
- Croate
- Espagnol
- Grec
- Italien
- Japonais
- Portugais
- Russe
- G'palémo (conversation par l'image)

Livres-photos/Livres-cadeaux

- 50 voyages à faire dans sa vie (**nouveauté**)
- 52 escapades nature en France
- 52 villes coups de cœur en Europe (city trips)
- 52 week-ends coups de cœur en France
- 120 coins secrets en Europe
- 1 200 coups de cœur en France
- 1 200 coups de cœur dans le monde
- Cahier de vacances du Routard
- Expériences et micro-aventures en France (**nouveauté**)
- La France de Stéphane Bern
- La France à vélo (**nouveauté**)
- Nos plus belles balades et randos en France
- Road Trips Monde
- Road Trips en France
- Sacré : les 100 plus beaux sites de la planète
- Voyages
- Voyages : États-Unis
- Voyages : France
- Voyages : Italie

Visa
Guide
Médocs
Passeport
Assurance
AVI
Assurance voyage et bien plus

INDEX GÉNÉRAL

LISTE DES CARTES ET PLANS

Remarque importante aux hôteliers et restaurateurs

Les enquêteurs du *Routard* travaillent dans le plus strict anonymat. Aucune réduction, aucun avantage quelconque, aucune rétribution n'est jamais demandé en contrepartie. Face aux aigrefins, la loi autorise les hôteliers et restaurateurs à porter plainte.

Avis aux lecteurs

Le Routard, ce n'est pas comme le bon vin, il vieillit mal. On ne veut pas pousser à la consommation, mais évitez de partir avec une édition ancienne. Les modifications sont souvent importantes.
Les réductions accordées à nos lecteurs ne sont jamais demandées par nos rédacteurs afin de préserver leur indépendance. Les hôteliers et restaurateurs sont sollicités par une société de mailing, totalement indépendante de la rédaction, qui reste donc libre de ses choix. De même pour les autocollants et plaques émaillées.

Avec routard.com, choisissez, organisez, réservez et partagez vos voyages !

✓ Rejoignez la plus grande communauté francophone de voyageurs : **plusieurs millions d'internautes.**

✓ Échangez avec les routarnautes : forums, photos, avis d'hôtels.

✓ Retrouvez aussi toutes les informations actualisées pour choisir et préparer vos voyages : près de 300 guides destinations, une centaine de dossiers pratiques et un magazine en ligne pour découvrir tous les secrets de votre destination.

✓ Enfin, comparez les offres pour organiser et réserver votre voyage au meilleur prix.

Les Routards *parlent aux* Routards

Faites-nous part de vos expériences, de vos découvertes, de vos tuyaux et de vos coups de cœur. Aidez-nous à remettre l'ouvrage à jour. Indiquez-nous les renseignements périmés. Faites profiter les autres de vos adresses nouvelles, combines géniales... On adresse un exemplaire gratuit de la prochaine édition à ceux qui nous envoient les meilleurs courriers, pour la qualité et la pertinence des informations.
Quelques conseils cependant :
– Envoyez-nous votre courrier le plus tôt possible afin que l'on puisse insérer vos tuyaux sur la prochaine édition.
– N'oubliez pas de préciser l'ouvrage que vous désirez recevoir, ainsi que votre adresse postale.
– Vérifiez que vos remarques concernent l'édition en cours et notez les pages du guide concernées par vos observations.
– Quand vous indiquez des hôtels ou des restaurants, pensez à signaler leur adresse précise et, pour les grandes villes, les moyens de transport pour y aller. Si vous le pouvez, joignez la carte de visite de l'hôtel ou du resto décrit.
En tout état de cause, merci pour vos nombreux mails.

122, rue du Moulin-des-Prés, 75013 Paris

• *guide@routard.com* • *routard.com* •

Routard Assurance *2024*

Enrichie au fil des années par les retours des lecteurs, *Routard Assurance* reste l'assurance voyage référence des globe-trotters. Tout y est inclus, même la **Covid** : frais médicaux, assistance rapatriement, bagages, responsabilité civile... Avant votre départ, contactez *AVI* pour un conseil personnalisé. À la recherche d'une attestation Covid ? Vous la recevrez automatiquement après chaque souscription. Besoin d'un avis médical, d'une prise en charge dans un hôpital ? Le plateau d'Assistance *AVI* dispose d'un vaste réseau médical à travers le monde disponible 24h/24 pour une réponse en temps réel. De simples frais de santé en voyage ? Téléchargez vos factures depuis l'espace assuré *AVI*, ils vous remboursent sous une semaine. *Le Colisée Gardens, 10, av. de l'Arche, CS 70126, 92419 Courbevoie Cedex.* ☎ *01-44-63-51-00.* • *avi-international.com* • Ⓜ *La Défense.*

Édité par Hachette Livre (58, rue Jean-Bleuzen, CS 70007, 92178 Vanves Cedex, France)
Photocomposé par Luminess SAS (561, rue Saint-Léonard – CS 40003 – 53101 Mayenne Cedex, France)
Imprimé par Dupliprint (Quai n° 2, 733, rue Saint-Léonard, BP 3, 53101 Mayenne Cedex, France)
Achevé d'imprimer : août 2023
Collection n° 13 - Édition n° 01
50/1047/5
I.S.B.N. 978-2-01-723357-2
Dépôt légal : août 2023

PAPIER CERTIFIÉ